La seguridad de la salvación

Cuatro puntos de vista

La seguridad de la salvación

Cuatro puntos de vista

Michael S. Horton – una postura calvinista clásica
Norman L. Geisler – una postura calvinista moderada
Stephen M. Ashby – una postura arminiana reformada
J. Steven Harper – una postura arminiana wesleyana

Editor general: J. Matthew Pinson

editorial clie

EDITORIAL CLIE
Ferrocarril, 8
08232 VILADECAVALLS (Barcelona)
E-mail: libros@clie.es
http://www.clie.es

LA SEGURIDAD DE LA SALVACIÓN: CUATRO PUNTOS DE VISTA
J. Matthew Pinson, ed.

Originally published in the U.S.A.
under the title *Four Views on Eternal Security*
© 2002 by J. Matthew Pinson
Grand Rapids, Michigan
© 2006 por Editorial Clie para esta edición en castellano.

Todos los derechos reservados.

Director de la colección: Dr. Matt Williams

Traducción:
Pedro L. Gómez Flores

Equipo editorial (revisión y corrección):
Nelson Araujo Ozuna
Anabel Fernández Ortiz
Dorcas González Bataller

Diseño de cubiertas: Ismael López Medel

ISBN: 978-84-8267-487-2

Clasifíquese: 18 TEOLOGÍA: Soteriología
C.T.C. 01-01-0018-14

Referencia: 22.46.06

COLECCIÓN TEOLÓGICA CONTEMPORÁNEA:
libros publicados

Estudios bíblicos

Michael J. Wilkins & J.P. Moreland (editores), *Jesús bajo sospecha*
F.F. Bruce, *Comentario de la Epístola a los Gálatas*
Peter H. Davids, *La Primera Epístola de Pedro*
Murray J. Harris, *3 preguntas clave sobre Jesús*
Leon Morris, *Comentario del Evangelio de Juan*, 2 volúmenes

Estudios teológicos

Richard Bauckham, *Dios Crucificado: Monoteísmo y Cristología en el Nuevo Testamento*
George E. Ladd, *Teología del Nuevo Testamento*
Leon Morris, *Jesús es el Cristo: Estudios sobre la teología joánica*
N.T. Wright, *El verdadero pensamiento de Pablo*
Clark H. Pinnock, *Revelación bíblica: el fundamento de la teología cristiana*

Estudios ministeriales

Bonnidell Clouse & Robert G. Clouse, eds. *Mujeres en el ministerio. Cuatro puntos de vista*
Michael Green & Alister McGrath, *¿Cómo llegar a ellos? Defendamos y comuniquemos la fe cristiana a los no creyentes*
Wayne. A. Grudem, ed., *¿Son vigentes los dones milagrosos? Cuatro puntos de vista*
J. Matthew Pinson, ed., *La Seguridad de la Salvación. Cuatro puntos de vista*
Dallas Willard, *Renueva tu Corazón: Sé como Cristo*

Índice

Presentación de la Colección Teológica Contemporánea 8

INTRODUCCIÓN 17
J. Matthew Pinson

CAPÍTULO 1:
UN PUNTO DE VISTA CALVINISTA CLÁSICO
Michael S. Horton 31
    RESPUESTAS
    Norman L. Geisler 52
    Stephen M. Ashby 56
    J. Steven Harper 63

CAPÍTULO 2:
UN PUNTO DE VISTA CALVINISTA MODERADO
Norman L. Geisler 69
    RESPUESTAS
    Michael S. Horton 123
    Stephen M. Ashby 132
    J. Steven Harper 141

CAPÍTULO 3:
UN PUNTO DE VISTA ARMINIANO REFORMADO
Stephen M. Ashby 147
    RESPUESTAS
    Michael S. Horton 201
    Norman L. Geisler 210
    J. Steven Harper 214

CAPÍTULO 4:
UN PUNTO DE VISTA ARMINIANO WESLEYANO

J. Steven Harper 219
    RESPUESTAS
    Michael S. Horton 269
    Norman L. Geisler 280
    Stephen M. Ashby 284

Glosario 295
Autores 298
Índice de textos bíblicos 300
Bibliografía en castellano 309

Presentación de la Colección Teológica Contemporánea

Cualquier estudiante de la Biblia sabe que hoy en día la literatura cristiana evangélica en lengua castellana aún tiene muchos huecos que cubrir. En consecuencia, los creyentes españoles muchas veces no cuentan con las herramientas necesarias para tratar el texto bíblico, para conocer el contexto teológico de la Biblia, y para reflexionar sobre cómo aplicar todo lo anterior en el transcurrir de la vida cristiana.

Esta convicción fue el principio de un sueño: la "Colección Teológica Contemporánea." Necesitamos más y mejores libros para formar a nuestros estudiantes y pastores para su ministerio. Y no solo en el campo bíblico y teológico, sino también en el práctico –si es que se puede distinguir entre lo teológico y lo práctico–, pues nuestra experiencia nos dice que por práctica que sea una teología, no aportará ningún beneficio a la Iglesia si no es una teología correcta.

Sería magnífico contar con el tiempo y los expertos necesarios para escribir libros sobre las áreas que aún faltan por cubrir. Pero como éste no es un proyecto viable por el momento, hemos decidido traducir una serie de libros escritos originalmente en inglés.

Queremos destacar que además de trabajar en la traducción de estos libros, en muchos de ellos hemos añadido preguntas de estudio al final de cada capítulo para ayudar a que tanto alumnos como profesores de seminarios bíblicos, como el público en general, descubran cuáles son las enseñanzas básicas, puedan estudiar de manera más profunda, y puedan reflexionar de forma actual y relevante sobre las aplicaciones de los temas tratados. También hemos añadido en la mayoría de los libros una bibliografía en castellano, para facilitar la tarea de un estudio más profundo del tema en cuestión.

En esta "Colección Teológica Contemporánea," el lector encontrará una variedad de autores y tradiciones evangélicos de reconocida trayectoria. Algunos de ellos ya son conocidos en el mundo de habla hispana (como F.F. Bruce, G.E. Ladd y L.L. Morris). Otros no tanto, ya que aún no han sido traducidos a nuestra lengua (como N.T. Wright y R. Bauckham); no obstante, son mundialmente conocidos por su experiencia y conocimiento.

Todos los autores elegidos son de una seriedad rigurosa y tratan los diferentes temas de forma profunda y comprometida. Así, todos los libros son el reflejo de los objetivos que esta colección se ha propuesto:

1. Traducir y publicar buena literatura evangélica para pastores, profesores y estudiantes de la Biblia.
2. Publicar libros especializados en las áreas donde hay una mayor escasez.

La "Colección Teológica Contemporánea" es una serie de estudios bíblicos y teológicos dirigida a pastores, líderes de iglesia, profesores y estudiantes de seminarios e institutos bíblicos, y creyentes en general, interesados en el estudio serio de la Biblia. La colección se dividirá en tres áreas:

Estudios bíblicos
Estudios teológicos
Estudios ministeriales

Esperamos que estos libros sean una aportación muy positiva para el mundo de habla hispana, tal como lo han sido para el mundo anglófono y que, como consecuencia, los cristianos –bien formados en Biblia y en Teología– impactemos al mundo con el fin de que Dios, y solo Dios, reciba toda la gloria.

Queremos expresar nuestro agradecimiento a los que han hecho que esta colección sea una realidad, a través de sus donativos y oraciones. "Tu Padre ... te recompensará".

Dr. Matthew C. Williams
Editor de la Colección Teológica Contemporánea
Profesor en IBSTE (Barcelona) y Talbot School of Theology
(Los Angeles, CA., EEUU)

Lista de títulos

A continuación presentamos los títulos de los libros que publicaremos, DM, en los próximos tres años, y la temática de las publicaciones donde queda pendiente asignar un libro de texto. Es posible que haya algún cambio, según las obras que publiquen otras editoriales, y según también las necesidades de los pastores y de los estudiantes de la Biblia. Pero el lector puede estar seguro de que vamos a continuar en esta línea, interesándonos por libros evangélicos serios y de peso.

Estudios bíblicos

Nuevo Testamento

D.A. Carson, Douglas J. Moo, Leon Morris, *Una Introducción al Nuevo Testamento* [*An Introduction to the New Testament*, rev. ed., Grand Rapids, Zondervan, 2005]. Se trata de un libro de texto imprescindible para los estudiantes de la Biblia, que recoge el trasfondo, la historia, la canonicidad, la autoría, la estructura literaria y la fecha de todos los libros del Nuevo Testamento. También incluye un bosquejo de todos los documentos neotestamentarios, junto con su contribución teológica al Canon de las Escrituras. Gracias a ello, el lector podrá entender e interpretar los libros del Nuevo Testamento a partir de una acertada contextualización histórica.

Jesús

Murray J. Harris, *3 preguntas clave sobre Jesús* [*Three Crucial Questions about Jesus*, Grand Rapids: Baker, 1994]. ¿Existió Jesús? ¿Resucitó Jesús de los muertos? ¿Es Jesús Dios? Jesús es uno de los personajes más intrigantes de la Historia. Pero, ¿es verdad lo que se dice de Él? *3 preguntas clave sobre Jesús* se adentra en las evidencias históricas y bíblicas que prueban que la fe cristiana auténtica no es un invento ni una locura. Jesús no es un invento, ni fue un loco. ¡Descubre su verdadera identidad!

Robert H. Stein, *Jesús, el Mesías: Un Estudio de la Vida de Cristo* [*Jesus the Messiah: A Survey of the Life of Christ*, Downers Grove, IL; Leicester, England: InterVarsity Press, 1996]. Hoy en día hay muchos escritores que están adaptando el personaje y la historia de Jesús a las demandas de la era en la que vivimos. Este libro establece un diálogo con esos escritores, presentando al Jesús bíblico. Además, nos ofrece un estudio tanto de las enseñanzas como de los acontecimientos importantes de la vida de Jesús. Stein enseña Nuevo Testamento en Bethel Theological Seminary, St. Paul, Minnesota, EE.UU. Es autor de varios libros sobre Jesús, y ha tratado el tema de las parábolas y el problema sinóptico, entre otros.

Michael J. Wilkins & J.P. Moreland (editores), *Jesús bajo sospecha*, Terrassa: CLIE, Colección Teológica Contemporánea, vol. 4, 2003. Una defensa de la historicidad de Jesús, realizada por una serie de expertos evangélicos en respuesta a "El Seminario de Jesús," un grupo que declara que el Nuevo Testamento no es fiable y que Jesús fue tan solo un ser humano normal.

Juan
Leon Morris, *Comentario del Evangelio de Juan* [*Commentary on John*, 2nd edition, New International Commentary on the New Testament; Grand Rapids, MI: Wm. B. Eerdmans Publishers, 1995]. Los comentarios de esta serie, *New International Commentary on the New Testament*, están considerados en el mundo anglófono como unos de los comentarios más serios y recomendables. Analizan el texto de forma detallada, deteniéndose a considerar temas contextuales y exegéticos, y el sentido general del texto.

Romanos
Douglas J. Moo, *Comentario de Romanos* [*Commentary on Romans*, New International Commentary on the New Testament; Grand Rapids, MI: Wm. B. Eerdmans Publishers, 1996]. Moo es profesor de Nuevo Testamento en Wheaton College. Los comentarios de esta serie, *New International Commentary on the New Testament*, están considerados en el mundo anglófono como unos de los comentarios más serios y recomendables. Analizan el texto de forma detallada, deteniéndose a considerar temas contextuales y exegéticos, y el sentido general del texto.

Gálatas
F.F. Bruce, *Comentario de la Epístola a los Gálatas*, Terrassa: CLIE, Colección Teológica Contemporánea, vol. 7, 2004.

Filipenses
Gordon Fee, *Comentario de Filipenses* [*Commentary on Philippians*, New International Commentary on the New Testament; Grand Rapids,

MI: Wm. B. Eerdmans Publishers, 1995]. Los comentarios de esta serie, *New International Commentary on the New Testament*, están considerados en el mundo anglófono como unos de los comentarios más serios y recomendables. Analizan el texto de forma detallada, deteniéndose a considerar temas contextuales y exegéticos, y el sentido general del texto.

Pastorales
Leon Morris, *1 & 2 Tesalonicenses* [*1 & 2 Thessalonians*, rev. ed., New International Commentary on the New Testament; Grand Rapids, MI: Wm. B. Eerdmans Publishers, 1991]. Los comentarios de esta serie, *New International Commentary on the New Testament*, están considerados en el mundo anglófono como unos de los comentarios más serios y recomendables. Analizan el texto de forma detallada, deteniéndose a considerar temas contextuales y exegéticos, y el sentido general del texto.

Primera de Pedro
Peter H. Davids, *La Primera Epístola de Pedro*, Terrassa: CLIE, Colección Teológica Contemporánea, vol. 10, 2004. Los comentarios de esta serie, *New International Commentary on the New Testament*, están considerados en el mundo anglófono como unos de los comentarios más serios y recomendables. Analizan el texto de forma detallada, deteniéndose a considerar temas contextuales y exegéticos, y el sentido general del texto. Davids enseña Nuevo Testamento en Regent College, Vancouver, Canadá.

Apocalipsis
Robert H. Mounce, *El Libro del Apocalipsis* [*The Book of Revelation*, rev. ed., New International Commentary on the New Testament; Grand Rapids, MI: Wm. B. Eerdmans Publishers, 1998]. Los comentarios de esta serie, *New International Commentary on the New Testament*, están considerados en el mundo anglófono como unos de los comentarios más serios y recomendables. Analizan el texto de forma detallada, deteniéndose a considerar temas contextuales y exegéticos, y el sentido general del texto. Mounce es presidente emérito de Whitworth College, Spokane, Washington, EE.UU., y en la actualidad es pastor de Christ Community Church en Walnut Creek, California.

Estudios teológicos

Cristología
Richard Bauckham, *Dios Crucificado: Monoteísmo y Cristología en el Nuevo Testamento*, Terrassa: CLIE, Colección Teológica Contemporánea, vol. 6, 2003. Bauckham, profesor de Nuevo Testamento en St. Mary's College de la Universidad de St. Andrews, Escocia, conocido por sus estudios sobre el contexto de los Hechos, por su exégesis del Apocalipsis, de 2ª de Pedro y de Santiago, explica en esta obra la información contextual necesaria para comprender la cosmovisión monoteísta judía, demostrando que la idea de Jesús como Dios era perfectamente reconciliable con tal visión.

Teología del Nuevo Testamento
G.E. Ladd, *Teología del Nuevo Testamento*, Terrassa: CLIE, Colección Teológica Contemporánea, vol. 2, 2002. Ladd era profesor de Nuevo Testamento y Teología en Fuller Theological Seminary (EE.UU.); es conocido en el mundo de habla hispana por sus libros *Creo en la resurrección de Jesús*, *Crítica del Nuevo Testamento*, *Evangelio del Reino* y *Apocalipsis de Juan: Un comentario*. Presenta en esta obra una teología completa y erudita de todo el Nuevo Testamento.

Teología joánica
Leon Morris, *Jesús es el Cristo: Estudios sobre la Teología Joánica*, Terrassa: CLIE, Colección Teológica Contemporánea, vol. 5, 2003. Morris es muy conocido por los muchos comentarios que ha escrito, pero sobre todo por el comentario de Juan de la serie *New International Commentary of the New Testament*. Morris también es el autor de *Creo en la Revelación*, *Las cartas a los Tesalonicenses*, *El Apocalipsis*, *¿Por qué murió Jesús?*, y *El salario del pecado*.

Teología paulina
N.T. Wright, *El verdadero pensamiento de Pablo*, Terrassa: CLIE, Colección Teológica Contemporánea, vol. 1, 2002. Una respuesta a aquellos que dicen que Pablo comenzó una religión diferente a la de Jesús. Se trata de una excelente introducción a la teología paulina y a la "nueva perspectiva" del estudio paulino, que propone que Pablo luchó contra el exclusivismo judío y no tanto contra el legalismo.

Teología Sistemática
Millard Erickson, *Teología sistemática* [*Christian Theology*, 2nd edition, Grand Rapids: Baker, 1998]. Durante quince años esta teología sistemática de Millard Erickson ha sido utilizada en muchos lugares como una introducción muy completa. Ahora se ha revisado este clásico teniendo en cuenta los cambios teológicos, igual que los muchos cambios intelectuales, políticos, económicos y sociales.

Teología Sistemática: Revelación/Inspiración
Clark H. Pinnock, *Revelación bíblica: el fundamento de la teología cristiana*, Prefacio de J.I. Packer, Terrassa: CLIE, Colección Teológica Contemporánea, vol. 8, 2004. Aunque conocemos los cambios teológicos de Pinnock en estos últimos años, este libro, de una etapa anterior, es una defensa evangélica de la infalibilidad y veracidad de las Escrituras.

Estudios ministeriales

Apologética/Evangelización
Michael Green & Alister McGrath, *¿Cómo llegar a ellos? Defendamos y comuniquemos la fe cristiana a los no creyentes*, Terrassa: CLIE, Colección Teológica Contemporánea, vol. 3, 2003. Esta obra explora la Evangelización y la Apologética en el mundo postmoderno en el que nos ha tocado vivir, escrito por expertos en Evangelización y Teología.

Discipulado
Gregory J. Ogden, *Discipulado que transforma: el modelo de Jesús* [*Transforming Discipleship: Making Disciples a Few at a Time*, Downers Grove, IL: InterVarsity Press, 2003]. Si en nuestra iglesia no hay crecimiento, quizá no sea porque no nos preocupemos de las personas nuevas, sino porque no estamos discipulando a nuestros miembros de forma eficaz. Muchas veces nuestras iglesias no tienen un plan coherente de discipulado y los líderes creen que les faltan los recursos para animar a sus miembros a ser verdaderos seguidores de Cristo. Greg Ogden habla de la necesidad del discipulado en las iglesias locales y recupera el modelo de Jesús: lograr un cambio de vida invirtiendo en la madurez de grupos pequeños para poder llegar a todos. La forma en la que Ogden trata este tema es bíblica, práctica e increíblemente eficaz; ya se ha usado con mucho éxito en cientos de iglesias.

Dones/Pneumatología
Wayne. A. Grudem, ed., *¿Son vigentes los dones milagrosos? Cuatro puntos de vista*, Terrassa: CLIE, Colección Teológica Contemporánea, vol. 9, 2004. Este libro pertenece a una serie que se dedica a exponer las diferentes posiciones que hay sobre diversos temas. Esta obra nos ofrece los argumentos de la perspectiva cesacionista, abierta pero cautelosa, la de la Tercera Ola, y la del movimiento carismático; cada una de ellas acompañadas de los comentarios y la crítica de las perspectivas opuestas.

Hermenéutica/Interpretación
J. Scott Duvall & J. Daniel Hays, *Entendiendo la Palabra de Dios* [*Grasping God's Word*, rev. ed., Grand Rapids: Zondervan, 2005]. ¿Cómo leer la Biblia? ¿Cómo interpretarla? ¿Cómo aplicarla? Este libro salva las distancias entre los acercamientos que son demasiado simples y los que son demasiado técnicos. Empieza recogiendo los principios generales de interpretación y, luego, aplica esos principios a los diferentes géneros y contextos para que el lector pueda entender el texto bíblico y aplicarlo a su situación.

Soteriología
J. Matthew Pinson, ed., *La Seguridad de la Salvación. Cuatro puntos de vista* [*Four Views on Eternal Security*, Grand Rapids: Zondervan, 2002]. ¿Puede alguien perder la salvación? ¿Cómo presentan las Escrituras la compleja interacción entre la Gracia y el Libre albedrío? Este libro pertenece a una serie que se dedica a exponer las diferentes posiciones que hay sobre diversos temas. En él encontraremos los argumentos de la perspectiva del calvinismo clásico, la del calvinismo moderado, la del arminianismo reformado, y la del arminianismo wesleyano; todas ellas acompañadas de los comentarios y la crítica de las posiciones opuestas.

Mujeres en la Iglesia
Bonnidell Clouse & Robert G. Clouse, eds., *Mujeres en el ministerio. Cuatro puntos de vista* [*Women in Ministry: Four Views*, Downers Grove: IVP, 1989]. Este libro pertenece a una serie que se dedica a exponer las diferentes posiciones que hay sobre diversos temas. Esta obra nos ofrece los argumentos de la perspectiva tradicionalista, la que aboga en pro del liderazgo masculino, en pro del ministerio plural, y la de la aproxi-

mación igualitaria; todas ellas acompañadas de los comentarios y la crítica de las perspectivas opuestas.

Vida cristiana
Dallas Willard, *Renueva tu Corazón: Sé como Cristo*, Terrassa: CLIE, Colección Teológica Contemporánea, vol. 13, 2004. No "nacemos de nuevo" para seguir siendo como antes. Pero: ¿Cuántas veces, al mirar a nuestro alrededor, nos decepcionamos al ver la poca madurez espiritual de muchos creyentes? Tenemos una buena noticia: es posible crecer espiritualmente, deshacerse de hábitos pecaminosos, y parecerse cada vez más a Cristo. Este *bestseller* nos cuenta cómo transformar nuestro corazón, para que cada elemento de nuestro ser esté en armonía con el reino de Dios.

Introducción

J. Matthew Pinson

El tema de la perseverancia de los santos está entre los más controvertidos de la historia de la teología cristiana. Puede que el intenso interés que siempre ha despertado se deba a que la doctrina de la perseverancia está estrechamente vinculada con la seguridad de la salvación. Con frecuencia, los cristianos relacionan la pregunta «¿Cómo puedo estar seguro de que soy salvo?» con la que plantea «¿Me ofrece mi salvación una seguridad eterna?». La respuesta que demos a cualquiera de las dos a menudo influye en la otra. Quizá por esta razón tan práctica (afecta a la médula misma de la experiencia cristiana), la doctrina de la perseverancia ha sido una fuente muy importante de controversia.

Además de la larga historia de este tema y de su conexión integral con la espiritualidad cristiana, la doctrina de la perseverancia sirve como indicador de nuestra posición teológica ya que afecta a otras muchas enseñanzas: el Libre Albedrío, la Gracia, la Predestinación, la Expiación, la Justificación, la espiritualidad, etc. Por ello, la forma en que alguien se acerque a este tema dirá mucho respecto a su posicionamiento en el espectro teológico. Observar el modo en que los teólogos presentan la doctrina de la perseverancia, nos da una idea de su manera de hacer teología.

Un libro como éste es necesario. Conocer las doctrinas de la perseverancia según tradiciones teológicas distintas de la nuestra nos ayudará a entender mejor la idea bíblica de la Salvación en Cristo. Tal conocimiento nos librará de una excesiva dependencia de nuestras propias tradiciones y de recurrir a ellas de un modo indebido. Además, nos ayudará a refinar nuestras propias posiciones en vista de las críticas planteadas desde otras tradiciones doctrinales. Por último, la consideración de cuatro perspectivas acerca de la doctrina de la perseverancia comparadas y contrastadas la una con la otra, ayudará a clarificar algunas ideas un tanto turbias que, con demasiada frecuencia, caracterizan la enseñanza popular evangélica respecto a este tema.

Las perspectivas que aquí se van a debatir representan cuatro posiciones protestantes históricas (dos calvinistas y dos arminianas). Cada una de estas perspectivas está arraigada en unas circunstancias intelectuales, históricas y culturales determinadas y, asimismo, cada una de ellas ha sido modelada por siglos de debates teológicos y de experiencias espirituales de distintas comunidades cristianas. Todas estas perspectivas fluyen del amplio caudal de la teología reformada. El punto de vista calvinista clásico surge del pensamiento de Juan Calvino y de sus sucesores reformados tanto en la Europa continental como en Gran Bretaña. El enfoque calvinista moderado emerge durante los siglos XIX y XX en contextos donde se reelabora la herencia teológica calvinista, especialmente entre calvinistas bautistas y otros grupos de iglesias libres. La perspectiva arminiana reformada comienza con el teólogo reformado holandés Jacobo Arminius y el movimiento general bautista que se originó en la Inglaterra del siglo XVII. La posición arminiana wesleyana tiene sus raíces en las enseñanzas de John y Charles Wesley y los primeros pensadores metodistas de la Inglaterra del siglo XVIII.

Los colaboradores de este volumen han sido seleccionados para representar sus respectivas tradiciones teológicas. Sin embargo, ello no implica que todos los que se adhieren a una tradición específica hayan de estar completamente de acuerdo con lo que dice quien aquí se encarga de exponer tal tradición. Sí significa, no obstante, que cada uno de los colaboradores intentará plantear una posición que esté dentro de los límites de la corriente de opinión dominante entre los eruditos de su propia tradición. En el resto de esta introducción, quiero hablar brevemente del trasfondo histórico y teológico de cada uno de los puntos de vista presentados, así como resumir el enfoque fundamental de cada uno de los colaboradores.

Calvinismo clásico

El enfoque calvinista clásico de la doctrina de la perseverancia en la salvación procede del pensamiento de Juan Calvino, el reformador suizo del siglo XVI. Calvino desarrolló un sistema doctrinal, con raíces en el pensamiento de Agustín, que había establecido la Soberanía de Dios como principio organizador clave del pensamiento cristiano. Puesto que Dios es soberano sobre su Creación —argumentaba Calvino—, Él debe ser el único actor en la Salvación de sus criaturas humanas. Cualquier respuesta de un ser humano depravado, anterior a la Regeneración, mermaría la Soberanía de Dios en la redención humana.

Por ello, la Gracia de Dios es la expresión de su Soberanía. En su Gracia, Dios escoge, o predestina, a quienes quiere que se salven (los elegidos) y a quienes quiere que se condenen (los reprobados). Dios mismo atrae a sí de un modo irresistible y regenera a aquellos a quienes predestina para Salvación. Produce en ellos fe en Jesucristo y, por medio de esta fe, los regenerados son justificados mediante la justicia imputada de Cristo. La idea que tiene Calvino del plan redentor de Dios produce una perspectiva que ve a los elegidos preservados —y, por tanto, perseverando— en la fe y la santidad hasta la muerte. Para Calvino, la elección para salvación es incondicional y, por tanto, la perseverancia en la Salvación también lo es. Aquellos a quienes Dios llama eficazmente serán preservados de un modo irresistible en un estado de Gracia.

Una generación después de Calvino, comenzó a aflorar el desacuerdo oficial acerca de la doctrina de la predestinación entre las iglesias reformadas de la Europa continental. Esta controversia giraba alrededor de Jacobo Arminio, que había desarrollado un acercamiento a la Predestinación y a la Gracia completamente opuesto al de Calvino. En oposición a Arminio y a sus seguidores, las iglesias reformadas celebraron el Sínodo de Dort entre 1618 y 1619, que expulsaba a los seguidores de Arminio (remonstrantes). Este sínodo sistematizó la teología de la salvación de Calvino sintetizándola en lo que, desde entonces, se ha dado en llamar los «cinco puntos del calvinismo» o «las doctrinas de la Gracia»:

>   Depravación total
>   Elección incondicional
>   Expiación limitada
>   Gracia irresistible
>   Perseverancia de los santos

Los calvinistas de nuestros días debaten si Calvino enseñó o no la «doble predestinación». Esta doctrina sostiene que Dios escoge a algunos para salvación, de manera incondicional, sin tener en cuenta la fe o las buenas obras de que pudiera tener conocimiento por su presciencia.

Predestina también a los reprobados de manera igualmente incondicional, sin tener en cuenta la incredulidad o el pecado que pudiera prever su presciencia. En otras palabras, el meollo del debate es: ¿Deja Dios simplemente a los no elegidos en su estado natural permitiendo que se condenen por su pecado, o predestinó a algunos para condenación sin tener en cuenta su pecado?[1]

Los calvinistas tampoco están de acuerdo sobre si Calvino creía en una expiación limitada o particular (que Cristo murió solamente por los escogidos) o en una general o ilimitada (que Cristo murió por toda la Humanidad). El calvinismo clásico, dado que se configuró en el marco de la teología escolástica de los siglos XVI y XVII, sí se adhirió a una redención particular y, por tanto, a la expiación limitada. Muchos defensores de la posición que se conoce como «calvinismo cuatropuntista» se ven también a sí mismos como calvinistas clásicos. Este punto de vista halló su primera expresión en el pensamiento del teólogo reformado francés del siglo XVII Moise Amyraut. Su sistema, conocido como amiraldismo, enseñaba la universalidad de la Expiación aunque seguía sosteniendo las demás doctrinas de los Cánones de Dort. Amyraut y sus colegas insistían en el hecho de que lo único que habían hecho era sencillamente recuperar el espíritu mismo de Calvino, quien —decían ellos—, sostenía una expiación universal. Amyraut fue juzgado tres veces por herejía, sin embargo nunca fue condenado. No obstante, la Formulación del Consejo Helvético (1675) se oponía categóricamente a sus doctrinas.[2]

Aunque el amiraldismo jugó un papel poco relevante en la escena teológica reformada,[3] el calvinismo de Dort se consolidó en la teología escolástica reformada de los siglos XVII y XVIII. Sigue presente en confesiones de fe tales como la de Westminster, que apareció a mediados del siglo XVII y ejerció un efecto sin precedentes en el desarrollo de la teología reformada.[4] Este acercamiento a la

---

[1] Joel E. Hampton presenta un convincente argumento para demostrar que Calvino creía en esta última opción en «The Equal Ultimacy Question in Calvin's View of Reprobation: Is Predestination Really 'Double'?», *Integrity: A Journal of Christian Thought* 1 (2000): 103–13.

[2] Ver la obra de Brian Armstrong, *Calvinism and the Amyraut Heresy* (Madison, Wis.: Univ. of Wisconsin Press, 1969).

[3] El amiraldismo influyó en el desarrollo de la teología protestante en los Estados Unidos, especialmente entre los bautistas y los dispensacionalistas.

[4] Uno de los mejores tratamientos breves de la soteriología calvinista clásica es el Ensayo Introductorio («Introductory Essay») de J. I. Packer, a la obra del autor puritano John Owen, *The Death of Death in the Death of Christ* (Londres: Banner of Truth, 1959).

Salvación influyó en las iglesias reformadas del continente y de Gran Bretaña (especialmente en los puritanos, presbiterianos, independientes y separatistas). También se convirtió en la creencia de los bautistas particulares, que se originaron en Inglaterra en el siglo XVII a partir de los independientes. Estos bautistas calvinistas revisaron la Confesión de Westminster (suprimiendo el paidobautismo y la eclesiología presbiteriana) en la segunda Confesión de Londres de 1689.[5]

En el primer capítulo, S. Horton ofrece una interpretación contemporánea del punto de vista del calvinismo clásico. Puesto que la Escritura enseña que la elección para Salvación es incondicional —arguye Horton—, la perseverancia es una necesaria consecuencia de ello. Puesto que los creyentes no han hecho nada para entrar en un estado de Gracia, tampoco pueden hacer nada para salir de él. Si la Gracia es irresistible antes de la conversión, sigue siendo irresistible después de ella. La perseverancia final es una parte cierta y necesaria del orden de la salvación (*ordo salutis*) que Pablo presenta en Romanos 8:29–30. Aquellos que el Padre ha elegido y que el Hijo ha comprado por medio de su muerte y a quienes el Espíritu Santo ha atraído de un modo irresistible, han de perseverar necesariamente.

Horton sostiene que ésta es la enseñanza de la Sagrada Escritura. Utiliza la Teología del Pacto como marco explicativo para interpretar los pasajes del Nuevo Testamento relativos a la «seguridad eterna» y los que registran las advertencias acerca de caer. Para entender estos textos, hemos de presuponer el paradigma bíblico del pacto de la Redención, el pacto de las obras, y el pacto de la Gracia. Haciendo esto, dice Horton, podemos entender mejor los versículos aparentemente contradictorios acerca de la seguridad eterna y la apostasía a que apelan respectivamente los calvinistas y los arminianos. Entonces —argumenta— se hace claro que los pasajes de advertencia del Nuevo Testamento no se dirigen a los creyentes. Representan, más bien, un aviso para los no creyentes que han participado en el pacto en virtud de su bautismo y de su membresía en la Iglesia. Por ello, Horton encaja perfectamente en la tradición de la teología calvinista del pacto.

---

[5] Ver la obra de Thomas J. Nettles, *By His Grace and for His Glory: A Historical, Theological, and Practical Study of the Doctrines of Grace in Baptist Life* (Grand Rapids: Baker, 1986), y la de Samuel Waldron, *A Modern Exposition of the 1689 Baptist Confession of Faith* (Durham, Inglaterra: Evangelical Press, 1989).

Calvinismo moderado

«Calvinismo moderado» es la expresión que he escogido para designar a quienes proceden de una herencia calvinista, pero han moderado su calvinismo de forma significativa, especialmente los elementos relativos a la predestinación. La mayoría de los bautistas de nuestros días encajan en esta descripción, así como un buen número de evangélicos de las congregaciones, denominaciones, y grupos paraeclesiales libres. La forma más corriente de calvinismo moderado se adhiere a una versión moderada de las doctrinas de la depravación total y de la perseverancia de los santos. Sin embargo, o bien se deshace por completo de los tres puntos intermedios, o bien los reinterpreta de un modo que difiere radicalmente del calvinismo clásico.

Curiosamente, los primeros en sostener tales puntos de vista comenzaron siendo bautistas generales (los bautistas arminianos que se originaron en la Inglaterra de comienzos del siglo XVII). Un grupo de bautistas generales comenzó a moderar su arminianismo a finales del siglo XVII. Se moderaron hasta tal punto que pasaron de creer en la posibilidad de la apostasía de la vida cristiana a aceptar la perseverancia incondicional de los santos. Como los demás bautistas generales, también ellos habían afirmado siempre la depravación total del ser humano. Tras este cambio a la perseverancia incondicional, siguieron sosteniendo la elección condicionada por la fe que ve la presciencia, la expiación general (ilimitada) y la Gracia resistible. Expresaron esta perspectiva en una confesión de fe denominada «El Credo Ortodoxo« (1689).[6]

Es dudoso, sin embargo, que estos primeros bautistas que creían en la expiación general tuvieran alguna conexión con los calvinistas moderados de la tradición bautista posterior. El calvinismo moderado es un fenómeno de los siglos XIX y XX. Algunos historiadores arguyen que, en el siglo XIX, los bautistas de Norteamérica comenzaron a suavizar los cortantes filos del calvinismo tradicional. Este cambio doctrinal, afirman, coincidió con la propagación del movimiento de los bautistas separados y la amplia aceptación de la Confesión de Fe de New Hampshire.[7]

---

[6] «The Orthodox Creed», en William L. Lumpkin, ed., *Baptist Confessions of Faith* (Valley Forge, Pa.: Judson, 1959), 297–334.

[7] Lumpkin, ed., *Baptist Confessions of Faith*, 360; H. Leon McBeth, *The Baptist Heritage: Four Centuries of Baptist Witness* (Nashville: Broadman, 1987), 210–11, 704, 774.

Introducción

Los teólogos bautistas tanto del Norte como del Sur seguían un tipo de calvinismo tan enérgico como el que sostenían sus colegas presbiterianos de Princeton. No obstante, los bautistas, inflamados con las llamas de los movimientos revivalistas, comenzaron a moderar el estricto calvinismo de sus predecesores.[8] Otros historiadores sitúan la erosión del calvinismo tradicional bautista a comienzos del siglo XX con maestros como E. Y. Mullins y L. R. Scarborough.[9] En cualquier caso, el calvinismo moderado se convirtió en la posición mayoritaria entre los bautistas a finales del siglo XIX y comienzos del XX. En grupos como los Hermanos de Plymouth y el movimiento de las Iglesias Bíblicas, muchos dispensacionalistas moderaron también considerablemente su calvinismo.

Algunos de aquellos a quienes me he referido como calvinistas moderados han comenzado recientemente a referirse a sí mismos como arminianos moderados.[10] Y aun otros, dentro de la Convención de los Bautistas del Sur, por ejemplo, profesan ahora un verdadero arminianismo que incluye la posibilidad de la pérdida de salvación.[11]

En el capítulo 2, Norman Geisler presenta la perspectiva calvinista moderada. Geisler argumenta que la idea de la predestinación del calvinismo clásico, así como su concepción de la extensión de la Expiación, y del llamamiento eficaz no tienen ningún apoyo bíblico. Subraya que el Nuevo Testamento enseña que Dios preservará en la Gracia a todos los

---

[8] W. Wiley Richards, *Winds of Doctrines: The Origin and Development of Southern Baptist Theology* (Lanham, Md.: Univ. Press of America, 1991), 45–59, 124–27, 193–94.

[9] Tom Nettles, *By His Grace and for His Glory*, 246–64; Tom Nettles, «The Rise and Demise of Calvinism Among Southern Baptists», *The Founders Journal* 19/20:6–21. Cf. Clark R. Youngblood, «Perseverance and Apostasy», in *Has Our Theology Changed? Southern Baptist Thought Since 1845*, ed. Paul Basden (Nashville: Broadman & Holman, 1994), 114–34.

[10] Ver, por ejemplo, la obra de W. Wiley Richards, *Why I Am Not a Calvinist* (Graceville, Fla.: Hargrave, 1999).

[11] Ver la obra de Dale Moody, *Apostasy: A Study in the Epistle to the Hebrews and in Baptist History* (Greenville, S.C.: Smyth & Helwys, 1997). (El difunto Dale Moody fue expulsado del Seminario Teológico de los Bautistas del Sur por su creencia en la posibilidad de la apostasía. Desde entonces, algunos bautistas del Sur han aceptado sus ideas acerca de la doctrina de la perseverancia. Esto muestra la importancia de la doctrina de la seguridad eterna en la mayor denominación protestante del país). Estos son cambios interesantes, dado el resurgir del calvinismo clásico en la Convención de los Bautistas del Sur, que se evidencia por el crecimiento de la Founders Conference (Conferencia de los Fundadores), una asociación organizada para la difusión del calvinismo ortodoxo (ver la obra de Youngblood, «Perseverance and Apostasy», 124–28).

que han sido regenerados. Por ello, la pérdida de la salvación es imposible. La seguridad eterna de los cristianos se fundamenta en la imputación de la justicia de Cristo y las promesas incondicionales de Dios al creyente. Sin embargo, en lugar simplemente de descartar la formulación tradicional de los cinco puntos del calvinismo, Geisler los reinterpreta argumentando que cada uno de ellos puede sostenerse dándole un acento moderado o extremo.

También se desliga tanto del calvinismo clásico como del arminianismo en su manera de entender el concepto de certeza. Arguye que, aunque el calvinismo extremo ofrece seguridad a los creyentes, no puede ofrecer en el presente la certeza de que alguien pertenezca sin ninguna duda a los escogidos. Y aunque el arminianismo sí puede ofrecer esta certeza en el presente, no puede ofrecer seguridad. El calvinismo moderado, sigue afirmando Geisler, tiene todas las ventajas, puesto que solo esta posición ofrece la verdadera certeza y la seguridad. Geisler presenta un modelo que sostiene en tensión tanto la libertad de los seres humanos para resistir la Gracia que Dios ofrece antes de la conversión, como la absoluta seguridad eterna de aquellos que han recibido a Cristo por medio de la fe. De esta manera, intenta mantener un equilibrio entre el calvinismo clásico y el arminianismo.

Arminianismo reformado

El arminianismo reformado tiene sus raíces en el pensamiento del teólogo holandés Jacobo Arminio, que fue la figura central del movimiento anticalvinista de la Iglesia Reformada Holandesa a finales del siglo dieciséis. La mayoría de los intérpretes de Arminio creen que éste era un calvinista supralapsario que rechazó la teología reformada tras un intento de refutar al anticalvinista Dirck Coornheert. Sin embargo, Carl Bangs ha argumentado correctamente que lo que hizo Arminio fue sencillamente reflejar y sistematizar una corriente anticalvinista subyacente que ya había estado presente en las iglesias reformadas, especialmente entre los laicos, desde los días de Calvino.[12]

---

[12] Carl Bangs, «Arminius and the Reformation», *Church History* 30 (1961): 155–60; Carl Bangs, *Arminius: A Study in the Dutch Reformation* (Grand Rapids: Zondervan, 1985), 141–42. Esta postura anticalvinista se manifestó principalmente entre los laicos y magistrados, pero estuvo también presente entre el clero.

A esta posición se le llama arminianismo reformado, puesto que Arminio se definió a sí mismo como un teólogo reformado enmarcado dentro del Catecismo de Heidelberg y de la Confesión de Fe Belga.[13] Bangs presenta a «Arminio como un teólogo reformado» que, a finales del siglo dieciséis, ocupaba un espacio más amplio que el del predestinacionismo calvinista dentro de las iglesias reformadas de la Europa continental.[14] Esta perspectiva contradice la tendencia corriente de atribuir a Arminio lo que fueron doctrinas arminianas posteriores. Desde este enfoque, sus ideas teológicas representan más bien un desarrollo de la teología reformada que un alejamiento de ella. Muchos confunden el arminianismo posterior con el de Arminio. Por tanto, no se dan cuenta de que, si bien Arminio se alejó del calvinismo en la cuestión de cómo se llega al estado de Gracia (predestinación, libre albedrío, y Gracia), retuvo, no obstante, las categorías reformadas por lo que respecta al *significado* del pecado y de la Redención.

Ha habido cierta confusión acerca de si Arminio creía posible la apostasía de una persona regenerada debido a algunas de las declaraciones que encontramos en su *Declaración de Sentimientos*. Sin embargo, todos están de acuerdo en que Arminio puso, al menos, el fundamento para la enseñanza arminiana que afirma la posibilidad de que el cristiano caiga de la Gracia. Arminio creía que no todos los regenerados son escogidos, a quienes él definía como aquellos regenerados que perseveraban en un estado de Gracia hasta el final de su vida: «Puesto que *la elección para salvación* comprende no solamente la fe, sino asimismo la perseverancia en la fe... es incorrecto identificar a los creyentes con los elegidos».[15]

Estas palabras muestran que para Arminio la apostasía era algo posible; de otro modo, hubiera dicho que todos los regenerados son también escogidos. Este tipo de afirmación ha llevado a eruditos como Bangs y R. T. Kendall a concluir que Arminio creía en la posibilidad de la apostasía.[16] Sin embargo, su posición no implica que el pecado produzca la pérdida de la salvación en un creyente. La única forma en que un cristia-

---

[13] Carl Bangs, «Arminius As a Reformed Theologian», en la obra *The Heritage of John Calvin*, ed. John H. Bratt (Grand Rapids: Eerdmans, 1973), 216–17.

[14] Además de las obras citadas anteriormente, Carl Bangs, «Arminius and Reformed Theology» (Tesis Doctoral, University of Chicago, 1958).

[15] James Arminius, *The Works of James Arminius*, traducida por James Nichols y William Nichols, 3 vols. (Grand Rapids: Baker, 1986), 2:68.

[16] Bangs, «Arminius and Reformed Theology», 186–87; ver también la obra de R. T. Kendall, *Calvin and English Calvinism to 1649* (Oxford: Oxford Univ. Press, 1978).

no puede perder la salvación es renunciando a su fe en Cristo. Arminio declaró que es «imposible para los creyentes, *mientras sigan siendo creyentes*, caer de la salvación».[17]

Los arminianos reformados siguen el ejemplo del propio Arminio y difieren, por tanto, de la corriente principal del arminianismo posterior. Son reformados en su idea del pecado original, la depravación, la incapacidad humana, la naturaleza de la Expiación, la Justificación, la Santificación y la vida cristiana. Los arminianos reformados suscriben la idea de la satisfacción penal de la Expiación y de la Justificación mediante la imputación al creyente de la obediencia activa y pasiva de Cristo. Por ello, únicamente cuando se aparta de Cristo por incredulidad —un acto decisivo de apostasía— puede un cristiano perder la salvación. Arguyen además, que la apostasía es un estado irrevocable.[18] Estas ideas separan a los arminianos reformados de la corriente principal del pensamiento arminiano, puesto que la mayoría de los arminianos se oponen a las interpretaciones reformadas de la Expiación, la Justificación, y la Santificación.

Los bautistas generales ingleses, que surgieron a comienzos del siglo XVII bajo el liderazgo de Thomas Helwys, recogieron las ideas de Arminio. Helwys abandonó a su compatriota John Smyth, porque éste había rechazado las doctrinas del pecado original, la satisfacción penal, y la sola imputación de la justicia de Cristo para la Justificación. Algunos teólogos como, por ejemplo, Thomas Grantham y John Griffith mantuvieron la tradición del arminianismo reformado de Helwys. La mayor parte del pensamiento arminiano fue más influenciado por John Wesley y otros que por el propio Arminio o los bautistas generales. No obstante, la tradición de los bautistas generales sigue viva en algunos grupos bautistas arminianos como el de los bautistas del libre albedrío.

En el tercer capítulo de esta obra, Stephen M. Ashby define y defiende la posición arminiana reformada. Ashby comienza explicando lo que significa la expresión y en qué se distinguen los arminianos reformados de los calvinistas y los demás arminianos. A continuación, muestra que las presuposiciones soteriológicas de Arminio dan como resultado un acercamiento a la doctrina de la seguridad que permite que el creyente, tras su conversión, pueda resistir la Gracia. Ashby analiza los diferentes textos bíblicos relacionados con el tema, que le llevan a plantear la posi-

---

[17] Arminio, *Obras,* 1:742.

[18] La idea arminiana reformada de que la pérdida de la salvación es únicamente resultado de la apostasía por incredulidad y de que tal apostasía es irrevocable la comparten eruditos de nuestro tiempo como Dale Moody, I. Howard Marshall, y Scot McKnight.

bilidad de la apostasía. Describe, luego, el modo en que el arminianismo reformado difiere del wesleyano y de otras formas de arminianismo respecto a la percepción del modo en que puede perderse la salvación.

Arminianismo wesleyano

El arminianismo wesleyano es el sistema teológico que surgió de la asimilación crítica que hizo John Wesley de las incontables tradiciones teológicas que éste tenía a su disposición en la Iglesia de Inglaterra del siglo XVIII. Se le llama así, no solo porque representa un acercamiento anticalvinista a la doctrina de la salvación, sino también porque el propio Wesley quiso identificarse con el nombre de Jacobo Arminio. Con el deseo de plantear una postura no calvinista en medio de las controversias respecto a la predestinación que rugían en el temprano metodismo de aquel entonces, Wesley lanzó *The Arminian Magazine* (la Revista Arminiana) en 1778. Sin embargo, el uso del término «arminiana» no indica forzosamente que Wesley se apoyara en los escritos de Arminio.[19] La doctrina de la salvación de Wesley era una creativa amalgama de diversas procedencias de su crianza anglicana. Aunque podemos asumir que Wesley leyó algo de la obra de Arminio, hay más pruebas de que fue influenciado por el anticalvinismo inglés del siglo XVII.

Wesley heredó el arminianismo anglicano de sus padres, Samuel y Susana, como puede apreciarse en numerosas cartas y estudios.[20] Samuel Wesley hablaba de Hugo Grotius, que había llegado a Inglaterra procedente de Holanda, como de su comentarista bíblico preferido. Grotius resultó ser una fuente teológica más relevante para Wesley y su círculo de la Universidad de Oxford de lo que lo sería Arminio.[21] Susana Wesley animó a su hijo

---

[19] Ver la obra de Luke L. Keefer Jr., «Characteristics of Wesley's Arminianism», *Wesleyan Theological Journal* 22 (1987): 88–100. Prueba de ello es el hecho de que, a pesar de la afición de Wesley por publicar versiones condensadas de obras teológicas anteriores para su difusión, nunca reeditó nada de Arminio. Sin embargo, sí publicó de nuevo algunos de los escritos soteriológicos de autores anticalvinistas ingleses anteriores, como por ejemplo el independiente John Goodwin.

[20] Martin Schmidt, *John Wesley: A Theological Biography*, 3 vols. (New York: Abingdon, 1960), 1:44. Aunque sería técnicamente más exacto hablar de «anticalvinismo anglicano» en lugar de «arminianismo anglicano», puesto que el arminianismo anglicano no se apoyaba en Arminio, utilizaré aquí este último término teniendo en cuenta su amplia utilización.

[21] Ver la obra de Richard P. Heitzenrater, ed., *Diary of an Oxford Methodist: Benjamin Ingham, 1733–34* (Durham, N.C.: Duke Univ. Press, 1985).

a leer a Jeremy Taylor y a otros autores de la escuela anglicana de la «vida de santidad». Wesley comenzó a leer a Taylor en 1725 y, posteriormente, se referiría a él como una «influencia inestimable» para su vida. Puede decirse, sin duda, que Taylor fue el vehículo por medio del cual Wesley fue introducido en el anticalvinismo inglés del siglo XVII.[22]

Wesley fue también grandemente influenciado por el teólogo independiente John Goodwin.[23] En su escritos, Wesley hizo numerosas referencias positivas a Goodwin, y en 1765 reeditó la obra de Goodwin *Imputatio Fidei, or, A Treatise of Justification* (Imputatio Fidei o, Un Tratado de la Justificación) (1642). En esta obra, Goodwin disiente radicalmente de Arminio y se apropia de la idea gubernamental de la Expiación y de la Justificación que expone Hugo Grotius. Puede que Goodwin influyera más en la doctrina de la Justificación de Wesley durante los últimos treinta años de su vida que ningún otro escritor.

Teniendo en cuenta la diversidad de las fuentes del «arminianismo» de Wesley no es de extrañar que el arminianismo wesleyano sea, en cierto modo, distinto del arminianismo original de Arminio. Aun así, Wesley y sus seguidores compartieron muchas creencias con Arminio, como por ejemplo: la Elección condicional, la Expiación universal, la posibilidad de resistir la Gracia y la posibilidad de la apostasía. No obstante, a pesar del acuerdo general en las líneas esenciales de las creencias arminianas, Wesley y algunos de sus primeros discípulos como Adam Clarke, John Fletcher y Richard Watson, matizaron su teología de maneras que divergían del pensamiento de Arminio y que en muchos sentidos estaban más de acuerdo con el pensamiento remonstrante posterior.

Arminio, por ejemplo, se adhirió tenazmente a una teoría de la satisfacción penal de la Expiación (cf. la sección anterior). Wesley, sin embargo, fusionó este concepto con el de la Expiación gubernamental y otros acercamientos a este tema. Clarke, Fletcher, Watson y los teólogos metodistas del siglo diecinueve suscribieron la teoría

---

[22] *The Works of John Wesley*, ed. Thomas Jackson, 14 vols. (Londres: Wesley Methodist Book Room, 1872; reimpreso, Grand Rapids: Baker, 1986), 11:366; Richard P. Heitzenrater, *The Elusive Mr. Wesley*, 2 vols. (Nashville: Abingdon, 1984), 2:23; John Deschner, *Wesley's Christology: An Interpretation* (Dallas: Southern Methodist Univ. Press, 1960), 197.

[23] «Independiente» es la palabra que se utilizaba para calificar a los puritanos cuyas congregaciones eran independientes de la Iglesia de Inglaterra.

gubernamental de la Expiación, rechazando la idea de la imputación de la Justicia de Cristo a los creyentes en la Justificación. Este acercamiento a la Expiación y a la Justificación, junto con las doctrinas de la «segunda bendición» y la completa santificación, produjeron un acercamiento distinto a la vida cristiana, a la doctrina de la seguridad, y a la de la perseverancia en la salvación que el que formuló Arminio. Mientras que para Arminio la pérdida de la salvación se producía únicamente al dejar de creer en Cristo, los wesleyanos sostenían que esto era también posible tanto por la incredulidad como por el pecado no confesado. Sin embargo, la apostasía podía remediarse mediante un nuevo arrepentimiento.

En nuestros días, el arminianismo wesleyano puede encontrarse en los diferentes organismos metodistas, en los grupos de Santidad como la Iglesia del Nazareno, la Iglesia Wesleyana, y el Ejército de Salvación, y también en la mayoría de las denominaciones tradicionales pentecostales y carismáticas, que tienen una herencia teológica, en gran medida, wesleyana.[24]

En el capítulo 4, Steve Harper nos ofrece una reflexión sobre el punto de vista arminiano wesleyano de la doctrina de la seguridad. Lo hace mediante un análisis de los escritos de John Wesley, permitiendo con ello que Wesley hable «por sí mismo». Después de desarrollar los aspectos del contexto histórico y teológico de Wesley, Harper investiga las doctrinas preparatorias de la Depravación, la Gracia, la Expiación, y la Justificación. A continuación, ofrece una exposición del acercamiento wesleyano a la apostasía, arguyendo que los creyentes pueden perder la salvación por dos causas: (1) la apostasía por incredulidad y (2) el pecado no confesado. Harper sugiere que los creyentes tienen la libertad de rechazar a Cristo y que los pecados deliberados y voluntarios, en tanto que violaciones de la ley conocida de Dios, se convierten en mortales si no hay arrepentimiento de ellos. Por la radical generosidad de Dios, la pérdida de la salvación puede remediarse mediante un nuevo arrepentimiento y una nueva fe.

[24] Los anabaptistas (por ej., los menonitas, los hermanos) y los restauracionistas (por ej., las Iglesias de Cristo, las Iglesias Cristianas, y los Discípulos de Cristo) han tendido tradicionalmente hacia doctrinas de la salvación cercanas a las del arminianismo wesleyano (sin afirmar, sin embargo, una «segunda bendición» y la santificación completa). No obstante, siempre ha habido algunas personas de estos grupos que han adoptado puntos de vista más afines al arminianismo reformado. Muchos luteranos tradicionales también afirman la posibilidad de la apostasía y de una nueva conversión.

Estas cuatro perspectivas no representan los únicos acercamientos cristianos a la doctrina de la seguridad eterna. Sin embargo, sí son las que mejor representan lo que la mayoría de protestantes han creído tradicionalmente respecto a la doctrina de la perseverancia. Me he esforzado al máximo para dar a cada uno de los colaboradores la libertad para plantear su punto de vista del modo que considere más apropiado. El resultado es un intercambio animado y, en ocasiones, sorprendente que tengo la esperanza de que estimulará un diálogo más productivo acerca de la doctrina de la perseverancia y de la apostasía.

Capítulo 1
Un punto de vista calvinista clásico

Michael S. Horton

«Esta Gracia [Dios] la depositó 'en Cristo en quien hemos obtenido muchísimos beneficios, habiendo sido predestinados según el propósito de Aquel que hace todas las cosas'. Y de este modo, igual que hace que vayamos a Él, hace igualmente que no nos apartemos de Él».[1] En su obra *La Predestinación de los Santos*, Agustín explicó con paciencia y defendió con verdadera pasión la radical generosidad de Dios en Cristo. Los receptores de esta epístola eran dos importantes monjes que habían expresado una honda preocupación por las controversias que se habían suscitado en sus monasterios acerca de estas cuestiones. Algunos tenían el temor de que las Buenas Nuevas fueran demasiado buenas como para ser verdaderas; otros estaban convencidos de que la propia Escritura advertía explícitamente en contra de la confianza de considerar la Salvación como algo ya cierto y seguro.

El tema que tenemos ante nosotros tiene sus orígenes, no en Calvino o en el Sínodo de Dort, ni de hecho tampoco en Agustín. Es más bien una cuestión de interés perenne para cualquiera que indaga en la Palabra de Dios en busca de una enseñanza bíblica unificada acerca de una de las preguntas más prácticas y con mayores implicaciones: ¿Cuál es la base para vivir en la esperanza de la Salvación prometida por Dios? En el breve espacio de este capítulo, defenderé la idea de que la Teología del Pacto explica todos los aspectos del testimonio bíblico de manera

---

[1] Agustín, «On The Gift of Perseverance», capítulo 16 en Philip Schaff, ed., *A Select Library of the Nicene and Post-Nicene Fathers of the Christian Church*, vol.5: *Anti-Pelagian Writings* (Edimburgo: T. & T. Clark, reimpresión de 1991).

más consistente de lo que lo han hecho los arminianos o cualquier otra posición respecto a la seguridad eterna.

Muchos de quienes hemos crecido en círculos evangélicos conocemos a personas que se autodenominan calvinistas, sencillamente porque creen en la seguridad eterna, aunque no aceptan la Depravación total, la Elección incondicional, la Redención particular, y la Gracia irresistible. Por ejemplo, Norman Geisler se presenta a sí mismo como «calvinista moderado» aunque la posición que ha expresado, muy recientemente en su obra *Chosen But Free* (escogido, pero libre), representa en gran medida la idea del arminianismo clásico: «La Gracia de Dios opera sinérgicamente con el libre albedrío... Dicho de otro modo, la Gracia de Dios que justifica actúa, no de manera operativa sino cooperativa».[2] En otro lugar escribe: «Ciertamente, Dios salvaría a todos los hombres si pudiera... Dios llevará al cielo al mayor número de personas que pueda... Por lo que respecta a la Salvación, cada criatura es libre de aceptar o rechazar la Gracia de Dios. Por supuesto, Dios sabía desde toda la eternidad quiénes creerían y quiénes no».[3] Sin embargo, Geisler califica repetidamente de «calvinistas extremistas» a quienes, de hecho, abrazan los así llamados cinco puntos del calvinismo.

Aunque este acercamiento puede ser eficaz a efectos de retórica, representa, no obstante, una considerable confusión de las posiciones históricas. Quienes sostienen la seguridad eterna, no son por ello calvinistas (ni siquiera calvinistas moderados). De hecho, la doctrina de la seguridad eterna no es una enseñanza propiamente calvinista sino que, al menos expresada del modo en que me es familiar, descansa en presuposiciones arminianas respecto a la Gracia y al libre albedrío. Si esto es así (como espero que se irá haciendo más evidente a medida que avancemos), entonces nuestro editor ha hecho una inteligente distinción entre la posición reformada con respecto a este tema y los puntos de vista tanto arminianos como de la seguridad eterna.

¿Cuál sería, entonces, la exposición calvinista o reformada de la doctrina de la perseverancia de los creyentes? Examinaremos primero los pasajes que utilizan quienes proponen la posición de la seguridad eterna, después realizaremos un análisis de aquellos textos que aducen los

---

[2] Norman L. Geisler, *Chosen But Free* (Minneapolis: Bethany House, 1999), 233.
[3] Norman L. Geisler, «God, Evil, and Dispensations», en la obra, *Walvoord: A Tribute*, ed. Donald K. Campbell (Chicago: Moody, 1982), 102, 108.

arminianos y, a continuación, concluiremos con el acercamiento a la Teología del Pacto.

Los pasajes de la «Seguridad Eterna»

Lewis Sperry Chafer introduce su defensa de la seguridad eterna haciendo referencia al debate entre calvinistas y arminianos; los primeros —según Chafer— representan la posición de la seguridad eterna.[4] Cabe asumir, por tanto, que Chafer se identifica con el calvinismo. Sin embargo, tan solo unas páginas más adelante, durante la exposición del tema de la Salvación, escribe: «Dios escogió el plan como un todo, no de manera gradual. Él sabía de antemano, antes de escoger cualquier plan, quién sería salvo dentro de este plan y quién no lo sería. Por la fe hemos de asumir que Dios escogió el mejor plan posible». Chafer añade expresamente que «la Salvación puede entenderse como procedente de la Omnisciencia de Dios».[5]

¿Cómo entiende entonces Chafer la doctrina de la seguridad del creyente? Aunque relaciona la solidez de este plan con el hecho de que es una obra conjunta del Padre, del Hijo y del Espíritu, no se refiere sin embargo a la Salvación en el primer caso o la Gracia eficaz en el tercero. En lugar de ello, surge un punto de vista de la Salvación un tanto mecánico, en el que Chafer arguye que una vez una persona ha sido regenerada (lo cual es resultado de la decisión humana)[6] el proceso no puede revocarse. Por un lado, Chafer insiste en que tal seguridad descansa en el hecho de que la Salvación es obra de Dios de principio a fin. Sin embargo, arguye por otro lado que ésta descansa en el hecho de que Dios conoce de antemano la respuesta humana y responde a tal decisión concediendo nueva vida. Por ello, creo que la pregunta de los arminianos coherentes, está perfectamente justificada: ¿por qué es irreversible el nuevo nacimiento si, al menos en parte, éste descansa sobre la voluntad humana? Si somos nosotros mismos quienes nos ponemos en las manos de Dios, sin duda podemos también situarnos fuera de ellas.

---

[4] Lewis Sperry Chafer, *Major Bible Themes*, revisado por John Walvoord (Grand Rapids: Zondervan, 1981), 220.

[5] Ibíd., 232–33.

[6] La regeneración «es una obra de Dios completamente sobrenatural en respuesta a la fe del hombre» (Ibíd., 99).

No obstante, Chafer apela a sólidos textos de prueba de la doctrina de la Seguridad de la Salvación. El Evangelio de Juan está lleno de firmes y famosas promesas: A los creyentes se les da «vida eterna» (Juan 3:16). «En verdad, en verdad os digo: el que oye mi palabra y cree al que me envió, tiene vida eterna y no viene a condenación, sino que ha pasado de muerte a vida». (5:24) «Todo lo que el Padre me da, vendrá a mí; y al que viene a mí, de ningún modo lo echaré fuera... Y esta es la voluntad del que me envió: que de todo lo que Él me ha dado yo no pierda nada, sino que lo resucite en el día final» (6:37–39). Leer simplemente Romanos 8:29–39 parece suficiente para zanjar cualquier debate: ante la visión de la indestructible cadena de la Salvación, el propio apóstol es conducido a las alturas de la doxología. Juan 10:29; Romanos 4:21; 8:31, 38-39; 14:4; Efesios 1:19-21; 3:20; Filipenses 3:21; 2 Timoteo 1:12; Hebreos 7:25; Judas 24, defienden que Dios es capaz de guardar a los creyentes.

Además, reconocer la posibilidad de perder la Salvación equivale a negar la suficiencia de la obra salvífica de Cristo (Romanos 3:25-26; 1 Juan 2:2).[7] Cristo ha cargado con todos los pecados de todos los tiempos; la Gracia divina no es derrotada por el pecado (Romanos 5:20–21). Además de esto, la resurrección de Jesús trajo consigo la consecución de una vida nueva y eterna (Romanos 6:23; Colosenses 2:12; 3:1), y el creyente que está «en Cristo» no está ya bajo ninguna forma de condenación puesto que Jesús no lo está (Romanos 8:1). Chafer también se refiere a la intercesión actual de Cristo como abogado nuestro, un papel en el que Jesús habría fracasado si se perdiera cualquiera de aquellos por quienes Él intercede. La obra regeneradora del Espíritu no puede revocarse (Juan 1:13; 3:3–6; Tito 3:4–6; 1 Pedro 1:23; 2 Pedro 1:4; 1 Juan 3:9), y el Espíritu es la posesión permanente de todo creyente (Juan 7:37–39; Romanos. 5:5; 8:9; 1 Corintios. 2:12; 6:19; 1 Juan 2:27).

Por supuesto, se podrían aportar más textos, pero éstos son sin duda suficientes para zanjar la cuestión de que la obra salvífica de Dios en favor de los pecadores es perfecta. Los creyentes tienen toda confianza para acercarse al trono de Dios sabiendo que su Salvación está firmemente establecida en los lugares celestiales (Efesios 2:1–5). Pero están también los otros pasajes.

---

[7] Ibíd., 225.

Los pasajes «arminianos»

Citando a Wesley, a Wakefield y a otros, el teólogo arminiano H. Orton Wiley reconoce que el arminianismo niega la idea de la imputación de la obediencia de Cristo a los creyentes. Wesley dijo: «El juicio de un Dios perfectamente Sabio está siempre de acuerdo con la verdad; y no es compatible con su inerrante Sabiduría pensar que soy inocente, juzgar que soy justo o santo porque otro lo sea. No puede confundirme con Cristo más de lo que puede hacerlo con David o con Abraham».[8] El propio Wiley concluye: «Las acciones personales de Cristo eran de un carácter demasiado sublime como para poder ser imputadas a la Humanidad», y cabe acusar a quienes pretenden estar vestidos del «glorioso atuendo del Divino Redentor» de una actitud que «no es característica de la humildad del auténtico cristiano».[9]

A pesar de los comentarios de Wesley que parecen apoyar la doctrina evangélica de la Justificación, observaciones como las anteriores representan las críticas del Concilio de Trento contra la enseñanza de los reformadores. Desde el punto de vista reformado, la negación arminiana de la perseverancia de los santos es una implicación de su sinergismo (es decir, la consideración de la Salvación como un proceso de cooperación entre Dios y el creyente). Muchas de las mismas razones por las que Roma tuvo dificultades con la insistencia de los reformadores en la objetividad de una salvación llevada a cabo completamente por Dios, son las que llevan a la teología arminiana a considerar «antinomiana» una doctrina de la Justificación basada por completo en la justicia imputada de Cristo.[10]

El quinto punto de los artículos remonstrantes (arminianos) afirma lo siguiente:

> Que quienes están unidos a Cristo por la fe están, por ello, equipados con abundante fortaleza y suficiente ayuda para poder triunfar sobre las seducciones de Satanás y los engaños del pecado; no obstante pueden, descuidando tales ayudas, caer de la Gracia y, de morir en tal estado, pueden finalmente perecer. Este argumento comenzó en un

---

[8] Citado en la obra de H. Orton Wiley, *Christian Theology*, 3 vols. (Kansas City, Mo.: Beacon Hill, 1952), 2:396–97.

[9] Ibíd., 2:397.

[10] De los muchos ejemplos que podríamos citar, Wiley representa esta acusación; ver Ibíd., 1:77, 351; 2:383, 396.

principio con ciertas reservas, sin embargo, se convirtió más adelante en una doctrina plenamente establecida.[11]

Éste no es el lugar para introducirnos en el tema de la perfección cristiana o «la completa santificación» pero esta idea, en que Wesley y su seguidores tanto han insistido, está totalmente relacionada con la doctrina arminiano wesleyana de la perseverancia del creyente. Irónicamente, Chafer tiene más en común con Wiley en este asunto, que con el calvinismo. Chafer niega la Salvación incondicional, la Redención particular, y la Gracia irresistible. Pero niega también la Perseverancia de los santos y concluye erróneamente que «la seguridad eterna» representa la posición calvinista. Sostiene, además, que existen dos clases de cristianos: los «carnales» y los «espirituales», una distinción que demuestra cierta afinidad al menos con la idea wesleyana de la separación entre Justificación y Santificación como realidades que requieren dos actos específicos de fe.

No obstante, los arminianos coherentes (incluidos los wesleyanos) tienen sus textos de prueba para defender la posibilidad de caer de la Gracia y, por consiguiente, de perder la Salvación. ¿Por qué habría el salmista de suplicar a Dios: «No me eches de tu presencia, y no quites de mí tu santo Espíritu» (Salmos 51:11) si ello no fuera posible? Los creyentes se conocen por sus frutos (Juan 8:31; 15:6; 1 Corintios 15:12; Hebreos 3:6–14; Santiago 2:14–26; 2 Pedro 1:10; 1 Juan 3:10). ¿Acaso Jesús no dijo a los discípulos: «Permaneced en mí, y yo en vosotros» (Juan 15:4)? «Si guardáis mis mandamientos, permaneceréis en mi amor, así como yo he guardado los mandamientos de mi Padre y permanezco en su amor... Vosotros sois mis amigos si hacéis lo que yo os mando» (15:10–14). Jesús separará a las ovejas de los cabritos en el día final, y ello según hayan sido sus respectivas respuestas ante las necesidades de los pobres (Mateo 25:31–46). Está también la conocida advertencia de 1 Corintios 3:12–14:

> Ahora bien, si sobre el fundamento alguno edifica con oro, plata, piedras preciosas, madera, heno, paja, la obra de cada uno se hará evidente; porque el día la dará a conocer, pues con fuego *será* revelada; el fuego mismo probará la calidad de la obra de cada uno. Si permanece la obra de alguno que ha edificado sobre *el fundamento,* recibirá recompensa.

---

[11] Citado en Ibíd., 2:351.

De todos los textos, sin embargo, los de la epístola a los Hebreos parecen ser los que mejor apoyan la posición arminiana. En primer lugar, tenemos Hebreos 6:4–8:

> Porque en el caso de los que fueron una vez iluminados, que probaron del don celestial y fueron hechos partícipes del Espíritu Santo, que gustaron la buena palabra de Dios y los poderes del siglo venidero, pero después cayeron, es imposible renovarlos otra vez para arrepentimiento, puesto que de nuevo crucifican para sí mismos al Hijo de Dios y lo exponen a la ignominia pública. Porque la tierra que bebe la lluvia que con frecuencia cae sobre ella y produce vegetación útil a aquellos a causa de los cuales es cultivada, recibe bendición de Dios; pero si produce espinos y abrojos no vale nada, está próxima a ser maldecida, y termina por ser quemada.

Y Hebreos 10:26–29, 36 es igual de directo respecto a este asunto:

> Porque si continuamos pecando deliberadamente después de haber recibido el conocimiento de la verdad, ya no queda sacrificio alguno por los pecados, sino cierta horrenda expectación de juicio, y la furia de UN FUEGO QUE HA DE CONSUMIR A LOS ADVERSARIOS. Cualquiera que viola la ley de Moisés muere sin misericordia por el testimonio de dos o tres testigos. ¿Cuánto mayor castigo pensáis que merecerá el que ha hollado bajo sus pies al Hijo de Dios, y ha tenido por inmunda la sangre del pacto por la cual fue santificado, y ha ultrajado al Espíritu de Gracia? Porque tenéis necesidad de paciencia, para que cuando hayáis hecho la voluntad de Dios, obtengáis la promesa.

La Escritura está llena de llamamientos a la perseverancia y deben tomarse con seriedad. En nuestra opinión, muchos de quienes defienden «la seguridad eterna» no se toman estos pasajes suficientemente en serio. Por ejemplo, en su exposición de Mateo 24:13 («pero el que persevere hasta el fin será salvo»), Chafer argumenta: «Este versículo se refiere a quienes sobreviven a la Tribulación y son rescatados por Jesucristo en su segunda venida».[12] Según Chafer, las advertencias acerca de perder la aprobación de Dios tienen que ver con las recompensas, la

---

[12] Chafer, *Major Bible Themes*, 223.

comunión (en contraste con una mera relación) con Dios, las bendiciones temporales, y cosas de este tipo.[13] Cuando Pablo advierte a los gálatas que pueden haber caído de la Gracia, concluye Chafer: «[está hablando de una] caída de un cierto modelo de vida, no de la obra de salvación».[14]

¿Cómo podemos entonces hacer justicia a las dos series de textos probatorios? Con frecuencia, se oye entre los cristianos el comentario: «Bien, ellos tienen sus versículos, y nosotros tenemos los nuestros» (como si las Escrituras fueran imprecisas y, de hecho, contradictorias). Si es cierto que en las Escrituras existen versículos que afirman «la seguridad eterna» y versículos «arminianos», no podemos entonces seguir afirmando que la Palabra de Dios no se contradice o que es un texto unificado por el autor divino. La mayoría de quienes leen este libro, probablemente no estén dispuestos a concluir que la Escritura es una mera colección de reflexiones humanas acerca de la experiencia religiosa; por ello, tenemos que hacer algo más que quedarnos con las dos series de textos probatorios como si estos fueran los dos platillos de una balanza que nos mantienen en equilibrio. Hemos de descubrir lo que enseña la Escritura y no intentar encontrar un «equilibrio» personal entre dos posiciones.

En el ámbito de la Ciencia, un paradigma (o modelo para incorporar todos los datos relevantes) solo es útil en tanto que pueda integrar, no solo los datos que parecen encajar explícitamente, sino también las anomalías. Lo mismo se aplica a la Teología. Una doctrina o sistema de doctrinas ha de ser capaz de incorporar todo el abanico de la enseñanza bíblica e incluso de ofrecer una convincente explicación de textos que, a primera vista, parecen irreconciliables con el sistema. La propia Escritura nos ofrece tal «paradigma» o marco explicativo sin que nosotros tengamos que imponer algo externo. Este paradigma es *el pacto*.

El paradigma del Pacto

La Teología del Pacto pone de relieve tres pactos bien diferenciados: el pacto de la Redención, el pacto de las obras, y el pacto de la Gracia. *El pacto de la Redención* se refiere al acuerdo eterno entre las personas de

---

[13] Ibíd., 222.
[14] Ibíd., 223.

la Trinidad para escoger, redimir y restaurar a un pueblo para la gloria de Dios. Habiéndose llevado a cabo en la eternidad pasada, no hay ninguna parte humana implicada, y el Hijo ha sido nombrado albacea de su pueblo. El Padre eligió un pueblo y se lo dio al Hijo como una herencia, confiándole al Hijo su custodia. La Escritura se refiere a este pacto cuando dice, por ejemplo, que fuimos «escogidos en Él [el Hijo] ... para que fuéramos santos y sin mancha delante de Él» Efesios 1:4), una sabiduría «oculta que, desde antes de los siglos, Dios predestinó para nuestra gloria» (1 Corintios 2:7).

Es lo mismo que Jesús quiere decir cuando afirma: «Todo lo que el Padre me da, vendrá a mí; y al que viene a mí, de ningún modo lo echaré fuera. Porque he descendido del Cielo, no para hacer mi voluntad, sino la voluntad del que me envió. Y esta es la voluntad del que me envió: que de todo lo que Él me ha dado yo no pierda nada, sino que lo resucite en el día final». (Juan 6:37–39). Observa la estrecha conexión entre el envío del Hijo por parte del Padre y la misión de redimir a «todo lo que Él me ha dado». Más adelante, en este mismo Evangelio de Juan se compara a estas personas con ovejas: «Doy mi vida por las ovejas» dice Jesús, en palabras dirigidas a los líderes religiosos que le estaban interrogando (10:15, 26–30):

> ... Pero vosotros no creéis porque no sois de mis ovejas. Mis ovejas oyen mi voz, y yo las conozco y me siguen; y yo les doy vida eterna y jamás perecerán, y nadie las arrebatará de mi mano. Mi Padre que me las dio es mayor que todos, y nadie las puede arrebatar de la mano del Padre. Yo y el Padre somos uno.

Observa aquí hasta qué punto la salvación de aquellos que el Padre ha dado al Hijo está estrechamente vinculada con la solidaridad entre las tres personas de la Trinidad. Y en la oración de Jesús en Juan 17, donde habla de sí mismo en tercera persona, leemos: «por cuanto le diste autoridad sobre todo ser humano para que dé vida eterna a todos los que Tú le has dado» (Juan 17:2). De nuevo aquí, algunas de las declaraciones trinitarias más explícitas coinciden con declaraciones igualmente explícitas relativas al pacto de la Redención: «Yo te glorifiqué en la tierra, habiendo terminado la obra que me diste que hiciera. Y ahora, glorifícame Tú, Padre, junto a ti, con la gloria que tenía contigo antes de que el mundo existiera». (17:4–5). Y: «He manifestado tu nombre a los hombres que del mundo me diste; eran tuyos y me los diste, y han guardado tu palabra....Yo ruego por ellos; no ruego por el mundo, sino por los que me has dado; porque son tuyos; y todo lo mío es tuyo, y lo tuyo, mío; y he sido glorificado en ellos». (17:6, 9–10). Y para que nadie interpretara estas palabras como referidas únicamente a los apóstoles, Jesús añadió: «Mas no ruego solo por éstos, sino también por los que han de creer en mí por la palabra de ellos, para que todos sean uno. Como Tú, oh Padre, estás en mí y yo en ti» (17:20–21). Jesús intercede, no por el mundo, sino por «aquellos que me has dado«, sean del círculo inmediato de discípulos o «los que han de creer en mí por la palabra de ellos».

El Espíritu Santo aplica los beneficios de Cristo a los escogidos; esto es también parte del pacto de la Redención. De modo que, a su tiempo, el Espíritu conduce a los escogidos al arrepentimiento y a la fe. No es de extrañar, por tanto, que el informe de algunos que recibieron a Cristo en Antioquía, se redactara del modo siguiente: «... y creyeron cuantos estaban ordenados a vida eterna» (Hechos 13:48). Al fin y al cabo: «aquellos [Dios, él también «y a los que [Dios] predestinó, a ésos también llamó; y a los que llamó, a ésos también justificó; y a los que justificó, a ésos también glorificó.... ¿Quién acusará a los escogidos de Dios?» (Romanos 8:30, 33). A causa de esta solidaridad entre las tres personas de la Trinidad, el Redentor anuncia tras su ascensión como Rey, en palabras registradas por Isaías: «HE AQUI, YO Y LOS HIJOS QUE DIOS ME HA DADO». (Hebreos 2:13). Ésta es la razón por la que al sacrificio de Cristo se le llama «la sangre del pacto eterno» (13:20), puesto que aquellos a quienes el Padre dio al Hijo fueron predestinados «para obedecer a Jesucristo y ser rociados con su sangre» (1 Pedro 1:2).

Está también *el pacto de las obras*, conocido igualmente como el pacto de la naturaleza (*foedus naturae*) o el pacto de la creación. Éste tiene su origen, no en la eternidad sino en el tiempo, y no tan solo entre las personas de la Trinidad, sino entre el Dios trino y la criatura a quien formó a su propia imagen. Aunque no disponemos aquí del espacio para exponer los argumentos de esta enseñanza, todos los elementos de los antiguos pactos o tratados de Oriente próximo están presentes en Génesis 2:8–3:24. Dios se relaciona con Adán, no según la Gracia sino según la Justicia, ya que éste era el estado original en que fue creado. Todos estos pactos tenían un prólogo histórico que justificaba la autoridad del promotor del pacto, una clara serie de estipulaciones, y una lista tanto de recompensas como de sanciones (bendiciones y maldiciones) que se aplicarían según se guardara o violara el tratado.

Los primeros capítulos del Génesis siguen rigurosamente este esquema, con un prólogo histórico (una narrativa que justifica la autoridad de Dios sobre sus criaturas así como su deseo de incorporar a la Humanidad en su propio reposo eterno en el séptimo día). A esto le siguen unas estipulaciones (a saber, no comer del Árbol del Conocimiento del Bien y del Mal), la narración de la violación, y la invocación divina de las sanciones. Las maldiciones se consuman en el desalojo del hombre por parte de Dios de la tierra común que Éste había convertido en un templo de comunión con su creación. Si Adán hubiera pasado el periodo de prueba en el jardín del Edén, Dios le hubiera confirmado a él y a sus descendientes en la justicia y en la vida eterna para siempre (esto está representado por el Árbol de la Vida), de modo que la Caída ya no hubiera sido posible. No obstante, la desobediencia de Adán no solo cerró el camino para que tanto él como toda la Humanidad consigo pudieran permanecer en la justicia y en la comunión con Dios, sino que también abortó la culminación de estos privilegios: la entrada en el verdadero lugar Santísimo (no solo la copia terrenal que representaba el Edén, sino el propio templo celestial). Adán no alcanzó la plena bendición de los placeres del reposo de Dios.

Sin embargo, aun en medio del juicio, Dios prometió otro pacto, *el pacto de la Gracia*, lo cual prefiguró no solo de palabra sino también de hecho, sustituyendo las hojas de higuera con que Adán y Eva se cubrieron por las pieles de unos animales ofrecidos en sacrificio. Por medio de los descendientes de Set, la línea de la descendencia de la mujer que habría de aplastar la cabeza de la serpiente llegó hasta Abraham y Sara. Con Abraham, Dios ratificó oficialmente el pacto de la Gracia. Como Pablo pone de relieve en su carta a los Gálatas, Dios no hizo este pacto con Abraham y con la nación de Israel que procedería de él, sino con Abraham y con su «Simiente», refiriéndose a Cristo (Gálatas 3:16).

De hecho, por medio de este pacto, todas las naciones serían benditas en Abraham como descendencia suya. Sin embargo, había también un pacto nacional junto con el pacto de la Gracia. Dios prometió a los descendientes físicos de Abraham una tierra, un nuevo Edén, al que Dios descendería una vez más para morar en medio de su pueblo. Sin embargo, y como el Nuevo Testamento deja muy claro, este era un reino tipológico, no el reposo definitivo prometido a Adán y a Abraham. Como Hebreos 11:13–16 deja claro, todos estos patriarcas:

murieron en fe, sin haber recibido las promesas, pero habiéndolas visto y aceptado con gusto desde lejos, confesando que eran extranjeros y peregrinos sobre la Tierra. Porque los que dicen tales cosas, claramente dan a entender que buscan una patria propia... Pero en realidad, anhelan una patria mejor, es decir, celestial. Por lo cual, Dios no se avergüenza de ser llamado Dios de ellos, pues les ha preparado una ciudad.

Pero la ciudad tipológica era una copia de la presencia de Dios entre su pueblo, igual que también lo era el Edén. Cuando Dios llevó a cabo su pacto con Moisés, hizo dos cosas para renovar su juramento con Abraham: prometió salvar a todos los que confiaran en su promesa, y dar una tierra a Israel. Dios promulgó el primero como un pacto de Gracia, dependiente únicamente de su iniciativa soberana: el juramento hecho a Abraham y a su Simiente. El último había de ser, al igual que el pacto hecho con Adán en el Edén, un pacto condicional, dependiente de la fidelidad del vasallo para con el gran rey.

La distinción entre estos dos pactos, el de Gracia y el de obras, desarrollándose simultáneamente durante la economía mosaica, se hace más patente cuando miramos atrás, de igual modo que el patrón de la caída del Edén se repite en Canaán. Redimido de la cautividad de Egipto mediante la separación de las aguas y conducido por la columna de nube durante el día y por el fuego por la noche (la separación del día y la noche), Israel, el nuevo siervo de Dios, fue llevado a ver la tierra desértica convertida en un lugar habitable, apto para la comunión con Dios. Dios descendió una vez más e hizo su morada con su pueblo en un templo terrenal que representaba una réplica o copia a pequeña escala del templo celestial. Aunque la salvación individual era asegurada mediante la fe en la promesa (Hebreos 4:2), el reino tipológico era condicional. Ningún israelita podía salvarse simplemente por razón de su genealogía y, ocasionalmente, se salvaban algunas personas ajenas a Israel. Sin embargo, Israel era el jardín de Dios mientras se mantuviera en la obediencia.

Sabemos lo que sucedió en este caso, igual que en el de Adán. El siervo capituló ante las vanas promesas de la serpiente ofreciendo la gloria, el poder y la prosperidad de las naciones. En aquel día solemne, Dios abandonó el templo y mandó a su pueblo al exilio de su tierra tipológica. Desde entonces, como nos recuerda el apóstol Pablo, Jerusalén no representa la gloriosa libertad de los hijos de Sara sino la trágica cautividad de los esclavos de Agar (Gálatas 4:21–31). El pacto de las obras había sido violado de nuevo por el siervo, y éste había sido expulsado al igual que lo habían sido Adán y Agar. El pacto de las obras y el de la Gracia se contraponen, como expone Pablo a los gálatas que habían confundido la Ley y el Evangelio: «Esto contiene una alegoría, pues estas mujeres son dos pactos; uno procede del monte Sinaí que engendra hijos para ser esclavos; éste es Agar... pero la Jerusalén de arriba es libre; ésta es nuestra madre» (Gálatas 4:24, 26).

Al fin, llega la prometida Simiente de la mujer, aquella a quien (junto con Abraham) Dios hizo una promesa inmutable. Este segundo Adán y nuevo Israel tiene también que hacerle frente al engaño de la serpiente de lograr su propio destino de gloria fuera de la obediencia a la voluntad del Padre. Sin embargo, en esta ocasión, el Siervo vence a la serpiente y la expone a la vergüenza pública por medio de su triunfo en la Cruz. Jesucristo cumple los términos del pacto de las obras, obedeciendo la voluntad de Dios en lugar de aquellos que el Padre le había dado. Después, por medio de su Espíritu, entra en un pacto de Gracia con su pueblo. Ya que el pacto de obras ha sido plenamente cumplido, no anulado, el pacto de Gracia puede descansar sobre un fundamento inquebrantable. Lo que sucede no es que el pacto con la creación original sea puesto a un lado, sino que, finalmente, el Representante escogido pasa la prueba con éxito, toma sobre sí la maldición debida a su violación, y gana por fin el derecho para que su pueblo pueda comer del Árbol de la Vida que está en el jardín de Dios (Apocalipsis 22:1–5). En Cristo, los creyentes no son infractores, sino observantes del pacto.

Aun así, el pacto de la Gracia requiere aceptación. Es un pacto incondicional en el sentido de que el propio Dios ha prometido satisfacer su justicia concediendo incluso el arrepentimiento y la fe necesarios para que podamos ser reconciliados con Él. Sin embargo, hemos de responder cuando el Evangelio nos sea proclamado: «Por tanto, temamos, no sea que permaneciendo aún la promesa de entrar en su reposo, alguno de vosotros parezca no haberlo alcanzado. Porque en verdad, a nosotros se nos ha anunciado la buena nueva, como también a ellos; pero la palabra que ellos oyeron no les aprovechó por no ir acompañada por la fe en los que oyeron» (Hebreos 4:1–2). La promesa que se presenta a los verdaderos hijos de Abraham, judíos y gentiles por igual, no consiste únicamente en disfrutar de la libertad de la condenación del pecado, así como de su poder y su presencia æuna especie de restauración del estado original del hombreæ sino también de la consumación que la Humanidad nunca ha experimentado. Jesús ha regresado al reposo sabático y en este mismo momento está preparando lugar, un Edén verdadero y permanente donde, por fin y eternamente, seremos confirmados en la justicia y la felicidad.

Tan solo dentro de este contexto los pasajes de que estamos hablando parecen encajar en un tapiz narrativo. En primer lugar, están los pasajes de «la seguridad eterna». Todos ellos se sustentan en el decreto promulgado en el pacto de la Redención —el pacto eterno, entre las tres personas de la Trinidad— no en la respuesta humana. Los creyentes no están seguros en Cristo porque hayan tomado una decisión y ahora Dios esté, en un sentido, «obligado» para con ellos al margen de que lleven o no fruto y perseveren. No es simplemente que «una vez salvos, siempre salvos» sino más bien que «a los que predestinó, a ésos también llamó; y a los que llamó, a ésos también justificó; y a los que justificó, a ésos también glorificó» (Romanos. 8:30). Este pacto de Gracia tiene dos aspectos: «Yo seré su Dios, y ellos serán mi pueblo». Por su Gracia, Dios concede perseverancia en el arrepentimiento y la fe (no solo en un primer momento y de una vez por todas, sino durante el resto de nuestra vida cristiana en el desierto). Pero hemos de responder a esta palabra con arrepentimiento y fe.

De modo que, las advertencias citadas por los teólogos arminianos son reales. Miremos especialmente los pasajes de la epístola a los Hebreos por un momento. Como ya hemos visto en Hebreos 4, la cuestión que se plantea no es si quienes han entrado en el reposo de Dios pueden o no caer de esta posición, sino más bien si quienes están en el desierto dejarán o no «de alcanzar» tal reposo (Hebreos 4:1). Escrito principalmente para persuadir a los cristianos judíos sometidos a la persecución a que no volvieran al judaísmo para evitar el martirio, Hebreos se esfuerza en mostrar que el antiguo pacto representa las sombras mientras que el nuevo es la realidad. Ahora estamos mejor preparados para entender la naturaleza de las advertencias.

En Hebreos 6 se nos habla de la imposibilidad de que «los que fueron una vez iluminados, que probaron del don celestial y fueron hechos partícipes del Espíritu Santo, que gustaron la buena palabra de Dios y los poderes del siglo venidero, pero después cayeron», sean renovados otra vez «para arrepentimiento, puesto que de nuevo crucifican para sí mismos al Hijo de Dios y lo exponen a la ignominia pública» (Hebreos 6:4–6). La posición de la «seguridad eterna» únicamente puede explicar esto sugiriendo que se trata de una advertencia hipotética; es decir, que en realidad nunca se da el caso de que las personas que disfrutan estos beneficios espirituales caigan y los pierdan.

Pero esto no parece hacer justicia al texto. En primer lugar, la imposibilidad que plantea es la de que sean renovados para arrepentimiento. En segundo lugar, sugiere que tales personas «de nuevo crucifican para sí mismos al Hijo de Dios». Sin duda, se trata de personas que no solo pretenden haber sido introducidas en la esfera de la actividad de la Gracia de Dios, sino que de verdad han experimentado los beneficios enumerados en los versículos 4 y 5. La posición de la «seguridad eterna» no explica el pasaje satisfactoriamente.

Por otro lado, el fallo de la exégesis arminiana está, al parecer, en no situar esta advertencia en el contexto de la historia del pacto, ni siquiera en el del propio pasaje. Por ejemplo, inmediatamente después de la advertencia el autor dice: «Pero en cuanto a vosotros, amados.... estamos persuadidos de las cosas que son mejores y que pertenecen a la Salvación» (Hebreos. 6:9). ¿Por qué habría de distinguir el escritor a los que caen de sus lectores en términos de «cosas que pertenecen a la Salvación» si no hubiera algún sentido en que pudiera disfrutarse de los beneficios que se describen en los versículos 4 y 5 sin ser necesariamente personas regeneradas y justificadas?

La interpretación de la teología del pacto parece ofrecer una tercera alternativa que hace mayor justicia al texto. Abraham «recibió la señal de la circuncisión como sello de la justicia de la fe que tenía mientras aún era incircunciso» (Romanos 4:11). Por consiguiente, conforme al mandamiento de Dios, Abraham circuncidó a sus hijos, sellándoles conforme al pacto de la Gracia de Dios. Sin embargo, esto no solo se aplica a Isaac sino también a Ismael, y no solo a Jacob, el hijo menor de Isaac, sino también a su otro hijo, Esaú. Incluso durante la antigua administración, el círculo del pacto era más amplio que el de la Salvación.

Este es el argumento central de Pablo en Romanos 9, contra la acusación de que Dios ha dejado de cumplir su promesa a Abraham. Si interpretamos las advertencias de Romanos 9-11 en el sentido de ser cortados como apoyando la idea de que quienes son genuinamente regenerados y justificados pueden perder la Salvación, no entenderemos el argumento de Pablo. Al fin y al cabo, son las ramas que no producen fruto las que son cortadas (es decir, miembros del pacto que a pesar de serlo dejan de aferrarse verdaderamente a la palabra que les es predicada). Tienen un título de propiedad de la Salvación de Dios, pero éstos, al igual que Esaú, lo venden por las gratificaciones inmediatas de este mundo.

Esta es la razón por la que, en Hebreos 6, se compara a tales personas con «la tierra que bebe la lluvia que con frecuencia cae sobre ella» pero que en lugar de fruto produce espinos (v.7). Lo que sucede no es que tales personas sean regeneradas y justificadas, y que estén experimentando la santificación, pero caen y pierden la Salvación. El asunto es más bien, que el pacto de la Gracia es la esfera santificada de la obra del Espíritu en la que los hijos del pacto pueden experimentar todo lo que se menciona en los versículos 4–5. Tales personas pueden ser receptoras del sello del Espíritu por el Bautismo y de la promesa de perdón en la Santa Cena («probaron el don celestial»), y pueden también en un sentido muy real haber sido hechos «partícipes del Espíritu Santo» por medio de la palabra y de los sacramentos, puesto que por estos medios un miembro del pacto, aunque no participe físicamente, puede «gustar los poderes del siglo venidero».

Si no fuera posible ser un hijo del Pacto, aunque no regenerado e incrédulo, sin duda entonces el autor de la carta a los Hebreos no hubiera hablado de sus lectores como aquellos de quienes podía decirse algo mejor puesto que habían experimentado las cosas que acompañan a la Salvación y no solamente la incorporación al Pacto. La teología del Pacto puede integrar ambas series de textos probatorios precisamente porque reconoce una tercera categoría además de los «salvos» y los «no salvos»: la persona que pertenece a la comunidad del Pacto y experimenta por ello la obra del Espíritu mediante los medios de la Gracia y que, sin embargo, no ha sido regenerada.

De modo que, en mi opinión, el problema de buena parte de la exégesis acerca de esta cuestión se debe al hecho de que ni la posición de «la seguridad eterna» ni la arminiana parecen tener un lugar para las personas que están dentro del Pacto, pero que no están personalmente unidas a Jesucristo por medio de la fe. Únicamente si existe esta categoría de personas podemos entender la advertencia de Jesús respecto a permanecer en él, como pámpanos de la vid, sin renunciar a la inmutabilidad de la Gracia salvífica de Dios. Nuestros hijos del Pacto han de permanecer en la Vid verdadera, o de lo contrario serán cortados. Nacidos en la esfera del Pacto de la Gracia, como toda la descendencia de Abraham, han de unirse, sin embargo, a Cristo por medio de la fe. Las advertencias que pronuncian tanto Jesús como el autor de la carta a los Hebreos representan desafíos para no formar parte del pacto de un modo meramente externo, sino abrazando la realidad que éste promete y transmite por el Espíritu y mediante la Palabra y los sacramentos.

Y cuando, en Hebreos 10, el escritor advierte a los creyentes judíos de la posibilidad de caer bajo una sentencia mucho mayor que las que se pronunciaban bajo la Ley si voluntariamente pisotearan «bajo sus pies al Hijo de Dios» (Hebreos 10:26–29), esto debe también verse en el mismo contexto. Si estos cristianos profesantes quieren regresar a las sombras de la ley, estarán rechazando la realidad que tales sombras prefiguraban. Estarán rechazando cualquier esperanza de Salvación, ya que están rechazando al único sumo sacerdote que puede presentarles sin mancha delante del trono de Dios. Sin embargo, el autor confía de nuevo en que esto no sucederá en el caso de sus lectores:

> Entonces, hermanos, puesto que tenemos confianza para entrar al Lugar Santísimo [un acceso imposible bajo el antiguo pacto] por la sangre de Jesús, por un camino nuevo y vivo que Él inauguró para nosotros por medio del velo, es decir, su carne, y puesto que tenemos un gran sacerdote sobre la casa de Dios, acerquémonos con corazón sincero, en plena certidumbre de fe, teniendo nuestro corazón purificado de mala conciencia y nuestro cuerpo lavado con agua pura. Mantengamos firme la profesión de nuestra esperanza sin vacilar, porque fiel es el que prometió (Hebreos 10:19–23).

Por ello, hemos de dar todo su valor a las palabras de Jesús: «Pero el que persevere hasta el fin, ése será salvo» (Marcos 13:13). Además, quienes permanezcan en Cristo perseverarán hasta el fin, puesto que lo que les robustece es su propia vida y justicia eternas y lo que les sostiene, su fortaleza, la savia de su obediencia a la voluntad del Padre, la cual no solo les es imputada como su justicia, sino también impartida en tanto que ramas vivas de la vid. Éste es precisamente el argumento de Pablo en Romanos 11:11–24.

¿Cuál es entonces la ventaja de pertenecer a la comunidad del pacto, donde el Espíritu obra salvando en lugar de estar en la esfera de la Gracia común, si muchos de quienes pertenecen a la primera evidentemente caen y se pierden? ¿Existe algún beneficio verdadero? O, como Pablo plantea la pregunta en relación con la antigua administración en Romanos 3:1–4:

> ¿Cuál es, entonces, la ventaja del judío? ¿O cuál el beneficio de la circuncisión? Grande, en todo sentido. En primer lugar, porque a ellos les han sido confiados los oráculos de Dios. Entonces ¿qué? Si algu-

nos fueron infieles, ¿acaso su infidelidad anulará la fidelidad de Dios? ¡De ningún modo! Antes bien, sea hallado Dios veraz, aunque todo hombre sea hallado mentiroso;

Ni el dispensacionalista ni el no dispensacionalista arminiano tiene ninguna categoría para esta persona que disfruta de los beneficios del pacto, pero que se sale de esta realidad.

Es necesario hacer una última advertencia. Los propios pasajes que citan los arminianos no hablan de la posibilidad de perder la Salvación al morir en un estado de pecado mortal, o de perder la regeneración (que en 1 Pedro 1:23 se describe como «simiente incorruptible»), o de ser objetos de la ira de Dios tras haber sido justificados. Más bien, hablan de aquellos que quieren entrar en la tierra prometida de Dios, no sobre la base de su promesa sino sobre la de su propio esfuerzo (Romanos 10:1–13; 11:5–10; Hebreos 4:10). Un pacto de obras presentará la parábola de la vid y los pámpanos como una salvación condicional: «Haz esto y vivirás». Pero un pacto de Gracia la presentará, como lo hizo el propio Jesús, como una salvación incondicional: «vive y harás estas cosas». Al fin y al cabo, Jesús comienza esta parábola diciendo: «Yo soy la vid verdadera, y mi Padre es el viñador» (Juan 15:1). Estamos en Cristo gracias a la voluntad electora del Padre, la obra redentora del Hijo, y la Gracia para perseverar del Espíritu:

> Todo sarmiento que en mí no da fruto [aunque sea un descendiente físico de Abraham], lo quita; y todo el que da fruto, lo poda para que dé más fruto. Vosotros ya estáis limpios por la palabra que os he hablado.
> ... Vosotros no me escogisteis a mí, sino que yo os escogí a vosotros, y os designé para que vayáis y deis fruto, y que vuestro fruto permanezca; para que todo lo que pidáis al Padre en mi nombre os lo conceda (Juan 15:2–3, 16).

La posibilidad de caer es lamentable, pero real. Hay quienes rechazan por completo la promesa que corresponde por herencia a la comunidad del pacto. Con ello se auto excluyen del pacto de la Gracia y se sitúan bajo el de las obras. En este caso no queda ya ningún sacrificio por sus pecados. Tales personas tendrán que hacer frente al juicio y acatar la sentencia en el Día Final. La Iglesia visible está llena de personas hipócritas que han mostrado señales externas de fe y arrepentimiento, pero que nunca se han unido verdaderamente a Cristo por medio de la sola fe. Como se ilustra en la parábola del sembrador, cuando vienen situaciones difíciles, estas plantas se secan. A su tiempo, el labrador arrancará la cizaña de su campo, sin embargo, en esta época, trigo y cizaña crecen juntos y solo se distinguirán al final, cuando la cizaña sea arrancada.

No obstante, esto no ha de desanimar a la semilla plantada por el sembrador, puesto que el Hijo del Hombre, a diferencia de los fariseos, no quebrará la caña cascada sino que la restaurará con toda ternura. Sin embargo, para quienes confían en el hecho de ser descendientes físicos de Abraham o de padres cristianos, dependiendo más de su bautismo que de la promesa de la que éste es signo y sello, y que se contentan con una relación con Jesucristo meramente externa, todas estas advertencias que hemos considerado cobran especial significación. Quienes en el nuevo pacto se glorían de una relación meramente externa con Cristo no están en mejor posición que los del antiguo pacto:

> Dirás entonces: Las ramas fueron desgajadas para que yo fuera injertado. Muy cierto; fueron desgajadas por su incredulidad, pero tú por la fe te mantienes firme. No seas altanero, sino teme; porque si Dios no perdonó a las ramas naturales, tampoco a ti te perdonará. Mira, pues, la bondad y la severidad de Dios; severidad para con los que cayeron, pero para ti, bondad de Dios si permaneces en su bondad; de lo contrario también tú serás cortado (Romanos 11:19–22).

Para concluir, me gustaría aportar una aplicación pastoral. Aunque los cristianos reformados no creen que la ley moral de Dios haya sido en modo alguno abrogada o superada, han compartido históricamente la preocupación luterana de distinguir entre Ley y Evangelio. En la Escritura, todo aquello que representa una orden sin ofrecer ninguna ayuda es «Ley», y todo lo que promete sin amenazas es «Evangelio». La Escritura está formada de ambas cosas: Ley y Evangelio, que corren paralelos a lo largo de ella. Sin embargo, la tendencia de muchos cristianos en nuestros días es la de buscar un «equilibrio» encontrando alguna vía media entre lo que consideran como extremos. De este modo, pasajes que expresan «Ley» se diluyen con un poco de «Evangelio», mientras que otros pasajes que expresan «Evangelio» se rebajan con un poco de «Ley». De ello surge un mensaje que, en lugar de presentar la seriedad del pecado con toda su fuerza condenatoria y la generosidad del Evangelio en la plenitud de su Gracia abrumadora, acaba proclamando una ambigua mezcolanza donde las malas noticias se confunden con las buenas. Las malas noticias no lo son tanto como dice la Escritura, y las buenas nuevas tampoco.

Con un tema tan esencial como este, hemos de tener cuidado con la política de la síntesis. En lugar de adoptar un camino intermedio entre la seguridad eterna y el arminianismo, deberíamos permitir que los pasajes que expresan «Ley» o «Evangelio» lo hagan plenamente. Chafer, por ejemplo, considera las advertencias como referencias a la pérdida de recompensas. Esto ha producido una ansiedad innecesaria en algunas personas que temen convertirse en «cristianos carnales» que perderán su recompensa. De igual modo, Charles Stanley explica que la advertencia de Mateo 25:30 de ser echado a las tinieblas de afuera donde habrá «llanto y crujir de dientes» no se refiere al infierno, sino a un lugar dentro del reino de Dios, pero fuera del círculo de aquellos cuya fidelidad en la Tierra les ha hecho merecedores de un rango o posición de autoridad especial. El reino de Dios no será igual para todos los creyentes... Algunos reinarán con Cristo; otros no (2 Timoteo 2:12). Algunos serán ricos mientras que otros serán pobres (ver Lucas 12:21, 33).[15]

Así que, las malas noticias no son tan malas: estamos hablando de un lugar en el cielo, no en el infierno; pero las buenas nuevas tampoco son tan buenas, puesto que alguien puede ser «salvo» (y, por tanto, estar eternamente seguro) y sin embargo pasar la eternidad en pobreza, en sufrimiento de hecho.

Sin embargo, 1 Corintios 3:12–15 no habla de perder la Salvación o las recompensas en el sentido que plantean Chafer o Stanley. Aquí de nuevo es esencial tener en cuenta el contexto. Pablo está hablando de los ministerios de los apóstoles y de aquellos que fueron comisionados por ellos. Dice: «yo, como sabio arquitecto, puse el fundamento, y otro edifica sobre él» (1 Corintios 3:10). La era apostólica fue un periodo de cimientos, y quienes intentan poner otros fundamentos —es decir, reunir su propio grupo de seguidores— verán cómo sus ministerios se consumen el día del juicio. Esto no puede extenderse para aplicarlo a las recompensas en general.

---

[15] Charles Stanley, *Eternal Security: Can You Be Sure?* (Nashville: Thomas Nelson, 1990), 121–29.

Cualquier texto de la Escritura, por tanto, que lleve al creyente a temer la ira de Dios debería entenderse como el perpetuo veredicto de Dios respecto a la eficacia de las decisiones, hábitos, y obras del creyente. Pero a continuación el creyente ha de recurrir al Evangelio para resolver esta ansiedad y no a una mayor determinación de cumplir los mandamientos de Dios. Esto último es, de hecho, el resultado de recurrir al Evangelio externo en lugar de a los recursos interiores. Ya no somos esclavos sino hijos, los creyentes nunca han de temer la condenación, no porque hayan decidido seguir a Jesús, sino porque Jesús ha decidido seguirlos a ellos, para guardarles y conducirles con seguridad a la Tierra que les ha preparado. Ni una sola de sus ovejas se perderá (en razón del pacto eterno que Dios se juró a sí mismo en la comunión de las tres personas de la Trinidad).

Jesús nos recuerda que en el Día del Juicio se pondrá de relieve que algunos le han llamado «Señor» pero que, de hecho, no se han sujetado a Él. Estas no son personas regeneradas y justificadas sino aquellos que «salieron de nosotros, pero en realidad no eran de nosotros, porque si hubieran sido de nosotros, habrían permanecido con nosotros; pero salieron, a fin de que se manifestara que no todos son de nosotros» (1 Juan 2:19). Aunque es cierto que «si le negamos, Él también nos negará» también lo es que, «si somos infieles, Él permanece fiel, pues no puede negarse a sí mismo» (2 Timoteo 2:12–13). Quienes repudian las bendiciones del pacto de la Gracia sufrirán las consecuencias de ser violadores del pacto de las obras, pero quienes se apropian de Cristo y de sus beneficios serán guardados en fe y arrepentimiento a pesar de sus debilidades, doblez de corazón y fracasos en la práctica de ambas cosas.

Dios no puede desentenderse de aquellos que ha elegido, colocados en Cristo, redimidos por medio de Él y unidos con Él, sin violar su juramento eterno. Ello no se debe al principio de «una vez salvos, siempre salvos» sino a la promesa de que Dios, que comenzó la obra de la Salvación la perfeccionará (Filipenses 1:6; 2:13). Ningún auténtico cristiano volverá a un estado «no regenerado» o «carnal». Dios se encargará de que el creyente, que durante esta vida siempre es, al tiempo, justificado y pecador, persevere, soportando la lucha con el pecado y con el sufrimiento, hasta que pueda contemplar al Cordero que fue inmolado sentado sobre su trono.

Una respuesta del calvinismo moderado a Michael S. Horton

Norman L. Geisler

Áreas coincidentes

Existen muchos puntos de acuerdo entre el calvinismo moderado que aquí se defiende y la posición calvinista más radical. Uno de los más esenciales, por supuesto, es nuestro común rechazo de la afirmación en el sentido de que una persona regenerada puede perder la Salvación. Puesto que ya he planteado argumentos para la seguridad eterna en mi propio artículo, no es necesario repetirlos aquí. Sí me gustaría, no obstante, subrayar que la Salvación es una obra de la Gracia incondicional de Dios (Romanos 11:29) y que, por tanto, no hay nada que una criatura pueda hacer para invalidarla (8:38–39).

También estamos de acuerdo en que las doctrinas han de basarse en lo que enseña la Biblia, y no en lo que equilibra las ideas contrarias. Por un lado, la verdad teológica no procede de ningún punto medio aristotélico o de lo que se ha dado en llamar síntesis hegeliana. A menudo, por otro lado, las digresiones extremas de la verdad acaban yendo igualmente en direcciones contrarias. Por ello, la verdad, basada en la Revelación de Dios, *parece* ser una síntesis de las verdades parciales de estas ideas extremas. Esto es, de hecho, lo que sucede con el calvinismo moderado, que adopta las dos verdades opuestas de la Soberanía de Dios y el libre albedrío del hombre. El calvinismo radical subraya la primera y niega la segunda, mientras que el arminianismo hace lo contrario.

También estamos de acuerdo con los calvinistas radicales en que, en Juan 17 Jesús no está intercediendo por el mundo sino únicamente por los escogidos. Jesús declaró explícitamente «*no ruego por el mundo*, sino por los que me has dado; porque son tuyos» (Juan 17:9, cursivas añadidas). Sin duda, Jesús tiene un amor especial por su desposada. Por supuesto, a diferencia de los calvinistas radicales, los calvinistas moderados sostienen que Cristo desea que todos formen parte de su Esposa (cf. Mateo 23:37; 1 Timoteo 2:4; 2 Pedro 3:9) para que todos puedan experimentar este amor especial.

También estamos de acuerdo con los calvinistas radicales en que la seguridad eterna se basa en un acto electivo que tuvo lugar entre las tres personas de la Trinidad. Su fundamento no es nuestro libre albedrío (Juan 1:13), ni nuestras buenas obras (Efesios. 2:8–9), sino solo la Gracia de Dios (Tito 3:5–7). Como afirma Pablo, «Pero si es por Gracia, ya no es a base de obras, de otra manera la Gracia ya no es Gracia. Y si por obras, ya no es Gracia; de otra manera la obra ya no es obra» (Romanos 11:6). Los arminianos, por el contrario, han de negar, en último análisis, que la fuente de la Salvación sea solo Dios. Sostienen que la Salvación de Dios *se basa en* su presciencia de la libre elección de los seres humanos. Sin embargo, el calvinismo moderado niega esto de lleno, afirmando que su único fundamento es la sola Gracia de Dios, aunque ello está *de acuerdo con* lo que Dios conoce de antemano (1 Pedro 1:2). Dios sabe de antemano lo que ha decidido, puesto que su conocimiento y sus decisiones son hechos eternos y coordinados.

También coincidimos con los calvinistas radicales cuando afirman que hemos de «aceptar» y «responder» a la Gracia de Dios. Dios no imparte Gracia a los humanos de manera automática o mecánica; se recibe voluntariamente.

Además, muchos calvinistas moderados están de acuerdo con los radicales en que Dios proporciona la Gracia para perseverar en la fe hasta el fin. A diferencia de la llamada posición de la «Gracia libre» de Zane Hodges sostenemos junto con los calvinistas radicales que quienes son verdaderamente salvos seguirán creyendo hasta el fin, puesto que su fe es también el resultado de la Gracia eficaz de Dios.

Asimismo, creemos también que las advertencias de Hebreos 6 son reales y no puramente hipotéticas, como pretenden algunos calvinistas radicales. No obstante, no encontramos ninguna base para sostener la afirmación de que las personas que se describen en el pasaje sean hijos del pacto no regenerados. Esto parece ser un intento sobre la marcha de resolver un intrincado problema de la teología del pacto que rechazan incluso otros calvinistas radicales. No obstante, y a diferencia de los arminianos, estamos de acuerdo con los calvinistas radicales en que Hebreos 6 no enseña que podamos perder la Salvación. La interpretación arminiana ignora el contexto del libro de Hebreos, que trata de la pérdida de la madurez y de recompensas, no de la Salvación.

Es más, a diferencia de los arminianos, estamos de acuerdo con los calvinistas radicales en que todos los escogidos perseverarán con la ayuda de Dios. Como dice el apóstol en 1 Juan 2:19, aquellos que no perseveran es porque eran meros profesantes de la Salvación, pero no verdaderos poseedores de ella.

Finalmente, estamos también de acuerdo en que la base para la seguridad eterna es la promesa incondicional de Dios. A diferencia de los arminianos, que ven la Salvación como una promesa condicional y, por ello, dependiente de las obras humanas, nosotros creemos que la Salvación es un don incondicional (Romanos 11:29).

Áreas de desacuerdo

A pesar de todas estas áreas de acuerdo que tenemos con la posición del calvinismo clásico, tenemos también algunas importantes diferencias. En general, éstas giran en torno a pensamientos divergentes respecto a la naturaleza de Dios y de la libre Salvación del hombre.

En primer lugar, disentimos de la opinión calvinista más radical acerca de que la palabra «mundo» que aparece en textos cruciales sobre la Salvación, es una referencia al mundo de los escogidos. De hecho, los calvinistas radicales incurren en una inconsistencia cuando admiten que, en Juan 17:9, Jesús oró por los escogidos y no por el «mundo».[16] Cuando el mismo autor utiliza genéricamente la misma palabra en el mismo libro, no hay razón para que «mundo» signifique el mundo de los escogidos. Por ejemplo, «Porque de tal manera amó Dios al *mundo* que dio a su Hijo unigénito...» (Juan 3:16). Asimismo, «El mismo [Cristo] es la propiciación por nuestros pecados, y no solo por los nuestros, sino también por los del *mundo entero*» (1 Juan 2:2, cursivas añadidas en ambos casos).

Además, aunque los calvinistas moderados estamos de acuerdo en que Dios hizo una promesa incondicional a Abraham y a sus descendientes físicos, no lo estamos en que la parte de la promesa relativa a la Tierra pueda separarse del resto de ella y convertirse en condicional. Porque «los dones y el llamamiento de Dios son irrevocables» (Romanos 11:29). Pretender que esta promesa de un territorio hecha a Israel haya sido revocada o no vaya a cumplirse literalmente, equivale a decir que Dios se desdice de su promesa incondicional. Sin embargo, Dios no puede hacer esto, como tampoco puede dejar de ser Dios (2 Timoteo 2:13).

Es más, aunque los calvinistas radicales reconocen que hemos de «aceptar» y «responder» a la Gracia de Dios, afirman también que la

---

[16] Los calvinistas radicales tienen todavía pendiente presentar casos claros del uso *genérico* de la palabra «mundo» (*kosmos*) en el Nuevo Testamento. En lugar de ello, recurren a su uso *geográfico* (cf. Juan 12:19), lo cual representa un contexto distinto.

Salvación es incondicional. Sin embargo, al admitir que la Salvación debe ser aceptada, confirman el punto de vista del calvinismo moderado en el sentido de que, aunque la Salvación es incondicional desde el punto de vista de quien la imparte (Dios), no obstante, es condicional desde la perspectiva del que la recibe.

La mayoría de los calvinistas radicales no se toman en serio las implicaciones de esta afirmación, ya que niegan la realidad del libre albedrío, a saber, la capacidad del hombre de actuar de uno u otro modo. Sin embargo, no hay razón para ello, ya que quienes eran calvinistas mucho antes que ellos (los seguidores de Agustín) creían tanto en la predestinación como en el libre albedrío, como hemos demostrado en la obra *Chosen But Free* (Escogidos Pero Libres).[17] Tomás de Aquino, cuyos puntos de vista defienden los calvinistas radicales John Gerstner y R. C. Sproul, sostuvo esta idea. De hecho, incluso la Confesión de Fe de Westminster parece afirmar esto mismo cuando dice, «Aunque en relación con la presciencia y el decreto de Dios, la causa primera, todas las cosas suceden de manera inmutable e infalible, sin embargo por medio de la misma providencia Él les ordena para caer, según la naturaleza de *segundas causas*, ya sea de manera necesaria, *libre*, o contingente» (3:1).

Además, normalmente los calvinistas radicales tergiversan a los calvinistas moderados en general y a Lewis Sperry Chafer en particular, pretendiendo que «basamos» la Salvación en la Omnisciencia de Dios, cuando no es así. Los calvinistas moderados sostienen que la Salvación se lleva a cabo *según* la presciencia de Dios, pero no *basándose* en ella.[18] Siguiendo la tradición de Tomás de Aquino, los calvinistas moderados creen, en contra de lo que afirman los molinistas, que el conocimiento de Dios es lo mismo que su independencia esencial. Por ello, todo el conocimiento de Dios es independiente, puesto que nada lo causa. Son más bien el conocimiento de Dios y su voluntad (que es lo mismo que su conocimiento, ya que Dios es un ser simple) los que causan todas las cosas.

Además, los calvinistas radicales no tienen razón cuando afirman que el temor de los calvinistas moderados de perder recompensas produce una ansiedad innecesaria respecto a *no recibir recompensas en el cielo*. El verdadero temor es el que produce la afirmación de los calvi-

---

[17] Norman L. Geisler, *Chosen But Free* (Minneapolis: Bethany House, 1999), Apéndices 1 y 3.
[18] Ver Ibíd., 52.

nistas radicales en el sentido de que nadie puede saber con seguridad que forma parte de los escogidos hasta después de la muerte. Esto produce el temor mucho mayor de *¡ni siquiera llegar al cielo!*

Es más, los calvinistas radicales creen erróneamente que tienen el monopolio del término «calvinista» cuando, de hecho, como he demostrado en mi artículo, Juan Calvino no era un calvinista radical puesto que no creía en los cinco puntos que, según ellos, son una condición para tener derecho a la utilización del término.[19] R. T. Kendall y Robert P. Lightner han mostrado, como también lo han hecho otros, que Calvino no creía en la expiación limitada.[20] Calvino dijo claramente que: «*por el sacrificio de su muerte han sido expiados todos los pecados del mundo*» y «*Él sufrió y murió para la Salvación de la raza humana*». Y también: «*es incuestionable que Cristo vino para expiar los pecados de todo el mundo*».[21]

Además de esto, está la insistencia de los calvinistas radicales en el sentido de que nuestro calvinismo moderado no es realmente calvinismo cuando, de hecho, sostiene los cinco puntos del calvinismo.[22] De hecho, los calvinistas radicales tienden a reducir cualquier punto de vista que no concuerda con su versión extremista del calvinismo, llamándole arminianismo o semi pelagianismo. Esto no solo es falso, sino que conlleva también, tanto las lógicas falacias de las etiquetas, como el planteamiento de una falsa disyuntiva.

UNA RESPUESTA DEL ARMINIANISMO REFORMADO A MICHAEL S. HORTON

Stephen M. Ashby

En este capítulo, Michael Horton se ha propuesto identificar algunos de los acercamientos que asumen las distintas escuelas teológicas en liza, así como varios grupos de textos bíblicos que, según cree, apoyan sus

---

[19] Ibíd., Apéndice 2.
[20] R. T. Kendall, *Calvin and English Calvinism to 1649* (Oxford: Oxford Univ. Press, 1979); Robert P. Lightner, *The Death Christ Died: A Case for Unlimited Atonement*, 2ª ed. (Grand Rapids: Kregel, 1998).
[21] Ver la obra de Geisler, *Chosen But Free*, Apéndice 2.
[22] Ver Ibíd., Capítulos 4–7.

posiciones particulares. Horton identifica un grupo de estos textos como pasajes de «la seguridad eterna» mientras que al otro lo llama pasajes «arminianos». Su propósito con este planteamiento lo expone claramente. Cree que tanto quienes sostienen la posición de «una vez salvos, siempre salvos» como la «arminiana» se conforman con algo menos que todo el consejo de Dios. De hecho, Horton declara: «Con frecuencia se oye entre los cristianos el comentario, 'Bien, ellos tienen sus versículos, y nosotros tenemos los nuestros' (como si las Escrituras fueran imprecisas y, de hecho, contradictorias)». Por supuesto, cualquiera que tenga una idea elevada de la Escritura encontrará esta clase de actitud inherentemente insatisfactoria.

Cuando Horton establece «la seguridad eterna» y «el arminianismo» como sus dos objetivos a refutar no se está enzarzando en mera apologética negativa o en polémicos ataques. Según nos dice, desea ofrecer una paradigma que haga justicia a «todo el abanico de la enseñanza bíblica». Esto, en su opinión, es exactamente lo que las otras escuelas no han hecho (ni pueden hacer). El triunfalismo de sus reivindicaciones resuena alto y claro, aunque Horton lo vista con el lenguaje de una fraseología incorregible (con expresiones como: «me *parece*»; «la exégesis arminiana falla *al parecer*»; «Tan solo dentro de este contexto los pasajes de que estamos hablando *parecen encajar...*» etcétera).[23] Por ello, hemos de considerar su propuesta del *paradigma del pacto* para ver si, efectivamente, solo este sistema consigue atar los cabos sueltos. Si esto es así entonces, sin duda, habrá triunfado. En este caso, no solo todos los verdaderos calvinistas, sino también todos los arminianos que desean aceptar todo consejo de Dios, encontrarán que su argumento es inapelable. La pregunta que tenemos ante nosotros es, por tanto: «¿Nos ofrece el marco que presenta Horton la mejor explicación?»

Una palabra de reconocimiento

Horton ha presentado un serio esfuerzo para ofrecer una hermenéutica que haga justicia a todos los ámbitos de la enseñanza bíblica. Dado el elevado grado de controversia que se ha concentrado en torno a estos asuntos, su paradigma no puede tomarse a la ligera. Él califica su punto de vista como de calvinista clásico y, ciertamente,

---

[23] Cursivas del autor.

lo es. La estructura del Pacto nunca está lejos de la exégesis o de la teología sistemática del calvinismo clásico. Valoro positivamente su deseo de no caer en un mero planteamiento de textos de prueba, presentando en lugar de ello una abundante documentación bíblica que, en su opinión, responde a lo que muchos tratan como series separadas de textos. Cuando dice que «la Escritura está repleta de llamadas a la perseverancia y que éstas han de tomarse en serio», estoy decididamente de acuerdo con él. Cuando continúa diciendo que «muchos de los que defienden 'la seguridad eterna' no se toman suficientemente en serio estos pasajes», de nuevo estoy de su lado.

No obstante, cuando enfrenta al arminianismo con «el punto de vista reformado» y afirma que «la teología arminiana considera 'antinomiana' una doctrina de la Justificación que se basa en la justicia imputada de Cristo», ¡Horton se equivoca! En este sentido, cae en el patrón de tantos otros, que atribuyen a todos los «arminianos» un cierto tipo de unanimidad de pensamiento. Tristemente, mucho de lo que, en general, se llama «arminiano» presenta lo que Jacobo Arminio evitó (enseñanzas que, de hecho, él combatió). Espero que llegue el día en que un cuerpo representativo de eruditos trace claramente las distinciones entre un arminianismo reformado y lo que en mi opinión son «arminianismos» que el propio Arminio hubiera rechazado. Entonces, los eruditos cuidadosos (así es como considero a Michael Horton), podrán evitar leer a Wiley, Miley, Wesley o Grotius en Arminio. Por ahora, me contentaré con señalar un error muy frecuente.

El paradigma del Pacto

Horton señala acertadamente que la teología del Pacto contempla tres pactos claramente diferenciados: el pacto de la Redención, el pacto de las obras, y el pacto de la Gracia. He de reconocer, sin embargo, que considero este enfoque esencialmente especulativo en su naturaleza. Espero que nadie malinterprete mis reservas diciendo que cuestiono la importancia del «pacto» para conseguir un correcto entendimiento de la Escritura. Comenzando con el pacto que Dios hizo con Noé (Génesis 9), podemos identificar a continuación el pacto palestino (Josué 24), el pacto davídico (2 Samuel 7, 23), y el nuevo pacto (Jeremías 31; Ezequiel 36; Lucas 22); Hay que reconocer, por tanto, que la Escritura plantea claramente una estructura de pactos.

Mis reservas no conciernen al Pacto como paradigma, sino más bien al paradigma de pacto que expone Horton. En mi propia exposición en esta obra he hablado de lo que Robert E. Picirilli llama «el pacto implícito de la Redención». Aun concediendo que este «pacto de la Redención» se produjera realmente (lo cual, en el mejor de los casos, es especular) formaría parte de los decretos eternos de Dios, y habría que situarlo en el marco del consejo secreto del Todopoderoso. Me parece un tanto presuntuoso pretender conocer, aunque sea por deducción, los detalles del «pacto eterno entre las tres personas de la Trinidad».

No solo considero especulativo el planteamiento que hace Horton del «pacto de la Redención», sino que lo es aún más el que hace del «pacto de las obras». Invoca correctamente los antiguos pactos o tratados de Oriente próximo como una manera de informarnos para entender el pacto bíblico. Analizar la forma de los tratados de protectorado y vasallaje es de gran valor para entender el papel de cada parte dentro de la relación pactada y su respectivo estatus en el marco de tal relación. También nos ofrece el conocimiento de los elementos que definen esta relación: es decir, aquello que sirve para definir la adecuada relación del subordinado con el Soberano. Como dice Horton, las estipulaciones plantean claramente ciertas «bendiciones» para quienes permanecen en los términos del Pacto así como «maldiciones» para quienes los incumplen.

Cuando considero los pactos bíblicos hechos con Abraham, Moisés, y David, el texto me dice que estoy ante pactos en que Dios participa. Además, veo claramente los elementos de su estructura. Sin embargo, cuando examino Génesis 2:8–3:24, el texto no me dice que Dios forme parte de este pacto. Si existe realmente tal «pacto de las obras», se trata de un pacto *implícito*. De nuevo, considero que esto es, en el mejor de los casos, especular. Esto no ocurre con los pactos que yo he señalado, los cuales se afirman explícitamente como tales.

He de discrepar de Horton cuando dice que «todos los elementos de los antiguos pactos o de Oriente próximo están presentes en Génesis 2:8–3:24» Cuando analizamos el pasaje, no es difícil ver las *estipulaciones*. Evidentemente, Dios ordenó al hombre y a la mujer que no comieran del árbol de la ciencia del bien y del mal (2:17). Esta restricción se estableció en un contexto de múltiples libertades (podían comer libremente de todos los demás árboles del huerto (v. 16). Sin embargo, si se espera que veamos este pasaje como la teología del Pacto nos enseña, creo entonces que el peso de la prueba debería ser evidente. No basta con la mera afirmación de que todos los elementos de los antiguos pactos de Oriente próximo están presentes, necesitamos la prueba de la presencia de cada uno de ellos.

Sabemos perfectamente que los antiguos tratados de Oriente próximo vinculaban bendiciones y maldiciones con las estipulaciones. Puede aducirse con rapidez que las maldiciones están claramente detalladas («el día que de él comas, ciertamente morirás» Génesis. 2:17). Sin embargo, el lector cuidadoso de la Escritura, por mucho que se esfuerce, buscará en vano las bendiciones. Horton asume el enfoque de otros autores que plantean este marco para la Escritura cuando habla de un período de prueba para Adán. Según este punto de vista, si Adán hubiera pasado la prueba, Dios le hubiera confirmado tanto a él como a su progenie en la justicia. Mi respuesta es que esta conclusión ha de *conjeturarse* a partir del texto; sin duda, no es algo que un lector entienda de manera natural cuando lee el texto, siguiendo una metodología exegética normal. Existe una gran cantidad de especulación cuando el intérprete impone a la Escritura un supuesto período de prueba, dentro de un pacto hipotético que supuestamente hubiera confirmado en justicia a quienes participaron en él.

Finalmente, hay que decir que, si en Génesis 2:8-3:24 estamos realmente ante un pacto, sin duda no es un pacto de obras. En reconocimiento a la Inmutabilidad de Dios, hemos de darle su debida importancia al principio que encontramos en Hebreos 11:6: «sin fe es imposible agradar Dios». El *modus operandi* del tentador en Génesis 3 fue el de destruir la fe de la mujer poniendo en entredicho la credibilidad de Dios ante ella. Todo esto aconteció antes de comer del árbol prohibido. Si esto era un pacto, lo era de fe, no de obras. El acto de desobediencia de Adán y Eva al comer del fruto fue resultado de su pérdida de confianza en la Bondad y la Severidad de Dios.[24]

¿Soporta el paradigma el peso de la prueba?

Se supone que es este paradigma del pacto de la Redención, el pacto de las obras, y el pacto de la Gracia lo que va a hacer que todos los

---

[24] Quiero dar las gracias a mi amigo el profesor A. B. Brown por estimular mi pensamiento sobre este último punto.

textos relacionados con la doctrina de la Perseverancia cobren sentido. Ya he reconocido con anterioridad que el calvinismo clásico se ha aferrado, por regla general, a esta estructura. No obstante, muchos calvinistas a ultranza no adoptan este enfoque. Decir que un gran grupo de personas, es decir, los hijos del Pacto, han llegado a formar parte del pacto de la Gracia mediante el paidobautismo, me parecería albergar una actitud desdeñosa hacia aquellos calvinistas que no bautizan a los niños. Aunque entiendo el deseo de Horton de crear una tercera categoría intermedia entre «creyentes» y «no creyentes», y aplicar de este modo muchos de los pasajes polémicos a esta categoría, no creo que haya conseguido su propósito. De hecho, considero que tendrá dificultades hasta para convencer a muchos de sus compañeros calvinistas —a los que no bautizan a los niños— de que ésta sea la respuesta a todos sus problemas.

Sin embargo, me inclino a preguntar ¿qué se demostraría aunque se validara el paradigma general que plantea Horton? Muchos individuos y grupos se han adherido a esta clase de paradigma del Pacto mientras que al mismo tiempo han creído que un cristiano puede perder la Salvación. Wesley practicó el paidobautismo así como lo hacen también muchos metodistas de hoy. En principio, no tendrían problemas en afirmar que el Pacto otorga ciertos beneficios a los niños bautizados, incluso al margen de que exista o no una confirmación de fe personal. Sin embargo, éstos entienden muchos de los pasajes referidos a la Perseverancia de manera muy distinta a cómo los entiende Horton. Lo mismo podría decirse de muchos luteranos. De hecho, el propio Arminio asumió una estructura muy parecida a la de Horton. Él era paidobautista y no hubiera tenido ningún problema en afirmar que formar parte de la comunidad del Pacto confiere grandes beneficios.

La pregunta que quiero plantear es: ¿da una verdadera respuesta este paradigma a todos los textos que implican que el creyente puede apostatar abandonando la fe en Cristo? Creo que no. Cuando leo pasajes como Hebreos 6:4–6; 10:26–29, 35–39; y 2 Pedro 2:20–22, no me parece razonable decir que todos estos textos se refieren a «los hijos del Pacto», es decir, aquellos que se han bautizado y experimentan las bendiciones indirectas de los redimidos, aunque ellos mismos no hayan sido justificados. Podemos incluso escuchar las palabras del propio Calvino cuando comenta Hebreos 10:26:

Existe una enorme diferencia entre caídas aisladas y un total abandono de este tipo por el que caemos por completo de la Gracia de Cristo. Y puesto que esto no puede sucederle a nadie que no haya sido iluminado, dice, *Porque si continuamos pecando deliberadamente después de haber recibido el conocimiento de la verdad*; como diciendo, «Si a sabiendas y voluntariamente renuncia a la Gracia obtenida».[25]

Calvino sigue diciendo acerca de este versículo:

La cláusula, «después de haber recibido el conocimiento de la verdad» se añadió con el objetivo de hacer más notoria su ingratitud; puesto que quien voluntariamente y *con deliberada impiedad extingue la luz de Dios que fue puesta en su corazón nada tiene que alegar como excusa ante Dios. Aprendamos entonces, no solamente a recibir con reverencia y pronta docilidad mental la verdad que se nos ha ofrecido, sino también a perseverar firmemente en el conocimiento de ello, para que no tengamos que sufrir el terrible castigo de quienes menosprecian estas cosas*.[26]

Cuando analizo cuidadosamente lo que Calvino dice aquí, casi estoy convencido de que era un arminiano reformado. De hecho, al comentar este pasaje en el apéndice 2 los editores dicen:

Los padres apostólicos como *Crisóstomo, Teofilacto* y *Agustín*, cometieron tristemente un gran error con este pasaje, puesto que no entendieron la naturaleza del pecado del que se habla aquí, y que es evidentemente el de *apostasía* según el fluir de todo el contexto y, por ello, dijeron algunas cosas extrañas respecto al pecado después del Bautismo, si bien en todo el pasaje ni se menciona ni se alude al Bautismo.[27]

Cuando acepto todos los presupuestos y condiciones previas de la posición de Horton, entiendo ciertamente que estos textos pueden entenderse como él sugiere. Al mismo tiempo, me gustaría estimular a los

---

[25] Juan Calvino, *Commentaries on the Epistle of Paul the Apostle to the Hebrews*, trad. y ed. John Owen (Grand Rapids: Eerdmans, 1948), 243 (cursivas del autor).
[26] Ibíd., 243-44 (cursivas del autor).
[27] Ibíd., 393.

exegetas a considerar el sentido natural de la Escritura, al tiempo que evitan la tendencia a permitir que la dogmática se imponga sobre la propia exégesis.

UNA RESPUESTA DEL ARMINIANISMO WESLEYANO A MICHAEL. HORTON

J. Steven Harper

La respuesta teológica gira alrededor del eje de su propósito. Si el propósito es «ganar» la respuesta se parecerá más a un debate. Si el propósito es «aprender», será más parecida a un diálogo. Tengo la esperanza de redactar las respuestas a mis tres colegas más en un espíritu de conversación que de controversia. Creo que Juan Calvino, Jacobo Arminio, y John Wesley estarán todos en el Cielo. Y me apresuraría a hacer la misma afirmación en relación con los doctores Horton, Geisler, Ashby (¡y yo mismo!). Lo que quiero decir es, sencillamente, que la nuestra es una exposición entre creyentes, no una diatriba entre oponentes.

Además, ningún sistema está un 100 por cien en lo cierto, al menos es lo que yo creo. Cuando lleguemos al cielo, todos nosotros asistiremos al curso «Teología 101», y el propio Cristo resucitado será nuestro Maestro. Solo Él es la Palabra, y en relación con Él todas las demás palabras palidecen en una relativa insignificancia. Nuestro triunfante Señor nos conducirá a todos más allá de cualquier sistema que nuestras mentes finitas hayan utilizado para entender las cosas. Cuando ya no veamos oscuramente, por un espejo, ninguno de nosotros deseará aferrarse a sus puntos de vista frente a lo que Él nos revelará como el perfecto entendimiento de todas las cosas.

Mientras tanto, nosotros los teólogos nos movemos en algún lugar entre los misterios insondables y las descripciones excesivas. No nos atrevemos a decir demasiado poco, pero la verdad es que tampoco podemos decir demasiado. De modo que, nuestros sistemas van y vienen entre los extremos, siendo en ocasiones demasiado débiles en uno de ellos y más tarde, en el otro. Con un poco de sentido del humor, he de confesar en este punto que son precisamente nuestras evidentes deficiencias (o sea, lo que ven los demás en nuestra teología) lo que nos da trabajo a la mayoría de nosotros. A los cuatro que hemos participado en la redacción de este libro nos han pagado para hacerlo, precisamente porque ninguno de nuestros héroes históricos (¡cuánto menos nosotros!) consiguieron legarnos un sistema perfecto. De modo que, seguimos teniendo trabajo. Una parte del quehacer teológico consiste en mostrar dónde están las diferencias y por qué creemos que tales diferencias son importantes (mientras esperamos el tiempo en que Dios reconciliará todas las cosas, incluidas nuestras diferencias).

Mi trabajo, por el momento, es responder al Dr. Horton, que aceptó la tarea de escribir desde el punto de vista del «calvinismo clásico». He de comenzar mi respuesta con una palabra que describe mi reacción general ante lo que he leído: *sorpresa*. No tengo acceso a lo que responderán mis otros dos colegas, o al modo en que comenzarán sus valoraciones. No obstante, lo que he leído me ha cogido por sorpresa. Por consiguiente, mi crítica será distinta de lo que había previsto cuando supe que en el libro habría un punto de vista «calvinista clásico».

Mi sorpresa puede expresarse en dos comentarios generales. En primer lugar, Horton pretende desarrollar el punto de vista calvinista clásico, pero no hace ni una sola referencia a Calvino. Esto me sorprende, no solo en el sentido de que me asombra, sino también por lo que significa respecto a la tarea que le ha sido asignada. Geisler acaba diciéndonos más acerca de Calvino que Horton, y considero que esto es descorazonador y anómalo. Necesitábamos una buena exposición de Calvino —hecha por el propio Calvino— que fuera sólida y bien argumentada y no se nos ha ofrecido. Esto hace que para el otro autor sea difícil escribir acerca del calvinismo «moderado» y me deja a mí (que los demás hablen por sí mismos) un tanto perdido en mi respuesta al capítulo de Horton.

El segundo comentario es que la inesperada Salvación de Horton de la teología del Pacto como marco de referencia es algo que nos lleva a asumir que esta es la manera en que el propio Calvino se hubiera acercado a esta cuestión. Sin embargo, nunca fundamenta este hecho desde un punto de vista académico. La manera en que ha escrito el capítulo deja al lector con una sola opción: ha de creer que lo que está leyendo es lo que Calvino enseñó puesto que Horton escribe como si lo fuera.

Estos dos comentarios describen en gran medida el contexto en que respondo: a saber, el de la sorpresa. Estaba totalmente mentalizado para leer con detenimiento un capítulo sólidamente argumentado y bien presentado acerca del calvinismo clásico (con toda clase de referencias fundamentales a los escritos de Calvino) pero he llegado a la última página sin haber encontrado ni una sola. De modo que, ahora he de responder a lo que se me ha brindado.

Para comenzar, he de decir que lo que Horton ha escrito es interesante. He de confesar que no he estudiado mucho la teología del Pacto, hasta el punto de que no sabía que ésta se hubiera desarrollado como una forma de resolver los problemas de la posición de «la seguridad eterna» y de la «arminiana». He de estudiar a fondo su posición. Si resulta ser como él ha dicho, estoy entonces convencido de que volveré a este capítulo y me servirá de guía para ayudarme a avanzar en el punto de vista que Horton ha descrito. Sin embargo, no lo utilizaré como una guía del calvinismo clásico, dadas las carencias que ya he expuesto. En este sentido, el capítulo de Geisler acaba siendo más útil.

No obstante, quiero dialogar con el punto de vista de Horton, subrayando algunos aspectos concretos en que éste difiere del punto de vista wesleyano. En primer lugar, en mi opinión Horton afirma con demasiada facilidad y rapidez que «la seguridad eterna no es una doctrina calvinista». Esto no lo digo a título personal (aunque lo creo), sino porque John Wesley (cuyo punto de vista se me ha pedido que represente) claramente pensó y enseñó que sí lo era. Si Wesley estaba equivocado al atribuir una teología de «la seguridad eterna» a Calvino, es entonces muy interesante que los calvinistas del tiempo de Wesley no descartaran la posición de Wesley diciendo: «Lo sentimos, John: ¡te has equivocado de hombre!» La controversia en que Wesley a sabiendas se enzarzó con sus oponentes calvinistas en obras como *Predestination Calmly Considered* (Una consideración sosegada de la predestinación) es de gran relevancia, precisamente porque *tanto Wesley como sus oponentes* creían que las ideas de Calvino estaban en el corazón mismo de la enseñanza reformada.

Esto no significa que Wesley creyera que Calvino era el autor de la doctrina de la seguridad eterna (también llamada por algunos la Perseverancia de los santos), sin embargo, sí quiere decir que escogió a Calvino como interlocutor porque en general se asumía que Calvino era quien planteaba la doctrina de manera más específica y contundente. Que Horton afirme (con una sola frase y sin ninguna documentación o defensa) que la seguridad eterna no es una doctrina calvinista, representa una manera muy extraña de comenzar un capítulo sobre el punto de vista del calvinismo clásico.

Además de esto, lo que dice Horton «suena mal» desde un punto de vista wesleyano. Plantea lo que Wesley vio como un «problema de Dios».

El paradigma del Pacto, según Horton, trata del «acuerdo eterno entre las personas de la Trinidad para escoger, redimir y restaurar a *un pueblo* para la gloria de Dios».[28] La expresión «un pueblo» es significativa, porque cuando leemos la explicación de Horton del paradigma del Pacto, queda claro que la decisión trinitaria de escoger, redimir, y restaurar no incluye a todo el mundo, sino solamente a «un pueblo». No tengo espacio en esta respuesta para contestar al modo en que Horton resuelve este hecho. Lee de nuevo el capítulo, y entenderás lo que quiero decir. Está claro que entre los que «estaban ordenados a vida eterna» (Hechos 13:48), no se incluye a todo el mundo y que aquellos que son excluidos, lo fueron en «el acuerdo entre las tres personas de la Trinidad» que envía al Hijo y al Espíritu a una misión divina de Redención *solo* para los escogidos.

Más confusa incluso es la explicación del pacto de las obras, que Horton, tras un largo desarrollo, concluye diciendo que «el círculo del pacto era más amplio que el de la Salvación». Por lo que yo sé, todos los cristianos entienden que el alcance de la Gracia de Dios (si esto es lo que Horton quiere decir con «el círculo del pacto») es más amplio que simplemente el que abarca la Gracia *salvífica*. Sin embargo, la teología del Pacto que presenta Horton acaba creando una tercera categoría de personas que son esencialmente «hipócritas» (es el término que él mismo utiliza para describirlas), puesto que los tales aceptan los beneficios del pacto sin comprometerse con él. De nuevo, el cristianismo ortodoxo reconoce la existencia de tales personas, sin embargo, esta larga exposición por parte de Horton nos aparta del tema central de este libro: la doctrina de la Perseverancia *de los santos*. No se nos ha pedido que escribamos acerca de esta tercera categoría de personas, sino respecto a si «los santos» (los salvos y los que se dirigen hacia la perfección) pueden o no caer de la Gracia.

En este sentido, la tercera categoría de Horton —incluso considerada en sus propios términos— no se salva precisamente porque las advertencias a no caer de 1 Juan y 2 Timoteo que cita son advertencias a *creyentes*, no a hipócritas. Unas advertencias contra la apostasía dadas a quienes no son ni «salvos» ni «no salvos» (el modo en que Horton hace encajar la tercera categoría) no tiene sentido. Las advertencias a no caer solo son necesarias para quienes no han caído, y es a éstos a quienes Juan y Pablo dirigen sus amonestaciones. Quienes no son «salvos» o

---

[28] Cursivas del autor.

son «hipócritas» han de tratarse de un modo distinto. En último análisis, veo esta parte como la más débil del capítulo de Horton. Al crear a los «hipócritas», nos lleva fuera del marco del tema que nos ocupa.

Llego al final de mi respuesta de manera muy parecida a como llegué al final del capítulo de Horton: interesado por lo que he leído, pero desilusionado al mismo tiempo porque su contenido se aparta del asunto que nos ocupa. Tratándose del primer capítulo del libro, era legítimo esperar que Calvino encontrara algún lugar en «el calvinismo clásico». Al no encontrarle en ninguna parte del texto nos planteamos si el punto de vista que nos ofrece Horton es tan «clásicamente calvinista» como él quiere que creamos.

Capítulo 2
Un punto de vista calvinista moderado

Norman L. Geisler

El criterio que suele utilizarse para contrastar el calvinismo moderado con el que se ha dado en llamar «clásico», y que nosotros llamamos «radical»[1] es el de los cinco puntos tradicionales del calvinismo: la depravación total, la elección incondicional, la expiación limitada, la Gracia irresistible y la perseverancia de los santos. Los calvinistas radicales sostienen estas cinco doctrinas y los arminianos las niegan, al menos, en el sentido en que las plantean los calvinistas radicales.

Entre estos dos polos, están los calvinistas moderados que, según se entiende generalmente, sostienen algunos de estos cinco puntos aunque no todos ellos: como mínimo el último, a saber, la perseverancia de los santos. Esta enseñanza se conoce popularmente como la doctrina de la seguridad eterna o «una vez salvos, siempre salvos».[2] También se la llama en ocasiones calvinismo de un solo punto. No obstante, nosotros creemos que la cuestión es un poco más compleja y preferimos cortar el

---

[1] Esta forma de calvinismo se ha denominado de varios modos: «clásico», «tradicional», «radical», y «extremo». Pueden presentarse argumentos a favor de cada una de estas designaciones. Él editor de este volumen prefiere la primera, y se ha defendido la última en otro libro. (Norman L. Geisler, *Chosen But Free* [Minneapolis: Bethany House, 1999]). No obstante, puesto que el término «radical» suscita menos controversia y encaja mejor con el calvinismo «moderado» con que aquí se contrasta, hemos decidido usarlo para este debate.

[2] El autor alude a una expresión que es especialmente popular entre los creyentes de los Estados Unidos y otros países angloparlantes: «once saved, always saved» (N. del T.)

pastel teológico de otro modo postulando lo que podría llamarse «calvinismo moderado de cinco puntos».

Un contraste entre el calvinismo radical y el moderado basado en los cinco puntos

Si consideramos los cinco puntos del calvinismo tradicional como referente, la posición moderada que voy a exponer sostiene una perspectiva moderada respecto a todos ellos. Aun los calvinistas radicales admiten que «los cinco puntos del calvinismo —tal como ellos los entienden— se mantienen o caen juntos».[3] Sin embargo, lo que a menudo no dicen es que existe un acercamiento moderado a la comprensión de estos cinco puntos que igualmente determina que se mantengan o caigan juntos.[4] De modo que lo que se cree respecto a la seguridad eterna, dependerá de la comprensión que se tenga de los otros cuatro puntos del calvinismo. Por ello, se hace necesario un análisis de tales doctrinas antes de centrarnos en la seguridad eterna. En mi obra *Chosen But Free* se expone esta cuestión con mayor detalle.[5] Examinemos el siguiente resumen de las diferencias existentes:

Los Cinco Puntos	Calvinismo Moderado	Calvinismo Radical
Depravación Total	Extensiva (corruptiva)	Intensiva (destructiva)
Elección Incondicional	Ninguna condición para Dios; una para el ser humano (fe)	Ninguna condición para Dios ni para el ser humano
Expiación Limitada	Limitada en su resultado (pero para todos los seres humanos)	Limitada en su extensión (no es a favor de todos los seres humanos)
Gracia Irresistible	En sentido persuasivo (en concordancia con la voluntad humana)	En sentido coercitivo (en contra de la voluntad humana)
Perseverancia de los Santos	No todos los santos serán fieles hasta el fin	Todos los santos serán fieles hasta el fin

[3] Edwin H. Palmer, *The Five Points of Calvinism* (Grand Rapids: Baker, 1972), 69.
[4] Geisler desarrolla esta línea de pensamiento en su obra, *Chosen But Free*, ch. 7.
[5] Ibíd., capítulos 4–5.

Calvinismo radical versus calvinismo moderado respecto a la perseverancia de los Santos

Puesto que cada una de estas doctrinas de la Gracia se mantiene o cae con las demás, también cada una de ellas las influye. Esto es especialmente cierto por lo que respecta al concepto de la seguridad eterna, que se verá afectado por el modo en que entendamos los cuatro primeros puntos. Estos contrastes representan una manera útil de distinguir la seguridad eterna tal y como la plantean los calvinistas radicales de la que sostienen los calvinistas moderados.

Depravación total y seguridad eterna

Según el calvinismo radical, no podemos recibir la salvación por medio de un acto libre de fe, puesto que estamos en un estado tan completamente depravado (en *sentido intensivo*), muertos en nuestros pecados, que no tenemos ni siquiera la capacidad de aceptar el don de la salvación. Dios ha de regenerar a los pecadores mediante su Gracia irresistible antes de que sean capaces de creer.

Por el contrario, el calvinista moderado, que cree en la depravación total en un *sentido extensivo*, sostiene que la imagen de Dios no ha sido completamente borrada de la humanidad caída, sino solamente difuminada. Si bien las personas no pueden iniciar o alcanzar la salvación mediante sus propias obras, sí son capaces, no obstante, de recibir el don de la salvación. Incluso los seres humanos caídos tienen la capacidad de aceptar o rechazar el don de la salvación de Dios, puesto que, aunque la salvación no procede de nuestra voluntad (Juan 1:13), sin embargo, sí se hace realidad «por medio de la fe [la nuestra]»(Efesios 2:8) mediante nuestro acto de «recibir» a Cristo (Juan 1:12).

Elección incondicional y seguridad eterna

Para el calvinista radical, la salvación es incondicional tanto para el dador como para el receptor. Es decir, no existe ninguna condición para que una persona la *reciba*, ni tampoco para que Dios la *imparta*. Recibimos la seguridad eterna aparte de cualquier acto de fe por nuestra parte. De hecho, somos incapaces de recibirla hasta que Dios nos haya salvado.

El calvinista moderado, por el contrario, cree que la elección es incondicional desde el punto de vista del *Dador*, pero condicional desde la posición estratégica del *receptor*. Es un don incondicional; no requiere el cumplimiento de condición alguna. No obstante, aun siendo incondicional, ha de ser aceptado. Dicho acto de aceptación no es más meritorio que el de un mendigo cuando acepta una limosna. Él honor habría que dárselo más bien a quien concede el don que a quien lo recibe. Esto es lo que sucede con el don incondicional de la salvación (Hechos 16:31; Romanos. 6:23).

Expiación limitada y seguridad eterna

Es bien sabido que los calvinistas moderados difieren de los radicales con respecto al alcance de la Expiación: los calvinistas radicales afirman que ésta es limitada en su *alcance* e insisten en que Cristo murió solo por los escogidos. Por su parte, los calvinistas moderados sostienen que tal limitación de alcance no existe, puesto que Cristo murió por todos (Juan 1:29; 2 Corintios 5:15; 1 Juan 2:2); admiten sin embargo, que sí es limitada en su *aplicación* haciéndose efectiva solo en quienes creen. Esta diferencia afecta a las correspondientes creencias acerca de la seguridad eterna de ambos sistemas. Según los calvinistas radicales, Dios quiere que solo algunos tengan seguridad eterna. Por ello, Cristo solo murió por ellos. Por el contrario, el calvinista moderado sostiene que aunque solo serán salvos quienes crean Dios desea, sin embargo, que todos lo sean (1 Timoteo 2:4; 2 Pedro 3:9).

Gracia irresistible y seguridad eterna

Existe también una importante diferencia entre los calvinistas radicales y los moderados respecto al entendimiento de cómo recibimos la seguridad eterna. Para los primeros, la persona recibe el don de la salvación en contra de su voluntad. Por naturaleza, todos los escogidos son pecadores, están muertos, y eran incapaces de recibir la salvación cuando Dios se la otorgó en contra de lo que realmente deseaban.

Los calvinistas moderados, por el contrario, están convencidos de que la Gracia irresistible de Dios es eficaz en aquellos que la *desean* (los escogidos), pero no en quienes *no la aceptan*. Dios obra de un modo irresistible y eficaz en los que deciden recibir su Gracia. Sin embargo, no fuerza la voluntad de quienes no desean recibirla. Dios es amor, y el amor actúa de manera persuasiva, pero no coercitiva. El amor forzado representa una contradicción moral (Mateo. 23:37). Por ello, el calvinismo radical difiere del moderado en el modo de entender la naturaleza de la Gracia irresistible y su funcionamiento.[6]

Perseverancia de los santos y seguridad eterna

El último de los cinco puntos del calvinismo es el de la perseverancia de los santos, conocido también como la doctrina de la seguridad eterna. Esta doctrina postula que todas las personas que han sido regeneradas perseverarán en la fe hasta el fin. Es decir, al final llegarán al Cielo. Dicho en lenguaje popular, los calvinistas de todo tipo creen que una vez has sido salvo, lo eres para siempre, cosa que niegan todos los arminianos.[7]

No obstante, también en esto existe una diferencia entre calvinistas moderados y radicales, como ilustra la tabla siguiente:

Puntos del Calvinismo	El Calvinismo Moderado y La Seguridad Eterna	El Calvinismo Radical y La Seguridad Eterna
1º	Se recibe mediante un acto libre	No puede recibirse mediante un acto libre
2º	La fe es una condición para su recepción	La fe no es una condición para su recepción
3º	Cristo murió para que todos pudieran disfrutarla	Cristo murió para que solo algunos pudieran disfrutarla
4º	Se recibe en conformidad con la propia voluntad	Se recibe en contra de la propia voluntad
5º	No es necesario perseverar hasta el fin para disfrutarla	Es necesario perseverar hasta el fin para disfrutarla

---

[6] Los calvinistas moderados, siguiendo a casi todos los principales maestros de la Iglesia hasta la Reforma (ver Ibíd., apéndice 1), se adhieren a un punto de vista más libertario de la libertad, que conlleva el poder de la elección contraria (Ibíd., cap. 2 y apéndices 4, 9).

[7] Muchos calvinistas se apresuran a señalar, sin embargo, que «la perseverancia de los santos depende de la perseverancia de Dios» O, más exactamente, depende de «la preservación de Dios»(ver la obra de Palmer, *The Five Points of Calvinism*, 69-70).

La Confesión de Fe de Westminster (17:1), nos dice que la perseverancia significa que: «Aquellos a quienes Dios ha aceptado en su Hijo amado, y que han sido eficazmente llamados y santificados por su Espíritu, no pueden caer del estado de Gracia ni completa ni finalmente, sino que, sin duda, perseverarán en ella hasta el final, y serán eternamente salvos».

Diferencias acerca de la perseverancia de los Santos

A pesar de lo que normalmente se cree, existen otras importantes diferencias entre calvinistas moderados, calvinistas radicales, y arminianos respecto a la doctrina de la seguridad eterna. En primer lugar, consideremos los siguientes contrastes entre los calvinistas moderados y los arminianos:

SEGURIDAD ETERNA	
Calvinismo moderado	**Arminianismo**
Todos los creyentes la tienen	Ningún creyente la tiene
Ningún creyente puede perderla	Cualquier creyente puede perderla
No puede perderse por nuestras acciones	Puede perderse por nuestras acciones
Dios da certeza y seguridad	Dios da certeza, pero no seguridad

Puesto que la mayoría de las partes de ambos lados está de acuerdo con estos contrastes no es necesario explicar estos puntos con detalle. La comparación más interesante, sin embargo, es la siguiente puesto que aporta un esclarecedor contraste entre las tres posiciones:

Calvinismo Radical	**Arminianismo**	**Calvinismo Moderado**
Seguridad, pero no certeza[8]	Certeza, pero no seguridad	Seguridad y certeza

---

[8] La mayoría de los calvinistas radicales *afirman* que en esta vida es posible tener plena certeza. No obstante, esta afirmación es inconsistente con sus otras creencias en el sentido de que hay que mantener una vida de fidelidad hasta el fin para estar seguro de que se es salvo y no se ha tenido una «certeza falsa» a lo largo de la vida y que, por tanto, no se pertenece a los elegidos.

Por supuesto, muchos calvinistas radicales insisten en que es posible disfrutar de la certeza antes de la muerte. No obstante, hay varios factores que reducen seriamente el valor de esta afirmación. En primer lugar, reconocen que existe lo que ellos llaman «falsa Gracia» y «falsa certeza», que pueden llevar a alguien a suponer que forma parte de los escogidos cuando, de hecho, no es así.[9]

En segundo lugar, la propia palabra «perseverancia» sugiere que algunos de quienes pretenden ser creyentes no perseverarán hasta el fin y, por ello, no serán salvos.

En tercer lugar, algunos calvinistas radicales admiten la posibilidad de que existan personas, creyentes en apariencia, pero que antes de su muerte abandonarán la fe y, por ello, se perderán eternamente. Sostienen que todo verdadero creyente seguirá fiel hasta el fin, y que quienes no lo hacen demuestran que no lo eran. De modo que existe seguridad eterna para los escogidos, pero la trampa es ésta: *nadie puede estar realmente seguro de ser uno de los escogidos a no ser que permanezca fiel hasta el fin.* Esta idea es distinta del punto de vista calvinista moderado que exponemos aquí: todo creyente puede estar seguro de ser salvo y continuará en la fe hasta el fin. Puesto que la presencia de «fe» es una «prueba» de que alguien es verdaderamente salvo (Hebreos 11:1). El Espíritu Santo es quien implanta la fe en el corazón del creyente cuando éste cree la Palabra de Dios (Romanos 10:9, 17).

En contraste, los calvinistas radicales insisten en que además de seguir teniendo *fe*, las personas han de seguir siendo *fieles* a Dios hasta el fin como prueba de que son verdaderamente salvas. Él puritano Thomas Brooks afirmó que la verdadera perseverancia implica persistir en: (1) una santa profesión de nuestra fe, (2) principios santos y espirituales, (3) la doctrina de Cristo, y (4) acciones de Gracia.[10]

En cuarto lugar, las mismas cosas que se sugieren como señales de la verdadera y permanente certeza hacen imposible que las personas sepan con seguridad que son salvas antes de su muerte.[11] Sin embargo, la ver-

---

[9] Ver la obra de Thomas Brooks, Heaven on Earth (Carlisle, Pa.: Banner of Truth, 1996 [1654]), 49.

[10] Ibíd, 272–74.

[11] Brooks (Ibíd., 50–71) ofrece las siguientes señales de «una certeza bien fundamentada»: (1) «Sé activo en el ejercicio de la Gracia». (2) «La certeza se obtiene mediante la obediencia». (3) «Sigue con diligencia las instrucciones del Espíritu Santo». (4) «Sé diligente en la obediencia de las ordenanzas de Cristo».(5) «Presta especial atención al ámbito de las promesas de misericordia de Dios». (6) «Destácate por saber escoger aquellas cosas que clara y plenamente te distingan, no solo de los

dad es que, en la práctica, se hace imposible que alguien pueda saber, sin duda, que ha perseverado en todas estas cosas antes de morir. O, por decirlo de otro modo, cualquiera que no esté cumpliendo estos requisitos hasta el día de su muerte no puede estar seguro de ser uno de los escogidos.

Otro contraste al respecto es que los calvinistas moderados creen que los escogidos experimentan la certeza en la Tierra y poseen también la seguridad eterna en el Cielo. Sin embargo, algunos calvinistas radicales sostienen solo esto último, ya que no podemos estar realmente seguros de que alguien forma parte de los escogidos hasta que tal persona persevera hasta el fin. Esto se debe a la existencia de la «falsa certeza» que puede llevarnos a creer «que tenemos fe cuando de hecho, no es así».[12]

A. A. Hodge dijo: «*La perseverancia en la santidad*, por tanto, en oposición a toda debilidad y tentación, *es la única prueba de* la autenticidad de la experiencia pasada, de la validez de *nuestra confianza por lo que respecta a nuestra salvación futura...*». Puede haber una «retirada temporal de la Gracia protectora» mientras se permite a los escogidos que «vuelvan atrás durante un tiempo»; no obstante, «*en todos y cada uno de estos casos* tales personas son restauradas por Gracia».[13] Esto parece implicar que si alguien vuelve atrás y no se arrepiente antes de encontrarse con su Creador, tal condición es entonces una prueba de que la persona en cuestión no había sido verdaderamente salva. Si esto es así, cualquier cristiano, a pesar de las pruebas que pueda manifestar en su vida durante muchos años, no puede tener verdadera certeza de su salvación.[14]

A pesar de las afirmaciones en sentido contrario, los calvinistas radicales no pueden estar seguros de ser salvos a no ser que perseveren hasta el fin y hasta que lo hayan hecho. En pocas palabras, por lo que hace al conocimiento de la propia salvación, no se sabe si uno es o no salvo sino hasta que se ha perseverado hasta el fin.

---

profanos, sino también de los más brillantes y elevados hipócritas del mundo». (7) «Procura crecer más y más en la Gracia».

[12] R. C. Sproul, *Chosen by God* (Wheaton, Ill.: Tyndale, 1986), 165–66.

[13] A. A. Hodge. *Outlines of Theology* (Grand Rapids: Eerdmans, 1949 [1878]), 544–45 (cursivas del autor).

[14] Sin duda, muchos calvinistas radicales hablan acerca de la certeza presente y de aquellas pruebas que la evidencian. (ver la obra de William Ames, *The Marrow of Theology*, trad. y ed. por John D. Eusden [Durham, N.C.: Labyrinth, 1983], 172; y Sproul, *Chosen by God*, 167–68). No obstante, a continuación proceden a recordarse a sí mismos que podría tratarse de una falsa certeza y que han de perseverar fieles hasta el fin para poder estar seguros.

Calvinismo moderado versus arminianismo: una defensa de la seguridad eterna

Aunque existen importantes diferencias entre los calvinistas radicales y los moderados acerca de la seguridad eterna, las que separan a los calvinistas moderados de los arminianos son aún más acentuadas. Estos últimos afirman, por ejemplo, que la salvación se puede perder. Como dijo el teólogo arminiano H. Orton Wiley, los arminianos sostienen que el creyente puede llegar a ser «*reprobado*» y «*de morir en tal estado, podría finalmente perecer*».[15] Sin embargo y por el contrario, existen muchos argumentos a favor de la seguridad eterna y de la certeza presente de los creyentes.

Argumentos bíblicos a favor de la seguridad eterna

El Nuevo Testamento está lleno de versículos que enseñan que la salvación nunca puede perderse, y que puede tenerse plena certeza de ello durante esta vida. Entre tales textos sobresalen los siguientes.[16]

Job 19:25–26. «*Yo sé que mi Redentor vive*, y al final se levantará sobre el polvo. Y después de deshecha mi piel, *aun en mi carne veré a Dios*». Job está seguro de dos cosas: (1) que su Redentor vive; (2) que un día, estando aún en su carne, verá a Dios (resurrección). Es decir, Job tiene un conocimiento presente de haber sido redimido («*mi* Redentor») y de que, en su cuerpo resucitado, verá a Dios en el Cielo. Tal conocimiento implica una seguridad eterna.

Eclesiastés 3:14. Bajo la inspiración del Espíritu Santo, el hombre más sabio de todos los tiempos dijo: «Sé que *todo lo que Dios hace será perpetuo no hay nada que añadirle y no hay nada que quitarle*». La aplicación de este principio a la Salvación —que es lo que hace la Escritura (Efesios 1:4)—, da como resultado la doctrina de la seguridad eterna. Puesto que, si lo que Dios hace es para siempre y la Salvación es una obra de Dios, entonces la Salvación es para siempre. Sin embargo, si la Salvación puede perderse, no es entonces para siempre. Esto me lleva a concluir, por tanto, que la Salvación no puede perderse.

Juan 3:18. «*El que cree en Él no es condenado*; pero el que no cree, *ya ha sido condenado*, porque no ha creído en el nombre del unigénito

---

[15] H. Orton Wiley, *Christian Theology*, 3 vols. (Kansas City, Mo.: Beacon Hill, 1952), 2:344, 351.

[16] Las cursivas de las citas bíblicas de este capítulo son del autor.

Hijo de Dios». Él claro sentido de este texto es que si alguien cree *ahora*, tal persona no se condenará (perderá) ni ahora ni más adelante (cf. Romanos 8:1). Juan añade que tal persona «*no viene a condenación, sino que ha pasado de muerte a vida*» (Juan 5:24). Sin embargo, si no cree ahora, «ya» está condenada (perdida). En pocas palabras, un acto presente de fe nos aporta la certeza de no ser nunca condenados, es decir, de no pernos. De igual modo que ya estamos condenados por no creer en Cristo, también somos ya salvos por creer en Él.

Juan 5:24. «En verdad, en verdad os digo: el que oye mi palabra y *cree al que me envió, tiene vida eterna y no viene a condenación, sino que ha pasado de muerte a vida*». Es decir, quienes creen verdaderamente *ahora* pueden estar seguros, también ahora, de que estarán en el Cielo *más tarde*. La vida eterna se convierte en una posesión presente en el momento en que alguien cree, y ello da la seguridad al cristiano de que nunca será condenado.

Juan 6:37. «Todo lo que el Padre me da, vendrá a mí; *y al que viene a mí, de ningún modo lo echaré fuera*». ¡No solo es salvo todo aquel que se acerca a Cristo, sino que todo aquel que es salvo, lo es también permanentemente! Es una salvación para siempre.

Juan 6:39–40. «Y esta es la voluntad del que me envió: *que de todo lo que Él me ha dado yo no pierda nada*, sino que lo resucite en el día final. Porque ésta es la voluntad de mi Padre: que *todo aquel que ve al Hijo y cree en Él, tenga vida eterna, y yo mismo lo resucitaré en el día final*». Acerca de aquellos que *ahora creen* en Él, Jesús dijo: «yo mismo lo resucitaré en el día final». Es decir, los tales serán salvos. Además, declaró categóricamente que ninguno de aquellos que el Padre le había dado se perdería. Por ello, los que creen están tan eternamente seguros como lo es la propia promesa de Cristo. En pocas palabras, *¡cree ahora, y serás salvo para siempre!*

Juan 10:27–29. «Mis ovejas oyen mi voz, y yo las conozco y me siguen; y yo les doy vida eterna y *jamás perecerán*, y nadie las arrebatará de mi mano. Mi Padre que me las dio es mayor que todos, y nadie las puede arrebatar de la mano del Padre». Lo que hace que nuestra salvación sea segura no es solo el infinito amor de Dios, sino también el hecho de que somos sostenidos por su mano omnipotente. No solo somos salvos por su amor ilimitado, sino también guardados por su ilimitado poder (1 Pedro 1:5; cf. Judas 24). «Nadie» —ni siquiera nosotros mismos—, podrá arrebatarnos de su mano. Además, Jesús dijo que sus ovejas (los salvos) *«jamás perecerán»*. Es entonces muy sencillo: si algún creyente perdiera la salvación ¡Jesús estaría equivocado! Pero si Jesús es el Hijo de Dios, esto es imposible. Por ello, nuestra salvación es tan eternamente segura como las propias palabras de Jesús. Como Él mismo dijo: «Él Cielo y la tierra pasarán, mas mis palabras no pasarán» (Mateo 24:35).

Juan 17:9–24. «Yo ruego por ellos; no ruego por el mundo, sino por los que me has dado; porque son tuyos... Padre santo, guárdalos en tu nombre, el nombre que me has dado, para que sean uno, así como nosotros... Mas no ruego solo por éstos, sino también por los que han de creer en mí por la palabra de ellos... Padre, quiero que los que me has dado, estén también conmigo donde yo estoy, para que vean mi gloria, la gloria que me has dado; porque me has amado desde antes de la fundación del mundo». Es digno de mención que la oración de Jesús incluya también a los creyentes que todavía no habían nacido (ver v. 20). Este texto nos asegura que todo verdadero creyente será salvo, puesto que Jesús dijo: «*ninguno se perdió*» (v. 12). Solo se perderán aquellos que, como Judas (v. 12), estaban destinados a la destrucción por su propia negativa a arrepentirse (cf. 2 Pedro 3:9). Puesto que la oración de Jesús por nosotros en su función de Sumo Sacerdote es completamente eficaz (Hebreos 7:25), al igual que la defensa que presenta por nosotros en el Cielo (1 Juan 2:1), es imposible que se pierda ninguno de sus hijos. Si pudieran perderse, Dios habría dejado en tal caso de contestar la oración de su Hijo como Sumo Sacerdote; pero la Biblia nos dice que esto no es posible ya que Dios está completamente satisfecho con la obra de Jesús a nuestro favor (Hebreos 7:25–27; 1 Juan 2:1).

Romanos 4:5–6. «Mas al que no trabaja, pero cree en aquel que justifica al impío, su fe se le cuenta por justicia. Como también David habla de la bendición que viene sobre el hombre a quien Dios atribuye justicia aparte de las obras». La doctrina de la imputación que se afirma aquí y en otros lugares de la Escritura (Génesis. 15:6; Romanos. 4:11, 22–24; 5:13–21; 2 Corintios 5:21; Filipenses 3:9), aporta un sólido argumento en favor de la seguridad eterna. Si ya se nos considera perfectamente justos por la justicia de Cristo que se nos imputa, no hay entonces pecado alguno que pueda impedirnos llegar al Cielo. Hemos sido vestidos con la justicia de Cristo (2 Corintios 5:21), y esto es más que suficiente para llevar al Cielo a cualquiera. De hecho, en vista de su justicia que nos ha sido imputada, no existe literalmente nada que pueda impedir que seamos salvos.

Romanos 8:29-30. «Porque a los que de antemano conoció, también los predestinó a ser hechos conforme a la imagen de su Hijo, para que Él sea el primogénito entre muchos hermanos; y a los que predestinó, a ésos también llamó; y a los que llamó, a ésos también justificó; y a los que justificó, a ésos también glorificó». Este texto describe una cadena inquebrantable: las mismas personas que han sido predestinadas son llamadas, justificadas, y finalmente glorificadas (llegan al Cielo). Para poder soslayar la seguridad eterna a partir de esta declaración, habría que insertar en el texto la palabra «algunos», pero este término no aparece en la frase. Todos los que son justificados serán finalmente glorificados.[17]

Romanos 8:33. «¿Quién acusará a los escogidos de Dios? Dios es el que justifica». Él comentario que hace Charles Ryrie de este texto es especialmente preciso: «No importa quién pretenda acusarnos o de qué; ninguna acusación podrá en modo alguno prosperar. Mientras no sea Dios quien lo haga, no hay peligro. Y Dios no nos acusa». Puesto que Él *«ya ha pronunciado su veredicto en todos los casos en que hemos sido acusados o podamos serlo: tal veredicto es, 'inocente'».*[18]

Romanos 8:35, 37-39. «¿Quién nos separará del amor de Cristo? ¿Tribulación, o angustia, o persecución, o hambre, o desnudez, o peligro, o espada?... Antes bien en todas estas cosas somos más que vencedores por medio de Aquel que nos amó. Porque estoy convencido de que ni la muerte, ni la vida, ni ángeles, ni principados, ni lo presente, ni lo por venir, ni los poderes, ni lo alto, ni lo profundo, ni ninguna otra cosa creada nos podrá separar del amor de Dios que es en Cristo Jesús Señor nuestro». Este pasaje precisa poco comentario, invita a la mera contemplación. ¡No existe nada, literalmente, «en toda la Creación» que pueda separar al creyente de Cristo! Él Creador, por su amor incondicional, no lo hará, y ninguna criatura puede hacerlo.[19]

Romanos 11:29. «Porque los dones y el llamamiento de Dios son irrevocables». La salvación comporta tanto el don (6:23) como el llamamiento (8:30) de Dios. Y en este texto Pablo afirma categóricamente

---

[17] A diferencia de los calvinistas radicales, esto no demuestra que la expiación sea limitada en su extensión, sino solo en su aplicación. Aquí, el «llamamiento» se refiere a la llamada eficaz de los escogidos y no a la oferta, o mandamiento general, que se hace a todos a ser salvos (Hechos 17:30; 2 Pedro 3:9).

[18] Charles Ryrie, *So Great Salvation* (Chicago: Moody, 1997), 127.

[19] Por supuesto, Dios sigue amando a las personas que están en el infierno, sin embargo, los tales están *separados de su amor*. Cual vasos puestos bocabajo bajo las Cataratas del Niágara, se han negado a permitir que el amor sea derramado en ellos.

que los dones de Dios son «irrevocables» Por ello, el don de la salvación no puede ser jamás revocado.

1 Corintios 12:13. «Pues por un mismo Espíritu todos fuimos bautizados en un solo cuerpo, ya judíos o griegos, ya esclavos o libres, y a todos se nos dio a beber del mismo Espíritu» (cf. Efesios 1:22–23; 4:4). Como observa con perspicacia Charles Ryrie: «en la conversión, el creyente es unido al cuerpo de Cristo mediante el bautismo del Espíritu Santo. Si la salvación pudiera perderse, habría entonces que escindir del cuerpo a la persona en cuestión, y el cuerpo de Cristo resultaría desmembrado».[20]

2 Corintios 5:17, 21. «De modo que si alguno está en Cristo, nueva criatura es; las cosas viejas pasaron; he aquí, son hechas nuevas... Al que no conoció pecado, le hizo pecado por nosotros, para que fuéramos hechos justicia de Dios en Él». Según este texto, somos ya una nueva creación; esto nos garantiza un lugar en el Cielo. De hecho, hemos sido vestidos de la «justicia de Dios». Por ello, a ojos de Dios somos todo lo perfectos que podemos ser (no por nuestros méritos personales, sino por la obra de Cristo). Por otra parte, nuestros pecados fueron cargados sobre Cristo. Puesto que nuestros pecados le han sido imputados a Él y su justicia a nosotros, si alguien hubiera de quedarse fuera del Cielo por nuestros pecados, debería ser Cristo. Y si alguien hubiera de entrar en Él por la justicia de Cristo, deberíamos ser nosotros.

Efesios 1:4–5. «Según nos escogió en Él antes de la fundación del mundo, para que fuéramos santos y sin mancha delante de Él. En amor nos predestinó para adopción como hijos para sí mediante Jesucristo, conforme al beneplácito de su voluntad. Los creyentes fueron predestinados para ser adoptados en la familia de Dios antes de la fundación del mundo». Dios sabía de antemano todo lo que haríamos, incluso después de ser salvos; Él conocía todos nuestros pecados. Sin embargo, no hay nada que pueda anular un decreto eterno de Dios (Romanos 11:29). Por ello, quienes son adoptados en su familia están eternamente seguros. En la Escritura no se contempla la posibilidad de dejar de ser adoptado. Dios nos adoptó porque nos quería, aunque ya lo sabía todo respecto a nosotros.

Efesios 1:13b–14. «Habiendo creído, fuisteis sellados en Él con el Espíritu Santo de la promesa, que nos es dado como garantía de nuestra herencia, con miras a la redención de la posesión adquirida de Dios,

---

[20] Ryrie, *So Great Salvation*, 129.

para alabanza de su gloria». (Cf. 4:30). En otro lugar Pablo dijo que todos los que tienen el Espíritu Santo pertenecen a Cristo (Romanos 8:9). Por tanto, según este texto, la posesión del Espíritu Santo es una garantía de la propia redención final. Por ello, argumentar que se puede perder la salvación equivale a decir que la garantía que ofrece Dios de que los creyentes llegarán al día de la redención ¡no es válida! Dicho en lenguaje popular, Dios se ha implicado personalmente en el hecho de que cada creyente lo consiga. Lo ha garantizado con la presencia de su propio Espíritu Santo en nuestras vidas, quien «da testimonio a nuestro espíritu de que somos hijos de Dios» (8:16).

Efesios 2:5-6. Pablo afirmó que *Dios «nos dio vida juntamente con Cristo (por Gracia habéis sido salvados), y con Él nos resucitó, y con Él nos sentó en los lugares celestiales en Cristo Jesús».* Según este pasaje, los salvos están ya en el Cielo en un sentido posicional. Y lo están, porque ha sido el propio Dios (no ellos mismos) quien les ha puesto en tal posición. Dice el texto que Él «nos resucitó... en los lugares celestiales en Cristo Jesús». Por ello, nuestra posición en el Cielo es igual de segura que la de Cristo. Del mismo modo que nadie puede echar a Cristo de su posición celestial, tampoco puede echársenos a nosotros. Nuestra conducta práctica debería reflejar hasta cierto punto esta posición celestial (y lo hará), pero de ningún modo puede negarla. De otro modo nuestras obras posteriores a la salvación serían necesarias para su obtención final.

Filipenses 1:6. «*Estando convencido precisamente de esto: que el que comenzó en vosotros la buena obra, la perfeccionará hasta el día de Cristo Jesús».* Pablo expresa su total confianza respecto a que el Dios que inició el proceso de salvación en nuestras vidas, lo llevará a su consumación, es decir, todos los que han sido regenerados llegarán al Cielo. Dios acaba aquello que inicia. La negación de este hecho equivale a difamar el carácter divino.

Filipenses 4:3. «En verdad, fiel compañero, también te ruego que ayudes a estas mujeres que han compartido mis luchas en la causa del Evangelio, junto con Clemente y los demás colaboradores míos, cuyos nombres están en el libro de la vida». Pablo enseña con toda claridad que los creyentes pueden saber, aquí y ahora, que se dirigen al Cielo. Además, puesto que los nombres registrados en el Libro de la Vida lo han sido desde la eternidad (Apocalipsis 13:8), es evidente que Dios sabe que están seguros eternamente. De hecho, Juan revela que una vez que un nombre ha sido anotado en este libro, nunca más se borra de él.

Por ello, en estos pasajes se evidencian tanto la certeza presente de la salvación como la seguridad eterna.

2 Timoteo 1:12. Pablo proclama: «Porque yo sé en quién he creído, y estoy convencido de que es poderoso para guardar mi depósito hasta aquel día». Puesto que nuestra salvación no depende de nuestra fidelidad sino de la de Dios (2:13), nuestra perseverancia está asegurada. Por ello, en el presente podemos «saber» que más adelante, cuando Él regrese, seremos salvos.

2 Timoteo 4:18. El apóstol Pablo expresa una vez más su convicción: «El Señor me librará de toda obra mala y me traerá a salvo a su reino celestial». Tal certeza no sería posible si los creyentes pudieran perder la salvación. ¿De qué otro modo podía Pablo tener tal confianza de que finalmente sería salvo? La Escritura promete esto mismo a todos los creyentes (Filipenses 1:6; 1 Pedro 1:5).

Hebreos 10:14. «Porque por una ofrenda Él ha hecho perfectos para siempre a los que son santificados». Según este pasaje, aquel único sacrificio de Cristo en la Cruz asegura eternamente la salvación de los escogidos. Puesto que esta obra fue llevada a cabo en la Cruz, antes incluso de que naciéramos, se desprende de ello que los verdaderos creyentes pueden tener la completa certeza de llegar al Cielo. Son tan perfectos ahora, ataviados con la justicia de Cristo (2 Corintios 5:21), como puedan llegar a serlo (o tengan que serlo) más adelante para entrar al Cielo.

Hebreos 12:2. «Puestos los ojos en Jesús, el autor y consumador de la fe, quien por el gozo puesto delante de Él soportó la cruz, menospreciando la vergüenza, y se ha sentado a la diestra del trono de Dios». Dios es tanto el autor como el «perfeccionador» o «consumador (LBLA)» de nuestra fe. Él es quien la inicia, y quien la perfecciona (Filipenses 1:6). De hecho, el autor de Hebreos la llama «redención eterna» (Hebreos 9:12). Sin duda, no puede tratarse de salvación eterna si dura solo un corto tiempo y después puede perderse. Y esta salvación eterna fue adquirida «de una vez y para siempre» unos dos mil años antes de que naciéramos.

1 Pedro 1:5. Pedro se refiere a aquellos que son «protegidos por el poder de Dios mediante la fe, para la salvación que está preparada para ser revelada en el último tiempo». Una vez que alguien ha depositado su fe en Cristo, tal persona es protegida por el poder de Dios hasta su entrada en el Cielo. Dado que Dios es Todopoderoso, cabe deducir que no hay nada que pueda burlar su protección. Por supuesto, esto es algo que se consigue «mediante la fe», que es fortalecida por la Gracia de Dios y cuyo cumplimiento asegura de antemano su presciencia (1 Pedro 1:2).

1 Juan 3:9. «Ninguno que es nacido de Dios practica el pecado, porque la simiente de Dios permanece en él; y no puede pecar, porque es nacido de Dios». Aquí tenemos una confirmación del punto de vista calvinista moderado de la seguridad eterna. En primer lugar, cualquiera que verdaderamente haya nacido de Dios no puede practicar el pecado. El hecho de que alguien lo haga, revela que tal persona no ha nacido de Dios. Es decir, la perseverancia en no practicar el pecado es una prueba de la propia salvación. En segundo lugar, la expresión «no puede» indica que el verdadero creyente tiene una naturaleza divina que garantiza su salvación final. Dios ha plantado una «semilla» en cada creyente en el momento de su conversión que se desarrollará hasta dar fruto (cf. Filipenses 1:6).

Judas 24–25. «Y a aquel que es poderoso para guardaros sin caída y para presentaros sin mancha en presencia de su gloria con gran alegría, al único Dios nuestro Salvador, por medio de Jesucristo nuestro Señor, sea gloria, majestad, dominio y autoridad, antes de todo tiempo, y ahora y por todos los siglos. Amén». Al margen de las advertencias que la Biblia pueda presentar respecto a las caídas,[21] se nos asegura que el creyente verdadero no sufrirá ninguna que implique la pérdida del Cielo. Ello se debe a que el Dios Todopoderoso puede «guardar[n]os sin caída»

Argumentos bíblicos a favor de la certeza actual del creyente

La seguridad eterna es una cuestión objetiva. Sin embargo, la certeza presente de tal seguridad es un asunto subjetivo. Como observó el autor puritano Thomas Brooks: «estar en un estado de Gracia reportará el Cielo en la otra vida, pero la propia conciencia de vivir en tal estado reportará además un cielo aquí». Puesto que «una cosa es que tenga fe y otra,

---

[21] Existen diferentes tipos de calvinistas y cada uno interpreta los pasajes de advertencia de manera distinta. Algunos, siguiendo a Calvino, los entienden como hipotéticos, no reales. Otros, como el autor, los consideran reales, pero entienden que tales advertencias indican la pérdida de recompensas (1 Corintios 3:15), no de la salvación. Ver la obra de Jodie Dillow, *The Reign of the Servant King*, donde se trata la cuestión de la pérdida de las recompensas.

que sepa que la tengo. La certeza fluye de un conocimiento claro, cierto y evidente de que poseo la Gracia, y de que creo».[22]

Tanto los calvinistas radicales como los arminianos afirman que la certeza presente no es garantía de la salvación final. Los calvinistas radicales no pueden estar seguros de ello puesto que podría tratarse de una «falsa certeza» de la salvación. En el caso de los arminianos, tal falta de seguridad de la salvación final se debe a que solo pueden tener una certeza de salvación temporal. El teólogo arminiano Richard Watson creía haber«establecido» y «demostrado con la Escritura» que «*los verdaderos creyentes pueden volver 'atrás para perdición' y ser 'desechados' y caer en un estado tal que mejor les hubiera sido no haber conocido el camino de la justicia*»; por tanto, «*el número de los escogidos puede reducirse*».[23]

Por el contrario, el calvinista moderado puede tener una verdadera certeza de la salvación eterna. De hecho, la Biblia exhorta a los creyentes a procurar tener tal certeza. Pablo insta a los corintios: «*Poneos a prueba para ver si estáis en la fe;* examinaos a vosotros mismos. ¿O no os reconocéis a vosotros mismos que Jesucristo está en vosotros, a menos de que en verdad no paséis la prueba?» (2 Corintios 13:5).[24] Por su parte, también Pedro exhorta: «Así que, hermanos, sed tanto más diligentes para hacer firme vuestro llamamiento y elección de parte de Dios; porque mientras hagáis estas cosas nunca tropezaréis» (2 Pedro 1:10). Y Judas añade: «*conservaos en el amor de Dios*, esperando ansiosamente la misericordia de nuestro Señor Jesucristo para vida eterna» (Judas 21).

¿Qué es lo que aporta el fundamento a nuestra certeza de estar en la fe? Pablo dice: «Porque todo lo que fue escrito en tiempos pasados, para nuestra enseñanza se escribió, a fin de que *por medio de la paciencia y del consuelo de las Escrituras tengamos esperanza*» (Romanos 15:4), y Juan: «Estas cosas os he escrito a vosotros que creéis en el nombre del Hijo de Dios, para que sepáis que tenéis vida eterna» (1 Juan 5:13). Nos

---

[22] Brooks, *Heaven on Earth*, 14.

[23] Richard Watson, Christian Institutes; or A View of the Evidences, Doctrines, Morals, and Institutions of Christianity (New York: T. Mason & G. Lane, 1836), 340 (cursivas del autor).

[24] Algunos calvinistas moderados entienden que estos pasajes hacen referencia a la confirmación de la propia elección como reprobado (ver la obra de Hodges, *Absolutely Free*, 174–75, 200). Sea como sea, esto solo hace que la confirmación sea indirecta. Por otra parte, dados los muchos pasajes que se refieren a los falsos creyentes (cf. Mateo 7:22), todo aquel que profesa ser creyente queda bien informado respecto a lo que es la genuina fe que salva y respecto a si tal persona la tiene o no.

toca a nosotros, por tanto, examinar las Escrituras en búsqueda de respuestas a la cuestión de la certeza de la salvación.

Job 19:25–26. «Yo sé que mi Redentor vive, y al final se levantará sobre el polvo. Y después de deshecha mi piel, aun en mi carne veré a Dios». Este texto no solo implica la seguridad eterna (ver el comentario anterior al respecto) sino que supone también la certeza presente. Lo que está diciendo realmente Job es: «Yo *sé ahora* que *más adelante estaré* en el Cielo ['veré a Dios']».

Romanos 8:16. «*El Espíritu mismo da testimonio a nuestro espíritu de que somos hijos de Dios*». Esto representa un testimonio presente de cuál será nuestro estado final: sabemos (ahora) que somos hijos de Dios. Y ello significa ser salvo (Juan 1:12). Si los arminianos están en lo cierto y la salvación se puede perder, el testimonio del Espíritu Santo es, entonces, equívoco. Sin embargo, esto es imposible, ya que Dios no puede mentir (Romanos 3:4; Tito 1:2; Hebreos 6:18). Por ello, los creyentes pueden tener la certeza presente de su salvación final.

2 Corintios 5:1–2. «*Porque sabemos que si la tienda terrenal que es nuestra morada, es destruida, tenemos de Dios un edificio, una casa no hecha por manos, eterna en los cielos*» Lo que Pablo está diciendo es no solo que sabe que va a ir al Cielo, sino que lo sabe «*ahora*»; es decir, que tiene la certeza presente de su futura estancia «en el Cielo». Tal certeza es posible para todos los creyentes.

2 Corintios 5:5–8. «Y el que nos preparó para esto mismo es Dios, quien nos dio el Espíritu como garantía. Por tanto, animados siempre y sabiendo que mientras habitamos en el cuerpo, estamos ausentes del Señor (porque por fe andamos, no por vista); pero cobramos ánimo y preferimos más bien estar ausentes del cuerpo y habitar con el Señor». Pablo expresa aquí su «*confianza*» de que, si muriera iría a estar con Cristo. Esto representa una enérgica expresión de su certeza presente respecto a su futura presencia en el Cielo. Además, el apóstol afirma que Dios le ha dado una «*garantía*» *presente de algo* «*que ha de acontecer*»; tal garantía es el Espíritu Santo (ver Efesios 4:30). Negar la certeza presente o la seguridad eterna del creyente equivale a decir que la garantía que Dios nos ha dado no es válida.

Filipenses 1:6. «*Estando convencido* precisamente de esto: que *el que comenzó en vosotros la buena obra, la perfeccionará hasta el día de Cristo Jesús*». Este texto no solo enseña la seguridad eterna del creyente, sino también que éste puede estar «convencido» de formar parte de los escogidos.

1 Tesalonicenses 1:4–5. «Sabiendo, hermanos amados de Dios, su elección de vosotros, pues nuestro evangelio no vino a vosotros solamente en palabras, sino también en poder y en el Espíritu Santo y con plena convicción; como sabéis qué clase de personas demostramos ser entre vosotros por amor a vosotros». De nuevo aquí, al igual que en Romanos 8:16, la profunda convicción de que alguien forma parte de los elegidos se presenta como resultado de la poderosa obra del Espíritu Santo; los tesalonicenses experimentaron esta certeza inmediatamente después de su conversión.

2 Timoteo 4:18. «El Señor me librará de toda obra mala y me traerá a salvo a su reino celestial. A Él sea la gloria por los siglos de los siglos». Pablo está convencido de que Dios le preservará hasta el fin. Su confianza presente está en que su futuro en el Cielo está asegurado. Esto es un indicativo, no solo de la certeza presente, sino también de la seguridad eterna.

Hebreos 10:22–23. «Acerquémonos con corazón sincero, en plena certidumbre de fe, teniendo nuestro corazón purificado de mala conciencia y nuestro cuerpo lavado con agua pura. Mantengamos firme la profesión de nuestra esperanza sin vacilar, porque fiel es el que prometió». Según este pasaje, los creyentes pueden tener «plena certidumbre de fe» y «aferrarse sin vacilar» a su confiada expectativa (esperanza) puesto que Dios es «fiel» (cf. 2 Timoteo 2:13).

1 Juan 5:13. Juan afirma: «Estas cosas os he escrito a vosotros que creéis en el nombre del Hijo de Dios, para que sepáis que tenéis vida eterna».

Otras pruebas de la salvación. A lo largo de su primera carta, Juan enumera diferentes maneras por las que podemos «saber» ahora que formamos parte de los elegidos de Dios, a saber, si guardamos sus mandamientos (1 Juan 2:3); guardamos su Palabra (2:4); andamos como Él anduvo (2:5); amamos a los hermanos (3:14); nuestro amor se expresa en hechos, no solo en palabras (3:19); tenemos el Espíritu Santo morando en nuestro interior (3:24); nos amamos el uno al otro (4:13); y no practicamos el pecado (5:18, cf. 3:9). En pocas palabras, si manifestamos el fruto del Espíritu, esto significa que le tenemos a Él morando en nuestro corazón y su fruto en nuestra vida (cf. Gálatas 5:22–23). En este caso podemos estar seguros de formar parte de los escogidos. No hemos de esperar hasta que estemos con Cristo para saber que le pertenecemos. El primer fruto del Espíritu es amor (*agape*). Pablo nos describe sus inconfundibles características (1 Corintios 13).[25]

---

[25] Robert Gromacki ofrece una lista similar en su obra *Salvation Is Forever* (Schaumburg, Ill.: Regular Baptist Press, 1996), 177–83.

Argumentos teológicos a favor de la seguridad eterna

Además de los anteriores versículos que apoyan la seguridad eterna de manera específica, otras muchas verdades teológicas basadas en la Biblia fundamentan esta enseñanza. Consideremos algunas de las más importantes.

La Salvación es del Señor. Jonás resume la enseñanza bíblica respecto a la salvación: «La salvación viene del Señor» (Jonás 2:9). La salvación no deriva de la voluntad humana, sino de la de Dios. Los salvos «no nacieron de sangre, ni de la voluntad de la carne, ni de la voluntad del hombre, sino de Dios» (Juan 1:13). Como dijo Pablo: «*no depende del que quiere ni del que corre, sino de Dios que tiene misericordia*» (Romanos 9:16). Si en su origen y final, la salvación no depende de nuestros esfuerzos sino solamente de Dios, nuestra seguridad es en tal caso tan eterna como lo es el propio Dios.

Dios no puede negarse a sí mismo. El apóstol afirma: «*si somos infieles, Él permanece fiel, pues no puede negarse a sí mismo*» (2 Timoteo 2:13). Este es un texto particularmente contundente respecto a la seguridad eterna. Enfrenta directamente el reto arminiano al afirmar que, aunque nuestra fe titubee, la fidelidad de Dios es firme. Si tenemos en cuenta que la salvación procede de Dios, para que pudiéramos perderla, Dios tendría que «negarse a sí mismo», lo cual es imposible. De modo que, igual que Dios no puede dejar de ser Dios, tampoco nosotros podemos perder la salvación.

La elección tuvo lugar en la eternidad. La salvación no se decidió en el tiempo y no puede, por tanto, desvanecerse en el tiempo. «Según *nos escogió en Él antes de la fundación del mundo*, para que fuéramos santos y sin mancha delante de Él»(Efesios 1:4). Cristo es el Cordero que fue inmolado desde «la fundación del mundo» (Apocalipsis 13:8). Además, «*nos ha salvado... según la Gracia que nos fue dada en Cristo Jesús desde la eternidad*» (2 Timoteo 1:9). En pocas palabras, nuestra salvación no ha sido conseguida en el tiempo y no puede, por tanto, perderse en el tiempo. Fue llevada a cabo en la eternidad y perdurará por toda la eternidad.

La presciencia de Dios es infalible. Tanto los calvinistas como los arminianos tradicionales concuerdan en que la presciencia de Dios es infalible (Isaías 46:10). Si esto es así, parece entonces poco razonable asumir que Dios regenera a las personas sabiendo positivamente que no van a perseverar. De hecho, esto es exactamente lo que Pablo deja entrever cuando dice: «Porque a los que de antemano conoció, también los predestinó... y a los que predestinó, a ésos también llamó; y a los que llamó, a ésos también justificó; y a los que justificó, a ésos también glorificó» (Romanos 8:29–30). Pretender que Dios inicia nuestra salvación, pero no la completa equivale a decir que no termina lo que comienza. Sin embargo, esto es completamente contrario a su carácter y modo de proceder. Fíjate en las palabras de Pablo: «estando convencido precisamente de esto: que *el que comenzó en vosotros la buena obra, la perfeccionará hasta el día de Cristo Jesús*» (Filipenses 1:6).

Cristo completó la Salvación. La Escritura apoya resueltamente las palabras del autor del himno: «Jesús lo pagó todo». Mientras colgaba de la cruz, Jesús dijo: «*Consumado es*» (Juan 19:30). Y antes de ello, el Señor había declarado al Padre: «*Yo te glorifiqué en la tierra, habiendo terminado la obra que me diste que hiciera*» (Juan 17:4). Con referencia a esta obra de Jesús en la cruz, el escritor de Hebreos dice: «Porque por una ofrenda Él ha hecho perfectos para siempre a los que son santificados» (Hebreos 10:14). Según este pasaje, el sacrificio de Cristo en la cruz asegura eternamente el perdón de nuestros pecados.

Desde el punto de vista de Dios, la obra de la cruz es un hecho consumado desde la eternidad (Efesios 1:4; Apocalipsis 13:8). Esto significa que para Dios, que ve las cosas con una presciencia infalible, todos nuestros pecados —pasados, presentes, y futuros— fueron ya perdonados mucho antes de que naciéramos. Siendo así, Cristo satisfizo en la cruz, antes aun de que naciéramos, incluso el pago por los pecados que los arminianos consideran susceptibles de causar la pérdida de la salvación, de modo que tal pérdida supondría un error en la omnisciente presciencia de Dios en el sentido de que tal persona recibiría el don de la salvación. Contrariamente a lo que afirman lo arminianos, la Biblia nunca especifica que «todos los pecados» por los que Cristo murió sean únicamente «todos los pecados *cometidos hasta el momento de ser justificados*». Y no es sabio añadir nada a lo que dicen las Escrituras.

La Salvación es un don irrevocable. Pablo declara categóricamente que «los dones y el llamamiento de Dios son irrevocables» (Romanos 11:29). También dice, sin embargo, que la Salvación es «un don de Dios» (Romanos 6:23; Efesios 2:8). Dios no puede retirar a alguien el don de la salvación. Está obligado por su promesa incondicional a ser fiel, aunque nosotros seamos infieles, puesto que no puede negarse a sí mismo (2 Timoteo 2:13).

La Salvación es una promesa incondicional. Las promesas de Dios no pueden dejar de cumplirse. *La salvación es una promesa incondicional.* El autor de Hebreos afirma: «De la misma manera Dios, deseando mostrar más plenamente a los herederos de la promesa la inmutabilidad de su propósito, interpuso un juramento, a fin de que por dos cosas inmutables, en las cuales es imposible que Dios mienta, seamos grandemente animados los que hemos huido para refugiarnos, echando mano de la esperanza puesta delante de nosotros» (Hebreos 6:17–18). La Salvación es un don incondicional (Romanos 11:29; Efesios 2:9), por ello, Dios no puede desdecirse de su promesa sin condiciones.

La Salvación no puede ganarse o perderse por nuestros esfuerzos. Ni las buenas obras pueden hacer que la consigamos, ni las malas que la perdamos. «Porque por Gracia habéis sido salvados por medio de la fe, y esto no de vosotros, sino que es don de Dios; *no por obras*, para que nadie se gloríe» (Efesios 2:8–9). «Él nos salvó, *no por obras de justicia que nosotros hubiéramos hecho*, sino conforme a su misericordia, por medio del lavamiento de la regeneración y la renovación por el Espíritu Santo» (Tito 3:5). Si las obras no nos hacen ganar la Salvación ¿cómo pueden hacer que la perdamos? Una mala conducta que, como afirman los bondadosos arminianos, basta para producir la pérdida de la Salvación, no nos hace más merecedores de ello de lo que un buen comportamiento nos haría de ganarla.

A la objeción de que la Salvación se recibe mediante nuestra libre elección y puede, por tanto, perderse también por el mismo medio, respondemos que la ésta es un don incondicional (Romanos 11:29) y que, como tal, Dios no puede retirarlo una vez lo ha concedido. Igual que sucede con el don de la vida física, también la vida eterna, una vez se ha recibido, no puede devolverse o perderse. Solo Dios podría reclamarla, y su carácter garantiza que nunca se desdecirá de su promesa. Además, algunos actos de libertad nos llevan a un punto sin retorno. Podemos decidir entrar en situaciones de las que no podemos salir (por ejemplo, el suicidio).

Asimismo, el hecho de que la Salvación se reciba por fe no significa que pueda perderse por falta de ella. Como se ha dicho anteriormente, la recepción del don de la salvación no depende de un continuado acto de fe, sino solo de un acto inicial (cf. Romanos 13:11). Por ello, el don de la salvación (Romanos 6:23) es una posesión presente (Juan 5:24) y los dones de Dios son irrevocables (Romanos 11:29).

La Salvación es por la sola Gracia. Existe otro argumento estrechamente vinculado con el anterior: si los creyentes no gozan de seguridad eterna sino que pueden perder la salvación por una mala conducta, entonces el arminianismo propugna tácitamente una forma de salvación por obras. De hecho, el teólogo arminiano H. Orton Wiley lo admite cuando dice: «los arminianos niegan cualquier mérito a las buenas obras, pero insisten en ellas como una condición para la Salvación». Llega incluso a decir: «La fórmula del Sr. Wesley era 'las obras, no aportan méritos, pero son una condición'»[26] ¿Por qué? Porque, según el punto de vista arminiano, para no perder la Salvación hay que mantener las buenas obras. Para tener garantías de su salvación final, los creyentes no han de llevar a cabo cierto tipo de malas acciones que acarrean su pérdida tras haberla obtenido.

De hecho, el punto de vista arminiano se parece mucho al católico romano[27] que demanda que, una vez se ha recibido la justificación inicial por la Gracia, no se cometa ningún pecado mortal o de lo contrario tal persona perderá la salvación. Pero si las obras son necesarias para el mantenimiento de la Salvación, ¿cómo puedo, entonces, evitar la conclusión de que lo que me salva son mis buenas obras?

Una respuesta a los argumentos teológicos presentados por los arminianos

Los arminianos utilizan ciertos textos y argumentos para mostrar que la Salvación se puede perder, y los calvinistas moderados deben darles respuesta. La esencia del argumento arminiano es que todos los textos que hablan de la Salvación tienen un carácter condicional, ya sea de manera implícita o explícita.

La promesa de la Salvación es condicional

Robert Shank, el célebre arminiano, argumentó en su día que existen al menos ochenta y cinco «pasajes del Nuevo Testamento que fundamentan la doctrina de la seguridad condicional».[28] En su exposición subrayó los textos que hablan de «perseverar», «permanecer», «asirse a», etcéte-

---

[26] Wiley, *Christian Theology*, 2: 373.
[27] Ver la obra de Norman L. Geisler y Ralph MacKenzie, *Roman Catholics and Evangelicals: Agreements and Differences* (Grand Rapids: Baker, 1995), ch. 12.
[28] Robert Shank, *Life in the Son* (Minneapolis: Bethany House, 1989), 334–37.

ra. En relación con este punto, se utiliza con frecuencia Colosenses 1:23: «*si en verdad permanecéis en la fe* bien cimentados y constantes, sin moveros de la esperanza del Evangelio que habéis oído, que fue proclamado a toda la creación debajo del Cielo, y del cual yo, Pablo, fui hecho ministro». Asimismo, 1 Corintios 15:2 dice: «Por el cual [el Evangelio] también sois salvos, *si retenéis* la palabra que os prediqué, a no ser que hayáis creído en vano». Hebreos 3:12–14 afirma: «Tened cuidado, hermanos, no sea que en alguno de vosotros haya un corazón malo de incredulidad, para apartarse del Dios vivo. Antes exhortaos los unos a los otros cada día, mientras todavía se dice: Hoy; no sea que alguno de vosotros sea endurecido por el engaño del pecado. *Porque somos hechos partícipes de Cristo, si es que retenemos el principio de nuestra seguridad firme hasta el fin*».

Sin embargo, los calvinistas moderados sostienen que estos textos no afirman que los verdaderos creyentes puedan perder la salvación. El contexto indica que el autor de Hebreos está hablando de la santidad práctica y progresiva, y no de la santidad posicional y perfecta que tenemos en Cristo (aunque la primera ha de ser fruto de la última cf. Efesios 1:4; Hebreos 10:14). Esto se hace evidente por la terminología utilizada cuando habla de ser «presentados sin mancha e irreprensibles», expresiones que nos recuerdan a las que Pablo utiliza en Efesios: «Maridos, amad a vuestras mujeres, así como Cristo amó a la Iglesia y se dio a sí mismo por ella, para santificarla, habiéndola purificado por el lavamiento del agua con la Palabra, a fin de presentársela a sí mismo, una iglesia en toda su gloria, sin que tenga mancha ni arruga ni cosa semejante, sino que fuera santa e inmaculada» (Efesios 5:25–27).

Además, permanecer «en la fe» (en Colosenses 1:23) no significa simplemente seguir creyendo, sino seguir *viviendo* la fe cristiana. Pablo habla también aquí de permanecer «bien cimentados y constantes», imágenes que él utiliza en otros lugares para referirse a una vida cristiana fructífera. Por ejemplo, a los corintios les dice: «Por tanto, mis amados hermanos, estad firmes, constantes, abundando siempre en la obra del Señor, sabiendo que vuestro trabajo en el Señor no es en vano» (1 Corintios 15:58). Puesto que estas figuras de lenguaje se refieren a obrar para el Señor y dado que no somos salvos por obras (Efesios 2:8–9), la referencia de Colosenses 1:23 a seguir persistentemente en la fe se entiende mejor como una afirmación de que si seguimos caminando en la fe cristiana, seremos recompensados por Cristo cuando estemos ante su tribunal (1 Corintios 3:11–12; 2 Corintios 5:10).

Otros pasajes que tratan de la fidelidad en la vida cristiana se refieren también a la lealtad que produce recompensas por el servicio prestado, no al don de la salvación. Por ejemplo, Jesús dice: «*Sé fiel* hasta la muerte, y *yo te daré la corona de la vida*». (Apocalipsis 2:10).

Por último, existe una diferencia entre *tener fe hasta el fin* y *ser fiel hasta el fin*. La perseverancia en la fe comporta sin duda lo primero, pero no necesariamente lo último (ver el punto siguiente). Es decir, los verdaderos creyentes *seguirán creyendo en Cristo hasta el fin*. Jesús sitúa a quienes «creen por algún tiempo» entre los que no son salvos como aquel que sigue creyendo (cf. Lucas 8:13; cf. v.15). Por ello, *la perseverancia en la fe* es una *demostración* que manifiesta quién es verdaderamente salvo y no una *condición* para serlo. Sin embargo, la perseverancia en la fidelidad a Cristo no es ni una demostración de la salvación ni una condición para conseguirla.

Creer es un proceso constante

Los arminianos sostienen que la Biblia utiliza el término *creer* en tiempo presente y que, con ello, se da a entender que no se trata de un acto que se lleva a cabo una sola vez y para siempre en el momento inicial de nuestra salvación. Por ejemplo, afirman que los participios que encontramos en el Evangelio de Juan vinculados a la promesa de vida eterna al creer hablan de un creer en el presente, es decir, de un proceso continuo. De ahí que traduzcan, por ejemplo: «Porque de tal manera amó Dios al mundo, que dio a su Hijo unigénito, para que *todo aquel que continúa creyendo en Él*, no se pierda, mas tenga vida eterna» (Juan 3:16).

En respuesta a esto, los calvinistas moderados señalan varias cosas importantes. (1) El participio presente no significa necesariamente que la acción en cuestión sea perpetua sino únicamente presente.[29]

(2) El uso que hace Jesús del participio presente en Juan 4:13 respecto a beber agua física es un ejemplo evidente de un acto inicial que no se prolonga para siempre. Nadie que bebe sin parar vuelve a tener sed, pero Juan 4:13 afirma que la persona en cuestión sí la tendrá.

(3) En ocasiones, el participio presente se utiliza con referencia a acontecimientos que suceden solo una vez, como por ejemplo la Encar-

---

[29] Ver el capítulo 9 de la obra de Charles Stanley, *Eternal Security: Can You Be Sure?* (Nashville: Thomas Nelson, 1990).

nación de Cristo (cf. Juan 6:33; observa que en 6:38 y 42, se utiliza el indicativo perfecto, mientras que en 6:41, se utiliza el participio aoristo). El participio presente se utiliza, a menudo, en relación con acciones que han dejado de efectuarse (cf. Mateo 2:20; Juan 9:8; Gálatas 1:23).[30] Por ello, el acto de fe que lleva a recibir el don de la salvación puede ser la decisión de un momento. Significa, simplemente, que se comienza a creer en el presente.

(4) Si la salvación demandara, no un acto inicial de fe sino un proceso continuo, la Escritura no podría entonces declarar (como hace, por ejemplo, Juan 5:24), que alguien ha recibido ya el don de la vida eterna como posesión presente. La persistencia en la fe después de haber recibido el don de la salvación no es una condición para *retener* la salvación, sino sencillamente una manifestación natural *de ello*. Como observó Wiley: «el acto inicial se convierte en la actitud permanente del regenerado».[31] Dios es capaz de mantenernos en un constante estado de fe por medio de su poder (1 Pedro 1:5; cf. Filipenses 1:6).

(5) No todas las referencias a la fe que produce salvación están en tiempo presente. Algunas están en aoristo indicando una acción completada (por ejemplo, Juan 4:39–41). Romanos 13:11 afirma: «Y haced todo esto, conociendo el tiempo, que ya es hora de despertaros del sueño; porque ahora la salvación está más cerca de nosotros *que cuando creímos*». De hecho, el verbo del famoso pasaje de Hechos 16:31 no está en presente, sino en aoristo (lo cual indica que se trata de una acción de carácter decisivo y no la duración de la misma). Lo que dijo Pablo es: «*Cree* [aoristo] en el Señor Jesús, y serás salvo» (Hechos 16:31).

(6) Puesto que la salvación tiene tres etapas, no debería sorprendernos que la Biblia subraye la fe del presente. *Fuimos salvos* en el pasado, de la sentencia del pecado (justificación); *Estamos siendo salvos* en el presente, del poder del pecado (santificación); Y *seremos salvos* de la presencia del pecado en el futuro (glorificación). Sin embargo, aun así hemos de «ocuparnos en nuestra salvación» en el presente (Filipenses 2:12), puesto que es Dios «quien obra en vosotros tanto el querer como el hacer, para su beneplácito» (2:12–13). En palabras del apóstol «he trabajado mucho más que todos ellos, aunque no yo, sino *la Gracia de Dios en mí*» (1 Corintios 15:10).

(7) Por último, la Escritura no dice en ningún lugar que aquellos que verdaderamente han creído puedan al final perder la salvación. Única-

---

[30] Ver la obra de Hodges, *Absolutely Free*, 210–11.
[31] Wiley, *Christian Theology*, 2: 375.

mente dice que quienes creen han de seguir ocupándose en la salvación que ya tienen (Filipenses 2:13).

La naturaleza simétrica de la fe y la incredulidad

Los arminianos sostienen también que si somos capaces de ejercer fe para estar «en Cristo», podemos igualmente utilizar la misma fe para «dejar de estar» en Él. De igual modo que podemos subir y bajar de un autobús según nos plazca, podemos también ejercer nuestra capacidad de libre elección para bajarnos del «autobús» de la salvación en cualquier lugar del trayecto. Si no pudiéramos hacer esto significaría que una vez somos salvos, ya no somos libres. La libertad es simétrica; si la tienes para ser salvo, la tienes también para perderte de nuevo.

En respuesta a este argumento, es importante considerar algunas cosas. (1) Como se ha mostrado anteriormente, tal concepción no tiene fundamento bíblico; es *especulativa* y debería tratarse como tal. (2) La aceptación de este razonamiento no es necesaria, ni siquiera sobre una base puramente racional. Algunas decisiones de la vida son irreversibles después de tomadas, como el suicidio, por ejemplo. Por más que lo deseemos será imposible cambiar nuestra decisión una vez hayamos saltado por un precipicio. (3) Por esta misma lógica los arminianos tendrían que argumentar que incluso después de haber llegado al Cielo podríamos perdernos. De lo contrario, tendrían que negar que en el Cielo seamos realmente libres. Pero si en el Cielo somos libres y, sin embargo, no podemos perdernos, ¿por qué entonces es imposible ser libres en la Tierra y aun así no poder perder la salvación? En ambos casos la respuesta está en que si libremente nos sometemos a Dios por medio de una fe salvífica, su poder omnipotente puede guardarnos para que no caigamos (según nuestra libre elección, Judas 24).

Una respuesta a los argumentos bíblicos utilizados por los arminianos

Los arminianos utilizan muchos versículos para mostrar que la Salvación puede perderse. La brevedad de esta obra no permite una explicación detallada de todos ellos,[32] sin embargo, puede decirse que tales pasajes se sitúan en dos amplias categorías:

Creyentes meramente profesantes

En primer lugar, hay un grupo de versículos que trata de creyentes que realmente nunca tuvieron una fe salvífica.

Mateo 7:22–23. Jesús dice: «Muchos me dirán en aquel día: 'Señor, Señor, ¿no profetizamos en tu nombre, y en tu nombre echamos fuera demonios, y en tu nombre hicimos muchos milagros?' Y entonces les declararé: 'Jamás os conocí; APARTAOS DE MI, LOS QUE PRACTICAIS LA INIQUIDAD'» A pesar de la profesión de estas personas e incluso de las señales que hicieron en el nombre de Jesús, las palabras «*jamás os conocí*» dejan claro que nunca fueron verdaderos creyentes.

Mateo 10:1, 5–8. «Entonces, llamando a sus doce discípulos, Jesús les dio poder sobre los espíritus inmundos para expulsarlos y para sanar toda enfermedad y toda dolencia... A estos doce envió Jesús después de instruirlos, diciendo... id más bien a las ovejas perdidas de la casa de Israel. Y cuando vayáis, predicad diciendo: «El reino de los cielos se ha acercado. Sanad enfermos, resucitad muertos, limpiad leprosos, expulsad demonios; de Gracia recibisteis, dad de Gracia»... Parece evidente por lo que dice este pasaje que estos dones les fueron dados a todos los discípulos, incluso a Judas (v.4), y que también él «predicó» el mensaje de Jesús. De hecho, sabemos por otro texto que Judas era el tesorero de Jesús (Juan 13:29). Además, tras haberse consumado la traición de Cristo, se nos dice que estaba perdido y se le llama «el hijo de perdición» (Juan 17:12). Esta expresión se aplica también al Anticristo (2 Tesalonicenses 2:3). Jesús dijo asimismo que hubiera sido mejor para Judas no haber nacido (Mateo. 26:24) y Lucas escribe que, tras haberse ahorcado, fue «al lugar que le correspondía» (Hechos 1:25). Por tanto, parece claro que Judas profesaba seguir a Cristo. Sin embargo, acabó perdiéndose (en el infierno). ¿No es este un ejemplo de alguien que, habiendo sido salvo, perdió la salvación al traicionar a Cristo?

---

[32] La obra de Augustus Hopkins Strong, *Systematic Theology* (Philadelphia: Judson, 1907), 882–86, contiene un listado completo de tales versículos. Consultar también la obra de Stanley, *Eternal Security*, para una exposición de los versículos más importantes que utilizan los arminianos para afirmar que podemos perder la salvación.

Aunque parezca extraño, la respuesta es: no. Judas fue un mero profesante, un lobo vestido de oveja. Jesús le describió como un «diablo» (Juan 6:70), que acabó siendo poseído por el propio Satanás (13:27). La palabra que se utiliza para describir su «contrición» después de traicionar a Cristo pone de relieve que no era un verdadero creyente. Se trata del término griego *metamelomai*, que no denota arrepentimiento (*metanoeo*), sino remordimiento. De hecho, en su gran oración sacerdotal, Jesús excluyó a Judas del círculo de quienes eran verdaderamente suyos (17:12).

Mateo 24:13. «*Pero el que persevere hasta el fin, ése será salvo*» Mateo 10:22 dice lo mismo: «Y seréis odiados de todos por causa de mi nombre, pero el que persevere hasta el fin, ése será salvo» Algunos eruditos consideran que estos textos hacen referencia a la perseverancia de los santos. De ser así, estas afirmaciones no refutarían la seguridad eterna, sino que estarían meramente afirmando que los escogidos perseverarán necesariamente. De nuevo, su perseverancia es una *señal* de su salvación, no una *condición* para ella. No obstante, si analizamos el contexto parece que este pasaje no está hablando de la pérdida de la salvación o de recompensas. Probablemente, se refiere a los creyentes que están atravesando el período de «la tribulación» que ha de venir «al final de la era» (cf. 24:3, 29). Si esto es así, ello significaría que únicamente quienes perseveren durante la tribulación entrarán en el reino milenial de Cristo (Apocalipsis. 20:4–5).

Lucas 8:13–15. «Y aquéllos sobre la roca son los que, cuando oyen, reciben la palabra con gozo; pero éstos no tienen raíz profunda; creen por algún tiempo, y en el momento de la tentación sucumben». A primera vista, este pasaje parece favorecer la idea arminiana, puesto que las personas en cuestión fueron «creyentes durante un cierto tiempo» y después «sucumbieron». Sin embargo, existen dos formas de creer: de manera nominal, teórica (que no produce salvación), y de manera eficaz o salvífica. En el primer caso se trata de la simple creencia en que algo es de un modo determinado; en el último se cree *en* ello.[33]

---

[33] Hodges reconoce que la verdadera fe implica «confiar» (*Absolutely Free*, 32, 60). Sin embargo, aquello en lo que realmente confiamos nos lleva de manera natural a la acción. Por otra parte, la verdadera fe conlleva arrepentimiento y obediencia (ver Hechos 20:21; Romanos 16:26). Hodges también reconoce que la verdadera fe «se apropia» de Cristo (p. 40). Esto implica que hay una forma de fe que no lo hace. De modo que, a pesar de su rechazo de la distinción entre creer *en* y creer *que*, reconoce que hay una diferencia entre la fe «muerta» y aquella que es operativa. Esto nos lleva al mismo punto que la distinción entre «creer en» y «creer que», a saber, que una fe muerta no produce justificación mientras que sí lo hace aquella que es operativa.

En su epístola (2:14–26), Santiago subraya que la fe nominal no conduce a las buenas obras y no es salvífica. Zane Hodges afirma que Santiago no está hablando aquí de la salvación del infierno sino de la muerte, es decir, no tiene en mente la justificación sino la santificación. Cree que la fe «muerta» de que se habla es la del creyente que carece de vitalidad, y que las «obras» son necesarias para que Dios pueda bendecir una vida. De modo que el sentido que le da a la «justificación» de Santiago 2, es el de justificación *ante las personas*, en contraste con el significado que le da Pablo en Romanos 3-4 de justificación ante Dios. Aun si esto fuera así, Santiago dice claramente: «Ya ves que la fe [la de Abraham] actuaba juntamente con sus obras, y como resultado de las obras, la fe fue perfeccionada» (Santiago 2:22).

Santiago prosigue conectando esto con la misma fe que (por sí sola) justificó a Abraham. Hodges se equivoca al asumir que somos justificados por la sola fe sin obras (lo cual es cierto), pero que somos santificados por la fe más las obras (lo cual es falso).[34] Esta no es la posición bíblica ni la que adoptaron los reformadores. Contrariamente a lo que afirma Hodges, la fe —la misma fe que nos justifica— producirá inevitablemente buenas obras. Somos justificados por la sola fe, sin embargo, la fe que nos justifica nunca queda sola. Las buenas obras fluyen de ella de manera natural e inevitable. No somos salvos por obras, pero sí por una fe que obra.

Como dijo el apóstol Pedro, los verdaderos creyentes son «protegidos por el poder de Dios *mediante la fe*, para la salvación que está preparada para ser revelada en el último tiempo» (1 Pedro 1:5). Además, en el resto del pasaje queda claro que solo la fe que echa «raíces» y produce «fruto» (Lucas 8:13, 15) es verdaderamente salvífica. Aquella semilla que no se arraiga en el corazón produciendo una fe verdadera no es mejor que la que cae junto al camino de la cual se dice que: «viene el diablo y arrebata la palabra de sus corazones, *para que no crean y se salven*» (v. 12).

---

[34] La idea esencial de la Epístola a los Gálatas es que la santificación progresiva, al igual que la justificación inicial, es por fe y no por obras. Las palabras entre corchetes o en cursiva ayudan a entender el correcto significado en el contexto. Pablo dijo: «¿Recibisteis el Espíritu [el acto inicial de la justificación] por las obras de la ley, o por el oír con fe? ¿Tan insensatos sois? Habiendo comenzado por el Espíritu [por la fe], ¿vais a terminar ahora [vuestra meta de la santificación progresiva] por la carne?... Aquel, pues, que os suministra el Espíritu y hace milagros entre vosotros, ¿lo hace por las obras de la ley o por el oír con fe?... todos los que son de las obras de la ley están bajo maldición, EL JUSTO VIVIRA [tanto la vida de santificación como el acto inicial de la justificación] POR LA FE. (Gálatas 3:2–11).

2 Tesalonicenes 2:3. En este texto, Pablo advierte respecto a una gran apostasía de la fe, diciendo: «que nadie os engañe en ninguna manera, *porque no vendrá sin que primero venga la apostasía y sea revelado el hombre de pecado, el hijo de perdición*» (cf. v.8). Por el contexto parece que la apostasía que lleva a la perdición y destrucción final (el infierno) no solo puede ocurrir sino que, de hecho, tendrá lugar. No obstante, quienes forman este grupo no son verdaderos creyentes, puesto que dicho engaño se producirá entre «*los que se pierden, porque no recibieron el amor de la verdad para ser salvos*» (v. 10).

1 Timoteo 4:1–2. «Pero el Espíritu dice claramente que en los últimos tiempos *algunos apostatarán de la fe,* prestando atención a espíritus engañadores y a doctrinas de demonios, mediante la hipocresía de mentirosos que tienen cauterizada la conciencia». Los arminianos señalan que tales personas han de haber tenido fe en algún momento, o de lo contrario no hubieran podido apartarse de ella. En respuesta a este argumento cabe decir que Pablo utiliza la expresión «la fe» en la Epístolas Pastorales (ver 1 Timoteo 3:9; 2 Timoteo 2:18; Tito 1:13) y también en (1 Corintios 16:13; Efesios 4:13; Filipenses 1:27; Colosenses 2:7); así como en Hechos (ver Hechos 6:7; 13:8; 14:22), con referencia a «la fe cristiana» en todas sus doctrinas esenciales (1 Timoteo 3:9; 4:6) y en la Ética (1 Timoteo 6:10). Es posible dar asentimiento mental a la «fe» sin hacer de ella una fe *propia y personal.*

El Nuevo Testamento habla también de personas que se han «extraviado» de la fe (1 Timoteo. 6:10), la han «negado», la han «trastornado» o tratado de «desviar» en algunos (2 Timoteo 2:18 y Hechos 13:8) y se han «opuesto» a ella (2 Timoteo 3:8), o «apartado» de ella (1 Timoteo 4:1). Es difícil no creer que al menos algunas de estas expresiones —si no todas ellas— describen a personas que están verdaderamente condenadas. En estos textos, la expresión «la fe» significa «la fe cristiana», de modo que alguien puede apartarse de *la* fe sin que está haya sido jamás *una fe propia y personal.*

Para empezar, hemos de preguntarnos si existe alguna prueba categórica de que la Biblia afirme que cualquiera de estas personas fueran verdaderos creyentes. Un examen de estos textos nos da una respuesta negativa. Se trata de personas que, sin duda, profesaron las doctrinas de la fe cristiana, sin embargo, estos pasajes no hablan de ninguno de ellos como verdaderos creyentes. Al igual que Simón el mago, pueden haber «creído» y haber sido bautizados (Hechos 8:13). No obstante, la conducta posterior de Simón al intentar comprar el poder del Espíritu Santo y la condena de Pedro ponen de relieve que su fe era solo nominal y no salvífica. Observa el comentario de Pedro: «Que tu plata perezca contigo, porque pensaste que podías obtener el don de Dios con dinero. No tienes parte ni suerte en este asunto, porque tu corazón no es recto delante de Dios» (8:20–21). Por tanto, igual que cualquier persona no convertida (cf. Hechos 17:30), Simón tenía que *arrepentirse de su maldad* y orar al Señor, y el apóstol añade: «Porque veo que estás en hiel de amargura y en cadena de iniquidad» (8:22-23). Decididamente, esta no es la descripción de una persona salva.

Hebreos 12:14. «Buscad la paz con todos y la santidad, sin la cual nadie verá al Señor». Si esto es así, ¿cómo puede soslayarse la conclusión arminiana en el sentido de que para ir al Cielo es necesario vivir una vida santa? Entender que este pasaje enseña que se puede perder la salvación presenta varios problemas. ¿Qué nivel de santidad hay que alcanzar para ello? ¿De quién es la santidad en cuestión? Todos los cristianos están vestidos con la justicia de Cristo y, por ello, son todo lo santos que un ser humano puede ser (2 Corintios 5:21). De hecho, Pablo se refirió a la iglesia de Corinto, que en aquel entonces tenía graves problemas de inmoralidad, llamando a sus miembros «santificados en Cristo Jesús» (1 Corintios 1:2). Y Hebreos habla de aquellos que, a pesar de estar siendo «santificados» en aquel momento, son no obstante «perfectos para siempre» (Hebreos 10:14). Si este pasaje estuviera hablando de nuestras justicias, recordemos entonces que delante de Dios son como trapos de inmundicia (Isaías 64:6).

¿De qué, pues, está hablando Hebreos 12:14? Parece evidente que no significa que todos los creyentes hayan de alcanzar una santidad perfecta y práctica para poder ser salvos. A pesar de algunas afirmaciones en sentido contrario, son muy pocos (si es que hay alguno) los que han conseguido tal logro. Además, esto sería una forma de salvación por obras, lo cual se condena repetidamente en la Biblia. Quizá encontremos alguna luz en la palabra «buscar» en contraposición con *conseguir*. Hemos de buscar o procurar una santidad práctica, aunque no la consigamos de manera perfecta. Aunque esto no fuera lo que aquí se quiere significar, sin duda la idea de que hemos de buscar en la práctica lo que solo Cristo ha logrado a nuestro favor en un sentido posicional, es bíblica. Una cosa parece cierta: el texto de ningún modo afirma que los creyentes que no vivan en una santidad perfecta perderán la salvación.

2 Pedro 2:1–22. Pedro habla de *quienes negaron «incluso al Señor que los compró»* (v.1) tras haber*«conocido el camino de justicia»* (v.21).

Esto parece indicar, y así lo afirman los arminianos, que en otro tiempo fueron verdaderamente salvos. Sin embargo, el resto del capítulo indica que su negación presente les ha llevado a su perdición final, puesto que les está reservada «la oscuridad de las tinieblas» (cf. v. 17). Son «perros» (una figura utilizada para los no creyentes), y no corderos (ver v. 22). También, se les llama «esclavos de corrupción» (v.19). En pocas palabras, no son una «nueva creación» (2 Corintios 5:17) de Dios. No obstante, una mirada más intensa al contexto revela que tales personas que «negaron al Señor que los compró» (2 Pedro 2:1) nunca fueron verdaderos creyentes sino «falsos maestros» y «falsos profetas» (v.1). Por ello, su «conocimiento» del Señor (v. 20) era obviamente un asentimiento mental y no el que surge de un corazón comprometido. Conocían meramente a Cristo como «Señor y Salvador» (v. 20), no como *su* Señor y Salvador. Eran lobos vestidos de ovejas (Mateo 7:15).

Los verdaderos creyentes pueden perder recompensas, pero no la Salvación

El segundo grupo de versículos que utilizan los arminianos para mostrar que los creyentes pueden perder la Salvación son los que, en lugar de afirmar esto, se refieren a quienes son verdaderamente salvos, pero pierden sus recompensas (la comunión, la madurez o la vida física). A continuación comentaremos varios textos de este tipo.

Salmo 51:1–12. David ora tras haber cometido los terribles pecados de asesinato y adulterio: «*Contra ti, contra ti sólo he pecado, y he hecho lo malo delante de tus ojos, de manera que eres justo cuando hablas, y sin reproche cuando juzgas... Esconde tu rostro de mis pecados, y borra todas mis iniquidades. Crea en mí, oh Dios, un corazón limpio, y renueva un espíritu recto dentro de mí. No me eches de tu presencia, y no quites de mí tu santo Espíritu. Restitúyeme el gozo de tu salvación, y sostenme con un espíritu de poder*» (Salmos 51:4–12). Algunos sostienen que cuando David incurrió en adulterio y asesinato, perdió la Salvación. No obstante, si analizamos la redacción de su oración descubriremos aspectos muy importantes. Aun habiendo cometido pecados tan flagrantes y graves, David no se preocupa por la posibilidad de perder la Salvación, sino solo *el gozo* que la acompaña. Lo que pidió fue solo: «Restitúyeme *el gozo* de tu salvación, y sostenme con un espíritu de poder» (51:12). Los creyentes que viven en pecado no son felices.

Los tales son hijos del Señor, pero están bajo su disciplina (Hebreos 12:5-11; cf. 1 Corintios 11:28-32).

Salmo 69:27-28. «Añade iniquidad a su iniquidad, *y que no entren en tu justicia [o salvación]. Sean borrados del libro de la vida,* y no sean inscritos con los justos» Algunos creen que este texto hace referencia al libro de la vida eterna, a saber, el «libro de la vida» del Cordero (Apocalipsis 13:8), que registra los nombres de todos los salvos (cf. 3:5; 20:15). Si esto fuera así, David estaría pidiendo supuestamente que las personas a quienes alude perdieran la salvación.

Esto, sin embargo, es poco probable. En primer lugar, estas personas son «enemigos» de Dios (Salmos 69:4, 18, 19), que no tienen «parte en ... la salvación [de Dios]» (v. 27). Por tanto, no son creyentes, y sus nombres nunca estuvieron anotados en el libro de la vida del Cordero.

Además, el Antiguo Testamento menciona muchos «libros» y ninguno de ellos es el libro de la Salvación en el que se registran los nombres de los escogidos (Apocalipsis 21:27). Se habla del libro que consigna a todos los vivientes (Salmos 87:6), del que registra los acontecimientos de nuestras vidas (56:8), del que mantiene el cómputo de nuestros días (139:15-16), y del que consigna nuestras obras (51:1). Ninguno de ellos es el Libro de la Vida del Cordero, el libro de la vida eterna que registra desde la eternidad el nombre de todos los salvos. De hecho, todos estos «libros» son, probablemente, figuras de lenguaje que describen la Omnisciencia de Dios en relación con las cosas de esta vida.

Por último, el Salmo 69 no puede hacer referencia al Libro de la Vida del Cordero puesto que de él no puede borrarse ningún nombre. Jesús dijo: «*y no borraré su nombre del libro de la vida,* y reconoceré su nombre delante de mi Padre y delante de sus ángeles» (Apocalipsis 3:5, ver la exposición relativa a este versículo más adelante), y los nombres de todos los escogidos han figurado en él durante toda la eternidad (17:8; cf. 13:8). Si consideramos que Dios conoce el final desde el comienzo (Isaías 46:10), ¿por qué habría de haber puesto sus nombres en él si sabía que finalmente tendría que borrarlos?

Por tanto, parece mejor entender el Salmo 69 en su contexto veterotestamentario como un libro que consigna los nombres de los que viven. Puesto que Dios tiene control de la vida (Deuteronomio 32:39; Job 1:21), David estaría haciendo referencia al libro divino de la vida física y no al de la vida eterna. Charles Stanley formula de manera resumida las razones de ello:

«En primer lugar, las demás cosas que David le pide a Dios que haga a sus enemigos son de carácter físico (ver v. 22–26).... En segundo lugar, interpretar que el "libro de la vida"es el Libro de la Vida del Cordero implica que los enemigos de David eran creyentes.... En tercer lugar, en el versículo anterior, David pide que sus enemigos "no entren en tu justicia" (ver Salmos 69:27). Si sus nombres estaban en el Libro de la Vida del Cordero, ya habrían entrado en su justicia.»[35]

Mateo 10:33. «Pero cualquiera que me niegue delante de los hombres, yo también lo negaré delante de mi Padre que está en los cielos». Muchos arminianos creen que este texto demuestra que al negar a Cristo se puede perder la salvación. Sin embargo, existen otras maneras de entender estas palabras que encajan mejor con el contexto inmediato y con el resto del Nuevo Testamento.

La Nueva Versión Internacional (NIV) traduce la palabra griega *arneomai*, «negar») como «repudiar» sin embargo, éste es un término demasiado fuerte, puesto que esta misma palabra se usa en 2 Timoteo 2:12 para describir a creyentes a quienes Dios no repudiará por su fidelidad (ver comentario anterior al respecto). Por otra parte, en Mateo 26:34-36, también se utiliza una palabra de la misma familia (*aparneo*) en relación con la negación de Pedro. No obstante, tal negación no le costó la pérdida de la salvación. Su comunión con Dios hubo de ser restaurada, pero su relación con Él nunca cesó. Pedro seguía siendo «trigo» (símbolo de los creyentes) en contraste con la «cizaña» (símbolo de los no creyentes, 13:25), y conservó su «fe» en Cristo (ver Lucas 22:31–32) aun cuando negó que le conocía (vv. 47–62).

También hemos de observar que estas personas están hoy «en el Cielo» (Mateo 10:33); el Padre les ha negado un reconocimiento especial, pero no un lugar en su familia. Tales personas no escucharán las palabras de aprobación «bien, buen siervo y fiel» (25:33) sin embargo, sí estarán en el Cielo.

Mateo 12:31–32. Jesús afirma la realidad de un pecado imperdonable: «Por eso os digo: todo pecado y blasfemia será perdonado a los hombres, pero la blasfemia contra el Espíritu no será perdonada. Y a cualquiera que diga una palabra contra el Hijo del Hombre, se le perdonará; pero al que hable contra el Espíritu Santo, no se le perdonará ni en

---

[35] Stanley, *Eternal Security*, 189.

este siglo ni en el venidero». De entre las muchas cosas que este pasaje pueda significar, no hay nada en él que apoye la posición arminiana.

(1) los arminianos creen que se puede recuperar la Salvación tras haberla perdido, pero está claro que esto no es posible en el caso del pecado imperdonable. (2) Aquí no hay indicio alguno de que un creyente pueda cometer este pecado. Él contexto muestra que el pasaje está haciendo referencia a incrédulos empedernidos, que atribuían al diablo la obra del Espíritu Santo por medio de Cristo (ver Marcos 3:30). (3) Es posible que este pecado solo pudiera cometerse en aquellos días en que Jesús estaba personalmente presente en la Tierra y el Espíritu Santo obraba por medio de Él, lo cual descartaría que fuera posible en nuestros días (4) Jesús murió por todos nuestros pecados (Juan 1:29; 1 Juan 2:2). Por ello, si existe actualmente algún «pecado imperdonable», debe ser el de no aceptar el perdón de Cristo. Sin embargo, los creyentes lo han aceptado, y Jesús les ha prometido que «no perecerán jamás» (Juan 10:28).

1 Corintios 3:11–15. «Pues nadie puede poner otro fundamento que el que ya está puesto, el cual es Jesucristo. Ahora bien, si sobre el fundamento alguno edifica con oro, plata, piedras preciosas, madera, heno, paja, la obra de cada uno se hará evidente; porque el día la dará a conocer, pues con fuego será revelada; el fuego mismo probará la calidad de la obra de cada uno. Si permanece la obra de alguno que ha edificado sobre el fundamento, recibirá recompensa. Si la obra de alguno es consumida por el fuego, *sufrirá pérdida*». Este texto apenas necesita comentario. Los verdaderos creyentes pueden perder su «recompensa», pero no la salvación. Además, las «obras» del creyente nunca son el terreno de su salvación (Efesios 2:8–9). Por último, este pasaje afirma categóricamente que «*sin embargo, él será salvo, aunque así como por fuego*».

1 Corintios 8:11. «Y por tu conocimiento se *perderá* el que es débil, el hermano por quien Cristo murió» Y también, «Porque si por causa de la comida tu hermano se entristece, ya no andas conforme al amor. No *destruyas* con tu comida a aquel por quien Cristo murió» (Romanos 14:15). La palabra griega *apolumi*, traducida por «destruir» o «perecer»), se utiliza en ocasiones para hacer referencia al infierno (Mateo 10:28). A partir de este hecho, un exegeta negligente podría concluir que las personas de quienes se habla en estos textos han perdido la Salvación. Sin embargo, esto no es lo que ha sucedido. La palabra «destruir» significa muy a menudo simplemente «perder» algo temporalmente, como por ejemplo la vida física (Mateo 26:52) o comodidades

(10:39). Alguna vez se utiliza para denotar la pérdida de «recompensas», pero no la Salvación.

Por otra parte, el contexto de 1 Corintios 8 (y de Romanos 14) tiene que ver con ofender a un «hermano» débil (v. 11) al comer carne que había sido ofrecida a los ídolos. Sin embargo esto, decididamente, no puede referirse a la pérdida de la Salvación. (1) Habla únicamente de herir «su débil conciencia» (v. 12), no de mandarle al infierno. (2) Sin duda, una trivial ofensa no podría provocar un pecado capaz de condenar el alma. (3) La forma en que se describe al «hermano» débil indica que se ha puesto un «tropiezo» en su vida, pero no que se ha producido la eterna condenación de su alma. El efecto de ello es meramente que el hermano «tropieza» (v. 13) en su caminar como cristiano, pero no va al infierno. (4) El pasaje paralelo de Romanos se refiere simplemente al hermano ofendido como habiéndose «debilitado» en la fe, pero no indica que la haya perdido por completo (v. 22). (5) Al margen de la conducta que tal situación provoque en el hermano, no deja de ser un «hermano» en Cristo. No le convierte en un extraño.

1 Corintios 9:27. «Sino que golpeo mi cuerpo y lo hago mi esclavo, no sea que habiendo predicado a otros, *yo mismo sea descalificado*». Pablo habla aquí de la pérdida de recompensas, no de la Salvación (cf. 1 Corintios 3:15; cf. 2 Corintios 5:10). El apóstol habla de ello como de un «premio» a ganar, no como un «don» que hay que recibir (Romanos 6:23). En cualquier caso, las advertencias a perseverar no son incompatibles con la certeza de la Salvación, como tampoco lo son las exhortaciones a «ocuparnos en nuestra salvación» (Filipenses 2:12) con el hecho de que «Dios es quien obra en vosotros tanto el querer como el hacer» (v. 13) cf. 1 Corintios 15:10).

Gálatas 5:4. «De Cristo os habéis separado, vosotros que procuráis ser justificados por la ley; *de la Gracia habéis caído*» Muchos arminianos insisten en que esto significa que han perdido la Salvación. No obstante, un cuidadoso examen del contexto pone de relieve que no es así. Para empezar, a las personas en cuestión se les llama «hermanos» (6:1), y han puesto su «fe» en Cristo (3:2) para ser «justificados» (3:24). Estos son claros indicadores de que ya han sido salvos. Además, han «comenzado por el Espíritu», (3:3) pero ahora han caído «de la Gracia» (5:4) como forma de santificación y han vuelto atrás a la esclavitud que supone guardar la ley (3:5, 10). No han perdido la salvación, sino únicamente el verdadero principio de su santificación, puesto que se esfuerzan *para conseguir* Gracia para la santificación, en lugar de actuar *en el* *poder que aporta* dicha Gracia. Por ello, han caído de la Gracia como forma de vivir una vida santificada (santa). Por último, si caer de la Gracia significa la pérdida de la salvación, ¿por qué entonces Pablo no habla del infierno? La única amenaza que se menciona es la de acabar de nuevo bajo «el yugo de esclavitud» (5:1), pero no de ir a parar al tormento eterno (Apocalipsis 20:10, 15).

1 Timoteo 5:15. El apóstol declara: «*Pues algunas ya se han apartado para seguir a Satanás*». Por diferentes razones, este texto no apoya el punto de vista arminiano de la pérdida de la Salvación. Para empezar, el escritor está hablando de viudas creyentes en el contexto (vv. 5, 8). Por otra parte, la frase «seguir a Satanás» no indica necesariamente que la persona en cuestión esté perdida. Cualquiera que cae en pecado, como puede sucederles a todos los creyentes (1 Juan 1:8), está siguiendo las tentaciones Satanás (2 Corintios 2:11). Jesús le dijo a Pedro, «¡Quítate de delante de mí, Satanás!» por un pecado que nada tiene que ver con la apostasía (Mateo 16:23).

2 Timoteo 2:12. «Si perseveramos, también reinaremos con Él; *si le negamos, Él también nos negará*». Algunos arminianos interpretan esto en el sentido de que a estos creyentes se les negará la entrada al Cielo. No obstante, hay una manera mejor de entender esta afirmación. El contexto inmediato pone de relieve que Pablo está hablando de la negación de *recompensas*, no de la Salvación, ya que la frase inmediatamente anterior dice: «Si perseveramos, también reinaremos con Él». Reinar es parte de las recompensas del creyente (cf. Apocalipsis 20:6; 22:12), no de la Salvación, que se recibe aunque aquellas se puedan perder (cf. 1 Corintios 3:15). Por otra parte, el versículo siguiente aclara que no podemos perder la salvación al afirmar «*si somos infieles, Él permanece fiel, pues no puede negarse a sí mismo*» (2 Timoteo 2:13).

2 Timoteo 2:17–18. «Y su palabra se extenderá como gangrena; entre los cuales están Himeneo y Fileto, que se han desviado de la verdad diciendo que la resurrección ya tuvo lugar, *trastornando así la fe de algunos*». Existen varias razones por las que este texto no indica la pérdida de la salvación. (1) Tan solo unos versículos antes tenemos uno de los versículos más contundentes acerca de la seguridad eterna: «Si somos infieles, Él permanece fiel, pues no puede negarse a sí mismo» (v. 13). (2) El contexto se centra en la creencia de la Resurrección. Por ello, puede referirse tan solo a la pérdida de la fe en la Resurrección como acontecimiento futuro (ver v.18). (3) Aun si el texto estuviera hablando de una pérdida de fe en general, no sería en tal caso una fe genuina (1 Timoteo 1:5) que persevera, sino una fe formal (2 Timoteo 3:5), que hasta los demonios tienen (Santiago 2:19). Tal fe no es suficiente para la Salvación (cf. 2:14–15).

2 Timoteo 4:7. «He peleado la buena batalla, *he terminado la carrera, he guardado la fe*». Esto parece implicar que puede que algunos no consigan guardar la fe y, por ello, se perderán. No obstante, aunque Pablo habla de guardar la fe, no dice que quienes no lo hagan no serán salvos. Por otra parte, dice en el versículo siguiente que el resultado de guardar la fe es, no la Salvación, sino una recompensa: la «*corona de justicia*» (v. 8). Aquellos que no sean fieles no la recibirán. Como dice 1 Corintios 3:15: «sufrirá pérdida; sin embargo, *él será salvo*, aunque así como por fuego». Dios otorga también otras «coronas» por la fidelidad (Apocalipsis 2:10). Esto no implica que quienes no son fieles no se salven, sino solo que no obtienen ninguna corona. Él apóstol Juan estaría expresando esta idea cuando dice: «Salieron de nosotros, pero *en realidad no eran de nosotros,* porque si hubieran sido de nosotros, habrían permanecido con nosotros; pero salieron, a fin de que se manifestara que no todos son de nosotros» (1 Juan 2:19).

Hebreos 2:1. «Por tanto, debemos prestar mucha mayor atención a lo que hemos oído, *no sea que nos desviemos*». Igual que sucede con las otras advertencias de Hebreos (ver 6:4–7; 10:26–29), el contexto indica que las amonestaciones dirigidas a estos creyentes tienen que ver con la posibilidad de perder sus recompensas, no la Salvación, que es una redención «eterna». En el contexto se les llama «los que heredarán la salvación» (1:14) y «hermanos» (2:17). El uso del pronombre «nosotros» (2:1) pone de relieve que tanto los destinatarios como el autor son igualmente creyentes. Por otra parte, «desviarse» no es una figura retórica que indique la pérdida de la salvación. Algunas advertencias posteriores a los mismos destinatarios indican que el autor está hablando de una pérdida de «madurez» (6:1; cf. 5:13–14).

Hebreos 6:4–6. «Porque en el caso de los que fueron una vez iluminados, que probaron del don celestial y fueron hechos partícipes del Espíritu Santo, que gustaron la buena palabra de Dios y los poderes del siglo venidero, pero después cayeron, *es imposible* renovarlos otra vez para arrepentimiento, puesto que de nuevo crucifican para sí mismos al Hijo de Dios y lo exponen a la ignominia pública». Aplicar este texto a personas no creyentes plantea varios problemas. En primer lugar, el pasaje afirma categóricamente que «es imposible ... renovarlos otra vez para arrepentimiento» (Hebreos 6:4, 6). Pocos arminianos creen que, una vez que alguien ha caído, sea imposible que sea salvo de nuevo.

Por otra parte, aunque la descripción de su posición espiritual difiera de otras que hace el Nuevo Testamento, es difícil entender algunas de las frases si no es en referencia a personas salvas. Por ejemplo, (1) las personas en cuestión han experimentado «arrepentimiento» (Hebreos 6:6), que es la condición para la Salvación (Hechos 17:30). (2) Fueron «iluminados ... y probaron del don celestial» (Hebreos 6:4). (3) «Fueron hechos partícipes del Espíritu Santo» (v. 4). (4) Además, «gustaron la buena palabra de Dios» (v. 5). (5) Y los «poderes del siglo venidero» (v. 5). Ninguna de estas frases serían apropiadas para personas no creyentes.

Por supuesto, si eran creyentes, se plantea entonces la pregunta respecto a la posición en que quedan tras haber «caído» (v. 6). En respuesta, hay que decir que la palabra griega *parapipto* que se traduce como «caer», no indica una acción irreversible. El término significa más bien, «ir a la deriva», lo cual indica que la situación de la persona en cuestión no es completamente carente de esperanza. El hecho de que les sea «imposible» arrepentirse de nuevo indica la naturaleza decisiva del arrepentimiento. En otras palabras, tales personas no tienen que arrepentirse de nuevo, puesto que ya lo hicieron una vez, y con ello hicieron todo lo necesario para disfrutar de «eterna redención» (9:12). Por otra parte, este texto parece indicar que, igual que Cristo no tiene ya por qué morir de nuevo en la Cruz (6:6), tampoco quienes «van a la deriva» (los que se han apartado) tienen por qué arrepentirse de nuevo.

Por último, el autor de Hebreos llama «amados» (6:9) (La NIV traduce «queridos amigos») a aquellos a quienes está amonestando, un término que no parece muy apropiado para personas no creyentes. Por tanto, tampoco en este texto se puede hablar de pérdida de salvación, sino más bien, de «madurez» (6:1) y crecimiento (5:13-14), que son precisamente los asuntos que se desarrollan en el contexto de la exposición.

Hebreos 10:26–29. «*Porque si continuamos pecando deliberadamente después de haber recibido el conocimiento de la verdad, ya no queda sacrificio alguno por los pecados, sino cierta horrenda expectación de juicio, y la furia de UN FUEGO QUE HA DE CONSUMIR A LOS ADVERSARIOS. Cualquiera que viola la ley de Moisés muere sin misericordia por el testimonio de dos o tres testigos. ¿Cuánto mayor castigo pensáis que merecerá el que ha hollado bajo sus pies al Hijo de Dios, y ha tenido por inmunda la sangre del pacto por la cual fue santificado, y ha ultrajado al Espíritu de Gracia?*».

Aunque son palabras muy fuertes y solemnes, igual que las que encontramos en los demás pasajes de advertencia de Hebreos (ver comentarios acerca de Hebreos 6:4-6), tampoco estos textos representan una advertencia respecto a la pérdida de la Salvación sino a la pérdida de recompensas. Esto se pone de relieve por muchas razones.

- A las personas en cuestión se les llama «*hermanos*» (v. 19), «*su [de Dios] pueblo*» (v. 30), y creyentes que tienen «un Sumo Sacerdote» (Cristo, v. 21) y que profesan una «esperanza» v. 23).
- El pasaje no habla de la salvación de tales personas sino del llamamiento a una «*gran recompensa*» (10:35).
- Las personas aludidas tienen ya «mejor y más duradera posesión» en el Cielo (v. 34).
- Han «recibido la luz» de Dios y poseen el «conocimiento de la verdad» (vv. 26, 32), expresiones que se ajustan a la descripción de personas creyentes.
- Las tales habían sufrido juntamente con el autor del libro como creyentes y se habían compadecido de él (vv. 33–34).
- Se les describe como capaces de hacer «la voluntad de Dios» (v. 36), algo que únicamente los creyentes pueden hacer (Juan 9:31).
- La referencia a la posibilidad de ultrajar «al Espíritu de la Gracia» (v. 29) implica que estas personas eran creyentes que tenían al Espíritu, de lo contrario no podrían «ultrajarle».
- La ilustración que se utiliza respecto a quienes murieron bajo la ley de Moisés (v. 28) habla de la muerte física como castigo por la desobediencia, no de la muerte o separación eterna de Dios. Pablo se refiere a la muerte física de los creyentes como castigo por el pecado en 1 Corintios 11:30 (cf. 1 Juan 5:16).
- La «horrenda expectación de juicio» (v. 27) encaja con la descripción de los creyentes que comparecen ante el tribunal de Cristo (2 Corintios 5:10), donde su obras serán probadas por el fuego y los tales sufrirán la pérdida de recompensas (ver 1 Corintios 3:13–14 y los comentarios anteriores).
- El pasaje en cuestión no apoya el punto de vista arminiano, ya que dice que quienes cometen este pecado no pueden ser restaurados de nuevo, puesto que «*ya no queda sacrificio alguno por los pecados*» (Hebreos 10:26).
- Este capítulo concluye con la confiada afirmación del autor en el sentido de que los creyentes no se perderán: «Pero nosotros no somos de los que retroceden para perdición, sino de los que tienen fe para la preservación del alma» (10:39).

2 Pedro 3:17. «Por tanto, amados, sabiendo esto de antemano, *estad en guardia, no sea que arrastrados por el error de hombres libertinos, caigáis de vuestra firmeza*». Hablar de caer de una posición segura, podría entenderse como una referencia a caer de la salvación, que es precisamente esto: una posición segura. No obstante, cuando analizamos el texto, la caída en cuestión demuestra ser más bien la que supone perder una posición de madurez. Esto se evidencia por el hecho de que Pedro llama «amados» a sus destinatarios (3:14-17), que son hermanos espirituales del apóstol Pablo (3:15). Por otra parte, el texto dice explícitamente que se trata de una caída de su «firmeza» (v. 17, una traducción alternativa de la palabra *sterigmos*, que la NIV traduce como «segura posición»), no de la Salvación. Por último, su fracaso consiste en la pérdida de la capacidad de «crecer», no en que dejen de ser salvos (v. 18).

2 Juan 1:8. Juan se dirige a creyentes a quienes llama «hijos» espirituales (ver v. 1), con estas palabras: «Tened cuidado para que no perdáis lo que hemos logrado, sino que recibáis abundante recompensa». Este versículo no está hablando de la pérdida de la Salvación, sino de la pérdida de recompensas, como indican claramente las palabras en cursiva. Lo que se les dice a estas personas es que pueden perder lo que han «logrado», sin embargo, la salvación no representa un logro de nuestras obras (Romanos 4:5; Efesios 2:8–9; Tito 3:5–6).

Apocalipsis 3:5. «Así el vencedor será revestido de vestiduras blancas y no borraré su nombre del libro de la vida, y reconoceré su nombre delante de mi Padre y delante de sus ángeles». Existen otros cuatro pasajes que hacen referencia al «libro de la vida» (sin contar 22:19 [ver comentario más adelante], que puede también traducirse como «árbol de la vida»).

- *Apocalipsis 13:8.* «Y la adorarán todos los que moran en la tierra, *cuyos nombres no han sido escritos, desde la fundación del mundo, en el libro de la vida del Cordero que fue inmolado*».
- *Apocalipsis 17:8.* «La bestia que viste, era y no es, y está para subir del abismo e ir a la destrucción. Y los moradores de la tierra, cuyos nombres no se han escrito en el libro de la vida desde la fundación del mundo, se asombrarán al ver la bestia que era y no es, y que vendrá».
- *Apocalipsis 20:12, 15.* «*Y vi a los muertos, grandes y pequeños, de pie delante del trono, y los libros fueron abiertos; y otro libro fue abierto, que es el libro de la vida, y los muertos fueron juzgados por lo que estaba escrito en los libros, según sus obras... Y el que no se*

encontraba inscrito en el libro de la vida fue arrojado al lago de fuego».
- *Apocalipsis 21:27.* «Y jamás entrará en ella nada inmundo, ni el que practica abominación y mentira, sino *solo aquellos cuyos nombres están escritos en el Libro de la Vida del Cordero».*

Cabe mencionar varias cosas respecto a estos textos. (1) Juan afirma que cualquier nombre, una vez haya sido inscrito en el libro de la vida, ya nunca será borrado. Jesús dijo: *«no borraré su nombre del Libro de la Vida»* (3:5). Por ello, ningún creyente ha de temer la pérdida de su salvación una vez que la posea.

(2) Los nombres de los salvos han sido inscritos en él desde la eternidad (13:8). Por tanto, la seguridad eterna de los escogidos es un hecho. Y una vez saben que su nombre está en este libro (a saber, tienen certeza personal de ello), pueden estar seguros de que nunca perderán su salvación.

(3) Dios escribió los nombres de los escogidos en el Libro de la Vida (y nunca los borrará) mucho antes de que ninguno de ellos pudiera hacer nada para ganar o perder la Salvación. Además, Él conoce el final desde el principio (Isaías 46:10). Por ello, en su omnisciente presciencia, Dios lo sabía todo respecto a cualquier pecado (incluso los más graves) que los escogidos cometerían tras haber sido salvos. Sin embargo, y a pesar de ello, les dio una posición de eterna seguridad. Sabía que perseverarían en la fe a pesar de cualquier prueba.

De ahí que, en lugar de negar la seguridad eterna, estos pasajes representan más bien categóricas afirmaciones de ella. En el Libro de la Vida solo están los nombres de los escogidos (20:15). ¡Han estado desde siempre en él (13:8), y Dios nunca los borrará (3:5)! ¿Qué podría ser mejor?

Apocalipsis 3:15–16. «Yo conozco tus obras, que ni eres frío ni caliente. ¡Ojalá fueras frío o caliente! Así, puesto que eres tibio, y no frío ni caliente, *te vomitaré de mi boca».* Esto, apoyaría, al parecer, el punto de vista arminiano en el sentido de que Dios rechaza a quienes le rechazan a Él. Lo cual parecería confirmarse por el hecho de que tal amenaza se dirige «a las iglesias» (v. 22) y que se refiere a la advertencia de Dios de «disciplinar» (v. 19) a cualquiera que no se arrepienta de sus pecados. No obstante, aunque el texto haga referencia a verdaderos creyentes, la expresión «vomitarles» no sería una alusión al infierno, sino probablemente a aquellos creyentes que se han vuelto «tibios» en su andar con

Dios y tienen necesidad de restaurar su comunión con Él. Obsérvese que lo que Cristo demanda a la Iglesia es que ésta «cene» (es decir, tenga comunión) con Él. (v. 20).

Esto recuerda a la metáfora de Juan 15:4, en la que se dice que los creyentes que no permanecen en Cristo se secan. Por ello, se convierten en inútiles para Dios. Con respecto a ellos Jesús dijo: «Si alguno no permanece en mí, es echado fuera como un sarmiento y se seca; y los recogen, los echan al fuego y se queman» (15:6). Nótese que el pasaje no dice que los tales sean echados por los ángeles al «fuego eterno» (el infierno), sino por seres humanos en un fuego temporal. Pablo se refiere a ellos como «descalificados» (1 Corintios 9:27), y en otra parte como vasos resquebrajados, que hay que poner a un lado porque se han hecho inútiles en el servicio del Maestro.

Apocalipsis 22:19. «Y si alguno quita de las palabras del libro de esta profecía, *Dios quitará su parte del árbol de la vida*[36] y de la ciudad santa descritos en este libro». Algunos creen que esta advertencia se dirige a los no creyentes ya que el texto dice que los tales están fuera de las puertas de la ciudad celestial (v. 15) y se describen como aquellos que hacen «injusticia» (v. 11). Otros sostienen que el libro del Apocalipsis es para «las iglesias» (1:4), una expresión que se repite en este capítulo (22:16). Además, aquellos a quienes se dirige no están «afuera» como lo están los no creyentes (22:15). En cualquier caso, no hay razón para considerarlo como refiriéndose a un verdadero creyente que pierde la Salvación.

Fe y obras en el calvinismo moderado

Los verdaderos creyentes manifiestan su fe por medio de las buenas obras

Por lo que hace a la relación entre la fe y las obras, existen diferencias cruciales entre los proponentes de las distintas posiciones acerca de la seguridad eterna. Los calvinistas radicales sostienen a menudo que, por la Gracia de Dios, la fe que salva produce *automáticamente* buenas obras. Los calvinistas moderados enseñan que las obras siguen *de manera na-*

---

[36] La traducción «libro de la vida» (RV) no sigue a los mejores manuscritos. Sin embargo, aun aceptando esta traducción, no se plantearía ningún problema indisoluble para la seguridad eterna ya que podría tratarse de otra forma de referirse a los no creyentes, subrayando que no tienen lugar alguno en el libro de la vida.

tural,[37] pero no automáticamente, a la fe que salva. Algunos proponentes de la libre Gracia afirman que las obras siempre *acompañan* a la fe que salva, aunque no son el resultado directo de ella. Otros insisten en que las obras no son automáticas ni *necesarias* en absoluto.

Por qué las obras no fluyen automáticamente de la fe

Existen muchas razones para rechazar el punto de vista calvinista radical en el sentido de que las obras son una consecuencia automática de la fe que salva.

- La santificación es un proceso que implica obediencia, y la obediencia no es algo automático, sino un acto de la voluntad (Romanos 6:16; Efesios 6:5; 1 Juan 2:3, 22, 24).
- La santificación es una manifestación de nuestro amor a Dios, pero el amor no es un acto automático, sino libre (Mateo 22:37–39; Juan 15:10; 1 Juan 5:3).
- Aun los calvinistas radicales reconocen que la santificación implica la presencia de Gracia cooperativa y es un acto sinérgico que comporta la cooperación de nuestra libre elección.
- En Romanos 6:16 se describe la santificación como un acto libre en el que *nos presentamos* como esclavos al pecado o a la obediencia.
- Otras buenas obras se describen como libres y sin coerción, «*de modo completamente voluntario*» 8:3), «*espontánea y no forzada*» (Filemón 14; cf. 1 Corintios 7:37, 39).
- La santificación es un deber, sin embargo, toda responsabilidad implica la capacidad de responder, si no en nuestras propias fuerzas, sí por la Gracia de Dios.[38]

---

[37] La palabra «inevitable» siendo más débil que «automático» parece implicar que no existe la libre elección, pero no es así. Sin embargo, es más fuerte que «acompañar» que es un término que no implica ninguna conexión directa entre las obras y la fe de la que éstas surgen, y que la Biblia supone. De modo que, quizá «natural» es un término mejor, ya que denota una conexión esencial sin garantizar necesariamente un producto. Por ejemplo, es natural que una madre ame a sus hijos; sin embargo, algunas madres los maltratan. Cuando esto sucede, sin embargo, no están haciendo lo que es natural. Algo ha sucedido para que decidan actuar de manera tan poco natural.

[38] En respuesta a la afirmación calvinista más radical en el sentido de que aquellos actos sinérgicos por los que somos salvos son actos libres, hay que observar que según el calvinismo, no son libres en su sentido libertario según el cual la persona en cuestión podría haber obrado de manera contraria. Tales actos fluyen de un deseo dado por Dios

- Seremos recompensados por nuestras buenas obras (1 Corintios 3:11–14; Apocalipsis 22:12). No tiene ningún sentido recompensar a alguien por obras que fluyen automáticamente.
- Sufriremos pérdida de recompensas por nuestras malas obras (1 Corintios 3:11–15). Sin embargo, castigar a alguien por algo que no puede dejar de hacer, ya que surge automáticamente tampoco es razonable.

¿Por qué fluyen las obras de manera natural de la fe que salva?

Aunque las obras no fluyen *automáticamente* de la fe que salva, sí lo hacen *de manera natural*, de igual modo que los retoños brotan de manera natural de una planta viva. Como observó correctamente Charles Ryrie: «todo *cristiano ha de dar fruto; de lo contrario tal persona no ha creído verdaderamente... El fruto, por tanto, aporta la prueba de que se ha producido una fe que salva.* La evidencia puede ser fuerte o débil, errática o regular, visible o no. Sin embargo, *una fe que salva produce obras*».[39] Existen, sin embargo, ciertas circunstancias que pueden ponerla en un estado de letargo durante un cierto tiempo. No obstante, aun en esta condición, se pueden encontrar señales de vida. Esto es lo que sucede con el verdadero creyente. Igual que sucede con otras formas de vida, la vida espiritual no puede esconderse ni totalmente ni durante mucho tiempo. Retoña de manera natural. Por supuesto, para que sea fructífera ha de cultivarse (2 Pedro 3:18). Las Escrituras apoyan este punto de vista de muchas maneras.

- La fe que salva es como una semilla que crece de manera natural en la buena tierra (Lucas 8:11–18; cf. 1 Pedro 1:23).
- La actividad fluye de manera natural según la propia naturaleza, y un verdadero creyente ha recibido una nueva naturaleza (2 Corintios 5:17; Colosenses 3:10).
- Los creyentes han «nacido de nuevo» (Juan 3:3, 7) y como tales manifiestan tanto la vida como su deseo de crecer mediante el hambre.[40]

---

que no puede resistirse. Por ello, no tiene sentido calificarlos de libres cuando, en última instancia, son el resultado de una Gracia irresistible que actúa en alguien que no está predispuesto hacia ella. (ver la obra de Geisler, *Chosen But Free*, caps. 2, 6; apéndices 1, 4, 5, 9).

[39] Ryrie, *So Great Salvation*, 42–43 (cursivas del autor).

[40] Por supuesto, la nueva vida puede quedar raquítica si no se cultiva (cf. Hebreos 5:12–6:1). Por ello, la Biblia nos insta a estimular el deseo natural de crecer (1 Pedro 2:2).

- La estrecha conexión que presentan las Escrituras entre la fe y las obras muestra que las obras fluyen de manera natural de la fe (cf. Efesios 2:8–10; Filipenses 2:12–13; Tito 2:11–13; 3:5–8; Santiago 1:26–27; 2:12–13; 2 Pedro 1:5–8; 1 Juan 3:16–18).
- Aun entre los proponentes de la libre Gracia se reconoce ampliamente que la fe que salva implica confianza[41], y que cuando se confía en alguien ello conduce de manera natural a las buenas obras hacia tal persona.
- La fe que salva va acompañada de verdadero arrepentimiento (Hechos 17:30; 20:21; cf. 19:4),[42] y el verdadero arrepentimiento conducirá a las buenas obras, como indica claramente la Escritura (Mateo 3:8; Hechos 26:20).[43]
- El hecho de que la verdadera fe comporta amor a Dios (Mateo 22:37; 1 Juan 4:7) pone de relieve que ésta producirá necesariamente buenas acciones. El verdadero amor se expresa de manera natural (1 Corintios 13:1–2).

---

[41] Hodges escribió: «Sin embargo, la fe que recibe una salvación tan grande está completamente dirigida por una *confianza* de niño» (*Absolutely Free*, 60, cursivas del autor). Dijo también respecto al acto de fe de Abraham que «este acto de *confianza* le fue contado por justicia» (32).

[42] La conexión exacta que existe entre la fe y el arrepentimiento es objeto de debate, pero Ryrie parece explicar todos los datos bíblicos mejor cuando observa que el arrepentimiento como tal no salva, ya que el término significa solamente «cambio de mente» (acerca de cualquier cosa). Por ello, «la única clase de arrepentimiento que salva es un cambio de mente respecto a Jesucristo».

Hablando de versículos como Lucas 24:46–47 y Hechos 2:38; 17:30–31, que hacen del arrepentimiento algo necesario para la Salvación, Ryrie dice: «Si en estos versículos, el arrepentimiento no es un sinónimo de fe, entonces no se refieren al Evangelio. Si el arrepentimiento es solo una parte de la conversión (siendo la fe la otra parte), entonces estos versículos representan solo la mitad del Evangelio» (*So Great Salvation*, 88).

En cuanto a Hechos 20:21, que parece separar la fe del arrepentimiento, Ryrie observa que «las dos palabras, *arrepentimiento* y *fe*, están unidas por un artículo que indica que son inseparables, aunque cada una de ellas se centra en una de las facetas de un único requisito para la Salvación» (Ibíd., 88).

El arrepentimiento y la fe parecen relacionarse como las dos caras de un mismo acto. Si se le dice a alguien, «ven aquí», tal persona no puede cumplir la orden sin abandonar el lugar en que se encuentra. La fe representa el «ven aquí» y el arrepentimiento el abandonar el lugar en que se encuentra tal persona. Puesto que se dirigen hacia Cristo, ambas se producen al mismo tiempo y en el mismo acto.

[43] El intento de Hodges de hacer que el arrepentimiento se refiera al creyente tras su conversión (*Absolutely Free*, cap. 12) no tiene fundamento, como queda claro por: (1) el orden de las palabras de Hechos 20:21 (arrepentimiento primero y después fe), (2) el hecho de que la verdadera fe implica un cambio de mente y (3) el hecho de que se pide a los no creyentes que hagan ambas cosas como condición para la Salvación (cf. Hechos 16:31; 17:30; 20:21). Ver la obra de Ryrie, *So Great Salvation*, 82–90, para considerar un punto de vista más equilibrado.

- La verdadera fe no es un mero asentimiento mental. En ella participan la mente, las emociones, y la voluntad.[44] Cuando tiene lugar esta clase de fe, las acciones tenderán a fluir de la totalidad de la persona.
- El hecho de que la verdadera fe conlleva obediencia muestra que ésta se expresa de manera natural por medio de obras (Hechos 5:32; 2 Tesalonicenses 1:8; cf. Romanos 15:18; Hebreos 5:9; 1 Pedro 4:7).
- Santiago dijo explícitamente: «¿De qué sirve, hermanos míos, si alguno dice que tiene fe, pero no tiene obras? ¿Acaso puede esa fe salvarle? ... Así también la fe por sí misma, si no tiene obras, está muerta... Ya ves que la fe [de Abraham] actuaba juntamente con sus obras, y como resultado de las obras, la fe fue perfeccionada» (Santiago 2:14-22).
- Somos santificados del mismo modo que somos salvos, a saber, mediante la fe (ver Gálatas 3:4, 11), pero la santificación está condicionada por nuestra «obediencia, para justicia» (Romanos 6:16, cf. Efesios 6:5; 1 Juan 2:3, 22, 24).

Algunos han objetado que si las buenas obras fluyeran de la fe de manera natural, la Biblia no nos exhortaría æcomo lo haceæ a hacerlas. Pablo dijo: «para que los que han creído en Dios *procuren ocuparse en buenas obras. Estas cosas son buenas y útiles para los hombres*» (Tito 3:8). Sin embargo, aunque es cierto que las buenas obras fluyen de manera natural, de la fe que salva, esto no significa que se produzcan automáticamente. Por otra parte, si bien es cierto que *algunas* obras se llevan a cabo de manera natural, para que haya abundancia de fruto se requieren las duras tareas del cultivo, la fertilización, el riego y la poda (Juan 15:2). Por último, la vida espiritual está presente de manera natural en los verdaderos creyentes, sin embargo, sin las obras estará aletargada y raquítica.

De igual modo, algunos han argumentado que según Tito 2:11-12, la Gracia misma nos enseña la vida de devoción. Sin embargo, si la devoción siguiera de manera natural a la fe que salva, no habría necesidad de que la Gracia enseñara a los creyentes a hacer buenas obras. La enseñanza ayuda a producir mejor fruto (Juan 15:2). Por otra parte, la naturaleza produce algún fruto de manera natural, pero no tanto como cuando se la cultiva adecuadamente 1 Corintios 3:6; 2 Pedro 3:18). Ryrie lo expresa del siguiente modo: «*La fe que salva es una fe que obra*, y estas

---

[44] Ryrie, *So Great Salvation*, 110–11.

obras justifican a los creyentes ante el tribunal terrenal» y también, «una fe improductiva es una fe espuria».[45]

Los verdaderos creyentes pueden caer en el pecado

Todo esto no significa que los verdaderos creyentes no puedan ser infieles (Jeremías 3:14) o pueda sorprendérseles «en alguna falta» (Gálatas 6:1) o «pecar» (1 Juan 1:8–9). Sin duda, pueden caer en pecado, como David (2 Samuel 11), que lo pagó muy caro (2 Samuel 12). Lot era salvo, sin embargo, estuvo viviendo en Sodoma y lo perdió todo. La Biblia le considera «justo» (2 Pedro 2:7) y, sin embargo, cometió un gran pecado, al igual que Noé, que era un gran hombre de fe (Génesis 9). Asimismo, Abraham, «el padre de los creyentes», cayó repetidamente en pecados de mentira e incredulidad (Génesis 20–21).

Ya en el Nuevo Testamento, Juan el Bautista tuvo sus dudas (Lucas 7:19), sin embargo, Jesús dijo que estaría en el reino de Dios (Mateo 11:11). Incluso Pedro, que negó tres veces al Señor, no perdió la Salvación (cf. Mateo 26:34–35; ver Lucas 22:31–32). Pablo se refiere a los creyentes «mundanos» (1 Corintios 3:1, 3). De hecho, toda la iglesia de Corinto estaba viviendo varias formas de pecado, sin embargo Pablo se dirigió a ellos como «santos» (1 Corintios 1:2). Aun el creyente culpable de incesto era «salvo» (5:5). Por supuesto, no todos los creyentes recibirán recompensas en el Cielo (3:12–14). Algunos serán *salvos* «*así como por fuego*» (v. 15,). Estos textos declaran abiertamente que no hay que ser un cristiano fiel para ir al Cielo.

Los verdaderos creyentes son disciplinados cuando pecan

Los arminianos suelen argumentar en el sentido de que la doctrina de la seguridad eterna conduce a la carnalidad, pero esto no es cierto por una sencilla razón: Dios disciplina a sus hijos. Hebreos nos dice: «*PORQUE EL SEÑOR AL QUE AMA, DISCIPLINA, Y AZOTA A TODO EL QUE RECIBE POR HIJO*» (Hebreos 12:6). Dios azota a todos sus hijos rebeldes. Por tanto, «porque ¿qué hijo hay a quien su

---

[45] Ibíd., 121.

padre no discipline? Pero *si estáis sin disciplina, de la cual todos han sido hechos participantes, entonces sois hijos ilegítimos y no hijos verdaderos*» (12:7–8).

En 2 Timoteo 2:19 Pablo dice: «*El Señor conoce a los que son suyos, y: Que se aparte de la iniquidad todo aquel que menciona el nombre del Señor*». En pocas palabras, cuando los creyentes caen en pecado, Dios los disciplina. Si un creyente llega demasiado lejos en su rebeldía, Dios puede incluso quitarle la vida física a fin de salvar el nombre de tal persona de una deshonra excesiva. Pablo les dijo a los corintios que, por causa de sus abusos en la mesa del Señor, «*muchos duermen [han muerto]*» (1 Corintios 11:30; cf. 15:20). Puede que esto sea lo que Juan quiere decir cuando afirma: «*Hay un pecado que lleva a la muerte;* yo no digo que deba pedir por ése» (1 Juan 5:16).[46] Quizá tal creyente haya llegado hasta un punto en que Dios ya no escuche las oraciones para salvar su vida. También ésta puede ser la naturaleza de la advertencia de Santiago: «sepa que el que hace volver a un pecador del error de su camino *salvará su alma de muerte,* y cubrirá multitud de pecados» (Santiago 5:20).[47]

Hablando de un terrible pecado cometido en la iglesia de Corinto, Pablo instruye a los creyentes de esta comunidad para que entreguen «a ese tal a Satanás para la *destrucción de su carne, a fin de que su espíritu sea salvo en el día del Señor Jesús*» (1 Corintios 5:5,). Dos cosas se hacen evidentes: En primer lugar, a pesar del gran pecado de este creyente él sería finalmente salvo; sin embargo, recibiría también una severa disciplina por su pecado (cf. 11:30–32). Pablo escribe estas palabras a los creyentes: «No os dejéis engañar, de Dios nadie se burla; pues *todo lo que el hombre siembre, eso también segará* (Gálatas 6:7; cf. v. 8).

En otras palabras, ningún creyente dejará de experimentar las consecuencias del pecado. «Porque *todos nosotros debemos comparecer ante el tribunal de Cristo,* para que cada uno sea recompensado por sus hechos estando en el cuerpo, de acuerdo con lo que hizo, sea bueno o sea malo». (2 Corintios 5:10). Ante este tribunal, «la obra de cada uno se hará evidente; porque el día la dará a conocer, pues con fuego será revelada; el fuego mismo probará la calidad de la obra de cada uno. Si permanece la obra de alguno que ha edificado sobre el fundamento, re-

---

[46] Puesto que en griego la frase no tiene artículo indeterminado, una mejor traducción sería «Hay pecado que conduce a la muerte».

[47] Se les llama «mis hermanos» (Santiago 5:19), y el contexto se refiere a creyentes que pecan (v. 16) y «se apartan de la verdad» (v. 19).

cibirá recompensa. Si la obra de alguno es consumida por el fuego, sufrirá pérdida; sin embargo, él será salvo, aunque así como por fuego». (1 Corintios 3:13-15).

En esta vida, todo verdadero creyente experimentará disciplina por su pecado. Aquellos que no responden correctamente a tal disciplina pueden ser llevados prematuramente ante el Señor en cuya presencia sufrirán la pérdida de recompensas y serán salvos «aunque así como por fuego». No obstante, todo aquel que haya sido salvo, lo será para siempre. Dios no incumple sus promesas (Romanos 11:29), ni deja inacabado ninguno de los proyectos que comienza (Filipenses 1:6).

¿Pueden los verdaderos creyentes perder totalmente la fe?

Una cuestión que todavía no hemos abordado de manera específica, y que es motivo de controversia aun entre los calvinistas moderados, es si la perseverancia en la fe durante toda la vida es una indicación necesaria de que alguien es verdaderamente salvo. O, dicho de otro modo, ¿puede un creyente perder la fe y seguir aun así siendo salvo?

Perseverar en la fe no es una condición para mantener la Salvación. Hay que diferenciar dos cuestiones relacionadas al respecto. La primera de ellas es si manifestar una fe persistente a lo largo de toda la vida es una condición necesaria para mantener la Salvación. A diferencia de lo que afirman los arminianos, nuestra respuesta es negativa. No existe ninguna condición de ninguna índole para que Dios imparta o preserve la Salvación. La Salvación es un don incondicional (Romanos 11:29). Una fe continuada y su expresión en buenas obras son *manifestaciones* de la verdadera fe, pero no *condiciones* de ella. Si lo fueran, entonces las obras (procedentes de la fe que salva) serían una condición para el mantenimiento de la propia Salvación.

Una fe persistente es una manifestación de que alguien es salvo. Siguiendo a Zane Hodges,[48] Charles Stanley y otros afirman que persistir en la fe no es una característica necesaria de los escogidos. Stanley afirma que «Dios no requiere una *constante actitud* de fe para que al-

---
[48] Ver la obra de Hodges, *Absolutely Free*, 105–6, 112.

guien sea salvo, sino solamente un *acto* de fe».[49] Estamos de acuerdo con esta afirmación, sin embargo, esta no es la cuestión importante. El verdadero asunto es si es o no natural que alguien ejerza una fe persistente en Cristo a lo largo de toda su vida para que pueda verse que tal persona forma parte de los escogidos. Esta es otra de las preguntas a las que Zane Hodges y Charles Stanley responden «no». Stanley escribe: «[Hodges] desarrolla convincentemente su argumento en el sentido de que *Satanás puede hacer naufragar totalmente la fe de un creyente sin que ello afecte de ningún modo a su seguridad eterna*».[50] Y añade: «La Biblia enseña claramente que el amor de Dios por su pueblo es de tal magnitud que *aun quienes se apartan de la fe no tienen la más remota posibilidad de caerse de su mano*».[51]

No obstante, la Escritura no apoya la idea de que el verdadero creyente pueda perder por completo la fe.

(1) Como hemos visto anteriormente, las obras son el resultado natural de la fe que salva.

(2) La verdadera fe produce buenas obras. Santiago dice explícitamente que la verdadera fe se expresa en obras, puesto que la fe sin obras es muerta (ver Santiago 2:14–22).

(3) Como dijo Jesús en la parábola del sembrador, la fe que salva no es la de aquellos «que creen durante un tiempo», sino la que produce fruto (Lucas 8:13, 15). La fe no es una obra, pero la verdadera fe obra de manera persistente.

(4) La verdadera fe perseverará hasta el fin puesto que somos «protegidos por el poder de Dios *mediante la fe,* para la salvación que está preparada para ser revelada en el último tiempo» (1 Pedro 1:5; cf. Filipenses 1:6).

(5) Aquellos que abandonan la fe no eran verdaderos creyentes (1 Juan 2:19). Pedro negó que conocía a Cristo ante varias personas, pero nunca dejó de creer en Cristo (Lucas 22:32). Juan el Bautista tenía muchas preguntas respecto a si Jesús era o no el Mesías (Mateo 11:1–4), sin embargo, nunca negó que lo fuera. Al contrario, envió a sus discípulos para que plantearan su pregunta a Jesús y encontrar de este modo una confirmación para su titubeante confianza.

(6) La Biblia afirma: «*Ninguno que es nacido de Dios practica el pecado*, porque la simiente de Dios permanece en él; y no puede pecar,

---

[49] Stanley, *Eternal Security*, 80.
[50] Ibíd., 91 n. 2 (cursivas del autor).
[51] Ibíd., 74.

porque es nacido de Dios» (1 Juan 3:9). Y para evitar la práctica del pecado hay que persistir en la práctica de la fe, puesto que la fe vence al mundo (5:4).

(7) Quienes se apartan de la fe muestran que nunca la tuvieron realmente. Juan dijo: «*Salieron de nosotros, pero en realidad no eran de nosotros, porque si hubieran sido de nosotros, habrían permanecido con nosotros*» (1 Juan 2:19).

Los verdaderos creyentes no siempre son fieles

Persistir en la fe no es lo mismo que persistir en la fidelidad. Se puede seguir creyendo en Cristo y manifestar un mínimo de buenas obras como resultado, sin ser un cristiano fiel y fructífero. Los verdaderos creyentes no son siempre fieles. Pero cuando son infieles, no pierden la Salvación, puesto que «si no somos fieles, Él permanece fiel, pues no puede negarse a sí mismo» (2 Timoteo 2:13).

Abraham, Lot, David, Juan el Bautista y Pedro son solo algunos ejemplos. La mayoría de ellos fueron grandes santos, sin embargo pecaron sin por ello perder la Salvación. Ninguno de ellos, sin embargo, llegó a renunciar a su fe en Dios; fueron infieles a uno o a varios de los mandamientos de Dios, pero ninguno de ellos perdió su fe en Dios mismo. *En toda la Escritura no existe ni un solo ejemplo de alguien que, tras haber sido salvo, haya abandonado por completo su fe*. Como se ha dicho anteriormente, todos los ejemplos bíblicos de personas que negaron la fe representan las experiencias de cristianos meramente profesantes. Es decir, de personas que nunca fueron realmente salvas. Están entre aquellos a quienes Jesús dijo: «*nunca* os conocí» (Mateo 7:23).

Conclusión

En contraste con el arminianismo, el calvinismo moderado sostiene que la doctrina de la seguridad eterna cuenta con un sólido apoyo bíblico y teológico. A diferencia de lo que se implica en el calvinismo radical, el calvinismo moderado afirma que los creyentes pueden tener verdadera certeza de que forman parte de los escogidos de Dios, al margen de si son o no fieles hasta el fin. Los calvinistas moderados rechazan el punto de vista de que, si bien los escogidos están plenamente seguros no pueden, sin embargo, tener la certeza de ello a no ser que perseveren fielmente hasta el fin.

En este sentido, resulta irónico que los arminianos sean más calvinistas que los calvinistas radicales. Él arminianismo sostiene que se puede tener certeza presente de la salvación,[52] aunque no la seguridad de que se será finalmente salvo. *El calvinismo moderado, por el contrario, sostiene que se pueden tener ambas cosas: tanto la certeza presente como la seguridad eterna.*

---

[52] Wiley observa, sin embargo, que «la certeza es el fruto de la fe; no su esencia» (*Christian Theology*, 2:375-76).

UNA RESPUESTA A NORMAN L. GEISLER
DEL CALVINISMO CLÁSICO

Michael S. Horton

En cierto modo, es difícil saber cómo evaluar exactamente el capítulo de Norman Geisler ya que, en mi opinión, todo su paradigma descansa en una concepción muy mal fundada tanto del calvinismo como del arminianismo. Además, en la sección exegética parece querer sustituir lo que debería ser un serio estudio de los textos clave por una incesante enumeración de textos que solo expone de manera superficial. En apoyo de sus descripciones más que cuestionables, Geisler no cita a ninguna autoridad tradicional reformada ni arminiana. Esto podría explicar la razón por la que el punto de vista que califica de «calvinismo radical» no puede representar con una coherencia mínima tal posición y que la perspectiva que él mismo defiende como «calvinismo moderado» sea de hecho, semi-pelagianismo. Ésta es, sin duda, una grave acusación de modo que intentaré ceñirme rigurosamente a la línea argumentativa del Sr. Geisler.

En primer lugar y como muchos de quienes se autodenominan «calvi-nistas», Geisler sitúa su posición en un punto medio entre el calvinismo y el arminianismo.[53] «Entre estos dos polos, están los calvinistas moderados que, según se entiende generalmente, sostienen algunos de estos cinco puntos aunque no todos ellos: como mínimo al menos el último, a saber, la perseverancia de los santos», escribe. Sin embargo, como he explicado en mi propia exposición, la doctrina de «la seguridad eterna» al menos tal y como la presentan quienes comparten la posición teológica de Geisler, no coincide con la doctrina reformada de la perseverancia. Si esto es así, el calvinismo del profesor Geisler no sería de un solo punto sino de ninguno, a pesar de lo cual califica su posición como «calvinismo moderado».

Por otra parte, el autor compara y contrasta su supuesto calvinismo moderado con el calvinismo radical, presentando una caricatura de éste

---

[53] El «calvinismo moderado» ha estado vinculado históricamente a la posición amiraldiana del siglo XVII dentro de las iglesias reformadas. Este calvinismo moderado, que fue pronto rechazado por tales iglesias, rechazó por su parte la redención particular (expiación limitada) y se adhirió a la imputación mediadora. La posición de Geisler está mucho más lejos del calvinismo que el amiraldismo (en algunos sentidos, incluso más lejos que el arminianismo).

último. Mientras que el primer punto de vista considera la depravación total como «extensiva (corruptiva)», el último la ve como «intensiva (destructiva)». Este contraste se sigue estableciendo con los otros cuatro puntos: en la posición moderada, la elección no está sujeta a condición alguna por lo que a Dios respecta, pero sí tiene una para los humanos (la fe) en contraste con la radical que no está sujeta a condición alguna ni por parte de Dios ni por la de los hombres; la expiación es limitada en resultado, pero es para todos según el calvinismo moderado, mientras que en el radical es limitada en extensión y no para todos; el llamamiento divino tiene un «sentido persuasivo (de acuerdo con la voluntad humana)» en la posición moderada, mientras que su sentido es «coercitivo (contra la voluntad humana)» en la radical; por último, el punto de vista moderado de la perseverancia según el cual «no todos los santos serán fieles hasta el fin» se contrasta con el radical según el cual «todos los santos serán fieles hasta el fin».

Una consulta superficial de las teologías sistemáticas reformadas hubiera bastado para corregir fácilmente la equivocación del autor. Geisler no define claramente sus términos y utiliza peyorativamente muchos de los que son propios del calvinismo. En esta respuesta solo podré contestar con brevedad a sus comentarios de cada una de las doctrinas de la Gracia. En primer lugar, respecto a la depravación total, Geisler denuncia: «Según el calvinismo radical, no podemos recibir la salvación por medio de un acto libre de fe... Por el contrario, el calvinista moderado, que cree en la depravación total en un *sentido extensivo*, sostiene que la imagen de Dios no ha sido completamente borrada de la Humanidad caída, sino solamente difuminada» Esta terminología æ«difuminada, no borrada»æ yo la aprendí leyendo obras reformadas, comenzando con *La Institución de Calvino*: la imagen divina «no está completamente aniquilada y destruida en él (el ser humano)».[54] Por ello, los no creyentes son capaces de crear gobiernos y culturas razonablemente justos:

«Por tanto, cuando al leer los escritores paganos veamos en ellos esta admirable luz de la verdad que resplandece en sus escritos, ello nos debe servir como testimonio de que el entendimiento humano, por más que haya caído y degenerado de su integridad y perfección, sin embargo no deja de estar adornado y enriquecido con excelentes do-

---

[54] Juan Calvino, *Institución de la religion cristiana,* ed Feliré, 1981, Países Bajos, 1.15.4.

nes.... Si pues, estos hombres que no tenían más ayuda que la luz de la Naturaleza, han sido tan ingeniosos en la inteligencia de las cosas de este mundo, tales ejemplos deben enseñarnos cuántos son los dones y gracias que el Señor ha dejado a la naturaleza humana aun después de ser despojada del verdadero y sumo bien.»[55]

En contraste con la teología luterana, que consideraba que los pecadores habían perdido la imagen divina y que ésta no aparecía en ellos hasta el nuevo nacimiento, la enseñanza reformada ha insistido en la persistencia de la imagen de Dios en todos los seres humanos. El acento reformado en «la Gracia común» apoya más aún esta cuestión. Berkhof explica: «La Gracia común capacita al hombre para lo que generalmente se llama *iustitia civilis*, es decir, para obrar correctamente en asuntos civiles o naturales, en contraste con las cuestiones religiosas...».[56] «Por tanto, la doctrina de la incapacidad del hombre —dice Charles Hodge—, no asume que éste haya dejado de ser un agente moral libre. Es libre puesto que determina sus propias acciones... Es un agente moral porque tiene conciencia de obligación moral y cuando peca actúa libremente contra las convicciones de la conciencia o contra los preceptos de la ley moral».[57]

De igual modo, La Confesión de Westminster distingue entre una capacidad natural y una moral según la cual, los seres humanos incluso después de la Caída son libres por naturaleza para elegir lo que prefieran. Sin embargo, por la seriedad de la caída y por su participación en ella, el hombre aparte de su Gracia, únicamente escoge rechazar a Dios. «Dios ha dotado a la voluntad del hombre con una libertad natural, que no se ve forzada ni tampoco determinada hacia el bien o el mal por ninguna necesidad absoluta de la naturaleza». Aunque el hombre natural es capaz de elegir lo que desea, no es sin embargo libre de desear aquello que su alma rechaza. Por tanto, el ser humano «no es capaz, por su propia fuerza, de convertirse ni de preparase para la conversión».[58]

Por supuesto, el propio punto de vista de la depravación total controla la propia concepción del llamamiento eficaz de Dios. De modo que, si se me permite, infringiré el correcto orden de las doctrinas de la Gracia y comentaré ahora el tratamiento que hace Geisler de «la Gracia irresis-

---

[55] Ibíd., 2.2.15.
[56] Louis Berkhof, *Teología Sistemática* T.E.L.L. Grand Rapids, 1983, pp. 527-528
[57] Charles Hodge, *Teología Sistemática*, 2 vols., ed Clie, Barcelona, 1991, 2:260–61.
[58] Confesión de fe de Westminster, Iglesia Reformada Presbiteriana, Barcelona, 1980 6.059–61.

tible». Según él, para los calvinistas moderados la Gracia es de carácter persuasivo, mientras que para los radicales es coercitiva. Sería perfectamente lícito que Geisler alegara que el calvinismo parece implicar coerción y que, seguidamente, expusiera sus argumentos al respecto. Sin embargo, en lugar de ello, hace una caricatura del calvinismo atribuyéndole una posición que éste rechaza explícitamente. Un poco más adelante del texto citado anteriormente, la Confesión de Westminster afirma: «Cuando Dios convierte a un pecador y le traslada a un estado de Gracia, le libera de su esclavitud natural al pecado y, por su sola Gracia, le capacita libremente para querer y para obrar aquello que es bueno espiritualmente ... sin embargo, ellos van con absoluta libertad, habiendo recibido la voluntad de hacerlo por la Gracia de Dios».[59]

El error de confundir las capacidades naturales con las morales lleva a muchos arminianos a concluir que el calvinismo es determinista, sin embargo, ésta es una crítica excesivamente general. Sin duda, todos los que participan de este debate estarán de acuerdo en que las acciones humanas las determina algo aparte de las acciones mismas. Todo lo que hacemos responde a alguna razón, la reconozcamos explícitamente o no. Las razones dependen de las inclinaciones o afectos del agente moral. Cuando los santos sean finalmente glorificados, ya no serán capaces de pecar (esta afirmación goza de amplio consenso entre las iglesias cristianas). Pero, ¿significa esto que ya no serán agentes morales libres? Sin duda que no, más bien quiere decir que serán exonerados del conflicto que supone la tensión de sus afectos en liza, y que asimismo serán finalmente liberados para disfrutar de manera perfecta del verdadero propósito de sus vidas.

Para merecer el nombre de agente moral libre, debe de tenerse la libertad de hacer lo que se escoge, sin coacción. Al margen de si los críticos consideran o no plausible la explicación de estas cuestiones que ofrecen los calvinistas esta es, de hecho, la posición oficial. Por tanto, debería al menos tratarse como tal y juzgarse sobre esta base en lugar de hacerlo tomando como referencia una manifiesta tergiversación de la posición.

Ningún tratamiento reformado normal de este tema sostiene que los seres humanos sean incapaces de elegir ni antes ni después de la conversión. Lo que sí queremos afirmar es que, aunque nuestras decisiones no nos son impuestas por ninguna entidad externa (ni siquiera por Dios), sí

---

[59] Ibíd.

son determinadas por nuestro estado moral. Pecamos porque somos pecadores y no viceversa; es decir, nuestra estado caído precede a nuestras acciones pecaminosas. Obramos mal porque nuestros corazones son perversos. En la conversión, Dios convierte el corazón de piedra en un corazón de carne, persuadiendo al pecador por Gracia, de manera efectiva y sobre la base de su obra previa de regeneración, para que se vuelva a Cristo y reciba la vida eterna. Por tanto, las opciones en consideración no son persuasión o coacción sino más bien, persuasión eficaz o persuasión ineficaz.

Cuando Dios hace vivir a los muertos, oír a los sordos o imparte vista a los ciegos, éstos no son libres para escoger la muerte, la ceguera o la sordera (no porque sean objeto de coacción, sino porque ahora libremente disfrutan y abrazan su liberación del pecado y de la muerte). Establezcamos una analogía, ¿acaso cuando Jesús resucitó a Lázaro le llevó a un punto en que éste pudiera elegir libremente entre la resurrección o la muerte? No, lo que sucedió fue más bien que la palabra de Jesús resucitó a Lázaro y que éste, tras ser resucitado, expresó un intenso júbilo por su liberación de la muerte. Dada la profecía de Ezequiel 37, esta es una analogía pertinente. Por supuesto, el regenerado sigue siendo santo y pecador al tiempo, y la vida cristiana, tal como vemos en Romanos 7, comporta una lucha que dura toda la vida. No existen «los cristianos victoriosos» ni los «carnales», sino únicamente los que luchan con su pecado y miran a Cristo y a su victoria sobre él.

En esta situación, los creyentes son, por primera vez, capaces de elegir entre aquello que agrada a Dios y lo que le desagrada. Por tanto, las decisiones y los actos no son libres, aunque sí lo son los agentes morales. Los primeros son efectos de unas preferencias, que son a su vez frutos de ciertas condiciones. Quienes están muertos espiritualmente no pueden complacer a Dios, ni tampoco lo desean (1 Corintios 2:14), puesto que, aun cuando sus acciones puedan parecerles correctas a otras personas, éstas no son inspiradas por la fe y, por tanto, son inaceptables. Tales personas son agentes morales libres en el sentido de que pueden decidir el curso de sus acciones sin ninguna compulsión externa. Sin embargo, no son moralmente libres en el sentido de que puedan elegir aquello que aborrecen. La idea calvinista de la regeneración, lejos de implicar coacción alguna, afirma de hecho la libertad más pura: el Espíritu Santo hace libre al no creyente para que éste abrace a Dios tal y como se manifiesta en Cristo para su redención. De no ser así, nadie se acercaría jamás a Cristo (Juan 6:44; Romanos 3:11).

Además, Geisler está en un error respecto al *ordo salutis* calvinista (el orden de la salvación). En primer lugar, habla de «la salvación» como algo al parecer equivalente a la regeneración, mientras que la teología reformada considera la regeneración o el nuevo nacimiento simplemente como uno de los pasos dentro de una serie de acciones divinas. De modo que la salvación, según Geisler, se produce «por medio de [nuestra] fe» (Efesios 2:8), mediante el acto de «recibir» a Cristo (Juan 1:12). No hace ninguna mención a lo que Pablo sigue diciendo en el pasaje de Efesios, «y esto no de vosotros», haciendo referencia no solo a la fe, sino a la totalidad de la Salvación.

Geisler declara que «la elección es incondicional desde el punto de vista del *Dador* pero condicional desde la posición estratégica del *receptor*... Recibimos la seguridad eterna por encima de cualquier acto de fe de nuestra parte». Esta aserción es una completa caricatura que, sin embargo, Geisler repite constantemente: «La fe no es una condición para recibirla... Se recibe contra la propia voluntad».

Cualquier exposición reformada normal insiste en que, mientras el eterno pacto de la Redención (el acuerdo entre las tres personas de la Trinidad para salvar a los escogidos) es incondicional, la ejecución histórica de este decreto en el marco del pacto de la Gracia establece las condiciones del arrepentimiento y la fe. Sin embargo, Geisler entiende lo que son estas «condiciones» de manera muy distinta a como lo hacen los calvinistas. Para nosotros, y dado que el pacto de la Gracia descansa sobre el acuerdo incondicional establecido solamente entre los miembros de la Trinidad, «condición» significa simplemente que Dios no nos otorgará X si no hacemos Y. Sin embargo, puesto que es Dios quien nos da el arrepentimiento y la fe, la gloria es de Él. La sugerencia de que los calvinistas niegan incluso la necesidad de la fe para la seguridad en Cristo es pura caricatura, lo cual puede explicar la razón por la que Geisler no documenta su acusación.

En la teología reformada, los escogidos han de creer y perseverar en la fe hasta el fin (según el pacto de la Gracia). Sin embargo, lo harán por medio de la Gracia protectora de Dios (según el pacto de la Redención). No obstante, no todos los que profesan ser creyentes son escogidos. De modo que, algunos ciertamente «caen» (perdiendo su membresía en la iglesia visible, no en la invisible). En mi exposición del calvinismo clásico he presentado apoyo bíblico para esta cuestión.

Por el contrario, según el punto de vista de Geisler, la salvación es «condicional» por lo que hace al receptor. Sin embargo, «es un don incondicional; no requiere el cumplimiento de condición alguna». No solo ha criticado erróneamente a los calvinistas por sostener un punto de vista «incondicional»; sino que también plantea su propio punto de vista como siendo al tiempo «incondicional» y «condicional». Sin embargo, no puede ser incondicional ni siquiera con respecto a Dios, puesto que Geisler plantea una elección condicional. Todo esto, al menos a mí, me parece confuso.

En cualquier caso, Geisler se equivoca al decir que, según el calvinismo, el don de la salvación se recibe «contra la propia voluntad». El propio Geisler parece defender (como dice Stephen Ashby en su exposición), no un punto de vista arminiano, sino más bien una visión semipelagiana, que ve al no regenerado en un estado neutral, capaz de aceptar o rechazar la Salvación incluso fuera de la Gracia. «Dios obra de un modo irresistible y eficaz en los que deciden recibir su Gracia», dice Geisler. Pero ¿qué significa esto realmente? Al parecer, solo quiere decir que quienes se salvan a sí mismos decidiendo creer, se convierten posteriormente en beneficiarios de la Gracia. Esto está muy lejos de lo que Arminio defendió.

Por último, con respecto a la perseverancia, Geisler dice que «los calvinistas de todo tipo creen que 'una vez has sido salvo, lo eres para siempre'», sin embargo, esta es una expresión ajena a la tradición reformada, y cuanto más se conocen tales enseñanzas, más se ve la diferencia. Puesto que ya he presentado estas diferencias en el capítulo de mi exposición, pasaré ahora al punto siguiente. Es notable que Geisler contraste el punto de vista calvinista con el suyo diciendo que el primero es incondicional, al tiempo que insta, «no hay que ser fiel hasta el fin para obtenerlo». La obra de Dios en la regeneración depende por completo de la decisión humana, y sin embargo la elección humana no juega ningún papel en que alguien siga siendo cristiano. Esto parece contradictorio.

Algunos otros puntos requieren una respuesta. Geisler se extiende respecto al supuesto contraste entre el punto de vista del calvinismo radical respecto a la certeza y el suyo: el primero ofrece «seguridad, pero no certeza» mientras que el último brinda tanto lo uno como lo otro. En primer lugar, Geisler parece no conocer la diferencia entre las iglesias reformadas (que suscriben la Confesión Belga, el Catecismo de Heidelberg, y los Cánones de Dort) y las iglesias presbiterianas (adheridas a la Confesión de Fe de Westminster). Las primeras afirman que la certeza comparte la misma esencia con la fe: creer conlleva certeza. Las últimas sostienen que la fe y la certeza son cosas muy diferenciadas: Se puede creer verdaderamente y, sin embargo, experimentar luchas con respecto a la experiencia de la certeza. Sin embargo, ninguna de estas confesiones niega la posibilidad de la certeza. Según el Catecismo de Heidelberg:

> La verdadera fe no es únicamente el conocimiento y la convicción de que todo lo que Dios revela en su Palabra es cierto; es también una certeza profundamente arraigada, creada en mí por el Espíritu Santo mediante el Evangelio, de que por pura Gracia ganada por Cristo a nuestro favor, no solo los pecados de los demás, sino también los míos, han sido expiados eternamente, y se me ha concedido la salvación.[60]

La Confesión de Westminster afirma que los creyentes:

> pueden tener en esta vida la absoluta certeza de que están en un estado de Gracia, y pueden alegrarse en la esperanza de la gloria de Dios: una esperanza que nunca será defraudada. Esta certeza no es una mera conjetura o aventurada persuasión basada en una esperanza falible, sino una infalible certeza de fe, basada en la verdad divina de las promesas de salvación, la prueba interior de aquellas gracias a las que se les hacen estas promesas son el testimonio del Espíritu de adopción dando testimonio a nuestros espíritus de que somos hijos de Dios, cuyo Espíritu es las arras de nuestra herencia, por el cual somos sellados para el día de la Redención.[61]

La necesaria brevedad de esta respuesta no permite debatir los supuestos argumentos teológicos y exegéticos que Geisler aporta en favor de su punto de vista; esto tendré que hacerlo en el capítulo de mi exposición. Solo quiero reiterar brevemente mi preocupación, acentuada por la exégesis de Geisler, en el sentido de que relegar las clásicas advertencias a no caer en una cuestión de meras recompensas y no de salvación tiene visos de arbitrariedad. El autor cita en muchas ocasiones 1 Corintios 3. Sin embargo, este pasaje considerado en su contexto, no hace referencia a los creyentes en general, sino a los apóstoles y a su ministerio de carácter único. No puede ponerse ningún otro fundamento que el

---

[60] The Heidelberg Catechism, Lord's Day 7, Q. 21, en *Ecumenical Creeds and Reformed Confessions* (Grand Rapids: CRC Publications, 1988), 19.
[61] Confesión de fe de Westminster, 6.097–98.

ministerio de los apóstoles, dice Pablo. Lo que se someterá a prueba en aquel día, es la obra de los colaboradores de los apóstoles y sus edificaciones serán probadas por el fuego purificador.

Cuando Juan escribe: «Sé fiel hasta la muerte, y yo te daré la corona de la vida» (Apocalipsis 2:10), ¿quiere esto decir realmente, como sugiere Geisler, que esta «corona de la vida» es otra cosa que la salvación? Se pueden presentar críticas similares contra la exégesis de Geisler en otros lugares, y la explicación del sentido del tiempo aoristo parece más bien forzada. Hay que aceptar previamente su escatología dispensacionalista (acerca de recompensas más allá de la vida eterna, la tribulación, etcétera) a fin de aceptar su particular interpretación de los textos. Al parecer, por ejemplo, algunos cristianos reinarán mientras que otros solo conseguirán llegar al Cielo, pero no reinarán. De modo que en el estado celestial aparece una sutil forma de justicia por obras.

Aunque Geisler evita las peculiares ideas de Zane Hodges y Charles Stanley, sostiene sin embargo que un acto momentáneo de arrepentimiento y de fe es suficiente para darle seguridad de la salvación a alguien que posteriormente volverá a la incredulidad. Los creyentes pueden entrar en un «estado latente» y sin embargo «aun en esta condición, se pueden encontrar señales de vida ... la vida espiritual no puede esconderse ni totalmente ni durante mucho tiempo» (lo cual hace que nos preguntemos, ¿qué implica entonces este estado «latente»?).

Geisler insiste en que el capítulo seis de Hebreos solo puede referirse a auténticos creyentes, y en que lo que está en cuestión es meramente la pérdida de recompensas, no de la Salvación. Sin embargo, como he explicado en mi propia exposición, el punto de vista del pacto æque en todo el libro de Hebreos se hace muy explícitoæ permite entender fácilmente que el autor pueda estar haciendo referencia a personas que se han bautizado, han recibido periódicamente la comunión, han oído la liberadora Palabra de Dios (que va siempre acompañada por el Espíritu Santo) pero que, no obstante, no han sido regenerados. Son, dice, como una tierra bien regada que nunca da fruto. No son regenerados (v. 9), sin embargo, «caen» (v. 6). De igual modo que la Iglesia del Antiguo Testamento, los lectores de esta carta estaban dentro del pacto y se beneficiaban de su administración externa, sin embargo, al igual que sucediera con sus antecesores del antiguo pacto, la palabra que oyeron, (la del Evangelio) «no les aprovechó por no ir acompañada por la fe en los que oyeron» (4:2). Pero Geisler ha determinado previamente lo que estos textos no dicen, de modo que el lector puede percibir fácilmente que no se acerca a ellos seriamente.

Para concluir, Geisler desarrolla una clásica posición semipelagiana (ni siquiera arminiana) con respecto a la depravación del hombre y a sus capacidades. Tanto por su contenido como por su áspero (por infundado) criticismo, su capítulo parece æal menos, en algunos aspectosæ alejarse notablemente de las dos contribuciones arminianas que siguen. Geisler asume la regla pelagiano-kantiana de que «debería, implica que puede», «Toda responsabilidad implica la capacidad de responder, si no en nuestras propias fuerzas, sí por la Gracia de Dios». Añadir la última expresión («sí por la Gracia de Dios») le permite utilizar esta regla en la dirección del semi-pelagianismo. Y, sin embargo, esta «obra» previa a la Gracia divina que realiza el regenerado asegura su salvación incluso más allá de la salvaguarda de su fe por parte de Dios y de la perseverancia en el arrepentimiento durante toda su vida.

Puesto que he crecido en este ámbito teológico, ahora entiendo mejor la confusión que experimentaba al intentar comprender cómo podía la salvación ser una obra por completo de la Gracia cuando la «condición» de la que todo dependía estaba completamente determinada por una decisión del individuo. Es, sin duda, una mejor noticia el que no solo en última instancia, sino desde el mismo principio y a lo largo de toda la vida cristiana, «no depende del que quiere ni del que corre, sino de Dios que tiene misericordia» (Romanos 9:16).

UNA RESPUESTA DEL ARMINIANISMO REFORMADO A NORMAN L. GEISLER

Stephen M. Ashby

Norman L. Geisler ha sido desde hace mucho tiempo el decano de los apologistas evangélicos. Durante el último cuarto de siglo, sus incansables esfuerzos y prolífica producción han aportado a la Iglesia un extraordinario cuerpo de escritos de gran erudición. Estoy convencido de ser uno de los muchos que sienten una deuda personal de gratitud hacia la excelente obra del sr. Geisler que aporta un marco intelectual creíble a quienes desean mantener una idea elevada de la Escritura y una concepción defendible del mundo y de la vida cristianos. Incluso en aquellos puntos que no comparto con él, el Dr. Geisler ha jugado con frecuencia un papel decisivo para situar cuestiones que me han ayudado a perfilar mis propias posiciones. Por ello, considero un placer especial colaborar en un volumen en el que también se presentan sus ideas.

El significado del calvinismo moderado

Geisler no pierde ni un solo momento para justificar el espacio del punto de vista que él califica de calvinismo moderado. Para distinguir su planteamiento del «calvinismo radical» o «calvinismo clásico» coomo lo llama Michael Horton, Geisler establece una comparación con los llamados cinco puntos del calvinismo. Se ha hecho popular que quienes sostienen la posición de «una vez salvos, siempre salvos» adopten el nombre de calvinistas. Sin embargo, su rechazo de las creencias esenciales del calvinismo parecería rebajar su derecho a utilizar este nombre. Cambiar el significado de cuatro de los cinco puntos y pretender al tiempo seguir definiéndose como calvinista me parece en cierto modo injustificable. Por supuesto, los calvinistas (en el sentido histórico del término) no necesitan mis defensas. Quienes quieran algunos detalles más al respecto, que vean la exposición de mi posición en este libro. Como digo allí, creo que Geisler es un calvinista de un solo punto. Quizá deba plantearse cambiar el nombre de su posición.

Por lo que a mí respecta, resulta mucho más interesante el contraste que Geisler establece entre el calvinismo moderado y el arminianismo. Tristemente, ha adoptado la actitud típica que se asume cuando se trata de describir a los arminianos y que consiste en tratarles como un todo homogéneo. Al hacerlo comenta: «Puesto que la mayoría de las partes de ambos lados están de acuerdo con estos contrastes no es necesario explicar estos puntos con detalle». Con todo respeto, disiento de esta afirmación. La descripción que hace del arminianismo en la tabla que presenta al comienzo de su ensayo, de ningún modo representa la idea arminiana reformada. Dejo que otros arminianos decidan si la tabla en cuestión hace o no justicia a sus posiciones. Probablemente, los arminianos reformados no estarían de acuerdo en que la comparación girara en torno a «la seguridad eterna», puesto que ésta no es una expresión bíblica. Por supuesto, dado el título de este libro, entiendo la razón por la que Geisler ha decidido hacerlo. Yo preferiría que la comparación se estableciera en torno a la «justificación» o la «vida eterna». Si usamos cualquiera de estas dos expresiones bíblicas, los arminianos reformados podrían suscribir lo siguiente:

Todos los creyentes la tienen.
Ningún creyente puede perderla mientras siga siendo creyente.
Solo puede perderse por apostasía y, en tal caso, es irreversible.
Dios da certeza y seguridad, pero solo a aquellos que están «en Cristo» por la fe.

Los beneficios de la Salvación no son posesiones abstractas

Aunque acabo de reformular la tabla de Geisler por lo que respecta a las creencias arminianas reformadas, lo hago con grandes reservas. Si bien ahora estamos hablando de «justificación» o «vida eterna» como expresiones que se prestan mejor a la comparación, me siento —dada la rúbrica de Geisler— como en una trampa. En mi opinión, la Biblia enseña que todos los beneficios de la Salvación están esencial y únicamente *en Cristo*. Nadie posee ninguno de los beneficios de la Salvación de un modo abstracto. La tabla de Geisler, e incluso mi propia reelaboración de ella, parece tratar los beneficios de la Salvación como entidades que sencillamente se *poseen*.

Sin embargo, esta noción es completamente ajena a la Escritura. Sea cual sea el beneficio de la Salvación que estemos tratando, nunca podemos referirnos a él como si fuera nuestro por derecho. Soy escogido «en Cristo» (Efesios 1:4). Mi liberación de la condenación es «en Cristo» (Romanos 8:1). Cristo *es* nuestra sabiduría, justicia, y santificación (1 Corintios 1:30). Los beneficios de la crucifixión, resurrección y ascensión los recibo porque participo de Cristo o los comparto juntamente con Él (Efesios 2:5–6). La vida eterna está en el Hijo (1 Juan 5:11–13). Lo que tengo en la Salvación no es sencillamente un *algo* que poseo como mío. He de abstenerme de hablar como si los beneficios de la Salvación fueran objetos que Dios me ha dado y que ahora yo poseo como algo propio. Todo lo que ahora es mío, lo es únicamente porque he sido unido con Cristo en un sentido forense. Si Geisler prestara más atención a esta idea, creo que le sería más fácil evitar algunas de las dificultades en las que cae su posición.

Tan solo dos pasajes de entre los muchos textos probatorios que nos ofrece Geisler en su sección «Argumentos bíblicos a favor de la seguridad eterna» bastarán para explicar lo que quiero decir. Con respecto a 2 Corintios 5:17, 21, declara: «Según este texto, somos ya una nueva creación; esto nos garantiza un lugar en el Cielo». Esta clase de abstracción de los beneficios es muy peligrosa, puesto que el texto dice que si alguno está *en Cristo* es una nueva creación. En su cita de este pasaje dice: «Al que no conoció pecado, le hizo pecado por nosotros, para que *fuéramos hechos justicia de Dios en Él*». El hecho de resaltar en cursiva lo que podemos llegar a ser, parece subrayar que sea nuestro por derecho, sin embargo, solo lo es en tanto que estemos *en Él*. He escogido este versículo de entre los veintisiete textos de prueba que Geisler aporta en esta sección porque su explicación se acerca más que cualquier otra a lo que estoy exponiendo. Sin embargo, aun en la exposición de este pasaje, se vislumbra la tendencia a tratar los beneficios como una entidad abstracta.

El otro pasaje de esta sección que quiero mencionar es Romanos 4:5–6. La explicación de Geisler se centra en la doctrina de la imputación de la perfecta obediencia de Cristo a los creyentes. Dice que «se nos considera como perfectamente justos por la justicia de Cristo que se nos imputa». Sin embargo, no somos *nosotros*, sino *nosotros en Cristo* los que son considerados perfectamente justos. En otras palabras, estamos en unión con Cristo en un sentido forense. Esta justicia imputada de Cristo no es algo que poseemos de un modo abstracto, un don que nos es impartido, infundido o inherente. Se pone a nuestra cuenta únicamente porque estamos «en Cristo», y ello por la fe.

Entiendo que Geisler cree también todo lo que he dicho aquí. No obstante, su tendencia, al igual que la de otros que sostienen la posición de «una vez salvos, siempre salvos», a hablar de la seguridad eterna como «un don» que Dios me da, haciéndolo de este modo algo mío, conduce a un malentendimiento de este asunto y a aplicaciones erróneas. Observemos, por ejemplo, sus comentarios en el sentido de que «la salvación es un don irrevocable». Además, Geisler afirma que el «carácter [de Dios] garantiza que nunca se desdecirá de su promesa» y, de nuevo, «la salvación es un don incondicional (Romanos 11:29) y... como tal, Dios no puede retirarlo una vez lo ha concedido». El peligro que quiero señalar es el de tratar las «bendiciones espirituales» de la Salvación (Efesios 1:3) como si me pertenecieran por derecho. Tales bendiciones son solo mías por estar «en Cristo Jesús», a quien sí pertenecen por derecho.

¿Es necesaria la perseverancia en la fe?

En esta cuestión, Geisler parece tener un conflicto interno: ¿Es una condición para la salvación tener una fe persistente? Geisler afirma claramente que cualquiera que recibe la Salvación lo hace bajo la condición de la fe. Sin embargo, según sus palabras, resulta evidente la inferencia de que una vez hemos sido salvos, la naturaleza de la Salvación cambia: «No existe ninguna condición de ninguna índole para que Dios imparta o preserve la Salvación». Es alentador ver que Geisler se distancia de las afirmaciones de Zane Hodges y Charles Stanley; estos sostienen que: «aun quienes se apartan de la fe no tienen la más remota posibilidad de caerse de su mano». No obstante, la distinción que establece cuando dice que la fe persistente es una *manifestación* y no una *condición* de la verdadera fe es bastante extraña.

El hecho de que en el comienzo la Salvación estuviera condicionada por la fe nos dice algo acerca de su naturaleza. Él hecho de que tengamos que ejercer esta fe para recibir el don de Dios nos dice algo acerca de la naturaleza del ser humano. Sin embargo, Geisler nunca deja demasiado claro qué es lo que cambia en la naturaleza de la salvación para pasar de tener una condición a no tenerla. Asimismo, tampoco queda claro qué es lo que cambia en la naturaleza de los seres humanos para que pasen de la necesidad de ejercer fe a la ausencia de tal necesidad.

Aunque Geisler quiere evitar los problemas inherentes a las posiciones de Hodges y Stanley, aun así se siente atraído por su idea de que la Salvación se hace efectiva mediante «un solo acto de fe» y no requiere «una actitud constante». Sin embargo, cuando éstos desarrollan las implicaciones lógicas de este punto de vista, Geisler se distancia de sus conclusiones.[62] Para Geisler, esto no guarda relación con lo que enseña la Biblia. De hecho, dice: «La Escritura no apoya la idea de que el verdadero creyente pueda perder por completo la fe». Evidentemente Geisler tiene problemas al intentar reconciliar la idea de que personas *no creyentes puedan ser salvas*, que es sin duda lo que afirman Stanley y Hodges.

Geisler se ve nuevamente en una posición tensa con este asunto y ha de recurrir de manera inmediata a 2 Timoteo 2:13. En su libro *Chosen But*

---

[62] En relación con esto, ver mi exposición, donde observo que Stanley compara la Salvación con el hecho de hacerse un tatuaje: uno puede sentirse incómodo con él tras habérselo hecho, sin embargo, su permanencia está asegurada al margen de cuál sea la actitud que se tenga hacia él.

Free (escogidos, pero libres), cita este versículo seis veces[63] y, cada vez que lo hace, utiliza exactamente los mismos términos: «*Si somos infieles, Él permanece fiel, pues no puede negarse a sí mismo*». Geisler también traduce así este versículo en su capítulo de este libro. ¿Por qué, entonces, decide traducirlo de manera distinta hacia el final de su artículo cuando escribe: «Si no somos *fieles*, Él permanece fiel, pues no puede negarse a sí mismo»? Dado su deseo de distanciarse de Hodges y Stanley en este punto, la palabra «infieles (o sin fe)» sería un obstáculo. Creo que ni Geisler si Stanley tienen en cuenta el contexto de 2 Timoteo 2:11–13. No quiero repetir ahora lo que considero un tratamiento muchísimo mejor de este pasaje (ver mi exposicón en este libro). Geisler haría bien en preguntarse la razón de su conflicto interno.

La relación de las obras con la Salvación

Estoy de acuerdo con casi todo lo que Geisler afirma respecto a la relación de las obras con la Salvación. Coincido totalmente en que «la Salvación no puede ganarse o perderse por nuestros esfuerzos». No obstante, esta premisa lleva inmediatamente a Geisler a medir a todos los arminianos con el mismo rasero. Esto me recuerda al pasaje de R. C. Sproul que he citado en mi exposicón, y que afirma: «Como calvinista, oigo frecuentemente críticas del pensamiento calvinista con las que de todo corazón estaría de acuerdo si lo que se critica fuera realmente el calvinismo. Por ello, estoy convencido de que los discípulos de Arminio sufren la misma suerte y se sienten igual de frustrados».

El problema que veo es que la descripción que hace Geisler se corresponde fielmente con lo que afirman muchos arminianos. Cuando dice que «el arminianismo sostiene tácitamente una forma de salvación por obras», señala correctamente lo que creen muchos de quienes llevan el nombre de arminianos. Cuando se refiere al punto de vista que sostienen H. Orton Wiley y John Wesley, según el cual las «buenas obras [son] una condición para la Salvación», deberíamos recordar lo lejos que está tal concepción de los puntos esenciales de la Reforma: *sola fide, sola gratia*. Cuando observa la similitud de este punto de vista con el del catolicismo romano, usando incluso el término «pecado mortal» para describirlo, señala un concepto del pensamiento de Wesley que pre-

---

[63] Ver la obra de Geisler, *Chosen But Free*, 108, 120, 128, 139, 143, 179.

senta Steve Harper (ver su exposición). En el «Comentario Introductorio» al sermón de Wesley «On Sin in Believers» (acerca del pecado de los creyentes), se observa que «la distinción [de Wesley] ya tenía una historia en la teoría moral ('mortal' versus 'venial')».[64] De modo que, encuentro un amplio acuerdo con lo que Geisler está diciendo acerca de la relación de las obras con la Salvación.

Cuando me siento «frustrado» —por utilizar el término que usa Sproul—, es cuando se atribuye el pensamiento de Wiley y de Wesley a todos los arminianos. En repetidas ocasiones Geisler escribe «los arminianos afirman...», o «según el punto de vista arminiano...». Sin embargo nunca cita a Arminio (y, sin duda, con estas generalizaciones, no presenta el punto de vista arminiano reformado). De hecho, con referencia a la cuestión de la perseverancia, Geisler cae implícitamente en la falacia de mezclar las cosas midiendo con el mismo rasero a todos «los arminianos». Al comentar Hebreos 10:26–29, afirma que este pasaje «no apoya el punto de vista arminiano, ya que dice que quienes cometen este pecado no pueden ser restaurados de nuevo». No obstante, los arminianos reformados creen precisamente en el carácter irreversible de la apostasía. De igual modo que Pablo dijo: «no todos los descendientes de Israel son Israel» (Romanos 9:6), yo quiero decir que «no todos los 'arminianos' son de Arminio».

¿Pérdida de Recompensas o Pérdida de la Salvación?

Tal y como he dicho en otro lugar, la posición de Geisler es parcialmente correcta referente a la pérdida de recompensas versus la pérdida de la Salvación. No puede haber ninguna duda de que los creyentes pueden perder recompensas, como observa correctamente Geisler cuando habla de 1 Corintios 3:11–15; 2 Corintios 5:10; 2 Timoteo 4:7–8; 2 Juan 8. Por otro lado, su esfuerzo por «meterlo todo en el mismo saco», que le lleva a incluir pasajes como Mateo 12:31–32; 1 Corintios 9:27; 2 Timoteo 2:12, 17–18; Hebreos 6:4–6; 10:26–29 como meras referencias a la «pérdida de recompensas» no soportaría el escrutinio de una exégesis seria. En la exposición que presento en este libro explico varios de estos pasajes junto con algunos otros.

[64] *The Works of John Wesley*, ed. Thomas Jackson, 14 vols. (Londres: Wesley Methodist Book Room, 1872; repr., Grand Rapids: Baker, 1986), 1:315.

Considero importante subrayar de nuevo lo que ya he observado en mi exposición y que no debería pasar por alto nadie que esté considerando esta cuestión. Al analizar muchos de los textos de prueba que se usan para apoyar el punto de vista que dice, «una vez salvos, siempre salvos», los arminianos reformados, creyendo como creen que la Salvación es condicional de principio a fin, pueden leer versículos como Juan 3:15–16; 5:24; 10:27–28) y estar completamente de acuerdo sin ningún otro comentario. Esto no puede decirse de los partidarios de la seguridad eterna cuando se tratan textos que parecen enseñar que los verdaderos creyentes pueden perder la Salvación si abandonan su fe en Cristo.

Puesto que ya he comentado varios de estos pasajes en mi exposición —en especial Juan 15:1–6; 2 Timoteo 2:12, las advertencias de Hebreos, 2 Pedro 2:20–22— solo me referiré aquí a dos versículos que Geisler utiliza. Con respecto a Mateo 12:31–32, Geisler describe de nuevo erróneamente a los arminianos reformados. Yo no creo, como afirma él, que un cristiano que ha apostatado rechazando la fe en Cristo pueda recuperar la Salvación. Todo mi argumento va en contra de esta afirmación. Estoy de acuerdo con Geisler en que «aquí no hay indicio alguno de que un creyente pueda cometer este pecado». Sin embargo, asumir que el contexto haya de mencionar explícitamente que «los creyentes pueden cometer este pecado» o de lo contrario tendré razones para afirmar que no pueden hacerlo, es caer en la falacia del «argumento del silencio».

Mi posición afirma que los creyentes siguen siendo *personas*, capaces de hacer el bien y el mal. Cuando el pasaje dice que esta forma de blasfemia no les será perdonada a *los hombres* yo diría que los creyentes siguen siendo parte de la categoría genérica llamada «los hombres». Cuando dice que *cualquiera* que haga esto no será perdonado, ni en este mundo ni en el futuro, he de pensar que si un cristiano comete este pecado no hay perdón para él. De modo que, estoy de acuerdo con Geisler cuando dice que el pasaje se refiere a «la incredulidad de un corazón endurecido». Sin embargo, siguiendo su lógica, «aquí no hay indicio alguno de que un creyente [no] pueda cometer este pecado».

El tratamiento que Geisler hace de la afirmación de Pablo en 1 Corintios 9:27 es sin duda muy habitual. Por otra parte, dada la imaginería de la competición atlética que encontramos en el contexto, es fácil de entender que se pueda argumentar que ser descalificado [*adokimos*] signifique no recibir la recompensa del premio. No obstante, la palabra que Pablo utiliza para describir lo que él mismo desea evitar es un término extraordinariamente fuerte. A excepción de la ocasión en que tal palabra aparece en Hebreos 6:8, ésta se encuentra únicamente en los escritos de Pablo. Resulta muy instructivo ver el modo en que el apóstol la utiliza en otros lugares.

- Romanos 1:28: «Y así como ellos no tuvieron a bien reconocer a Dios, Dios los entregó a una mente depravada [*adokimos*]...»
- 2 Corintios 13:5: «Poneos a prueba para ver si estáis en la fe; examinaos a vosotros mismos. ¿O no os reconocéis a vosotros mismos que Jesucristo está en vosotros, a menos de que en verdad no paséis la prueba [*adokimoi*]?»).
- 2 Timoteo 3:8: «Y así como Janes y Jambres se opusieron a Moisés, de la misma manera éstos también se oponen a la verdad; hombres de mente depravada, reprobados [*adokimoi*] en lo que respecta a la fe».
- Tito 1:16: «Profesan conocer a Dios, pero con sus hechos lo niegan, siendo abominables y desobedientes e inútiles [*adokimoi*] para cualquier obra buena».

Al examinar el uso particular que Pablo hace de *adokimos* descubrimos que «la existencia humana está bajo el escrutinio divino ante el cual ha de acreditarse... La certificación que Dios busca en este juicio solamente podrá hallarse en las vidas de aquellos que creen en Cristo, y... no existe tal certificación fuera de esta fe».[65] En 1 Corintios 9:27, Pablo utiliza *adokimos*, término del que una y otra vez se vale para referirse al rechazo de parte de Dios o reprobación. Y en este texto, el propio apóstol dice querer tomar toda precaución para no llegar a ser *adokimos*.

---

[65] W. Grundmann, «dokimos,» *Theological Dictionary of the New Testament*, trad. G. W. Bromiley (Grand Rapids: Eerdmans, 1964), 2:257–59.

UNA RESPUESTA DEL ARMINIANISMO-WESLEYANO A NORMAN L. GEISLER

J. Steven Harper

Norman Geisler escribe con el espíritu ecléctico que requieren la investigación y la formulación teológica. Geisler acaba su exposición con la frase, «El calvinismo moderado... sostiene que se pueden tener ambas cosas: tanto la certeza presente como la seguridad eterna», dando la idea de que el calvinismo moderado ha encontrado una fusión ideal entre el calvinismo clásico y el arminianismo. Más adelante comentaré esta afirmación, sin embargo, quiero ahora al menos mostrarme de acuerdo y expresar mi reconocimiento con el hecho de que el Dr. Geisler reconozca que la teología puede «mejorar», cuando interactúa con más de un punto de vista. Como se apreciará en mi exposicón, ésta es una de las cuestiones clave que deseo subrayar al presentar a Wesley como ejemplo de un eclecticismo positivo (un acercamiento que hace que la doctrina cristiana sea más sólida que cuando solo se tiene en cuenta una única perspectiva).

También valoro positivamente la manera tan clara con que Geisler compara el calvinismo clásico y el moderado por medio de su resumen contrastado de las doctrinas de la Gracia. Si esta es la primera vez que comparas y contrastas los cinco elementos tradicionales de la teología reformada, probablemente encontrarás esta parte del capítulo especialmente valiosa e importante. Por otra parte, al utilizar este marco de las doctrinas de la Gracia, Geisler pone de relieve (como también hago yo en mi propia exposición) la naturaleza integral de la Teología. Este resumen de las doctrinas de la Gracia es su manera de no seccionar la Teología en partes doctrinales desconectadas y, por mi parte, valoro especialmente este acercamiento.

Por último, uno no puede sino impresionarse ante el compromiso de Geisler con la formulación de la doctrina por medio de una consulta de la Escritura clara y exhaustiva. Los dos apartados de su exposición en los que cita un pasaje tras otro, ponen de manifiesto su convicción de que toda doctrina ha de conformarse a la Biblia. Al leer sus listados de textos bíblicos he recordado el similar acercamiento de Wesley en su obra *Predestination Calmly Considered, (una sosegada consideración de la predestinación).* Hablaré más de esta cuestión en esta respuesta, pero lo menciono ahora como una manera de respetar el deseo de Geisler de conectar la revelación bíblica con la interpretación teológica.

Como una forma de entrar en la parte «crítica» de mi respuesta, quiero decir sencillamente que no sé muy bien cómo responder de manera adecuada a la exposición de Geisler, y ello precisamente por el carácter tan exhaustivo de su exposición. En comparación con Horton, que me supo a poco, hubiera deseado que Geisler me hubiera dado menos (cuando digo menos, quiero decir menos objetivos a los que apuntar en una breve respuesta). Hay demasiadas cosas que merecen una respuesta/crítica. He de mencionar, de paso, que hubiera deseado encontrar más citas directas de Calvino en la exposición de Geisler, al igual que en la de Horton. No obstante, Geisler ofrece al menos una gran riqueza de material interpretativo a partir del cual seleccionar mis respuestas.

Habiendo dicho esto, procedamos ahora a valorar la exposición en sí comentando algunas cuestiones específicas en las que el punto de vista arminiano-wesleyano es distinto del que expone Geisler o su descripción es deficiente. Sin duda, encontraremos aspectos de su exposición en que se aprecian ambas cosas al mismo tiempo. Dada la disposición organizada y ordenada de su capítulo, adoptaré una perspectiva similar en mi respuesta.

En primer lugar, existe un problema en la definición que hace Geisler de la «Gracia irresistible». Declara que «es eficaz en aquellos que la desean (los escogidos) pero no en quienes no la aceptan». ¿Qué clase de «irresistibilidad» es ésta? La lógica (o ilógica) de la frase acaba oscureciendo el sentido de la expresión «Gracia irresistible» (al menos el que tiene en las exposiciones teológicas tradicionales). Si alguien es capaz de resistir la Gracia, ésta no es entonces irresistible. Establecer una distinción entre quienes *desean* la Gracia y quienes no (Geisler utiliza la cursiva), en el último análisis no tiene sentido. Además, utiliza palabras que han sido especialmente relegadas por la teología reformada (desear y/o no desear). Lo que estoy diciendo es que su exposición arranca del mal fundamento que constituye una confusa definición de la Gracia (confusa porque en ella utiliza el término irresistible, reduciéndolo al mismo tiempo hasta el punto de contradecir su propia definición).

En segundo lugar, a pesar de que en general me gustan sus tablas comparativas, Geisler establece de hecho una falsa comparación en su alineamiento del calvinismo radical, el arminianismo, y el calvinismo moderado. Lógicamente, su meta es mostrar que el calvinismo moderado ofrece «tanto la certeza presente como la seguridad eterna». Sin embargo, llega a esta conclusión planteando una caricatura del calvinismo radical y del arminianismo. Decir, por ejemplo, que el arminianismo no cree en *la seguridad eterna,* sencillamente no es cierto. Toda la teología cristiana ortodoxa postula a Cristo como nuestra seguridad, aunque lo haga de manera distinta. Podría excusar (incluso entender) las limitaciones de una comparación de las tres perspectivas planteada en una sola frase, si no fuera porque Geisler utiliza esta triple distinción para promover su propia idea. Acerca de esto solo puedo decir que una interpretación incorrecta al comienzo hace difícil llegar a una correcta conclusión al final. Esta sección debe leerse con cuidado, ya que Geisler plantea una concepción que únicamente tiene sentido si se aceptan las simplistas distinciones que establece.

En tercer lugar, personalmente estoy preocupado por lo que podríamos llamar una «razón cuantitativa» en su abultada referencia de pasajes bíblicos. Quiero darle el beneficio de la duda y creer que la razón de este acercamiento es su deseo de mostrar que lo que sostiene el calvinismo moderado puede verse repetidamente a lo largo de la Escritura. El problema es que, al darnos tantas referencias sin mucha exposición, en última instancia nos vemos de nuevo forzados a aceptar su planteamiento, no sobre la base de los textos mismos sino porque él los presenta al lector como una prueba para apoyar sus ideas.

Además, como sabe sin duda el propio Geisler, algunos de los pasajes que cita como *prueba*, otras tradiciones teológicas los interpretan de manera distinta. Sin embargo, al ofrecer casi únicamente un listado de textos, transmite al lector la falsa impresión de que estos textos enseñan el punto de vista del calvinismo moderado. No permite que nos demos cuenta de que otros cristianos leen estos versículos de manera distinta. En su acercamiento, no hay tiempo para este planteamiento porque tenemos que avanzar al siguiente pasaje. De nuevo, quiero instar al lector a que lea con consideración los dos apartados de citas bíblicas de Geisler, pero no hasta el punto de pensar que su punto de vista acerca de cada texto es la única manera legítima de entender el pasaje en cuestión.

En cuarto lugar, acabamos llegando a una máxima de la teología reformada citada a menudo y que dice, «Dios no puede despojar a alguien del don de la Salvación», con el apoyo textual de Romanos 11:29. Desde el punto de vista arminiano-wesleyano, esta declaración subraya lo obvio y plantea la necesidad de la pregunta esencial de este libro. No conozco ninguna teología ortodoxa seria que crea que *Dios* «retire» el don de la Salvación. Dios ha hecho todo lo posible por salvar a la raza humana, y no se dedica ahora a «retirar» este don. Sin embargo, esto plantea la pregunta de si *nosotros* podemos o no hacer algo para perder este don de la Salvación. No hace falta decir (como si alguien lo cuestionara) que Dios «no puede negarse a sí mismo» ¡Está claro que no! Sin embargo, ¿qué puede (o debe) decirse respecto a que nosotros le neguemos a Él? Esta línea de razonamiento, que encontramos con tanta frecuencia en la interpretación teológica calvinista, soslaya la verdadera cuestión del tema que nos ocupa. El asunto que se plantea es la perseverancia de los santos, no la fiabilidad de Dios.

En quinto lugar, no puedo pasar por alto su caricaturización de las «buenas obras» como otra forma de conseguir que su posición salga victoriosa. Si hay una cosa que Wesley negó con rotundidad (como muestra mi exposición), es que sus ideas fueran una forma de justicia por obras. Sin embargo, Geisler y otros teólogos reformados insisten en plantear la posición wesleyana de este modo para poder después darse la vuelta y echarla abajo. Digámoslo de una vez por todas: el arminianismo wesleyano no enseña ningún tipo de justicia por obras, según el sentido típico de esta expresión. Las obras no son «necesarias» para mantener la propia Salvación. Lo son únicamente en el sentido que le dio Jesús cuando dijo: «Un árbol bueno no puede producir frutos malos» (Mateo 7:18). Las obras tienen un valor demostrativo, no causativo, y solo pueden considerarse «necesarias» en el primer sentido.

Por último, Geisler deja el asunto en el aire cuando declara: «El calvinismo moderado afirma que los creyentes pueden tener verdadera certeza de que forman parte de los escogidos de Dios, al margen de si son o no fieles hasta el fin». Basándose en los ejemplos del apóstol Pedro y de Juan el Bautista, Geisler muestra que a pesar, incluso, de una gran fluctuación se obtiene la victoria final. Esto es sin duda lo que sucede, ¿pero confirman estos ejemplos la afirmación en cuestión? O, por decirlo de otro modo, Geisler no contesta a la pregunta: «¿hasta qué punto puedes ser *infiel* sin poner en peligro tu salvación?». Pedro y Juan el Bautista no ilustran esta afirmación, simplemente porque en ambos casos superaron sus negaciones y dudas. Lo máximo que Geisler puede hacer al final de esta línea de pensamiento es recurrir a otra máxima de la teología reformada que reza: «Quienes se apartan lo hacen porque, de hecho, nunca tuvieron una verdadera fe». Esta es una respuesta demasiado simplista para poder sondear una cuestión tan profunda. Desde un punto de vista arminiano-wesleyano, esta última máxima plantea, al menos, el mismo número de preguntas que trata de responder.

En mi opinión, Geisler se acerca más que Horton a discernir y dar respuesta a los asuntos clave que dan su razón de ser a este libro. También reconoce que, para llegar a la verdad, se hace necesaria alguna medida de integración teológica. Acabo esta valoración del capítulo de Geisler expresando mi deseo de que el término «arminianismo» no tuviera una significación negativa tan inmediata y extendida entre quienes profesan convicciones reformadas. Creo que, con ello, Geisler hasta se beneficiaría finalmente. Los dos capítulos que expondremos Steve Ashby y yo mismo intentarán mostrar que el arminianismo (reformado o wesleyano) tiene su legítimo lugar en el podio.

Capítulo 3
Un punto de vista arminiano reformado

Stephen M. Ashby

Hace un par de años tuve una conversación con un pastor presbiteriano de la ciudad en que trabajo. Cuando supo que había estudiado en un seminario calvinista, esperó el momento adecuado y me dijo: «De modo que eres una de esas *rara avis* formado en el pensamiento reformado, pero que no has seguido en él». A lo cual le respondí: «Ah no, yo soy muy reformado; de hecho, me considero un arminiano reformado». Mi interlocutor sonrió con suspicacia y me dijo: «Es la primera vez que oigo esta expresión».

Sin duda, muchos de quienes leen este libro se preguntarán: «¿Qué es exactamente el arminianismo reformado?» la respuesta es simple: es lo que creía Jacobo Arminio. Arminio siempre se consideró reformado, hasta el día de su muerte. Y dentro del movimiento reformado holandés hubo muchos otros que sostuvieron el mismo acercamiento a la Teología. Por supuesto, considerando el uso popular que tiene el término *reformado* en nuestros días —que lo hace prácticamente sinónimo de *calvinista*— probablemente no es sorprendente que mi amigo presbiteriano reaccionara con tanta perplejidad ante la idea de un arminianismo reformado. No obstante, si profundizamos un poco más, dejando a un lado epígrafes superficiales y trillados, y comparamos la verdadera esencia de las ideas de mis feligreses con aquellas que generalmente se consideran reformadas, se hará meridianamente claro que hablar de arminianismo reformado no representa una contradicción de términos, sino una designación muy apropiada.

La clase de arminianismo que estoy planteando no será inmediatamente reconocible ni por aquellos que normalmente se consideran *reformados* ni por quienes llevan la etiqueta de *arminianos*. En este mismo volumen, Michael Horton presenta una posición calvinista reformada, mientras que Steve Harper representa una perspectiva arminiano wesleyana. Espero de corazón poder situarme entre estas dos posiciones diferenciándome al tiempo de ambas. En una exposición dedicada a Arminio, R. C. Sproul, hizo una interesante declaración:

> «En el eterno debate entre calvinistas y arminianos, con frecuencia cada una de las partes ha presentado una imagen deformada de la otra. Se levantan primero hombres de paja y después se blanden las espadas de la polémica contra puras caricaturas, cual donquijotes colectivos, enfrentándose a molinos de viento. Como calvinista, oigo frecuentemente críticas del pensamiento calvinista con las que de todo corazón estaría de acuerdo si lo que se critica fuera realmente el calvinismo. Por ello, estoy convencido de que los discípulos de Arminio sufren la misma suerte y se sienten igual de frustrados.»[1]

Sproul está, sin duda, en lo cierto. Con demasiada frecuencia los seguidores de Arminio ven cómo sus enseñanzas se distorsionan y cómo ellos mismos son calumniados y vilipendiados. Sin duda, mi exposición será criticada, como lo serán también cada una de las perspectivas que se exponen en esta obra y es bueno que sea así. No obstante, valoro mucho la oportunidad que se me brinda de presentar la posición arminiana reformada, y confío en que un mayor número de las críticas que se hagan en el futuro se ajusten realmente a las ideas presentadas por los expositores de cada punto de vista.

Similitudes entre el arminianismo reformado y el calvinismo

El punto de vista arminiano reformado se forjó en el contexto del pensamiento reformado holandés. Por ello, integra muchas de las características peculiares de aquel movimiento. Muchos estudiosos han atribuido incorrectamente a Arminio ideas que se han desarrollado en el contexto

---

[1] R. C. Sproul, *Willing to Believe* (Grand Rapids: Baker, 1997), 125–26.

de la teología arminiana posterior. Sin embargo, hasta el mismo día de su muerte, Arminio se sintió reformado. A diferencia de la mayoría de los arminianos posteriores, que rompieron más completamente con las categorías reformadas, él retuvo conceptos reformados esenciales.

Uno de los importantes pilares teológicos que Arminio mantuvo en común con otros pensadores reformados fue su idea de la depravación humana. Sin ninguna ambigüedad, Arminio afirmó que la voluntad humana en su estado caído no es capaz de conseguir *ningún* bien espiritual, excepto en la medida en que interviene la Gracia de Dios. Es difícil de concebir que ningún reformador o pensador reformado, antes o después de él pudiera plantear la doctrina de la depravación total en términos más categóricos:

«En este estado [tras la Caída] el libre albedrío del hombre hacia el verdadero bien no solo está herido, tullido, enfermo, deformado y debilitado, sino también encarcelado, destruido, y perdido. Y, hasta que llega la asistencia de la Gracia, sus poderes no solo están debilitados e inútiles, sino que no existen excepto cuando los estimula la Gracia divina: Puesto que Cristo ha dicho: «Separados de mí, nada podéis hacer».[2]

La humanidad caída es por completo incapaz de llevar a cabo el menor bien espiritual más mínimo. Al respecto, Arminio cita con aprobación a Agustín, que escribió:

«Cristo no dice, "separados de mí no podéis hacer más que *unas pocas cosas*"; ni tampoco, "separados de mí no podéis hacer *ninguna cosa difícil*"; o, "separados de mí vais a tener muchas dificultades para hacer las cosas". Lo que dice es: "separados de mí *nada* podéis hacer". No "separados de mí no podréis *acabar* nada"; sino "separados de mí *nada* podéis hacer!"».[3]

Esta idea de la depravación total es reformada hasta la médula. Arminio lo explica como algo que afecta a cada aspecto del ser humano:

---

[2] Disputation 11, «On the Free Will of Man and its Powers», en *The Works of James Arminius*, London ed., traducida por James Nichols y William Nichols, 3 vols. (London: Longerman, Hurst, Rees, Orme, Brown, & Green, 1825–75; repr., Grand Rapids: Baker, 1996), 2:192 (citada de aquí en adelante como *Works of Arminius*).

[3] Ibíd (cursivas del autor).

La mente está «entenebrecida», es «incapaz de las cosas que pertenecen al Espíritu de Dios», «vana», y «necia» (ver 1 Corintios 2:14; Romanos 1:21–22; Efesios 4:17–18; Tito 3:3). *Los afectos del corazón* son «perversos», «engañosos», «rudos y empedernidos», y «aman y siguen lo que es malo» (ver Jeremías 13:10; 17:9; Ezequiel 36:26; Mateo 15:19; Romanos 8:7). Y en exacta correspondencia con «esta oscuridad de la mente, y perversidad del corazón, está la *absoluta debilidad de todas las facultades* para llevar a cabo aquello que es verdaderamente bueno» (ver Mateo 7:18; 12:34; Juan 6:44; Romanos 7:5; 6:20; 2 Timoteo 2:26).[4] En este sentido, Arminio siempre mantuvo «la mayor distancia posible con el pelagianismo».[5]

Otro concepto crucial que Arminio compartió con los reformadores fue el significado de la obra expiatoria de Cristo. Para él, la Expiación de Cristo no fue meramente una representación apasionada a efectos de mostrar el amor de Dios o desplegar su animadversión hacia el pecado. La muerte de Cristo no pretendía meramente ejercer una «influencia moral» sobre la Humanidad o «apoyar la justicia pública» afirmando el orden moral.[6] Arminio afirmaba (siguiendo a los reformadores cuyas ideas tenían a su vez apoyo en el pensamiento de Anselmo), un concepto expiatorio *de satisfacción penal*. Invocaba la imagen de Dios como Juez, y argumentaba que la Justificación del pecador solo podía llevarse a cabo, o bien guardando plenamente la ley, o siéndole imputada la justicia de otro.[7]

Éstas son las únicas formas en que la Justificación podía efectuarse considerando el carácter de Aquel que es el Juez: Dios es Santo y Justo y, por ello, ha de juzgar el pecado. Su carácter lo demanda. El término *satisfacción* se vincula con aquel aspecto interno de la naturaleza de Dios por el que no puede pasar por alto o soslayar el pecado. Su santidad no puede satisfacerse con ninguna otra cosa que no sea el pago por el pecado. La idea del pago nos lleva a considerar el aspecto «punitivo» del término. La sentencia sobre el pecado no puede sencillamente «ponerse a un lado» o declararse por decreto como inoperante. Ciertamente la sentencia ha de cumplirse.

[4] Ibíd., 2:192–94.
[5] Ibíd., 1:764.
[6] Para estas perspectivas ver la obra de H. Orton Wiley, *Christian Theology*, 3 vols. (Kansas City, Mo: Beacon Hill, 1952), 2:252–68.
[7] Este era el punto de vista de Juan Calvino. Ver la obra de Juan Calvino, *Institución de la religión cristiana*, Feliré, Países Bajos, 198, pp 556-580.

En su decimonoveno debate público «acerca de la Justificación del hombre ante Dios», Arminio expresó su convicción de que:

«la Justificación como acto judicial de Dios representa, o bien la imputación de la justicia por misericordia procedente del trono de Gracia, mediante la propiciación que Cristo ha efectuado en favor del pecador que cree (Romanos 1:16–17; Gálatas 3:6–7), o bien la propia Justificación del hombre ante Dios de su deuda según las rigurosas demandas de la justicia y sin ningún perdón (Romanos 3, 4).»[8]

Para Arminio había únicamente dos posibles formas en que el pecador podía ser justificado: (1) por medio de un cumplimiento de la ley perfecto y absoluto, o (2) mediante la imputación por parte de Dios de la justicia de Cristo al pecador por medio de la fe. No aceptando ninguna otra posibilidad, Arminio se posicionó claramente en el segundo punto de vista.

El término *imputación* era muy importante para Arminio y otros pensadores reformados. Una de las cuestiones fundamentales que motivaron la Reforma fue el profundo interés de Lutero respecto al modo en que se produce la Justificación. Roma había enseñado que la justicia de Cristo se le «infundía» al creyente por medio de los sacramentos, que impartían una justicia «inherente».[9] El pensamiento de la Reforma reaccionó contra esta noción, afirmando en su lugar que la justicia de Cristo le es «imputada» al creyente, es decir, se le acredita o se pone en su cuenta. Por ello, la justicia por la que Dios, el Juez, declara justificados a los pecadores es la sola justicia de Cristo. Arminio definió la Justificación en este sentido reformado al escribir:

«Es una Justificación por la que un hombre, que es pecador, *pero creyente*, compareciendo ante el trono de Gracia que se establece en Cristo Jesús, la Propiciación, *es considerado* y declarado por Dios,

---

[8] *Works of Arminius*, 2:256–57.
[9] Ver «Creeds of Modern Roman Catholicism» en *Creeds of the Churches*, ed. John H. Leith (Atlanta: John Knox, 1963), respecto a las enseñanzas del Concilio de Trento. Hay que prestar especial atención al apartado 5 de la sesión quinta referente al Bautismo; al canon 29 de los Cánones Referentes a la Justificación; también al canon 11 acerca de la imputación de la justicia de Cristo. Todo esto debería considerarse en vista del Capítulo VII de la sesión sexta, donde hablando de la Justificación se denigra la justicia «acreditada» en favor de una justicia que es «inherente» a los justificados por haberles sido «infundida».

el Juez justo y misericordioso, como justo y digno de la recompensa de la justicia *no en sí mismo* sino *en Cristo*, y ello por Gracia, según el Evangelio, para la alabanza de la justicia y de la Gracia de Dios, y para la salvación de la propia persona justificada (Romanos 3:24–26; 4:3, 4, 5, 9, 10, 11).»[10]

Esta es una definición legal, y Arminio la defendió tenazmente en todas sus obras. Por otra parte, para mostrar su adhesión a este punto de vista de la Justificación, Arminio habló del término *imputada* como haciendo referencia a «aquello que es justicia según *el registro de la Gracia de Dios*, puesto que no merece este nombre según el rigor de la justicia de la ley, (o como siendo la *justicia de otro*, es decir de Cristo, que se convierte en nuestra por la generosa imputación de Dios)».[11]

Vistos estos argumentos queda claro que Arminio no propugnó ninguna forma de «justicia por obras». Sin duda, fue reformado por su formulación de la esencia de la Redención, de lo que significa estar en un estado de Gracia, y del modo en que todo ello interactúa en la vida cristiana. Para los arminianos reformados, estar en un estado de Gracia significa ser hallados *en Cristo*. Por supuesto, esta expresión típicamente paulina conlleva ciertos elementos existenciales o subjetivos. Sin embargo, no se relaciona esencial o prioritariamente con la propia experiencia subjetiva. Es, por encima de todo, algo objetivo por naturaleza.

Ciertos acontecimientos redentores han tenido lugar en la historia real, en el entramado espacio temporal *en Cristo*. Jesús vivió una vida sin pecado (1 Pedro 2:22; 1 Juan 3:5). Murió y su muerte adquirió un carácter sustitutorio (Romanos 5:6–8). Resucitó al tercer día (1 Corintios 15:4). Ascendió de nuevo al Padre, donde permanece eternamente para interceder a nuestro favor (Hechos 1:9; 7:56; Hebreos 7:24–25). Estos son acontecimientos objetivos de la historia de la Redención.[12]

---

[10] *Works of Arminius*, 2:256 (cursivas del autor).

[11] Ibíd., 2:257 (cursivas del autor).

[12] Existe una exposición breve, pero excelente de la *Heilsgeschichte* (la historia de la redención), en la obra de George Eldon Ladd, *Teología del Nuevo Testamento,* Colección Teológica Contemporánea, Clie, Barcelona, 2002, pp. 225-237. Cf. Geerhardus Vos, *Redemptive History and Biblical Interpretation,* ed. Richard B. Gaffin Jr. (Phillipsburg, N.J.: Presbyterian & Reformed, 2001), 5–7. D. A. Carson, hablando de la certeza de la Salvación, hace una interesante afirmación que es aplicable por igual a lo que estamos ahora considerando: «Algunas de las líneas del debate se han torcido seriamente porque con demasiada rapidez se centran en cuestiones dogmáticas temporales sin reflexionar

Han tenido lugar en Cristo, y tienen un carácter objetivo y redentor, con independencia de cuál sea mi respuesta subjetiva a ellos. Porque «Dios estaba reconciliando consigo al mundo en Cristo» (2 Corintios 5:19).

La forma en que Pablo utiliza generalmente la expresión «en Cristo» tiene que ver con la unión del creyente con Él. Cristo satisfizo la sentencia debida al pecado. Con este fin, los pecados de la Humanidad le fueron imputados a Él para que su justicia (tanto su obediencia activa [su vida sin pecado], como la pasiva [su muerte sustitutoria]) pueda serles imputada a quienes están *en Él*. «Al que no conoció pecado, le hizo pecado por nosotros, para que fuéramos hechos justicia de Dios en Él». (2 Corintios 5:21). Esta afirmación tiene por encima de todo un carácter legal o forense. Con frecuencia, se usan también términos de la terminología de la contabilidad, como por ejemplo *contada por, considerado, imputada*. Cuando el creyente está en Cristo o en unión con Él se produce una transferencia de lo que había en su cuenta como pecador a la cuenta de Cristo y viceversa.

Así, ¿qué es lo que había en la cuenta de cada uno de ellos? La cuenta del pecador está llena de deudas, deméritos así como actitudes y acciones pecaminosas contra un Dios Santo, fruto de su naturaleza pecaminosa. La cuenta de Cristo, por el contrario, exhibe una vida de perfecta justicia; no se halló engaño en su boca; Él vino y cumplió la ley; y fue obediente hasta la muerte (y muerte de cruz). Dios dijo respecto a Él: «Este es mi Hijo amado en quien me he complacido»(Mateo 3:17). Las cuentas no podían ser más distintas.

No obstante, en el gran plan de la Redención de Dios ha tenido lugar una transferencia de cuentas. Lo que sucedió en la crucifixión no es que Cristo se convirtiera en pecador, sino que los pecados de la Humanidad fueron puestos en su cuenta para que Él asumiera la responsabilidad de ellos. Asimismo, quienes están en Cristo no experimentan una metamorfosis que los convierte en individuos ontológicamente justos y perfectos, sino que la justicia de Cristo y su muerte se transfieren a sus cuentas. Por ello, Dios les considera según los logros conseguidos por Cristo.

---

adecuadamente acerca de cuestiones de carácter salvífico e histórico establecidas en la propia Escritura». D. A. Carson, «Reflections on Assurance», en *Still Sovereign: Contemporary Perspectives on Election, Foreknowledge, and Grace*, ed. Thomas R. Schreiner and Bruce A. Ware (Grand Rapids: Baker, 2000), 254.

Diferencias entre el arminianismo reformado y el calvinismo

La pregunta que se plantea ahora es: ¿Cómo puede alguien ser hallado *en Cristo*? ¿Qué es lo que efectúa esta imputación? ¿Lo hace acaso un entendimiento particularista del decreto inalterable de Dios, fundamentado únicamente en su beneplácito? Si esto es así, entonces los calvinistas tienen razón al afirmar sus ideas de una elección incondicional, una Gracia irresistible, y una necesaria perseverancia de los santos. Este punto de vista, sin embargo, presupone un particularismo en el establecimiento del *ordo salutis* (el orden de la Salvación). Louis Berkhof declara que el Pacto de la Gracia es «un pacto particular y no universal», que Dios quiso que la Redención fuera solamente para algunos individuos en particular. Berkhof censura tanto la noción de una salvación universal que sostienen los universalistas clásicos como la idea de «los pelagianos, arminianos, y luteranos» en el sentido de que la oferta del pacto se dirige a todos.[13]

En otras palabras, en la eternidad pretérita y por razones que solo Él conoce, Dios ha puesto su amor en algunos individuos en particular. Esto se ve con frecuencia en términos de un pacto eterno que presuntamente suscribieron entre sí las tres personas de la Trinidad. David N. Steele y Curtis C. Thomas explican que en este pacto, el Padre elige para sí a un número determinado de individuos. El Hijo hace todo lo necesario para salvar a aquellos que el Padre le ha dado. El Espíritu aplica entonces la salvación a los escogidos.[14]

Según se entiende, ciertos pasajes de la Escritura (por ej., Juan 5:30, 43; 6:38–40; 17:4–12) suponen este «pacto de la redención», por el cual un cierto número de escogidos le son entregados por Dios a su Hijo. Robert E. Picirilli está en lo cierto cuando dice que:

> «en caso de que se pueda hablar de un pacto entre el Padre y el Hijo, habría que hacerlo con grandes reservas. El hecho es que no existe ninguna indicación directa de la existencia de tal pacto, y más importante aun es que sus términos no han sido revelados (en especial, la cuestión de si las promesas eran o no condicionales). En general, los primeros en insistir en que las cosas secretas pertenecen a Dios y en

---

[13] Louis Berkhof, *Teología Sistemática*, T.E.L.L., Grand Rapids, 1983, p. 496.
[14] David N. Steele and Curtis C. Thomas, *The Five Points of Calvinism Defined, Defended, Documented* (Philadelphia: Presbyterian & Reformed, 1963), 31.

que sus consejos eternos no se nos revelan directamente son los calvinistas. Si tal pacto de la redención se produjo de verdad (y de entrada no me opongo a la idea) la *única* forma de «leer» sus términos de la salvación es considerando lo que dice el Nuevo Testamento del modo en que ésta se lleva a cabo y se aplica. Si el Nuevo Testamento deja claro que la Salvación es *condicional,* no nos atrevemos entonces *a «leer» los términos no revelados de un hipotético pacto de la redención de tal manera que se destruya esta condicionalidad.*»[15]

En estas palabras, Picirilli ha captado verdaderamente la esencia de la cuestión. Para afirmar la concepción calvinista de la Salvación, hay que asumir a priori el particularismo y una idea incondicional de la Salvación. Una vez asumidos estos presupuestos, está claro que se pueden interpretar muchos textos bíblicos a partir de ellos.

No obstante, la pregunta que deberíamos plantearnos es: ¿Requieren realmente los textos bíblicos relativos a la Salvación el particularismo y la elección incondicional? Creo que no. De hecho, creo que lo que observamos es exactamente lo contrario: La Expiación de Cristo fue para «todos», sin duda para el mundo entero, y la Salvación de Dios tiene una condición: la fe en Cristo. Esta es la concepción arminiana reformada del modo en que alguien puede estar en Cristo: sencillamente *por la fe,* y esto es algo *abierto para todo ser humano.* Dadas las limitaciones de espacio de esta exposición, solo citaremos los textos bíblicos más representativos en lugar de presentar un listado más exhaustivo. Con respecto a las doctrinas de una Expiación general y un llamamiento universal, en lugar de una Expiación limitada y un llamamiento particular, hay que considerar los siguientes pasajes:

- "Dios estaba en Cristo reconciliando al mundo consigo mismo" (2 Corintios 5:19).
- "Porque la Gracia de Dios se ha manifestado, trayendo Salvación a todos los hombres" (Tito 2:11).
- «Y yo, si soy levantado de la Tierra, atraeré a todos a mí mismo» (Juan 12:32).
- «Existía la luz verdadera que, al venir al mundo, alumbra a todo hombre» (Juan 1:9).

[15] Robert E. Picirilli, *Grace, Faith, Free Will: Contrasting Views of Salvation* (Nashville: Randall House, forthcoming), cap. 11 de un manuscrito no publicado. El capítulo se titula «Calvinism's Argument for Necessary Perseverance» (cursivas del autor).

- «Él mismo es la propiciación por nuestros pecados, y no solo por los nuestros, sino también por los del mundo entero» (1 Juan 2:2).
- «El Señor no tarda en cumplir su promesa, según algunos entienden la tardanza, sino que es paciente para con vosotros, no queriendo que nadie perezca, sino que todos vengan al arrepentimiento» (2 Pedro 3:9).

Asimismo, al considerar lo que enseña la Biblia respecto a que la Salvación está condicionada por la fe, hemos de notar los pasajes siguientes:

- «... para que todo aquel que cree, tenga en Él vida eterna» (Juan 3:15).
- «El que cree en Él no es condenado; pero el que no cree, ya ha sido condenado, porque no ha creído en el nombre del unigénito Hijo de Dios» (Juan 3:18).
- «El que cree en el Hijo tiene vida eterna; pero el que no obedece al Hijo no verá la vida, sino que la ira de Dios permanece sobre él» (Juan 3:36).
- «Ellos respondieron: Cree en el Señor Jesús, y serás salvo, tú y toda tu casa» (Hechos 16:31).

Por supuesto, los calvinistas replicarían, sin duda, que si decimos que el llamamiento de Dios es para todos y que su Gracia alcanza también a todos, entonces no podemos creer en la depravación total. Sin embargo, esto no es así, y el calvinista estaría una vez más condicionado por sus presupuestos particularistas. Los arminianos reformados están de acuerdo con los calvinistas en que existe un problema. La humanidad caída está «muerta en sus delitos y pecados». Los seres humanos por sí mismos son incapaces de llevar a cabo el más mínimo bien espiritual. No negamos que esto plantea un problema. Nuestro desacuerdo está en el modo en que Dios ha decidido resolver este dilema humano. Los calvinistas sostienen que la única forma en que Dios puede ser soberano y generoso es si *de manera incondicional* escoge a algunos para salvación y a continuación los salva obrando con Gracia irresistible.

Con todo respeto, los arminianos reformados disentimos, junto con otros arminianos, de esta concepción de la Soberanía de Dios. Una vez más, creemos que cuando se trata de considerar los consejos eternos de Dios, la prudencia se hace especialmente necesaria. Generalmente los calvinistas han advertido que, cuando analizamos los decretos de Dios respecto al *ordo salutis*, hay que tener en cuenta que estamos hablando de un orden *lógico, no cronológico*. Si esto es realmente así, ¿qué consecuencias se derivarían de ello? La implicación evidente es que estamos considerando una *cuestión lógica* con respecto al modo en que Dios decide llevar a cabo la Salvación de la Humanidad. Cuando los calvinistas observan al hombre caído, le ven «muerto en pecados» e «incapaz de hacer ningún bien espiritual». Por ello, el calvinismo enseña que Dios obra en las personas en el marco de una relación de causa y efecto con una «Gracia irresistible», mediante la cual se efectúa su salvación.

Sin embargo, si se trata de una cuestión lógica, Dios podría entonces haber decidido remediar la situación de la Humanidad por un procedimiento distinto del particularista que se basa en causas y efectos y que propone el calvinismo. En otras palabras, cuando Dios vio a la raza humana en un estado tan precario y necesitado —«muerta en pecados» e «incapaz de hacer el más mínimo bien espiritual»— lógicamente, nada le hubiera impedido decidir soberanamente alcanzar a todas las personas mediante una Gracia capacitadora (con frecuencia se la ha llamado Gracia preveniente). De hecho, el apóstol Pablo dijo: «Porque la Gracia de Dios se ha manifestado, trayendo salvación a todos los hombres» (Tito 2:11).

No hay nada ilógico cuando se dice que Dios puede ofrecerle a la humanidad caída su Gracia capacitadora al mismo tiempo que inicia su salvación, es decir, atrayendo a todos hacia sí mismo. De hecho, Jesús afirmó: «Y yo, si soy levantado de la Tierra, atraeré a todos a mí mismo» (Juan 12:32). Por supuesto, los calvinistas dirían a esto: «si todos son capacitados y atraídos, la conclusión ha de ser entonces necesariamente el universalismo: todos serían salvos». A lo cual yo diría: «Sí, *si* la Gracia de Dios fuera irresistible». Una vez más, sin embargo, Dios puede decidir que su salvación no se desarrolle a partir de las líneas de una relación determinista de causa y efecto. En lugar de ello, Dios puede permitir que el pecador tenga la posibilidad de resistir su oferta de Gracia (una Gracia que ha sido capacitado para aceptar).

Pero ¿por qué habría Dios de hacer tal cosa? Arminio declara:

«... junto con su acción omnipotente e interna, Dios puede y quiere utilizar el argumento siguiente: "Dios no justifica a nadie sino a los que creen: cree para que puedas ser justificado". Con respecto, pues, a este argumento, *la fe* surgirá de la *persuasión*.... En su acto omnipotente Dios utiliza este argumento; y por medio de este argumento, cuando se entiende correctamente, produce [opera] fe. Si fuera de otro modo, toda esta operación se llevaría a cabo sobre una *piedra* o un *cuerpo inerte*, y no sobre *el intelecto* de un *ser humano*.»[16]

F. Leroy Forlines ha hecho una excelente tarea desarrollando la idea de que Dios ha decidido soberanamente interactuar con los hombres de acuerdo con un modelo de «influencia y respuesta» más que por medio de uno de «causa y efecto».[17] Esto no solo es cierto cuando se trata de cuestiones secundarias sino también en la Salvación. Dios respeta la naturaleza personal de su creación humana. No actúa con las personas igual que lo haría con una «piedra» o un «cuerpo inerte». Quiero reiterar que nada de lo que aquí se propone disminuye ni un ápice la Soberanía o la Gracia de Dios. Es cierto que este esquema no es particularista ni la Gracia propuesta, irresistible. No obstante, cuando nos damos cuenta de que el orden de los decretos es lógico en lugar de cronológico, todo lo anterior supone una explicación perfectamente lógica acerca del modo en que un Dios soberano puede decidir llevar a cabo su Salvación de Gracia para con una Humanidad hundida en el pecado.

La similitud entre el arminianismo reformado y otros arminianismos

En este apartado no será necesario profundizar mucho, puesto que entre el arminianismo reformado y otros tipos de arminianismo el argumento se desarrolla en gran parte a lo largo de la misma línea general. Por tanto, una breve lista habrá de bastar por lo que respecta a áreas de coincidencia. En la próxima sección me propongo con especial interés mostrar lo peculiar de la posición arminiana reformada frente a las demás perspectivas arminianas que se apartan un tanto de las enseñanzas de Arminio.

Los arminianos reformados concuerdan con casi todos los autores arminianos respecto a la cuestión filosófica entre el determinismo y el libre albedrío. Según este punto de vista, aunque Dios es Soberano, ha decidido condicionar su presciencia a las acciones reales y contingentes

---

[16] *Works of Arminius*, 1:746–47.
[17] F. Leroy Forlines, *The Quest for Truth: Answering Life's Inescapable Questions* (Nashville: Randall House, 2001), 313–21.

de sus criaturas libres.[18] A partir de esto no habría que deducir que la Humanidad, antes de ser despertada y capacitada por la Gracia de Dios, tenga el poder de hacer el bien en el sentido espiritual. La depravación total, heredada de Adán, nuestro primer padre, ha dejado al ser humano en su estado natural espiritualmente muerto y sin recursos ante un Dios santo.[19] Para Arminio y para todos los que tienen derecho al nombre de arminianos, la libertad no representa una libertad absoluta o en el sentido pelagiano.[20] Significa más bien «libertad de la necesidad determinista».

En relación con la Soteriología, todos los arminianos están de acuerdo en afirmar que la Salvación es condicional. La elección de Dios para la salvación es por tanto condicional. Aunque entre los arminianos existen opiniones diferentes con respecto a si la elección es colectiva o individual,[21] la naturaleza condicional de la Salvación —y por ello de la elección— no es objeto de debate. Los arminianos reformados, junto con otros arminianos, evitan todo punto de vista respecto a la Salvación que se desarrolle a partir de cualquier particularismo. La obra expiatoria de Cristo es universal en su alcance y *cualquier* pecador que no resista el poder de atracción y capacitación del Espíritu Santo, puede beneficiarse de ella. La respuesta necesaria para ello es una respuesta de fe y arrepentimiento ædos caras de una misma monedaæ, producida por la Gracia regeneradora de Dios en la vida del pecador y que le convierte en un hijo de Dios.

Todos los arminianos sostienen, sin embargo, que la Gracia salvífica de Dios puede resistirse. La Gracia divina no opera como una ola gigantesca, que deja la voluntad del pecador completamente anonadada a su paso. Opera más bien mediante una «suave persuasión», *influyendo a los* pecadores, *atrayéndoles* a Dios y *capacitándoles* para que puedan responder con fe. No obstante, cuando las personas responden con fe y arrepentimiento, lo hacen verdaderamente ellos, *pudiendo haberlo he-*

---

[18] He sacado mucho provecho de la obra de Robert E. Picirilli «Foreknowledge, Freedom, and the Future», *Journal of the Evangelical Theological Society* 43 (2000): 259–71.

[19] Quiero subrayar al respecto que a diferencia de muchas de las expresiones más populares de anglo arminianismo, los arminianos reformados se distancian de las ideas semipelagianas y ultra sinérgicas que afirman que los pecadores pueden elegir lo bueno si así lo desean.

[20] *Works of Arminius*, 1:764.

[21] Comparar lo que dice Robert Shank, *Elect in the Son* (Springfield, Mo.: Westcott, 1970), 45–55 con la exposición de Forlines, *The Quest for Truth*, 364–67, 371–74, 382–83. Esta distinción puede provocar diferencias en relación con la naturaleza de la condición.

cho de manera contraria. La razón de ello es que Dios obra con su creación humana teniendo en cuenta su naturaleza personal. La Gracia de Dios es, por tanto, Gracia resistible, y lo es de principio a fin, tanto antes como después de la Salvación.

Diferencias entre el arminianismo reformado y otros arminianismos

En este punto de la exposición he de referirme a algunas cosas que ya se han mencionado. Aunque la sección anterior muestra numerosas enseñanzas que sostienen igualmente todos los que llevan el nombre de arminianos, existen también importantes diferencias entre los arminianos reformados y los otros arminianos. La más importante de ellas es la que concierne al significado de la Expiación de Cristo y al modo en que ésta se aplica. Como se ha mencionado anteriormente, los arminianos reformados sostienen una idea de la Expiación basada en la *satisfacción penal* y en la imputación a los creyentes de la perfecta obediencia de Cristo. Esta imputación es la única base de su Justificación ante un Dios santo. La entrada a esta posición legal ante Dios es por la fe. Por ello, son únicamente justificados por los méritos de la justicia y la muerte de Cristo que Dios pone por Gracia en la cuenta de quienes confían en Él.

La mayoría de los arminianos no sostienen este punto de vista de la Expiación y su aplicación a la Justificación. Entre los arminianos no adscritos a la satisfacción penal, es frecuente que se menosprecie este punto de vista llamándole «teoría hipercalvinista o antinomiana de la Justificación».[22] Aunque en ocasiones Wesley utilizó la expresión «imputación de la justicia» en relación con la Justificación, éste disentía de la idea reformada de la imputación de la justicia de Cristo al creyente (que Cristo cumplió la ley en favor del creyente y con ello le hace justo por medio de la imputación): «El juicio de un Dios perfectamente sabio sostenía Wesley es siempre según verdad; no sería jamás compatible con su infalible sabiduría pensar que soy inocente o considerar que soy justo o santo porque otro lo sea. Dios no puede confundirme con Cristo como tampoco con David o con Abraham».[23]

---

[22] Ver la obra de Thomas N. Ralston, *Elements of Divinity* (Nashville: Cokesbury, 1924), 374, 383. Cf. Wiley, *Christian Theology*, 2:396.

[23] Sermón de Wesley, «Justification by Faith», in *The Works of John Wesley*, ed. Thomas Jackson, 14 vols. (London: Wesley Methodist Book Room, 1872; repr., Grand Rapids: Baker, 1986), 5:57.

Arminio, como ya he explicado, hubiera estado totalmente en desacuerdo con la idea de Wesley.[24] En relación con este tema, el teólogo wesleyano Thomas Ralston cita æsegún sus propias palabrasæ a «destacados arminianos», *pero nunca al propio Arminio*.[25] Sin embargo, después de dos páginas de citas y argumentos contra la imputación de la justicia de Cristo al creyente, de manera sorprendente Ralston dice que «la noción calvinista acerca de este tema [la imputación] queda ahora suficientemente clara y diferenciada de la que sostienen los arminianos».[26] Esto es sencillamente falso. Arminio sostuvo el mismo punto de vista reformado de la Expiación que Calvino y sus seguidores: la obediencia de Cristo a la ley y su obediencia al morir en la Cruz satisfizo las justas demandas de un Dios santo, y esta obediencia positiva les es imputada a los creyentes.

¿Qué punto de vista sostienen, pues, los arminianos si no pueden aceptar el de la satisfacción penal? La mayoría acepta una idea gubernamental, un concepto que Hugo Grotius desarrolló a comienzos del siglo XVII. El propio Wesley, y algunos de sus posteriores seguidores, no propugnaron una teoría gubernamental completa. Sin embargo, incorporaron algunos elementos clave de este punto de vista y siempre se distanciaron del de la satisfacción penal de la teología reformada. Según el concepto gubernamental, «la Expiación no representó la satisfacción de ningún principio interno de la naturaleza divina, sino de las necesidades del ejercicio del gobierno».[27] Algunos elementos clave de este punto de vista son:

1. Dios no puede perdonar los pecados de los seres humanos sin alguna *apropiada demostración de su desagrado*.
2. Los sufrimientos de Cristo fueron *un ejemplo* de lo que merecía el pecado.
3. Los sufrimientos y la muerte de Cristo pretendían *enseñar* que Dios considera que el pecado merece ser castigado.[28]

Ninguno de estos elementos es problemático en sí. No obstante, cuando se considera que lo esencial de la Expiación de Cristo es simplemen-

---

[24] *Works of Arminius*, 2:43–44, 253–58.
[25] Ralston, *Elements of Divinity*, 384–85.
[26] Ibíd., 385.
[27] Wiley, *Christian Theology*, 2:252.
[28] Ibíd., 2:254. Cf. Millard J. Erickson, *Christian Theology* (Grand Rapids: Baker, 1986), 788–92, donde Erickson explica y valora el punto de vista gubernamental de la Expiación.

te una demostración pública de la que se desprende una lección moral, la idea se convierte entonces en altamente problemática. Decir, como hemos visto anteriormente en Wiley, que «la Expiación no representa la satisfacción de ningún principio interno de la naturaleza divina» tiende a minimizar, por un lado, la maldad del pecado y, por otro, la Santidad de Dios.[29] Uno se pregunta, de hecho, si según este punto de vista gubernamental, la muerte de Cristo era realmente necesaria.

En su desarrollo de la posición gubernamental, el teólogo metodista John Miley dice: «Aunque afirmando de este modo el mal intrínseco del pecado, Grotius niega que de ello se derive una necesidad absoluta de su castigo. El castigo del pecado es justo, pero no una obligación en sí».[30] Un poco más adelante el propio Miley dice: «no creemos que en los recursos de la sabiduría infinita de Dios el modo de la mediación de Cristo fuera la única manera posible de la redención humana».[31] Estas son afirmaciones muy serias, que no pueden quedar sin respuesta.

A efectos de ver de un modo negativo lo relativo a la Expiación de Cristo, la teoría gubernamental afirma que:

1. No había necesidad de que el pecado fuera castigado.
2. La Expiación de Cristo no satisfizo ningún principio interno de la naturaleza divina.
3. La muerte de Cristo no era el medio indispensable para la redención humana.
4. La justicia de Cristo (su obediencia activa) y su muerte (su obediencia pasiva) *no* le son imputadas al creyente.

Los arminianos reformados se oponen enérgicamente a cada una de estas cuatro afirmaciones. La posición gubernamental,[32] sin embargo, contempla el aspecto positivo de la Expiación de Cristo diciendo que:

---

[29] Ibíd. Erickson evalúa aquí este punto de vista del siguiente modo: «La amorosa naturaleza de Dios desea perdonar el pecado. Es casi como si, en su deseo de perdonar el pecado, Dios estuviera buscando una excusa para no tener que implementar todas las consecuencias. Encontró oportunidad para ello en la muerte de Cristo, que Él consideró suficiente para poder preservar su gobierno moral».

[30] Miley, *Systematic Theology*, 2:162.

[31] Ibíd., 2:165.

[32] H. Ray Dunning, *Grace, Faith and Holiness: A Wesleyan Systematic Theology* (Kansas City, Mo.: Beacon Hill, 1988), 337.

1. Es *una demostración* del profundo desagrado de Dios hacia el pecado.
2. Proporciona *un ejemplo* de lo que merece el pecado.
3. Tanto los sufrimientos de Cristo como su muerte son *herramientas pedagógicas* que Dios utiliza para enseñarnos que el pecado merece un castigo.
4. Cumple con las demandas de la justicia pública, al tiempo que le permite a Dios perdonar los pecadores.

Como ya se ha dicho, estas cuatro afirmaciones no son erróneas en sí; el problema es, sencillamente, que su alcance es limitado. La idea de la satisfacción penal es esencial al arminianismo reformado puesto que la necesidad de la Expiación emana de la propia naturaleza de Dios y, por tanto, no puede considerarse como una simple metáfora o como un símbolo.[33]

Otra importante distinción entre el arminianismo reformado y el arminianismo wesleyano tiene que ver con la doctrina de la Santificación. Dunning está en lo cierto cuando declara que, «tanto Agustín como Lutero y Calvino proponen una completa santificación en esta vida en términos de imputación. Aunque el pecador mismo no es totalmente transformado, le es imputada la perfecta justicia de Cristo y, de este modo, en un sentido posicional, es considerado perfecto ante Dios».[34] Anthony Hoekema ha explicado muy bien este concepto cuando dice: «Notemos primero que somos santificados *en unión con Cristo*. Pablo enseña que se nos hace santos al unírsenos a Cristo en su muerte y resurrección».[35] Aunque Dunning está en lo cierto al decir que este punto de vista de la imputación «conlleva una transacción que es externa a la persona misma», se equivoca de plano cuando dice que «no supone un verdadero cambio» y que «no es imprescindible que tenga lugar una transformación moral».[36] Hoekema continúa:

---

[33] Shank, *Elect in the Son*, 35–36. Quiero subrayar de paso que algunos eruditos wesleyanos de nuestro tiempo tales como H. Ray Dunning, han discrepado de la idea gubernamentalista. Dunning, aunque se quita el sombrero ante las categorías legales que establece Pablo (p. ej., «en Adán» versus «en Cristo»), una teoría de rescate que el llama del *Christus Victor* que evita enérgicamente toda idea de satisfacción penal (*Grace, Faith and Holiness*, 362–65, 386–90). Como declara Dunning, el suyo es un punto de vista wesleyano de la Expiación. Sin embargo, no es esencialmente reformado, y difiere radicalmente del punto de vista de Arminio.

[34] Dunning, *Grace, Faith and Holiness*, 462.

[35] Anthony A. Hoekema, «The Reformed Perspective», in *Five Views on Sanctification* (Grand Rapids: Zondervan, 1987), 63.

[36] Dunning, *Grace, Faith and Holiness*, 463.

«Los oponentes de Pablo habían estado torciendo sus enseñanzas respecto a la Justificación por la fe atribuyéndole la conclusión de seguir pecando para que la Gracia abunde (ver Romanos 6:1). A esto Pablo contesta "¡De ningún modo! Nosotros, que hemos muerto al pecado, ¿cómo viviremos aún en él?" (v. 2). Y sigue explicando que hemos muerto al pecado en unión con Cristo, que murió por nosotros en la Cruz: "Por tanto, hemos sido sepultados con Él por medio del bautismo para muerte.... Nuestro viejo hombre fue crucificado con él" (vv. 4, 6). La Santificación, por tanto, debe entenderse como un morir al pecado en Cristo y con Cristo, quien también murió al pecado (v. 10).»[37]

Las siguientes páginas de la exposición de Hoekema son de una gran lucidez y merecen un análisis detallado. Aquí tendremos que contentarnos con notar que Cristo *es* nuestra santificación (1 Corintios 1:30). Según el libro de contabilidad de Dios, nuestra santificación es completa en Cristo Jesús. Sin embargo a nivel práctico, sigue siendo necesario que nos apropiemos de las bendiciones que son nuestras en Él. «Si somos uno con Cristo, estamos siendo santificados; y la única forma en que podemos ser santificados es siendo uno con Cristo».[38] En este proceso de santificación, Dios utiliza *la verdad* (Juan 17:17; 2 Timoteo 3:16–17). Y somos santificados *por la fe* a medida que vamos entendiendo más y más la realidad de nuestra unión con Cristo (Gálatas 2:20), creemos que el pecado ya no es nuestro amo (Romanos 6:6), y nos apropiamos del poder capacitador del Espíritu Santo, produciendo de este modo el fruto del Espíritu en nuestras vidas (Gálatas 5:16, 22–23).

La descripción de Hoekema es correcta. Ni Arminio hubiera podido expresar mejor el concepto, aunque él también lo expresó con claridad:

«El objeto de la Santificación es aquel hombre, que es pecador pero creyente: *pecador*, porque, habiendo sido contaminado por el pecado y esclavizado a una vida de pecado es totalmente incapaz de servir al Dios vivo; *y creyente*, porque está unido con Cristo por medio de la fe en Él, en quien se fundamenta nuestra santidad; y es plantado junto con Cristo y unido a Él en la semejanza de su muerte y resurrección.... el instrumento externo es la Palabra de Dios; el interno, la fe

---

[37] Hoekema, «The Reformed Perspective», 63.
[38] Ibíd., 64.

que se deposita en la palabra predicada. Porque la palabra no santifica solo con ser predicada, a no ser que haya también fe por medio de la cual los corazones de los hombres son purificados.»[39]

Cuando consideramos el punto de vista wesleyano de la Santificación, que es la idea que ha caracterizado a gran parte del arminianismo conocido en nuestros días, descubrimos un alejamiento sustancial de las categorías reformadas. Como se ha dicho anteriormente, Wesley y sus seguidores no aceptaron el concepto reformado de la imputación. Se refieren a él como una «ficción legal y absurda».[40] Es interesante que adoptaran esta terminología para describir el punto de vista reformado, ya que esta fue exactamente la posición que adoptó Roma contra Lutero y los reformadores, que argumentaban que solo podemos ser justos ante un Dios santo por los méritos de la justicia de Cristo.

La cuestión que se planteaba era sencilla: ¿Se basa mi aceptación ante Dios por completo en lo que Cristo ha hecho (lo cual se pone en mi cuenta)? ¿O acaso soy aceptado en parte por lo que Cristo ha hecho y en parte por lo que hago yo mismo (una justicia interior inherente)?[41] El pensamiento reformado, y aquí incluyo al arminianismo reformado, asume una posición tan contundente como Lutero cuando dijo: «Aquí; no puedo hacer ninguna otra cosa». Se predica una aceptación ante Dios basada en la norma de una perfección absoluta: algo que no puedo alcanzar. Sin embargo, es una norma que alguien ha alcanzado, y que puede serme imputada como si yo mismo la hubiera alcanzado cuando, por la fe, estoy unido a Cristo.

Según Dunning, las ideas de Wesley eran una síntesis de la ética católica de la Santidad (el amor), la ética protestante de la Gracia (la ley), y el entendimiento ortodoxo oriental de la vida cristiana (la transformación del ser).[42] Probablemente, Dunning tiene razón en esto. Siempre que se menciona la idea wesleyana de «la santificación completa» o «la perfección cristiana», aparece invariablemente la idea del corazón de la persona santificada que actúa movida por «perfecto amor». No obstante, no se puede pasar por alto que la idea popular de esta doctrina wesleyana es que el pecador que ha sido perdonado tiene que lograr un estado impecable por medio de una segunda y definitiva obra de la Gra-

---

[39] *Works of Arminius*, 2:409.
[40] Ver la obra de Wiley, *Christian Theology*, 2:382; cf. Ralston, *Elements of Divinity*, 375.
[41] R. C. Sproul, *Faith Alone* (Grand Rapids: Baker, 1995), 105–8.
[42] Dunning, *Grace, Faith and Holiness*, 463.

cia en su vida. Además, si Dunning está en lo cierto con respecto a la síntesis de Wesley, no es difícil de entender el papel del punto de vista ortodoxo de la *theosis* (deificación).

El calvinismo clásico y la perseverancia

Si *la Soberanía* solo puede ser soberanía cuando Dios actúa en una relación de causa y efecto en su creación, incluso con la humana, y si *la Gracia* solo puede ser Gracia cuando se aplica de una manera irresistible, y si *la Elección* solo puede ser de Dios cuando es incondicional y particularista, en tal caso, el calvinismo está obviamente en lo cierto.

Sin embargo, hemos de darnos cuenta de que esto son suposiciones que el calvinista impone al texto de la Escritura. Lógicamente, se trata de un sistema cerrado: si lo aceptamos, se sigue entonces lógicamente que aquellos a quienes Dios ha escogido y ha aplicado su Gracia irresistible perseverarán definitivamente en la Salvación.

Por el contrario, si Dios es suficientemente poderoso en su *Soberanía* y su conocimiento es suficientemente grande como para controlar su universo y cumplir en Él sus propósitos, permitiendo al tiempo una verdadera contingencia;

y si *la Gracia* de Dios no deja de ser un favor inmerecido aunque les permita a sus criaturas humanas la posibilidad de resistirse a su aplicación; y si *la elección* de Dios para salvación está condicionada por la fe en Cristo; y la Salvación se ofrece a todo ser humano haciéndose posible por la atracción del poder del Espíritu Santo y su Gracia capacitadora, entonces los postulados del calvinismo son erróneos. Por ello sugiero que, si bien es cierto que el calvinismo es un sistema lógico, el arminianismo reformado indudablemente también lo es: La salvación condicionada por la fe en Cristo.

Si consideramos que Dios ha decidido tratar con el ser humano de acuerdo con su naturaleza personal, más por influencia y respuesta que por causa y efecto, nos permite resistir su Gracia (aunque nos ha capacitado para recibirla). No obstante, nuestra naturaleza personal no acaba en el momento de la Salvación, ni tampoco el método de Dios para tratar con sus criaturas libres. Dios estipula que para ser puestos en Cristo, hemos de creer en Él. Sin embargo, si como personas ejercemos la libertad personal que Dios nos ha dado después de la Salvación y rechazamos al Cristo que nos ha salvado, entonces lógicamente hemos de reconocer que es posible que alguien que ha estado *en Cristo* pueda salir por la misma puerta que Dios ha ordenado como la forma de entrada a la unión con Cristo.

Una vez más, deberíamos recordar que todos los beneficios de la Salvación son nuestros, únicamente por medio de nuestro estar *en Cristo Jesús*. Si es posible que alguien que fue verdaderamente salvo llegue al punto de no estar ya en Cristo, entonces lo es también que se pierdan los beneficios de la Salvación. Creo que la Biblia enseña que esto es una posibilidad real. Aunque no es algo probable, y a pesar de que Dios da todo lo necesario para la vida y la piedad, los seres humanos pueden usar la libertad que Dios les ha dado para afrentar al Espíritu de Gracia (Hebreos 10:29) y naufragar en cuanto a la fe (1 Timoteo 1:19).

Llegados aquí abandonaré el enfoque de la exposición de mi punto de vista en su relación con el calvinismo. En esencia, estoy de acuerdo con las conclusiones a que llegan los calvinistas, dadas sus presuposiciones. Sin embargo, quiero reiterar una vez más que no acepto sus conjeturas (1) respecto a la Soberanía de Dios, es decir, a un determinismo de causa y efecto en relación con el ser humano; (2) con respecto a la Gracia de Dios, a saber, que sea *irresistible* en su llamada a la Salvación y *particularista* en relación con su alcance; y (3) por lo que hace a la elección de Dios, es decir, que sea incondicional. Sin estas suposiciones, el calvinismo no se sostiene. Creo que el calvinismo se equivoca acerca de cada uno de los puntos anteriores. Por ello, su punto de vista de la perseverancia debería, lógicamente, cuestionarse. Esto debería ser obvio puesto que el sostenimiento de la idea calvinista de la perseverancia se basa en otros puntales del sistema.

Calvinismo moderado y seguridad eterna

Hasta este momento, he estado defendiendo la naturaleza *condicional* de la salvación (que la salvación está condicionada por la fe en Cristo). He concedido a los calvinistas que si se cree en la naturaleza *incondicional* de la Salvación —que Dios ha escogido a ciertos individuos para salvación y a otros para reprobación— entonces la seguridad de la perseverancia de aquellos elegidos de este modo para salvación está asegurada. Puesto que ¿quien podrá frustrar los propósitos de Dios?

En contraste con esta concesión, quiero afirmar que para el «calvinismo moderado», la posición popularmente conocida mediante la expresión «una vez salvos, siempre salvos», carece de coherencia. Ciertamente, si se cree en la naturaleza condicional de la salvación (como es el caso de los calvinistas moderados, que consideran que tal condición es la fe), y si se rechaza el particularismo del calvinismo (los calvinistas moderados sostienen que Cristo murió por todos), y si la Gracia de Dios llega a la Humanidad mediante la persuasión, es decir, en consonancia con la naturaleza personal del hombre (no abrumando al individuo por medio de la coerción), entonces lógicamente existe la posibilidad de que una persona, después de la conversión æque sigue siendo tan persona como antes de la conversiónæ pueda resistir la persuasiva influencia del Espíritu Santo, hasta el punto de rechazar su fe en Cristo.[43]

En su obra *Chosen But Free (Escogido Pero Libre)*, Norman Geisler intenta demostrar que su punto de vista es calvinista (presenta una breve explicación de cada uno de los cuatro primeros puntos del calvinismo). No obstante, lo que hace en realidad es redefinir el significado de estas doctrinas de tal modo que despoja al sistema de su clásica intención. En realidad, es un calvinista de un solo punto: *el último*. Según este criterio, los arminianos reformados pueden también llamarse calvinistas. Yo mismo sostengo también uno de los puntos del calvinismo: *el primero*. (Como he afirmado anteriormente, los arminianos reformados sostenemos la doctrina de la depravación total tan enérgicamente como cualquier calvinista.) Geisler, por el contrario, ha definido nuevamente el concepto de depravación tanto del calvinismo como del arminianismo clásico, sustituyéndolo con una especie de noción semipelagiana de la capacidad natural humana. En mi opinión, su mente lógica le lleva a reconocer inconscientemente que su calvinismo es en realidad de un solo punto. Digo esto puesto que, sin presentar argumentos sólidos en favor de su manera de redefinir el sistema, Geisler salta sencillamente a una «defensa de la seguridad eterna» de varias páginas de extensión donde cita y explica quince textos de prueba.

Geisler hubiera tenido que explicar claramente cómo justifica el inmenso cambio que plantea. Arguye que la voluntad del pecador es libre de actuar de cualquier modo: ya sea eligiendo a Dios o, por el contrario,

---

[43] Norman Geisler, *Chosen But Free* (Minneapolis: Bethany House, 1999). En la p. 116 Geisler ofrece una tabla que contrasta el calvinismo moderado con que el calvinismo extremo. La tabla evidencia una concepción condicional de la Salvación, una Expiación general en lugar de limitada, y una idea resistible de la Gracia. No obstante, cuando llega a la doctrina de la perseverancia, se desvía de una posición lógica y coherente, saltando inmediatamente a «una defensa de la seguridad eterna».

resistiéndole. Sin embargo, no ha intentado explicar por qué o cómo una persona que es libre antes de la Salvación, deja de serlo después de ella. Si el carácter de la Gracia de Dios es tal que puede resistirse antes de la Salvación, actuando de manera persuasiva de acuerdo con la voluntad del individuo, ¿por qué entonces ha de entenderse que ésta se convierte en irresistible tras la Salvación, coaccionando al individuo a perseverar aunque su voluntad se vuelva contra Dios y su Gracia?

Otro punto por lo que respecta a este cambio tan inmenso es el que tiene que ver con la fe. Geisler dice que quienes reciben el don de la Salvación han de creer en Cristo, siendo esta fe la condición para ello. No obstante, al argumentar en oposición a las objeciones arminianas contra su punto de vista, evita lo que él mismo llama «la naturaleza simétrica de la fe»:

«Los arminianos afirman que si podemos ejercer fe para "entrar en" Cristo, podemos entonces utilizar la misma fe para "salir de" Cristo. Cual si se tratara de subir o bajar de un autobús que se dirige al Cielo, podemos ejercer nuestra libre elección en cualquiera de estos dos sentidos. Ser incapaz de hacer esto, insisten, significaría que una vez que hemos sido salvos, ya no somos libres. La libertad es simétrica; si somos libres para ser salvos, entonces lo somos también para perdernos de nuevo.»[44]

En esto, Geisler tiene razón en parte. Está en lo cierto con respecto a la idea que intenta expresar, sin embargo la expresión misma de la idea es errónea. Para los arminianos reformados, libertad significa *libertad la necesidad determinista*. Como he dicho anteriormente, la idea que sostiene Geisler de la depravación parece acercarse mucho más a una noción semipelagiana que a mi propio punto de vista o al de Arminio. Parece sostener que el individuo es *capaz* en su propia condición natural de responder correctamente a Dios con fe. Según mi punto de vista de la depravación, *la voluntad está dominada por el pecado* hasta que la Gracia la atrae, capacita y estimula. Sin embargo, Geisler está de acuerdo en que, cuando Dios capacita, su llamada se produce por medio de la *influencia* o *suave persuasión* (él utiliza el término 'persuasión'). Dios no llama a la salvación mediante *coacción, de un modo irresistible* (Geisler también está de acuerdo y utiliza el término 'compulsivamente'). Por

[44] Ibíd.

ello, cuando alguien responde a Dios con fe, se trata verdaderamente *de la propia respuesta de la persona*. La propia fe no es simplemente el efecto de una causa determinante externa o interna.

No obstante, el ejemplo que presenta Geisler de un autobús que se dirige al Cielo no se acerca de ningún modo a la idea arminiana reformada de esta cuestión. Los arminianos reformados proponen más bien la siguiente explicación:

1. Antes de ser *atraídos y capacitados*, somos *incapaces de creer ... únicamente de resistir.*
2. Tras haber sido atraídos y capacitados, pero antes de la regeneración, somos capaces de creer ... y también de resistir.
3. Cuando la persona *ha creído*, Dios *regenera*; somos *capaces de seguir creyendo ... y también de resistir.*
4. Cuando *alguien resiste* hasta el punto de la *incredulidad*, tal persona es *incapaz de creer de nuevo ... solo puede resistir.*

El que las personas representadas en los puntos 1 y 4 sean incapaces de creer y solo puedan resistir a Dios se debe a que Dios no está atrayéndoles o capacitándoles: «... porque separados de mí nada podéis hacer» (Juan 15:5).

En contraste con el tratamiento de Geisler que es, en general respetuoso, Charles Stanley hace algunas afirmaciones un tanto indignantes (y las hace con tanta reiteración que obviamente no puede tratarse de un error). Stanley plantea lo que llama una pregunta aleccionadora: «¿Creo tener la capacidad de frustrar los propósitos de Dios?... Creer que alguien puede perder la Salvación equivale a creer que un ser humano puede frustrar el eterno propósito de Dios».[45] Esto sería sin duda cierto si, como afirman los calvinistas que sostienen los cinco puntos, la Salvación fuera incondicional (o sea, si Dios aplicara la Gracia de un modo irresistible a pecadores no regenerados y rebeldes). Sin embargo, al igual que Geisler, Stanley sostiene que los pecadores se salvan cuando expresan fe en Cristo. En otras palabras, «la fe es sencillamente el modo en que decimos 'sí' al don gratuito de la vida eterna que nos da Dios.... El perdón/la Salvación se aplica en el momento en que se produce la fe».[46]

---

[45] Charles Stanley, *Eternal Security* (Nashville: Thomas Nelson, 1990), 77.
[46] Ibíd., 80.

Por ello, Stanley, al igual que Geisler, cree que Dios ha hecho que el don de la Salvación, el perdón de pecados, y la vida eterna dependan de que se crea en Cristo. ¡Completamente de acuerdo! Sin embargo, una vez más se soslaya la verdadera cuestión: ¿Cómo es que la Salvación, que se considera *condicional* (cuya única condición es la fe) antes de que se produzca, se convierte de repente en *incondicional* después de la Salvación? ¿Qué le ha sucedido a la voluntad humana durante este proceso? ¿Acaso las personas tienen libre albedrío antes de la Salvación, pero lo pierden una vez han sido salvas? ¿Y qué sucede con la Gracia? ¿Acaso es resistible antes de la Salvación, pero se convierte en irresistible después de que hayamos sido salvos?

Al igual que Geisler, Stanley muestra una gran falta de consistencia en esta cuestión. No obstante, esto no es lo indignante de su posición. Como Zane Hodges y otros que se oponen a la idea de la Salvación condicionada por la aceptación del Señorío de Cristo, también Stanley pretende demostrar que no somos salvos por la Gracia para ser a continuación preservados mediante las obras. De nuevo, estoy de acuerdo con esto. ¿Dónde está, pues, el problema? Stanley sigue presentando su punto de vista con una serie de afirmaciones descabelladas. Por mencionar algunas:

«La Biblia enseña claramente que el amor de Dios hacia su pueblo es de tal magnitud que *incluso para quienes se apartan de la fe* no es posible en absoluto caer de su mano.»[47]

«Sin lugar a dudas, un cristiano que haya expresado fe en Cristo y experimentado el perdón de sus pecados siempre creerá que el perdón se obtiene por medio de Cristo. Sin embargo, *aunque no fuera así*, ¡es un hecho que tal persona sigue estando perdonada!»[48]

«La fe que salva no es necesariamente una constante actitud de agradecimiento por el don de Dios. *Representa un único momento en el tiempo* en el cual recibimos lo que Dios nos ha ofrecido.»[49]

---

[47] Ibíd., 74 (cursivas del autor).
[48] Ibíd., 79 (cursivas del autor).
[49] Ibíd., 81 (cursivas del autor). Cf. Dale Moody, que afirma: «Quienes proclaman con mucha verborrea que 'una vez salvos, siempre salvos' como si la Salvación fuera una transacción del pasado y que, por tanto, no se puede 'perder' no captan la mayor parte del significado de la Salvación. Una salvación entendida únicamente en tiempo pasado es una perversión del concepto salvífico del Nuevo Testamento» (*Apostasy: A Study in the Epistle to the Hebrews and in Baptist History* [Greenville, S.C.: Smyth & Helwys, 1991], 17).

Stanley presenta una analogía acerca de hacerse un tatuaje en la que afirma:

«... tal acción sería un solo acto por mi parte. Sin embargo, el tatuaje seguiría estando en mi piel de manera indefinida. No es necesario que siga cultivando una actitud de apego a los tatuajes para que el que me he hecho siga estando en mi brazo. De hecho, *puedo cambiar de opinión al minuto de habérmelo hecho*, pero no por ello desaparecerá... El perdón/la Salvación se aplica en el momento en que se ejerce la fe. No es lo mismo que la fe. *Y su permanencia no depende de la permanencia de la propia fe.*»[50]

Me es bastante difícil creer que esta sea la idea que tanto impresionó a Lutero y que dio origen a la Reforma Protestante. En su estudio de la carta a los Romanos, Lutero se convenció de que «el justo vivirá por la fe» (Romanos 1:17, no de que éste se «apartará de la fe» o «cambiará de opinión un minuto después de creer», como dice Stanley. Quizá alguien se pregunte si no estaré escogiendo citas oscuras y tangenciales que no expresan verdaderamente la posición de Stanley. Pero él mismo aclara la cuestión cuando pregunta: «¿Enseña acaso la Escritura que nuestra salvación es segura permanezcamos o no en la fe?». Su respuesta es un rotundo «Sí». Para apoyar su argumento utiliza 2 Timoteo 2:11–13:

«Palabra fiel es ésta : Que si morimos con Él, también viviremos con Él; si perseveramos, también reinaremos con Él; si le negamos, Él también nos negará; si somos infieles, Él permanece fiel, pues no puede negarse a sí mismo.»

En su comentario del cuarto verso, Stanley afirma: «El significado que el apóstol tiene en mente es evidente. Aunque un creyente deje de serlo a todos los efectos prácticos, su Salvación no está en peligro. Cristo seguirá siendo fiel».[51] La posición de Stanley no podría ser más clara. No está intentando demostrar que «el justo vivirá por la fe», sino más bien, que existen *no creyentes que son salvos*. En otras palabras, que solo sería necesario un lapso momentáneo en la propia incredulidad, «un solo momento en el tiempo ... de hecho, puedo cambiar de opinión

---

[50] Stanley, *Eternal Security*, 80 (cursivas del autor).
[51] Ibíd., 92–93.

un minuto después de haberla recibido [la salvación]... y, sin duda, apartarme de la fe». Esto se parece mucho a lo que hace solo unos años se llamaba «creyentismo fácil». D. A. Carson observa:

> «A Zane Hodges le gusta hablar de cristianos que dejan de nombrar a Cristo y niegan totalmente la fe, aunque (insiste) Dios preserva a tales personas en la Salvación, es decir, en la fe. Desde un punto de vista pastoral, ¿qué podemos decirles a estos *creyentes incrédulos*, a estos *cristianos que niegan a Cristo*?»[52]

Forlines responde a la exposición que hace Stanley de 2 Timoteo 2:11–13 diciendo que éste soslaya comentar la frase «Si le negamos, Él también nos negará». De hecho, Forlines afirma:

> «Stanley está diciendo que un cristiano podría negar a Cristo, sin que Él negara al cristiano en cuestión. En relación con la última parte del versículo 13, «si somos infieles, Él permanece fiel, pues no puede negarse a sí mismo», yo diría lo siguiente: Si fuéramos infieles, Cristo seguiría siendo fiel a su carácter y nos negaría.»[53]

Este punto de vista, que Stanley sostiene abiertamente, es completamente ajeno a la posición del calvinismo clásico. De hecho, como observa J. Oliver Buswell: «No es de extrañar que los arminianos estén escandalizados por lo que falsamente se denomina calvinismo».[54]

El planteamiento de Stanley abre la puerta para que se le acuse, con toda razón, de antinomianismo. Por otra parte, no explica el modo en que la Salvación deja de ser condicional y se convierte en incondicional. Aunque más cauteloso en su afirmaciones, tampoco Geisler da una respuesta satisfactoria a estos dos puntos. En mi opinión la obra de R. T. Kendall *Once Saved, Always Saved* representa un tratamiento mucho mejor de este punto de vista. Kendall defiende con excelentes argumentos la posición histórica reformada de la Justificación por la fe, y lo hace

---

[52] Carson, «Reflections on Assurance», 275 (cursivas del autor).

[53] Forlines, *The Quest for Truth*, 272. Forlines observa que esta perspectiva coincide con la de M. R. Vincent quien afirma que Dios será «fiel a su propia naturaleza, a su carácter justo, y a sus condiciones, según todo lo cual no puede aceptar como fiel a alguien que ha demostrado ser desleal para con Él. Hacer esto sería negarse a sí mismo» (Ibíd.).

[54] J. Oliver Buswell Jr., *A Systematic Theology of the Christian Religion* (Grand Rapids: Zondervan, 1962), 146.

subrayando intensamente el carácter legal de la Justificación del creyente. Kendall distingue cuidadosamente entre la causa meritoria de la Justificación (la base) y su causa instrumental (los medios). La causa meritoria es solo Jesucristo, y la instrumental, solo nuestra fe. Este autor insiste correctamente en la necesidad de que la justicia de Cristo (tanto su obediencia activa como la pasiva) le sea imputada al creyente.[55]

Los arminianos reformados estarían de acuerdo con este planteamiento. Sin embargo Kendall da un salto y se aparta de la lógica cuando escribe:

Podemos plantearnos, por tanto, ¿qué clase de «justicia» es la que se ingresa en nuestra cuenta? ¿Qué es exactamente lo que se nos «imputa»? Nuestra primera respuesta ha de ser que aquello que Dios considera «justo» ha de serlo. Si el Dios santísimo me declara *justo*, para mí es suficiente. Esto es lo único que me da seguridad eterna. Lo que Dios ha establecido en su soberano beneplácito no puede anularse. Su veredicto es irrevocable.[56]

El problema, una vez más, es que antes de hacer tales declaraciones, Kendall no ha demostrado que la Salvación sea incondicional. De hecho, lo que hace Dios no es «declararame justo a mí». Soy *yo en Cristo* quien es declarado justo. Dios nos ha «bendecido con toda bendición espiritual en los lugares celestiales *en Cristo*» (Efesios 1:3, cursivas del autor). La vida eterna está en el Hijo. Es nuestra si le tenemos a Él (1 Juan 5:11–13). Lo mismo sucede con la «sabiduría... justicia, santidad [i.e., santificación] y redención» (1 Corintios 1:30). Estas cosas son nuestras por estar en Cristo Jesús. Ninguna de ellas son entidades abstractas que yo poseo.

Estos beneficios y bendiciones son míos siempre y únicamente porque estoy en Cristo. Pero ¿cómo estoy en Cristo? *¡Por la fe!* Como ha dicho Kendall, solo Jesucristo puede ser la causa meritoria de nuestra Justificación. Sin embargo, existe una causa instrumental, que es la sola fe. No es meramente el hecho de que Dios «me declare justo» lo que de un modo mágico o místico me convierte en justo. Dios ha establecido que la Salvación tenga una causa instrumental: la fe en Cristo, que es su condición. Esta necesidad de la fe no desaparece en el momento en que un individuo es salvo. Si la Salvación es condicional, lo es completamente («una justicia que es por la fe de principio a fin», Romanos 1:17).

---

[55] R. T. Kendall, *Once Saved, Always Saved* (Chicago: Moody, 1983), 83–95.
[56] Ibíd., 93.

Tal carácter condicional se aplica igualmente a la doctrina de la perseverancia. El asunto en cuestión es si alguien está o no en Cristo. *Solo por la fe* podemos estar en Cristo. Si alguien se encuentra fuera de Cristo, no está justificado. Si por el contrario alguien está en Él, tal persona será justificada. Todos los beneficios de la Salvación pertenecen a los justificados. Pero la causa instrumental de la Justificación es *la fe en Cristo*.

Calvino y Arminio hicieron interesantes declaraciones al respecto que parecen inversamente paralelas. Según Calvino: «Dios es la fuente de toda justicia. Por ello, el hombre, *mientras siga siendo pecador*, ha de considerarle su juez y su enemigo».[57] Según Arminio: «Es imposible que los creyentes, *mientras sigan siendo creyentes*, caigan de la Salvación».[58] Calvino trata aquí de los no justificados, mientras Arminio está hablando de los justificados. Los seres humanos no poseen justicia propia (ni inherente, ni impartida, ni legal), puesto que «Dios es la fuente de toda justicia». Se nos capacita para beber de ella cuando cumplimos la condición que Dios ha establecido para la Salvación: fe en Cristo. Mientras un creyente siga creyendo, es imposible que caiga de la Salvación, porque el justo vivirá por la fe (Habacuc 2:4; Romanos 1:17; Gálatas 3:11; Hebreos 10:38).

Argumentos bíblicos para la seguridad eterna: una respuesta

Intentaré responder con el máximo rigor posible para una obra de esta extensión a las categorías básicas de textos que se usan generalmente para apoyar la posición que afirma «una vez salvos, siempre salvos». Hay que decir que, en general, estos textos son los mismos que los calvinistas tradicionales utilizan para apoyar la inalterable perseverancia de los escogidos. No obstante, los calvinistas moderados sostienen que la Salvación está condicionada por la fe; afirman que la Gracia de Dios es resistible. Insisten en que la voluntad humana debe ejercerse en respuesta a la persuasión de Dios. Por otra parte, decir, «¿por qué habría una persona salva de querer abandonar la fe?» implica plantear una pregunta hipotética y sin sentido. Aquellos que defienden la seguridad eterna exponen sus argumentos para sí mismos. Vayamos ahora a las distintas categorías de textos:

---

[57] Calvino, *Institución de la religion cristiana*, Feliré, Países Bajos, 1981, 1:530.
[58] *Works of Arminius*, 2:42.

1. Lo que Jesús quiere decir cuando habla de «creer». Aquellos que defienden la seguridad eterna utilizan, generalmente, un gran número de textos probatorios para afirmar que la vida eterna es el resultado de creer en Cristo. Ya hemos visto que Charles Stanley sostiene que el «creer» en cuestión es un acto momentáneo, que se realiza una sola vez. Por el contrario, sin embargo, casi todas estos textos utilizan el tiempo presente cuando se refieren a la fe que produce vida eterna. Los estudiantes de griego elemental saben que la característica esencial del tiempo presente es su naturaleza lineal, su descripción de una acción progresiva. Aunque podrían presentarse muchos ejemplos, unos pocos bastarán:

- Juan 3:15: «... Para que todo aquel que cree [participio presente, está creyendo], tenga en Él vida eterna».
- Juan 3:16: «Porque de tal manera amó Dios al mundo, que dio a su Hijo unigénito, para que todo aquel que cree [participio presente, está creyendo] en Él, no se pierda, mas tenga vida eterna».
- Juan 5:24: «En verdad, en verdad os digo: el que oye [participio presente, está oyendo] mi palabra y cree [participio presente, está creyendo] al que me envió, tiene vida eterna y no viene a condenación, sino que ha pasado de muerte a vida...».
- Juan 6:35: «... Jesús les dijo: el que cree [participio presente, está creyendo] en mí nunca tendrá sed».
- Juan 6:40: «Porque esta es la voluntad de mi Padre: que todo aquel que ve [participio presente, está viendo] al Hijo y cree [está creyendo] en Él, tenga vida eterna, y yo mismo lo resucitaré en el día final».
- Juan 10:27–28: «Mis ovejas oyen mi voz, y yo las conozco y me siguen; y yo les doy vida eterna...». Todos los verbos que aparecen en este texto están en presente de indicativo y, por tanto, una traducción más exacta sería: «Mi ovejas están oyendo mi voz; Yo las estoy conociendo, y ellas me están siguiendo. Y yo les estoy dando vida eterna...».

No es poca cosa sustituir el acento que pone el texto bíblico en *creer como un proceso*, que produce vida eterna, por un *creer como un acto momentáneo* que podemos olvidar un momento después de haberlo realizado sin que ello tenga ninguna consecuencia adversa.

2. La posibilidad de que nuestro estado espiritual pueda cambiar. Quienes defienden la seguridad eterna citan, con frecuencia, versículos como Juan 5:24 y Juan 10:27–28, reivindicando la absoluta inalterabilidad de las promesas dadas, en el sentido de que «no serán condenados» o «no perecerán jamás». No obstante, quizá están llevando su argumento demasiado lejos. Picirilli compara correctamente la gramática y la sintaxis de Juan 5:24 con la de 3:36 y muestra que son exactamente paralelas en su estructura:

Juan 5:24	**Juan 3:36**
El que cree	El que no cree
no vendrá	*no verá*
a condenación	la vida

Picirilli afirma:

> «Gramaticalmente, si el primer texto significa que la condición del creyente *no puede* alterarse, entonces el segundo significa que tampoco *puede* alterarse la del inconverso. De hecho, ninguno de estos pasajes habla siquiera de esta cuestión.... Cada promesa se aplica con igual fuerza a quienes persisten en los respectivos estados que se describen.»[59]

Forlines plantea de manera efectiva el mismo tipo de argumento en relación con la frase «no perecerán jamás» (Juan 10:28). No lo hace basándose en un paralelismo sintáctico, sino en el de las ideas que se expresan en Juan 10:28 y Juan 3:36. Forlines afirma:

> «Nadie se atreve a decir que el no creyente tenga que serlo siempre y que no tenga ninguna esperanza de salir de su estado por el hecho de que el texto afirma que no verá la vida. Es un hecho que mientras no crea, no verá la vida, sin embargo, si se convierte y cree, sí la verá. Si las palabras «no verá la vida», que se dirigen al no creyente, no se contradicen cuando éste se convierte en creyente y ve la vida, ¿dónde está la contradicción cuando decimos que el creyente «no perecerá» pero sí lo hará si se convierte en no creyente? El hecho es que el creyente, mientras siga siendo creyente, "no perecerá"».[60]

Uno de los textos de prueba que a menudo utilizan quienes sostienen la seguridad eterna es Juan 10:28. Hablando de sus ovejas, Jesús dice: «y yo les doy [les estoy dando] vida eterna y jamás perecerán, y nadie

---

[59] Picirilli, *Grace, Faith, Free Will*, ch. 12, p.6.
[60] Forlines, *The Quest for Truth*, 274–75.

las arrebatará de mi mano». Por supuesto, si lo consideramos de un modo aislado, esto suena a perseverancia incondicional en la Salvación. En relación con estas palabras, a menudo se evoca la imagen de Jesús sujetando a sus ovejas fuerte y constantemente: «nadie las puede arrebatar de mi mano o de la mano de mi Padre» (vv. 28–29). Sin embargo, el contexto de esta afirmación se ha analizado ya en la sección anterior. Aquellos de quienes se habla y que disfrutan esta seguridad, se describen como oyendo su voz (v.27), siguiéndole (v.27). Es a ellos a quienes se les da vida eterna (v. 28); son ellos los que nunca perecerán (v. 28). De este modo, quienes continúan creyendo no pueden se arrebatados de la mano de Dios.

3. Textos que transmiten la certeza de que todos los verdaderos creyentes serán salvos. Algunos textos que podríamos clasificar en esta categoría son Juan 17:12; Efesios 1:13–14; 1 Pedro 1:5; 1 Juan 5:13. Los arminianos reformados pueden leer estos textos en la iglesia y decir «amén» sin ningún otro comentario, puesto que cada uno de estos pasajes en sus contextos respectivos dejan perfectamente claro que se refieren a creyentes. No estamos intentando demostrar que existen *no creyentes que se salvan*, como hacen algunos calvinistas moderados. Insistimos más bien en que Dios no permitirá que se pierda ni un solo creyente. De entre aquellos que realmente son creyentes, ni uno solo se perderá, puesto que los tales son «protegidos por el poder de Dios *por medio de la fe* para [alcanzar] la Salvación». (1 Pedro 1:5).

4. Textos que no enseñan lo que se pretende. Algunos textos utilizados para apoyar la seguridad eterna, sencillamente no enseñan lo que se pretende. Por ejemplo, Geisler trata de apoyarse en Romanos 8:16; pero este versículo no está tratando la cuestión de la seguridad incondicional . Describe más bien los beneficios que poseen quienes están en Cristo (no están afectados por ninguna condenación, 8:1; se ocupan de las cosas del Espíritu, 8:5; experimentan el testimonio del Espíritu, 8:16; son coherederos con Cristo, 8:17). Estas cosas no son entidades abstractas que poseo por mí mismo, sino el resultado de mi *unión con Cristo*. Si tal unión se rompe por incredulidad, los beneficios desaparecen.

También Romanos 8:35–39 encaja en esta categoría. Este pasaje no está respondiendo a la cuestión de si alguien que ha sido salvo puede o no perderse de nuevo. Lo que enseña es que los hijos de Dios nunca pueden ser separados del amor de Dios.

5. Textos que enseñan que Dios continuará la obra que ha comenzado. Se sostiene que versículos como Filipenses 1:6; 2 Tesalonicenses 3:3; 2 Timoteo 1:12, 4:18; y Judas 24–25 enseñan la inalterable perseverancia de los creyentes. Sin embargo, estos y otros versículos no son sino expresiones de acción de gracias y de confianza de que Dios será siempre fiel por lo que respecta a hacer su parte. Sin embargo, las secciones parenéticas de la Escritura muestran que Dios demanda que sus criaturas libres continúen en la fe para poder participar final y plenamente de sus bendiciones.

Argumentos lógicos para la seguridad eterna: una respuesta

Los argumentos analógicos o lógicos son recursos muy corrientes entre quienes sostienen la posición que afirma «una vez salvos, siempre salvos». Tales argumentos se basan con frecuencia en analogías trazadas a partir de la experiencia humana y no en la enseñanza bíblica. Dicho esto, quiero valorar brevemente algunos de los argumentos.

1. Si alguien pudiera ser cercenado del Cuerpo de Cristo, éste quedaría mutilado. La Escritura no enseña que Cristo esté completo en nosotros, como parece implicar tal argumento; lo que Pablo dice, por el contrario, es que nosotros somos quienes estamos completos *en Él* (Colosenses 2:10).

2. Si alguien es hijo de Dios, entonces pase lo que pase, no puede dejar de serlo. Este argumento procede del siguiente modo:

Premisa: Tu nombre es Stephen M. Ashby, ¿no? Así es.

Premisa: Tu padre fue Hobert C. Ashby, ¿no? Así es.

Conclusión: Bien, entonces no importa adónde vayas ni lo que hagas, no puedes dejar de ser el hijo de Hobert C. Ashby.

Cuando intentamos establecer una correlación absoluta entre una relación espiritual y una natural se nos plantea un problema: si las relaciones espirituales no pueden cambiar, sería entonces imposible que pudiéramos ser salvos. Considera los versículos siguientes, en los que Jesús dijo: «[vosotros] sois de vuestro padre el diablo». (Juan 8:44). O, «En esto se reconocen los hijos de Dios y los hijos del diablo: todo aquel que no practica la justicia, no es de Dios; tampoco aquel que no ama a su hermano» (1 Juan 3:10). En Efesios 2:1–3 Pablo se refiere a los no creyentes como personas que viven según el príncipe de la potestad del aire; también les llama hijos de desobediencia e hijos de ira. Si es cierto que las relaciones espirituales no pueden romperse cuando hablamos de los «hijos de Dios», en tal caso la coherencia lógica demanda que también «los hijos del diablo» sean siempre hijos del diablo. Por tanto, nadie podría jamás llegar a ser hijo de Dios. El argumento que reza «una vez que eres hijo, lo eres siempre», no es pues válido.

3. Alguien que ha nacido de nuevo nunca puede dejar de haber nacido. Pero cuando alguien apostata de la fe, lo que sucede no es que tal persona deje de haber nacido *¡sino que muere!* Antes de la conversión, las personas están espiritualmente muertas (Efesios 2:1). Por medio de la apostasía, se regresa a este estado de muerte espiritual. Como dice Juan 3:36: «El que cree [participio presente, está creyendo] en el Hijo tiene vida eterna; pero el que no obedece [no está creyendo] al Hijo no verá la vida, sino que la ira de Dios permanece sobre él».

4. Se dice que el creyente tienen vida eterna como posesión presente; no sería eterna si pudiese perderla. Se usan muchos textos para apoyar este argumento (p. ej., Juan 3:15-16; 3:36; 5:24; 6:54; 10:28). Anteriormente, hemos considerado el carácter progresivo de la acción que expresa el tiempo presente de los verbos en muchos de estos pasajes. Sin embargo, la cuestión que se trata aquí es diferente. Estos versículos hablan de *vida eterna*. Por ello, hemos de preguntarnos qué es esta vida eterna. La respuesta puede parecernos obvia, ¿pero lo es realmente? ¿Es la vida eterna una mera *cantidad* de vida? ¿Significa tan solo que voy a vivir para siempre? Por otra parte, ¿tienen vida eterna los no creyentes? ¡Según la Biblia, no! No existe ni un solo versículo de la Escritura que afirme que los no creyentes tengan vida eterna. Por supuesto, los no creyentes existirán eternamente. Sin embargo, esto no es lo que quiere decir la Biblia cuando habla de vida eterna. Varios versículos de los escritos del apóstol Juan arrojan luz al respecto:

- Juan 1:4: «*En él estaba la vida*, y la vida era la luz de los hombres».[61]
- Juan 5:26: «Porque así como el Padre tiene *vida en sí mismo*; así también le dio al Hijo tener *vida en sí mismo*».
- Juan 5:39-40: «Examináis las Escrituras porque vosotros pensáis que en ellas tenéis vida eterna; y ellas son las que dan testimonio de mí; y no queréis *venir a mí para que tengáis vida*».
- Juan 10:10: «Yo he venido para que *tengan vida*, y para que la tengan en abundancia».

---

[61] Todas las cursivas que aparecen en cualquiera de estos versículos de la Escritura han sido añadidas por el autor.

- Juan 12:50: «Y sé que su mandamiento *es vida eterna.* ...».Es especialmente importante considerar todo el contexto de los versículos 44–50. Creer en Cristo es obviamente la clave para tener vida eterna.
- 1 Juan 5:11–13: Aquí Juan dice que «*la vida [eterna] está en el Hijo [de Dios]*» y que «*el que tiene al Hijo tiene la vida*». El apóstol concluye diciendo que la clave para tener al Hijo y, por tanto vida eterna, es creer en el Hijo de Dios.

La Fe en Cristo es lo que nos coloca en Él. La vida eterna no es meramente una existencia perpetua; es la propia vida de Dios. Mi participación en esta vida se debe a que en un sentido legal estoy *en Cristo*. Nadie que esté fuera de Cristo tiene vida eterna. La vida de Dios era eterna antes de que yo la tuviera, y seguirá siéndolo, aunque yo la pierda al rechazar a Cristo Jesús.

Perseverancia condicional en la Salvación

Perseverancia condicional en la Salvación: el argumento lógico

En un apartado anterior, he concedido a los calvinistas clásicos la lógica de sus argumentos, teniendo en cuenta sus presuposiciones. Puesto que creen que la Salvación es incondicional —que Dios ha elegido incondicionalmente para salvación a unos pocos y ha decidido reprobar al resto— se sigue lógicamente la necesaria perseverancia de los escogidos. No obstante, quienes rechazan la creencia calvinista de la elección incondicional, deben estar dispuestos a considerar las implicaciones de una Salvación condicional. La condición para la Salvación es la fe en Cristo. Por otra parte, la fe condiciona la totalidad de la Salvación, no solo su comienzo.

Si la Gracia de Dios es resistible antes de la conversión, lo es también después de ella. Dios no elimina nuestro libre albedrío en el momento de la conversión (recuerda que los arminianos reformados sostienen que el libre albedrío es «la libertad de la necesidad determinista»). Forlines muestra claramente que, tanto desde la lógica como desde la teología, quienes creen que la Salvación es condicional han de creer también que tal condición sigue operativa a lo largo de todo su proceso (aun hasta el punto de que ésta pudiera perderse). Forlines afirma:

> «Haber sido creados a imagen de Dios significa que somos seres personales. Creemos, sentimos, y actuamos. Las personas toman decisiones o eligen. Al margen de la cantidad de influencia que pueda ejercerse sobre la voluntad o de la ayuda que se le pueda prestar, las personas somos responsables de nuestras acciones en un sentido muy real. Esto es lo que significa ser persona. Aunque el cristiano cuenta con la ayuda de Dios, le es posible resistir esta ayuda y tomar decisiones erróneas. Entre tales decisiones erróneas está la posibilidad de regresar a la incredulidad. Dios nos ha hecho personas y en su trato con nosotros, nunca viola nuestra naturaleza personal. Aunque no creo que existan muchas posibilidades de que una persona que haya sido salva se convierta de nuevo en no creyente, sí creo que puesto que somos personas, cabe esta posibilidad... la verdadera cuestión es si el cristiano es o no un ser personal auténtico. ¿Realmente piensa, siente, y toma decisiones (tanto buenas como malas)?[62]

Si Dios no considera que los cristianos son personas que toman decisiones (tanto buenas como malas), y que tales decisiones son verdadera y sustancialmente suyas, entonces no tiene sentido la gran cantidad de textos de carácter parenético y exhortativo que tratan del comportamiento cristiano. Por ello, deberíamos ahora considerar los argumentos bíblicos en relación con la posibilidad de la apostasía.

Perseverancia condicional en la Salvación: argumentos bíblicos

En el terreno estrictamente lógico, la posición arminiana reformada que estoy defendiendo es, al menos, igual de coherente que el calvinismo. No obstante, cuando se la compara con la posición que afirma «una vez salvos, siempre salvos» o con la perspectiva arminiana wesleyana, la idea arminiana reformada se distingue notablemente. Solo el arminianismo reformado es lógico, coherente y arminiano en su sentido clásico. No obstante, la cuestión de si aquellos que han sido salvos pueden llegar a perderse no debería decidirse principalmente en el terreno de la lógica, sino más bien analizando la base bíblica de tal doctrina. Para hacer esto

---

[62] Forlines, *The Quest for Truth*, 276–77.

propondré varias categorías de textos que indican que la apostasía es una posibilidad real y a continuación trataré seis pasajes clave con mayor profundidad.

1. Numerosos pasajes de advertencia por todo el libro de Hebreos. Hebreos está lleno de advertencias dirigidas a los creyentes para que se esfuercen en no caer de la Salvación al dejar de creer en Cristo. Picirilli observa que «cada una de las principales secciones tiene un 'centro' exhortativo que da por sentada la posibilidad de la apostasía. Las encontramos en: caps. 1, 2, con 2:1–4 como centro de la sección; caps. 3, 4, con 3:7–4:2 como centro de la sección; caps. 5–7, con 5:11–6:12 como centro de la sección, especialmente 6:4–6; caps. 8–12, con 10:19–39 y 12:1–29 como centro de la sección».[63] Consideraremos con más detalle algunos de estos pasajes, junto con otros dos, cuando concluyamos este apartado de clasificación de los textos.

Cuando se habla de la apostasía o de la perseverancia, la epístola a los Hebreos debería ser el centro de atención esencial, ya que es en Hebreos donde este tema se desarrolla con mayor detalle. Como dijo Dale Moody, si se entienden los pasajes de advertencia de Hebreos, no será difícil entender los demás pasajes de advertencia que encontramos en el resto del Nuevo Testamento. «Las dificultades surgen cuando intentamos manipular la epístola a los Hebreos para que encaje en los sistemas tradicionales basados en dogmas y falsas filosofías. Hay pocos pasajes del Nuevo Testamento que se hayan retorcido con mayor violencia que las cinco advertencias acerca de la apostasía que encontramos en Hebreos».[64]

2. Textos que indican que nuestra salvación final depende de la perseverancia en la fe. El texto más importante de este conjunto es Colosenses 1:21–23. Los receptores de Pablo son personas que en otro tiempo estaban «alejados [de Dios]» pero que «ahora ...[han sido]

---

[63] Picirilli, *Grace, Faith, Free Will*, ch. 12, pp. 3–4. Cf. Scot McKnight, «The Warning Passages of Hebrews: A Formal Analysis and Theological Conclusion», *Trinity Journal* 13 NS (1992): 21–59. Cf. Grant R. Osborne, «Soteriology in the Epistle to the Hebrews», in *Grace Unlimited*, ed. Clark H. Pinnock (Minneapolis: Bethany Fellowship, 1975), 144–61.

[64] Dale Moody, *The Word of Truth: A Summary of Christian Doctrine Based on Biblical Revelation* (Grand Rapids: Eerdmans, 1981), 352. Tras examinar la enseñanza general de los cinco pasajes que registran las advertencias de Hebreos (de manera parecida al acercamiento sintético de Scot Mcknight), Moody saca tres conclusiones: «(1) Es posible avanzar hacia la madurez y la plena certeza (6:1, 11; 10:22); (2) Es posible que los creyentes que no avanzan caigan en apostasía; y (3) no hay remedio alguno para el pecado de la apostasía« (355).

reconciliado[s]» con Él. La meta que se pone ante ellos es que en la eternidad puedan ser presentados «santos ... sin mancha e irreprensibles delante de Él». Los medios para llevar a cabo esta meta los encontramos en el versículo 23: «si en verdad permanecéis en la fe bien cimentados y constantes, sin moveros de la esperanza del Evangelio».

Para entender la posición arminiana reformada, hemos de reconocer que la condición para ser salvos no es que dejemos de pecar, así como también que el hecho de pecar o de dejar de confesar nuestros pecados no nos lleva a perder la Salvación.[65] Lo verdaderamente central es la fe en Cristo. Es esto lo que produce la *unión con Cristo*, a través de la cual se le imparten al creyente los beneficios de la Salvación. En unión con Cristo, el creyente es considerado justo, no por sus propios méritos, sino únicamente por los que surgen de la perfecta obediencia de Cristo. Otros pasajes dentro de esta categoría son 1 Pedro 1:5 y Hebreos 3:14.

3. Pasajes que mencionan a personas que han renunciado a su fe en Cristo y están poniendo en peligro a otras. En 1 Timoteo 1:18–20, Pablo encarga a Timoteo que continúe peleando la buena batalla manteniéndose en la fe y guardando una buena conciencia. El apóstol menciona a Himeneo y Alejandro como ejemplos de quienes se han apartado de la fe y, por ello, han naufragado [en cuanto a la fe]. Pablo añade a Fileto a esta lista en 2 Timoteo 2:16–18. Tal naufragio evidencia que estas personas han apostatado y están a punto de llevar a otros a apartarse de la fe.

4. Textos en los que Pablo expresa su preocupación de que su labor entre los creyentes pueda haber sido en vano. Esta es la idea que encontramos en Gálatas 4:9–11; Filipenses 2:15–16; 1 Tesalonicenses 3:5. Las razones de la preocupación de Pablo eran diversas. Sus convertidos estaban experimentando aflicción y tribulación (1 Tesalonicenses 3:3–4). Estaban siendo bombardeados con falsas doctrinas (Gálatas 3:1–3). Estaban siendo tentados puesto que deseaban vivir para Dios en medio de una nación torcida y perversa (Filipenses 2:15). Pablo se preocupaba de su fe (1 Tesalonicenses 3:5); temía la posibilidad de que se volvieran hacia otra forma de Salvación que no fuera la Gracia de Cristo (Gálatas 1:6; 4:9); le preocupaba también que dejaran de asirse a la palabra de vida (Filipenses 2:16). No quería que su labor, que había producido verdaderos creyentes fuera finalmente en vano.

---

[65] La única y obvia excepción a esta declaración es el pecado de la apostasía, lo cual representa la posición defendida a lo largo de este capítulo.

5. Textos que plantean la posibilidad de que el nombre de alguien pueda ser borrado del Libro de la Vida. Juan advierte respecto a esta posibilidad en Apocalipsis 3:5 y 22:18–19. En primer lugar, para que un nombre pueda ser borrado del Libro de la Vida, antes debe haber sido escrito en él.

Una mirada más detallada a algunos textos clave

Puesto que vamos ahora a dirigir nuestra atención hacia varios pasajes clave que enseñan que la perseverancia en la Salvación depende de la perseverancia en la fe, quiero reiterar una vez más algo que he dicho anteriormente. Al referirme a muchos de los textos de prueba que se utilizan para apoyar el punto de vista que afirma, «una vez salvos, siempre salvos», he afirmado que los arminianos reformados, pueden leer estos textos desde su convicción de que la Salvación es condicional de principio a fin, (p. ej., Juan 3:15–16; 5:24; 10:27–28) y decir *amén* sin ningún otro comentario. No obstante, esto no puede decirse de aquellos que defienden la seguridad eterna en relación con los textos que ahora vamos a considerar. Cuando se consideran estos pasajes en vista del claro sentido del texto, aquellos que sostienen la perseverancia incondicional en la Salvación se ven en la necesidad de ofrecer extensas explicaciones para poder apoyar su posición. Vayamos ahora a los textos.

1. Hebreos 3:6b, 12–14

> «Cuya casa somos nosotros, si retenemos firme hasta el fin nuestra confianza y la gloria de nuestra esperanza... Tened cuidado, hermanos, no sea que en alguno de vosotros haya un corazón malo de incredulidad, para apartarse del Dios vivo. Antes exhortaos los unos a los otros cada día, mientras todavía se dice: Hoy; no sea que alguno de vosotros sea endurecido por el engaño del pecado. Porque somos hechos partícipes de Cristo, si es que retenemos el principio de nuestra seguridad firme hasta el fin»

El carácter condicional de este pasaje es obvio. Somos la casa de Dios *si* retenemos nuestra «confianza». De nuevo en el versículo 14, nuestro participar de Cristo depende en última instancia de *si* retenemos o no firmemente hasta el fin la confianza que teníamos en un comienzo. Philip E. Hughes da en el clavo cuando afirma:

> «Advertencias como las que pronuncia el autor de Hebreos sirven para subrayar la seriedad del llamamiento cristiano y están completamente en armonía con la relación pactada de Dios con su pueblo de tiempos antiguos (cf., por ejemplo, Deuteronomio 30). Dios no está en deuda con ninguna persona o nación: la obediencia a las condiciones del pacto conlleva bendiciones, mientras que la infidelidad y la apostasía conducen al juicio.»[66]

Puede que alguien se pregunte cuánto tiempo ha de retener el cristiano la confianza de la que se ha hablado antes. El autor de Hebreos dice: «hasta el fin» (v. 14). Se dirige a sus lectores como «hermanos» (v. 12), e incluso él mismo se incluye como receptor de la advertencia al utilizar la primera persona del singular (vv. 6, 14). El autor teme que alguno de sus receptores desarrolle un «corazón malo de incredulidad»(v. 12), porque las consecuencias de ello son trágicas: «apartarse del Dios vivo» (v. 12).

2. Hebreos 6:4–6

> «Porque en el caso de los que fueron una vez iluminados, que probaron del don celestial y fueron hechos partícipes del Espíritu Santo, que gustaron la buena palabra de Dios y los poderes del siglo venidero, pero después cayeron, es imposible renovarlos otra vez para arrepentimiento, puesto que de nuevo crucifican para sí mismos al Hijo de Dios y lo exponen a la ignominia pública.»

Aquellos que no están dispuestos a aceptar el claro sentido de este texto plantean varias posibilidades respecto a la interpretación de este pasaje:

a. El autor está hablando hipotéticamente. Según este punto de vista, la situación que se describe en estos versículos sería ciertamente muy grave si pudiera producirse, pero no es el caso. De hecho, lo que sostiene este punto de vista es que Dios usa esta advertencia como una forma

---

[66] Philip E. Hughes, *A Commentary on the Epistle to the Hebrews* (Grand Rapids: Eerdmans, 1977), 138. La relación pactada de la que Hughes habla aquí tiene sus «estipulaciones», a las que me he referido en este capítulo como la condición de la Salvación. La condición («estipulaciones«) de la Salvación es la fe en Cristo.

de suscitar la obediencia de su pueblo mediante el temor. Hughes dice acertadamente que estas palabras representarían «la invención de un peligro virtual para asustarles y motivarles a ser mejores cristianos. Sin embargo, el fin no justifica los medios, y recurrir a engaños y subterfugios, y hacerlo en una contexto tan solemne, sería completamente improcedente e indigno del cristianismo».[67] ¡Tal modus operandi es impropio de Dios! Jesús dijo: «Conoceréis *la verdad*, y la verdad os hará libres» (Juan 8:32). Como subraya D. A. Carson, el argumento de que estos pasajes de advertencia «son meramente hipotéticos o de que el alejamiento de que hablan... representa un alejamiento del servicio útil pero no de la salvación, no son sino recursos desesperados que una exégesis responsable por suerte pondrá en evidencia».[68]

b. El autor está hablando a cristianos judíos del primer siglo. Este punto de vista argumenta que los receptores de la epístola se estaban planteando regresar a los rituales de la adoración del templo. Por supuesto, esto es algo que todos los comentaristas reconocen. No obstante, quienes sostienen este punto de vista dicen a continuación que estas palabras no pueden en modo alguno aplicarse a creyentes de nuestros días (ni siquiera a cristianos judíos), puesto que en la actualidad no hay ningún templo al que tales personas pudieran regresar.

Pero este acercamiento elude la cuestión fundamental. ¿Es o no posible caer en la apostasía regresando a la antigua forma de vida? Obviamente, todo cristiano tiene una antigua forma de vida. Los tesalonicenses se volvieron de los ídolos a Dios (1 Tesalonicenses 1:9). Existen muchos estilos de vida (no todo se reduce simplemente a la ley ceremonial y la adoración en el templo) que expondrían a Cristo a la ignominia pública en el caso de que un creyente volviera a adoptarlos.

c. Aquellos que aquí se describen se acercaron mucho a la Salvación pero en realidad nunca llegaron a experimentarla. Este punto de vista es el que sostienen con frecuencia aquellos calvinistas que hablan de «los hijos del pacto». En otras palabras, se dice que los hijos de los padres que han sido salvos dentro de la comunidad del pacto experimentan ciertas bendiciones, fruto de vivir cerca de los creyentes.[69] Para responder a esto, sería necesario considerar si las personas que se des-

---

[67] Ibíd. 212.
[68] Carson, «Reflections on Assurance», 261.
[69] Esta posición es la que claramente desarrolla el Pastor Petros Roukas en un sermón titulado «¿Podemos Perder la Salvación?» predicado el 9 de mayo de 1999, en La Iglesia Presbiteriana de Westminster en Muncie, Indiana.

criben en Hebreos 6:4–6 eran o no verdaderamente creyentes. Respecto a ellas se dicen cinco cosas:

    i.   Fueron una vez iluminadas.
    ii.   gustaron del don celestial.
    iii. Fueron hechos partícipes del Espíritu Santo.
    iv. gustaron la buena palabra de Dios y los poderes del siglo venidero.
    v.   Pero después cayeron.

Es difícil pensar en algún otro pasaje de la Escritura que describa a los creyentes de manera más clara. El *gustar* de que aquí se habla denota una experiencia plena del don celestial, la buena Palabra de Dios, y los poderes del siglo venidero. El autor de esta epístola utilizó el mismo término *gustar, o probar* en un pasaje anterior para describir la experiencia de la muerte que tuvo Jesús, diciendo «para que por la Gracia de Dios *probara* la muerte por todos» (2:9). Sin duda, todos los verdaderos creyentes creemos de corazón que cuando Jesús gustó la muerte, *la experimentó de un modo completo*. No hay duda de que quienes se describen en 6:4–6 habían experimentado la Salvación de un modo completo, como lo evidencia el hecho de haber sido hechos partícipes del Espíritu Santo. Ser partícipe del Espíritu Santo significa haber tenido una experiencia plena de la Salvación (Romanos 8:9). La iluminación de que habían sido objeto fue una experiencia única que había puesto de relieve los poderes de la nueva creación en sus vidas.[70]

Llegados aquí, surge la pregunta: ¿Qué les sucedió a los receptores de la carta a los Hebreos *cuando* (no *si*, como dicen las versiones KJV o NIV)cayeron?[71] Se hizo imposible que pudieran ser renovados de nuevo para arrepentimiento, lo cual demuestra que antes ya se habían arrepentido. Por ello, aquel que ha caído del modo que aquí se contempla no puede ser restaurado a la fe (siendo el arrepentimiento y la fe dos caras de la misma moneda); tal persona no puede ser de nuevo salva.

Muchos arminianos discrepan de esta interpretación.[72] Sostienen que el sentido del texto es que: «es imposible renovarlos otra vez para arre-

---

[70] Hughes, *Epistle to the Hebrews*, 212.

[71] El autor de Hebreos consigna una serie de cinco participios aoristos, que deberían entenderse según la traducción que ofrezco en este texto. En el original griego no hay ningún *si* condicional, en relación con la Caída. Lo que dice es más bien, que estos han caído.

[72] Robert Shank, *Life in the Son* (Springfield, Mo.: Westcott, 1960), 318.

pentimiento, mientras estén crucificando para sí mismos al Hijo de Dios y mientras lo expongan a la ignominia pública». Picirilli señala agudamente que «esto es casi lo mismo que decir que es imposible llevar a tal persona al arrepentimiento mientras persista en una actitud que hace imposible llevarle al arrepentimiento».[73] Es un razonamiento tautológico. Este pasaje está hablando de personas que fueron salvas, que ahora han caído, y no pueden ser salvas de nuevo. La apostasía de que aquí se habla es irremediable.

3. Hebreos 10:26–29

> «Porque si continuamos pecando deliberadamente después de haber recibido el conocimiento de la verdad, ya no queda sacrificio alguno por los pecados, sino cierta horrenda expectación de juicio, y la furia de UN FUEGO QUE HA DE CONSUMIR A LOS ADVERSARIOS. Cualquiera que viola la ley de Moisés muere sin misericordia por el testimonio de dos o tres testigos. ¿Cuánto mayor castigo pensáis que merecerá el que ha hollado bajo sus pies al Hijo de Dios, y ha tenido por inmunda la sangre del pacto por la cual fue santificado, y ha ultrajado al Espíritu de Gracia?»

La persona de quien se habla en este pasaje ha sido «santificada». Esta expresión alude con toda claridad a una persona salva, puesto que la santificación en cuestión se ha llevado a cabo por la sangre de Cristo. No obstante, tras un cambio de opinión respecto a la virtud de la sangre de Cristo (apostasía), tal persona emprende el camino del pecado deliberado. Puesto que tal persona ha rechazado la única forma de salvación, «ya no queda sacrificio alguno por los pecados». Tal apostasía es irremediable.[74] Tal y como dice William Lane: «el pecado de la apostasía conlleva consecuencias irreversibles».[75]

---

[73] Robert E. Picirilli, «Hebrews 6:4–6 and the Possibility of Apostasy», *Dimension* 2 (Fall 1985): 10.

[74] Ver la obra de Forlines, *The Quest for Truth*, 280–83. Este autor defiende enfáticamente que lo que se trata aquí en el nuevo pacto equivale al «pecado de presunción», no al «pecado de ignorancia». Es importante recordar que los pecados de presunción eran los que se cometían con «el puño levantado», con una incredulidad arrogante y desafiante. Para esta clase de pecado no se había previsto ningún sacrificio (Números 15:30–31).

[75] William Lane, *Hebrews: A Call to Commitment* (Peabody, Mass.: Hendrickson, 1985), 142.

4. Hebreos 10:23, 35–36, 38–39

«Mantengamos firme la profesión de nuestra esperanza sin vacilar, porque fiel es el que prometió... Por tanto, no desechéis vuestra confianza, la cual tiene gran recompensa. Porque tenéis necesidad de paciencia, para que cuando hayáis hecho la voluntad de Dios, obtengáis la promesa... MAS EL JUSTO VIVIRA POR LA FE; Y SI RETROCEDE, MI ALMA NO SE COMPLACERA EN ÉL. Pero nosotros no somos de los que retroceden para perdición, sino de los que tienen fe para la preservación del alma.»

Algunos dirían que la referencia a «los que retroceden» se refiere a aquellos que perderán sus recompensas en el tribunal de Cristo.[76] Es difícil creer que alguien que esté buscando el sencillo sentido del texto pueda quedar satisfecho con esta interpretación. De hecho, hay que observar el contraste que se establece a lo largo del pasaje entre «los que retroceden y se pierden» y «los que creen y se salvan». Cuando nos fijamos en el modo en que se describe a cada grupo la imagen se hace más clara:

Los justos	Los que retroceden
Viven por la fe (v. 38)	Desechan su confianza (v. 35)
Se les anima a mantener firme la confesión de su esperanza (v. 23)	Dios no se complace en ellos (v. 38)
Pertenecen al grupo de los que creen (v. 39)	Se implica, por el contrario, que dejan de creer (v. 39)
La fe les conduce a la Salvación (v. 39)	Su fin es destrucción (v. 39)

Hughes afirma con acierto que «retroceder es lo mismo que renunciar a la vida de fe, y Dios *no se complace* en la persona que hace esto puesto que, como nuestro autor explicará un poco más adelante (11:6), 'sin fe es imposible agradar Dios.'... El final de quienes abandonan la fe es la destrucción».[77]

---

[76] Geisler, *Chosen But Free*, 126–27.

[77] Hughes, *Epistle to the Hebrews*, 436–37. Debe observarse que Hughes no propugna el punto de vista que yo defiendo. No obstante, ha hecho una exégesis excelente y según parece no puede abstenerse de hacer declaraciones que apoyarían el acercamiento arminiano reformado. Sin embargo, después de darse cuenta de adónde conduce su exégesis, una y otra vez se aparta de tal posición y recurre a conclusiones de carácter dogmático.

5. 2 Pedro 2:20–22

«Porque si después de haber escapado de las contaminaciones del mundo por el conocimiento de nuestro Señor y Salvador Jesucristo, de nuevo son enredados en ellas y vencidos, su condición postrera viene a ser peor que la primera. Pues hubiera sido mejor para ellos no haber conocido el camino de la justicia, que habiéndolo conocido, apartarse del santo mandamiento que les fue dado. Les ha sucedido a ellos según el proverbio verdadero: EL PERRO VUELVE A SU PROPIO VÓMITO, y: La puerca lavada, vuelve a revolcarse en el cieno.»

Pedro está enseñando que las personas que se mencionan aquí eran salvas, puesto que habían «escapado de las contaminaciones del mundo» y lo habían conseguido «por el conocimiento de nuestro Señor y Salvador Jesucristo». Deja claro que está hablando de personas salvas al utilizar la misma fraseología que la que encontramos en 1:4, donde él mismo se incluye en el mismo grupo en el que sitúa a sus receptores. Tras dejar claro que los tales habían sido salvos, les advierte que, quienes abandonan la verdad que está en Cristo prefiriendo en lugar de ello las falsas doctrinas, tendrán que hacer frente a terribles consecuencias.

Todo el segundo capítulo de 2 Pedro sirve de contexto para la advertencia del final del capítulo: si son vencidos, «su condición postrera viene a ser peor que la primera» (v. 20). En el comienzo del proceso, antes de haber «conocido el camino de la justicia» y antes de haber «escapado de las contaminaciones del mundo por el conocimiento de nuestro Señor y Salvador Jesucristo», no eran salvos y estaban perdidos, y bajo la ira de Dios. ¿Qué puede haber peor que estar perdido? Si lo comparamos con los textos que ya hemos considerado, la respuesta se hace clara. Algo peor que estar perdido y camino del infierno es estarlo sin tener *ninguna esperanza de ser salvo*. Quienes han sido salvos y después han dado la espalda a la fe en Cristo están mucho peor debido al carácter irreversible de su estado (cf. Hebreos 6:4–6; 10:26, 39).

6. Juan 15:1–6

«Yo soy la vid verdadera, y mi Padre es el viñador. Todo sarmiento que en mí no da fruto, lo quita; y todo el que da fruto, lo poda para que dé más fruto. Vosotros ya estáis limpios por la palabra que os he hablado. Permaneced en mí, y yo en vosotros. Como el sarmiento no puede dar fruto por sí mismo si no permanece en la vid, así tampoco vosotros si no permanecéis en mí. Yo soy la vid, vosotros los sarmientos; el que permanece en mí y yo en él, ése da mucho fruto, porque separados de mí nada podéis hacer. Si alguno no permanece en mí, es echado fuera como un sarmiento y se seca; y los recogen, los echan al fuego y se queman.»

Este pasaje describe de manera conmovedora la unión del creyente con Cristo. Esta unión es la base de cualquier fructificación en la experiencia cristiana, puesto que separados de Él no podemos hacer nada. No obstante, como afirma I. Howard Marshall:

«Juan utiliza, por tanto, el verbo «permanecer» [seguir en] para expresar la necesidad de que los discípulos persistan en su compromiso personal con Jesús; la permanencia de Jesús en ellos no es un proceso automático independiente de la actitud que ellos tienen para con Él, sino la otra cara de su permanencia en Él. De igual modo que se emplaza a los hombres a creer en Jesús, también se emplaza a los discípulos a que permanezcan en Él, es decir, a seguir creyendo.»[78]

En otras palabras, es la vinculación de las ramas con la vid —sin duda, una referencia a la unión del individuo con Cristo— lo que hace posible una vida caracterizada por las virtudes cristianas y su fruto. C. K. Barrett proclama que «esta unión, que comienza por su iniciativa [la de Jesús] y que fue sellada con su muerte a favor de ellos, se hace completa mediante el amor y la obediencia del creyente, y es la esencia del cristianismo».[79] No obstante, la figura que presenta Jesús habla de dos clases de ramas: aquellos que dan fruto y que son limpiados para poder ser más productivos; y los que no dan fruto, y son cortados por el viñador. Barrett afirma también:

«En cuanto a la identidad de las ramas infructuosas, la interpretación puede ser doble. Las primeras ramas de la vid de Dios eran los judíos; siendo éstas infructuosas (incredulidad), Dios las cortó (cf. Mateo 21:41, donde la idea es muy parecida, y también Roma-

---

[78] I. Howard Marshall, *Kept by the Power of God* (Minneapolis: Bethany, 1969), 183.
[79] C. K. Barrett, *The Gospel According to St. John*, 2d ed. (Philadelphia: Westminster, 1978), 470.

nos 11:17)... Esta parece haber sido la interpretación cristiana más antigua del simbolismo de la vid, y bien podría ser lo que Juan tenía en mente; sin embargo, la expresión [*en emoi*] muestra que esencialmente se está hablando de cristianos apóstatas... El cristiano infiel comparte su destino con las ramas infructuosas.»[80]

Por ello, los cristianos que no permanecen en Cristo se verán cortados de su unión con Cristo por la acción del Padre. El fin de tales personas es ser «recogidos, echados afuera y quemados».

Los arminianos reformados y otros arminianos acerca de la pérdida de la salvación

Hay dos cuestiones que distinguen al arminianismo reformado de las demás expresiones del arminianismo, especialmente del arminianismo wesleyano. Tales cuestiones se expresan mediante las preguntas: «¿Es remediable la pérdida de la salvación?» y «¿Cómo se pierde la salvación?» El lector con criterio ya conocerá la respuesta arminiana reformada a estas preguntas. Sin embargo, es importante profundizar un poco más respecto a estas dos importantes preguntas, aunque solo sea para distinguir al arminianismo reformado de las formas más conocidas de arminianismo.

La naturaleza irremediable de la apostasía

Como se ha explicado en la sección anterior, el Nuevo Testamento afirma que existe una forma de perder la Salvación: la apostasía mediante el abandono de la fe. Además, tal apostasía es irreparable. Cuando se comienza a hablar acerca de la posibilidad de la apostasía, surge inmediatamente la pregunta: «Existe algún remedio para alguien que habiendo sido salvo ha naufragado en cuanto a la fe? *¿Puede tal persona ser salva de nuevo?*»

La posición que se conoce de manera general y más amplia como arminiana respondería afirmativamente a esta pregunta. Adam Clarke, teólogo metodista y colaborador de John Wesley, escribió: «En un esta-

[80] Ibíd. 473–75.

do de prueba todo puede cambiar. Mientras tenemos vida podemos estar firmes o caer... No hay proverbio más verdadero que el que dice 'Mientras hay vida hay esperanza.' La prueba implica forzosamente la posibilidad de cambio».[81] Hablando acerca de la apostasía que se menciona en Hebreos 6, Robert Shank observa que tal apostasía «debe su carácter no a un mero acto pasado de abandono de la fe, sino también a una deliberada hostilidad hacia Cristo en el presente... Cabe la posibilidad de que esta condición de hostilidad deliberada y abierta pueda remediarse y que las personas en cuestión puedan ser restauradas al arrepentimiento y a la Salvación».[82]

John Wesley estaba en tensión respecto a la posibilidad de que la apostasía pudiera ser remediable. En sus *Notes* (Anotaciones) acerca de Hebreos 6:4–6 y en su obra «Serious Thoughts on the Perseverance of the Saints» (Solemnes pensamientos respecto a la perseverancia de los santos», Wesley afirmaba su convicción de que la renuncia a la Expiación de Cristo acarreaba la apostasía «total» o «final». Afirmó que esta forma de apostasía era irremediable.[83] Por el contrario, en su sermón «Un llamamiento a los apartados», Wesley plantea la cuestión de este modo:

«Si alguien pregunta: «¿Puede algún verdadero apóstata hallar misericordia de parte de Dios? ¿Puede alguien que 'ha naufragado en cuanto a la fe y a una buena conciencia,' recuperar lo que ha perdido? ¿Conoce usted algún caso en que alguna persona que halló redención en la sangre de Jesús, y cayó, fuera después restaurada, 'renovadas de nuevo para arrepentimiento?'» Rotundamente sí, sin duda y no solo una persona ni cien; estoy convencido de que son varios millares.... De hecho, caer y ser restaurado es una experiencia tan común a muchos creyentes, que lo que sí es poco frecuente es encontrar a alguno que no sea consciente de haberse apartado de Dios, en alguna medida, y quizá más de una vez, antes de ser establecido definitivamente en la fe.»[84]

Al utilizar la expresión «renovados de nuevo para arrepentimiento» y poniéndola entre comillas, es evidente que Wesley está aludiendo a

---

[81] Adam Clarke, *Christian Theology* (Salem, Ohio: Convention Book Store, repr. 1967), 366–67.
[82] Shank, *Life in the Son*, 318.
[83] «Serious Thoughts on the Perseverance of the Saints», en *Works*, 10:284–98.
[84] Sermon, «A Call to Backsliders», en *Works*, 6:525.

Hebreos 6:6 puesto que está hablando aquí de algunos que caen y son más adelante restaurados. De modo que, en contextos diferentes, hace afirmaciones discordantes con respecto a si la apostasía que encontramos en Hebreos 6 es o no irremediable. No obstante y a pesar de este hecho, Wesley sostuvo claramente que la condición perdida de los que se han apartado se podía remediar, y ello en repetidas ocasiones

Al igual que el propio Wesley, los wesleyanos generalmente usan indistintamente los términos «apartarse» y «apostatar» sin explicar las diferencias. Según el punto de vista de Wesley, la mayoría de los casos de la pérdida de la Salvación se deben a lo que el llamaba «apartamiento», en el que el creyente está viviendo en un estado de pecado no confesado. En su obra «Un llamamiento a los apartados», Wesley deja clara su convicción de que los apartados están perdidos.[85] Por ello, aunque Wesley creía que hay casos en los que se puede renunciar a la Expiación de Cristo de un modo tan absoluto que se entra en un estado irremediable de apostasía, la mayoría de casos de la pérdida de la Salvación (es decir, de apartamiento) son remediables por medio de la penitencia.

Por el contrario, los arminianos reformados insisten en que solo hay una forma en que el creyente puede perder la Salvación: un acto decisivo de apostasía, es decir apartarse del Dios vivo por incredulidad (Hebreos 3:12). Si una persona que ha sido salva llega a rechazar a Cristo, tal persona habrá puesto a un lado en ese preciso momento la causa instrumental de la salvación establecida por Dios. Ya que la imputación al pecador de la muerte sustitutoria de Cristo y su justicia absoluta requiere necesariamente la fe en Cristo. La fe es el medio por el que se lleva al pecador a su unión con Cristo así como la causa instrumental por medio de la cual se imparten los beneficios de la Salvación. Mi exégesis de los textos bíblicos referidos anteriormente (ver la sección «Una mirada más detallada a algunos textos clave») me lleva a creer que cuando alguien abandona la única condición que Dios pone a la Salvación, tal persona entra con ello en un estado de perdición espiritual sin retorno.

---

[85] Muchos arminianos, wesleyanos y teólogos de otras persuasiones, insisten en que si un creyente muere en un estado de pecado no confesado, tal persona será condenada. Los arminianos reformados dirían que, tras la muerte, uno es salvo o no; no hay un estado intermedio en el que la muerte de algún modo se convierte en el árbitro. Existen solo dos clases de personas: Los justificados (en Cristo) y los no justificados (fuera de Cristo). Si alguien está en Cristo en el momento de su muerte, esté o no tal persona en un estado de pecado no confesado, será glorificado. La muerte física no afecta a nuestra posición «en Cristo».

La causa de la apostasía

Al igual que Arminio, los arminianos reformados están interesados en mantener la mayor distancia posible con el pelagianismo. La idea católico romana de la «justicia inherente» en el creyente fue también sostenida por Grotius y los gubernamentalistas que le siguieron. Esta no es la idea reformada de la justicia que salva. Los arminianos reformados se sitúan plenamente dentro de la tradición reformada que afirma que las personas se justifican por la sola justicia de Cristo, que Dios les imputa por su fe en Cristo. La justicia inherente, la obediencia del creyente a los mandamientos de la Escritura, se relaciona con su crecimiento en la Gracia. Es una cuestión de progresiva santificación, no de Salvación.

La principal interpretación de la Expiación dentro de la tradición arminiano wesleyana, ha sido el de la posición gubernamental. Aunque estrictamente no puede catalogarse a Wesley de gubernamentalista, su vacilación acerca de esta cuestión tan vital de la imputación de la justicia de Cristo al creyente, no deja ver la constante lucha que experimentó con este acercamiento. Unas pocas citas breves bastarán para ilustrar esta lucha. En su sermón «Reflexiones acerca de la justicia imputada de Cristo» (1762), Wesley dice:

> «No me atrevo a insistir, ni tampoco a requerir que nadie la utilice [la expresión, justicia imputada de Cristo] porque no la encuentro en la Biblia. Si alguien sí la encuentra, tal persona ve mejor que yo.... ¿Y acaso esta forma de hablar no tiende de manera natural a hacer de Cristo el ministro del pecado? Puesto que si la propia obediencia personal de Cristo (como estas expresiones me conducen directamente a pensar) se convierte en mía en el momento en que creo, ¿puede acaso añadirse algo a esto? ¿Añade algún valor a la perfecta obediencia de Cristo que yo obedezca a Dios?»[86]

Estas dos últimas preguntas de Wesley me ayudan a plantear mi argumento: los méritos en que descansa mi justificación son los de Cristo. «¿Puede acaso añadirse algo a esto?» ¡Nada en absoluto! Unos cuantos años más tarde, Wesley negó de nuevo creer en la justicia imputada de Cristo. En esta ocasión lo hizo en su «Prefacio a un tratado sobre la justificación», y escribió:

---

[86] Sermon, «Thoughts on the Imputed Righteousness of Christ», en *Works*, 10:315.

«No es bíblico; no es necesario.... Sin embargo, ha hecho un daño inmenso. Tengo abundantes pruebas, de que el uso frecuente de esta expresión innecesaria [la justicia imputada de Cristo], en lugar de «fomentar el progreso de las personas en una santidad que es vital», las ha dejado satisfechas sin poseer santidad alguna.»[87]

La razón por la que Wesley deseaba distanciarse del concepto reformado de la justicia de Cristo que le es imputada al creyente, estaba en su preocupación por que esta doctrina acabara conduciendo al antinomianismo.[88] Por otra parte, Wesley también sostuvo, junto con la Iglesia de Roma y los gubernamentalistas, que el punto de vista reformado de la imputación constituía una «ficción legal». En su sermón sobre «La Justificación por la Fe» Wesley proclama:

«La Justificación tampoco implica, que Dios sea engañado en aquellos a quienes justifica; que Él piense que son lo que, de hecho, no son; que les considere lo contrario de lo que son.... el juicio del Dios perfectamente sabio es siempre según verdad. Ni tampoco puede pensar, asistido por su infalible sabiduría, que yo sea inocente, juzgar que yo sea justo o santo, por el hecho de que otro lo sea. En este sentido, Dios no puede confundirme con Cristo más que con David o Abraham.»[89]

No obstante, en su sermón titulado «El Señor Nuestra Justicia», Wesley dijo:

«Por tanto, no niego la justicia de Cristo, ni niego que sea una de las personas de la Trinidad... Tampoco niego la justicia imputada: esta es otra acusación desagradable e injusta que se me hace. Siempre he afirmado, y sigo haciéndolo constantemente, que la justicia de Cristo le es imputada a todo creyente. ¿Quién lo niega?...»[90]

Parece obvio que Wesley no estaba claramente definido acerca de esta importante cuestión de la fe reformada. En varias ocasiones utilizó la expresión «la imputación de la justicia de Cristo», sin embargo por

---

[87] «Preface to a Treatise on Justification», en *Works*, 10:318.
[88] Ver *Works*, 10:315, 326, 328.
[89] Sermon, «Justification by Faith», en *Works*, 5:57.
[90] Sermon, «The Lord Our Righteousness», en *Works*, 5:242.

medio de su locución característica «por causa de» despojó a la idea de todo su contenido reformado. Wesley escribió:

> «Sin embargo, ¿en qué sentido les es esta justicia imputada a los creyentes? En este: todos los creyentes son perdonados y aceptados no por causa de algo que haya en ellos ... sino por completo y únicamente *por causa de* lo que Cristo ha hecho y sufrido por ellos.... El significado es que Dios justifica al creyente *por causa de* la justicia de Cristo.»[91]

El punto de vista de Wesley no es el reformado. Él no adoptó una interpretación legal de la justificación entendiendo que la justicia de Cristo se pone en la cuenta del creyente. Wesley sostenía más bien que «la sencilla idea bíblica de la justificación es la del *perdón*, la remisión de los pecados. Es el acto de Dios Padre, mediante el cual, por causa de la propiciación llevada a cabo por la sangre de su Hijo, manifiesta su justicia (o misericordia) por medio de la *remisión de los pecados pasados*».[92] De hecho, según el enfoque de Wesley, cuando el pecador es justificado, su condición pecaminosa no desaparece, ni tampoco la maldición del pecado original. Lo que recibe el justificado es el perdón de cada pecado que ha cometido hasta el momento en que confió en Cristo.

La afirmación de Wesley en el sentido de que la Expiación de Cristo, cuando se aplica al creyente, es únicamente eficaz para el perdón de los pecados pasados tiene grandes implicaciones para la perseverancia en la vida cristiana. De hecho, ¿qué es lo que, en realidad, sucede cuando el cristiano peca? Wesley menciona esta cuestión en su sermón «Los frutos del Espíritu»:

> «¿Dirás acaso, "He pecado de nuevo después de haber sido redimido por su sangre?" ... En tal caso debieras aborrecerte .... ¿Pero crees ahora ?... En cualquier momento en que verdaderamente crees en el nombre del Hijo de Dios, todos los pecados anteriores se desvanecen.... Y no digas, "ya fui justificado una vez; mis pecados me fueron perdonados": no sé que decirte; ni tampoco discutiré si lo fueron o no. Quizá sea imposible saberlo en este momento... Sin embargo, sí

---

[91] *Works*, 5:238–40.
[92] Sermon, «Justification by Faith», en *Works*, 5:57 (cursivas del autor).

sé, con total certeza, que "el que comete pecado es del diablo". Por tanto, tú eres de tu padre, el diablo.»[93]

De modo que, para Wesley, si un creyente peca, no puede saber si antes ha sido o no salvo: puede que sí o puede que no. Solo puede saber que si ha pecado, es de su padre, el diablo.

No veo ningún otro modo de interpretar esto que diciendo que si un creyente comete un solo pecado, este pecado le hace estar perdido y le convierte de nuevo en un hijo del diablo, hasta el momento en que se arrepienta. Si este es el punto de vista que propugnó Wesley, es un punto de vista ciertamente severo. Es evidente que muchos dentro de la tradición wesleyana profesan este enfoque. W. T. Purkiser, por ejemplo, comentando 1 Juan 2:1–2, afirma que:

«Juan está alentando al alma que se ve sumergida en algún pecado bajo la presión de una intensa tentación, y que lo confiesa de manera inmediata, renuncia a él y hace suyos los servicios del Abogado para que le sea perdonado. Un pecado como este, al cual se renuncia de manera tan clara, produce *únicamente una ruptura momentánea con el Padre*.»[94]

Esta idea de una «ruptura con el Padre», momentánea o no, me resulta inquietante. Sin embargo, revela una de las diferencias fundamentales entre los arminianos reformados y los arminianos wesleyanos. Para los arminianos reformados, solo puede haber una clase de «ruptura con el Padre». Tiene lugar mediante la apostasía y es irreversible.

Resumen

Quiero terminar resumiendo las principales diferencias entre los arminianos reformados y los arminianos wesleyanos y planteando dos preguntas.

¿Qué es lo que produce la pérdida de la Salvación? Los wesleyanos dicen que el pecado intencionado y no confesado constituye un esta-

---

[93] Sermon, «The Fruits of the Spirit», en *Works*, 5:95.
[94] W. T. Purkiser, *Security: The False and the True* (Kansas City, Mo: Beacon Hill, 1956), 24 (cursivas del autor).

do de alejamiento de Dios que lleva al individuo a la perdición. Los arminianos reformados, por el contrario, sostienen que solo la renuncia a la fe en Cristo puede apartar a alguien de su unión con Él. Sin embargo, aparte de este único acto de apostasía, el creyente se encuentra en unión con Cristo y está, por tanto, justificado por los méritos de Cristo.[95]

¿Es remediable la pérdida de la Salvación? Los wesleyanos dirían que sí. Cada vez que alguien se arrepiente, Dios renueva su perdón que se aplica a todos los pecados cometidos hasta este punto. Los arminianos reformados no están de acuerdo. Según este punto de vista, la Salvación de Dios que se nos ofrece en Cristo Jesús no es algo que está tambaleándose constantemente en frágil equilibrio. La propia salvación descansa en el hecho de estar *en Cristo* por la fe. Por ello, «ninguna condenación hay para los que están en Cristo Jesús» (Romanos 8:1).

El pecado en la vida del creyente es un asunto solemne. Dios se lo toma con gran seriedad, y así deben hacerlo también tanto la Iglesia como el creyente individual. No obstante, hemos de entender bien hasta dónde llegan las consecuencias del pecado. La Biblia deja claro que todos somos pecadores (Romanos 3:10–18). Sin embargo, la Salvación de Dios no se consigue haciendo borrón y cuenta nueva. La *Justificación* ante Dios no se logra dejando de pecar, sino por la fe en Cristo. Por tanto, tampoco por pecar después de ser salvo se deja de *estar justificado* ante Dios. Esto solo puede suceder cuando el individuo rechaza la fe en Cristo y renuncia a ella, lo cual es la única condición de Dios para la Salvación, puesto que es la fe en Cristo lo que conduce al individuo a la unión con Él.

A todo aquel que es justificado por la fe se le imputan (se ponen en su cuenta) los méritos de la vida perfectamente justa de Cristo y su muerte sustitutoria. Por ello, Dios únicamente justifica a *los creyentes* por los méritos de Cristo (no los de ellos). No obstante, si alguien se convierte de nuevo en *incrédulo*, lo cual no es probable, pero sí posible dado que tal individuo es un ser personal, en este caso Dios le corta de la vid verdadera que es Cristo Jesús (Juan 15:2, 6). Por ello, el acto de la apostasía es irreversible (Hebreos 6:4–6).

---

[95] Judith Gundry Volf, una calvinista, hace una sucinta declaración respecto a la concepción de Pablo del pecado, después de la conversión que refleja la posición arminiana reformada: «Pablo no hace depender la salvación final de los cristianos de su arrepentimiento de los pecados cometidos después de la conversión, aunque sin lugar a dudas considera tal arrepentimiento como algo deseable» *Paul and Perseverance: Staying In and Falling Away* [Louisville, Ky.: Westminster/John Knox, 1990], 157).

Una respuesta del calvinismo clásico a Stephen M. Ashby

Michael S. Horton

La aportación de Stephen Ashby representa una corrección muy necesaria de las caricaturas respecto a las ideas que sostuvo Arminio. Sus propias citas de fuentes arminianas wesleyanas reconocidas, pone de relieve que la posición arminiana dominante representa un movimiento hacia Pelagio con respecto a la depravación total, la Expiación sustitutoria y la Justificación mediante la imputación de la justicia. Sin embargo, algunos estudios que se han hecho recientemente parecen confirmar el intento de Ashby de rescatar a Arminio del arminianismo.[96]

Ashby comienza observando las similitudes entre las perspectivas de Arminio y del calvinismo. Su exposición justifica su conclusión de que «esta idea de la depravación total es reformada hasta la médula», aunque algún lector reformado pueda cuestionar su coherencia con la doctrina de la Gracia preveniente que propugnaba Arminio en lugar de la Gracia eficaz. La defensa de Ashby de la Justificación y de la Expiación sustitutoria, bien documentada con citas del propio Arminio, pone de relieve cuán poco arminiano ha llegado realmente a ser la mayor parte del arminianismo posterior. (¡La mayoría de los arminianos de nuestros días probablemente considerarían las ideas de Arminio como demasiado reformadas!)

De modo que, ¿dónde están las diferencias? Ashby señala cuáles son las preguntas clave: «¿Cómo podemos estar *en Cristo*? ¿Qué es lo que produce la imputación? ¿Lo hace, acaso, un entendimiento particularista del decreto inalterable de Dios, fundamentado únicamente en su beneplácito? Si esto es así, entonces los calvinistas tienen razón al afirmar sus ideas de una elección incondicional, una Gracia irresistible, y una necesaria perseverancia de los santos». Por supuesto, Ashby no piensa que esto sea así y afirma: «Este punto de vista, sin embargo, presupone un particularismo en el establecimiento del *ordo salutis* (el orden de la salvación)». Como muchos de sus críticos, Ashby acusa a la teología reformada de imponer sus presuposiciones (por regla general, a partir de

---

[96] Ver especialmente la obra de Richard A. Muller, *God, Creation and Providence in the Thought of Jacob Arminius* (Grand Rapids: Baker, 1991).

la lógica en lugar de la Escritura) a los textos. Puesto que esta es una tendencia que he censurado en otro ensayo, no sería acertado pasar de puntillas sobre esta acusación.

En primer lugar, nadie debiera escandalizarse ante la idea de que todos nos acercamos a la Escritura con ciertas presuposiciones. En el caso de que alguien consiguiera no tener ninguna, la interpretación como tal no sería posible. Además, la analogía de la Escritura æla propia Escritura interpreta la Escrituraæ requiere que nos acerquemos a algunos textos teniendo en mente otros textos tanto como sea posible, y en especial la enseñanza total de la Escritura. El verdadero asunto, por tanto, no es si nos acercamos o no al texto con presuposiciones, sino si lo hacemos con las presuposiciones correctas, con las más bíblicas.

¿Por qué presuponen los calvinistas «un entendimiento particularista del decreto inalterable de Dios, fundamentado únicamente en su beneplácito?» Si fuera meramente una deducción lógica a partir de una hipotética conjetura, ello significaría, sin duda, imponer los propios criterios a la Palabra de Dios en lugar de sujetarse a ella. Sin embargo, la teología reformada sostiene esta presuposición, porque está convencida (no coaccionada) por la Escritura acerca de este asunto. Ahí van algunos ejemplos de presuposiciones bíblicas que llevamos a los pasajes en conflicto acerca del tema de la incapacidad humana y del nuevo nacimiento:

- Isaías 65:1: «Me dejé buscar por los que no preguntaban por mí; me dejé hallar por los que no me buscaban».
- Ezequiel 11:19: «Yo les daré un solo corazón y pondré un espíritu nuevo dentro de ellos. Y quitaré de su carne el corazón de piedra y les daré un corazón de carne».
- Ezequiel 37:3–6: Y Él me dijo: Hijo de hombre, ¿vivirán estos huesos? Y yo respondí: Señor DIOS, tú lo sabes. Entonces me dijo: Profetiza sobre estos huesos, y diles: «Huesos secos, oíd la palabra del SEÑOR. «Así dice el Señor DIOS a estos huesos: 'He aquí, haré entrar en vosotros espíritu, y viviréis. 'Y pondré tendones sobre vosotros, haré crecer carne sobre vosotros, os cubriré de piel y pondré espíritu en vosotros, y viviréis; y sabréis que yo soy el SEÑOR.'»
- Daniel 4:35: Y todos los habitantes de la tierra son considerados como nada, mas Él actúa conforme a su voluntad en el ejército del cielo y entre los habitantes de la tierra; nadie puede detener su mano, ni decirle: «¿Qué has hecho?»

- Lucas 17:5: «Y los apóstoles dijeron al Señor, 'Auméntanos la fe!'»
- Juan 1:12–13: «Pero a todos los que le recibieron, les dio el derecho de llegar a ser hijos de Dios, es decir, a los que creen en su nombre, que no nacieron de sangre, ni de la voluntad de la carne, ni de la voluntad del hombre, sino de Dios».
- Juan 6:37, 44: «Todo lo que el Padre me da, vendrá a mí; y al que viene a mí, de ningún modo lo echaré fuera... Nadie puede venir a mí si no lo trae el Padre que me envió, y yo lo resucitaré en el día final».
- Juan 15:5, 16, 19: «... Separados de mí nada podéis hacer.... Vosotros no me escogisteis a mí, sino que yo os escogí a vosotros.... yo os escogí de entre el mundo».
- Hechos 13:48: «Oyendo esto los gentiles, se regocijaban y glorificaban la palabra del Señor; y creyeron cuantos estaban ordenados para vida eterna».
- Hechos 16:14: «Y el Señor abrió su corazón [el de Lidia] para que recibiera lo que Pablo decía».
- Romanos 2:4: «la bondad de Dios te guía al arrepentimiento».
- Romanos 8:30: «y a los que predestinó, a ésos también llamó; y a los que llamó, a ésos también justificó; y a los que justificó, a ésos también glorificó».
- Romanos 9:15–16: «Porque Él dice a Moisés: TENDRÉ MISERICORDIA DEL QUE YO TENGA MISERICORDIA, Y TENDRÉ COMPASIÓN DEL QUE YO TENGA COMPASIÓN. Así que no depende del que quiere ni del que corre, sino de Dios que tiene misericordia».
- Romanos 11:5–7: «Y de la misma manera, también ha quedado en el tiempo presente un remanente conforme a la elección de la Gracia de Dios. Pero si es por Gracia, ya no es por obras, de otra manera la Gracia ya no es Gracia. Y si por obras, ya no es Gracia; de otra manera la obra ya no es obra. Entonces ¿qué? Aquello que Israel busca no lo ha alcanzado, pero los que fueron escogidos lo alcanzaron y los demás fueron endurecidos»;
- 1 Corintios 2:14: «Pero el hombre natural no acepta las cosas del Espíritu de Dios, porque para él son necedad; y no las puede entender, porque se disciernen espiritualmente».
- Efesios 1:11: «también hemos obtenido herencia, habiendo sido predestinados según el propósito de aquel que obra todas las cosas conforme al consejo de su voluntad...».
- Efesios 1:19: Creemos según «la extraordinaria grandeza de su poder».

- Efesios 2:1–5: «Y Él os dio vida a vosotros, que estabais muertos en vuestros delitos y pecados... y éramos por naturaleza hijos de ira, lo mismo que los demás. Pero Dios, que es rico en misericordia, por causa del gran amor con que nos amó, aun *cuando estábamos muertos en nuestros delitos,* nos dio vida juntamente con Cristo (por Gracia habéis sido salvados)» (cursivas del autor).
- Filipenses 2:13: «Porque Dios es quien obra en vosotros tanto el querer como el hacer, para su beneplácito».
- 2 Timoteo 2:25: ... «por si acaso Dios les da el arrepentimiento que conduce al pleno conocimiento de la verdad».
- Santiago 1:18: «En el ejercicio de su voluntad, Él nos hizo nacer por la palabra de verdad».

Además, no son tan solo los textos probatorios, sino la enseñanza sistemática de la Escritura respecto a estos puntos lo que nos parece un tapiz entretejido con gran coherencia, no por los calvinistas, sino por el propio autor de la Escritura. Si bien Ashby es en gran medida imparcial con la posición reformada, incurre en algunos errores al plantearla. Por ejemplo, dice que Berkhof (un destacado teólogo reformado del siglo XX), hablando del pacto de la Gracia, niega «que la oferta del pacto sea para todos». Si Ashby quiere decir con ello que Berkhof niega que esta oferta se haga a todas las personas (y creo que es lo que quiere decir), está en un error. De hecho, Berkhof, como es típico de los teólogos reformados, enumera como primera característica del llamamiento externo de Dios, que éste «es general o universal».[97]

Más adelante, Ashby repite este error: «Por supuesto, los calvinistas replicarían sin duda que si decimos que el llamamiento de Dios es para todos y que su Gracia alcanza también a todos, entonces no podemos creer en la depravación total». Puede que Ashby piense que esto es la consecuencia lógica, sin embargo, no es la posición reformada. La oferta universal y libre del Evangelio es una preciada doctrina de los principales sistemas de la tradición reformada. Hasta los Cánones de Dort, de donde se derivan las doctrinas de la Gracia, declaran:

«Esta muerte del Hijo de Dios es la ofrenda y la satisfacción única y perfecta por los pecados, y de una virtud y dignidad infinitas, y sobradamente suficiente como Expiación de los pecados del mundo

---

[97] Louis Berkhof, *Teología Sistemática*, T.E.L.L., Grand Rapids, 1983, pp. 549-552.

entero. Existe además la promesa del Evangelio de que todo aquel que crea en el Cristo crucificado no se pierda, sino que tenga vida eterna; promesa que, sin distinción, debe ser anunciada y proclamada con mandato de conversión y de fe a todos los pueblos y personas a los que Dios, según su beneplácito, envía su Evangelio.»[98]

En contraste con los grupos hipercalvinistas, en su tarea evangelizadora las iglesias calvinistas hacen llamamientos que generalmente no podrían distinguirse (ni por lo que respecta a su alcance ni por lo que hace a su solemnidad) de los que hacen otras iglesias. Si la descripción que hace Ashby fuera correcta, ¿cómo podrían ser calvinistas un número tan elevado de los evangelistas y de los principales dirigentes del moderno movimiento misionero? En sus mensajes, estos misioneros pueden decir «Venid a mí, todos los que estáis cargados y cansados». «Cualquiera que lo desee que venga», sin cruzar los dedos o tener una sensación de estar ofreciendo algo en cierto modo fraudulento.

Entendemos tales llamamientos en su sentido más completo: Dios no discrimina a nadie en su invitación a las bodas. La elección es un secreto divino que no podemos sondear. «A los que predestinó, a ésos también llamó», nos dice Pablo, pero nosotros no sabemos quién ha sido predestinado o llamado interiormente. Esto no es asunto nuestro. Nuestra tarea es sencillamente invitar a todo el mundo a la fiesta y orar para que Dios les lleve a todos a un conocimiento salvífico de Cristo. El hecho de que Dios llame únicamente a los predestinados no significa que nosotros tengamos que hacer lo mismo. El «llamamiento externo» de Cristo se ofrece a todos sin distinción, aunque «Nadie puede venir a mí si no lo trae el Padre» (Juan 6:44).

Además, los calvinistas no negamos que los pecadores se resistan a la invitación de Dios (el llamamiento externo). ¿Cómo podríamos hacerlo, cuando la Escritura enseña con toda claridad que es así? De hecho, esto confirma nuestro concepto de la depravación total. Como Jesús dijera acerca de los fariseos, nuestra actitud es de una resistencia constante. Esta es nuestra contribución a la Salvación: ¡pecado y resistencia! No obstante, la Gracia eficaz es distinta de la común, y el llamamiento eficaz, distinto del universal. A partir de lo que vemos en la Escritura, parece evidente que Cristo invita a todos a ser salvos y sin embargo solo los escogidos responden a su llamamiento. De modo que,

---

[98] *Los cánones de Dort*, Feliré, 1982, 2.4–5.

esta distinción parece tener un buen fundamento exegético y gozar de amplia confirmación en nuestra propia experiencia. Sin embargo, el que algunas personas respondan y otras no, no puede atribuirse a nuestra propia disposición o capacidad moral, sino a la maravillosa Gracia de Dios.

En una de las citas de Robert E. Picirilli se evidencia otro malentendido: «Si el Nuevo Testamento deja claro que la Salvación es condicional, no nos atrevemos entonces a «leer» los términos no revelados de un hipotético pacto de la Redención de tal manera que se destruya esta condicionalidad». Los reformados sí afirmamos que la Salvación (es decir, la Justificación) es condicional en el sentido de que hay que creer para poder ser justificado. Por otra parte, para poder creer también hay que oír la predicación del Evangelio (esto es otra condición). No obstante, una condición no es una causa eficaz. En otras palabras, si alguien cierra una puerta, tal acto es el que produce el efecto de que dicha puerta se cierre, sin embargo, cuando alguien cree en Cristo le recibe de manera pasiva. Sin duda, es una recepción pasiva que inmediatamente se convierte en una fe activa que produce buenos frutos. Sin embargo, por lo que respecta a la Justificación, esta fe no hace nada más que recibir algo consumado. El sentido que le damos a la palabra «condición», establece una notable diferencia.

Por otra parte, el arrepentimiento y la fe son condiciones vinculadas al pacto de la Gracia, no al de la Redención. Puesto que ya he defendido estas distinciones en la exposición de mi posición, solo quiero ahora recalcarlas. El pacto de la Redención es un pacto eterno e incondicional que se establece entre el Padre, el Hijo, y el Espíritu Santo. Está claramente en el trasfondo de algunos pasajes a los que ya me he referido en mi exposición. El Padre elige a su pueblo «en Cristo», a quien le es encargada la obra de la Salvación, que el Espíritu Santo se encargará de aplicar y preservar.

No obstante, el pacto de la Gracia se lleva a cabo entre Dios y su pueblo. Este pueblo está formado por agentes morales que reciben el trato de socios (aunque el arrepentimiento y la fe necesarios para su Salvación son dones que les otorga el propio Dios). Aún así es necesario que respondan. Pertenecer a la comunidad del pacto no es suficiente, si no hay una fe personal (Hebreos 4:2). Por tanto, la teología del pacto afirma también «el carácter condicional» que Picirilli y Ashby correctamente subrayan. Al confundir el pacto de la Redención con el pacto de la Gracia, sus críticas están mal encaminadas y pierden su sentido.

Más adelante, Ashby vuelve a hablar en su exposición del calvinismo como un sistema que sigue la lógica en lugar de la Escritura: «Y yo, si soy levantado de la tierra, atraeré a todos a mí mismo» (Juan 12:32). Por supuesto, los calvinistas dirían a esto, «si todos son capacitados y atraídos, la conclusión ha de ser entonces y necesariamente el universalismo: todos serían salvos». No dudo que pueda haber algún calvinista mal informado que plantee este argumento, pero no sería nuestra forma habitual de exponer nuestra posición.

En lugar de responder con un argumento lógico (especulativo, de hecho) preferimos considerar lo que dice Juan 6: ¿Vemos acaso que Dios capacite y atraiga a todo el mundo para Salvación? Existen otros pasajes, como los relacionados anteriormente en esta respuesta, a los que tendríamos que recurrir para poder interpretar Juan 12:32. A no ser que la Escritura se contradiga a sí misma, Juan no puede estar afirmando algo que otros apóstoles, Jesús, o incluso él mismo niegan en otro lugar. Si está claro por lo que dice la Escritura que Dios capacita, atrae y llama eficazmente únicamente a «los que predestinó», a los «que estaban ordenados para vida eterna», etcétera, ¿acaso no podemos entonces entender que Juan 12:32 está haciendo referencia al grupo de aquellos que Dios atraerá a sí mismo?

Hay, sin duda, un sentido en el que todo el mundo será salvo: no en referencia a todas y cada una de las personas que lo forman, sino en términos de representación. Situémonos en el contexto del Evangelio de Juan, que se dirige especialmente a la misión universal de la Iglesia más allá de Palestina, ¿acaso no percibimos la maravillosa proclamación de que en su Cruz Jesús fue levantado en el desierto en esta ocasión no solo para Israel, sino también para las naciones? Éste es el auténtico universalismo que los calvinistas abrazan gozosamente. Es una fuerza centrífuga que comenzando en Jerusalén se mueve poderosamente hacia Judea, Samaria, y lo último de la Tierra. Todos aquellos que miran a este Cordero de Dios crucificado constituyen la verdadera descendencia de Abraham, sean judíos o gentiles. ¡Él es la Luz del mundo!

Y si podemos decir que el mundo ha sido salvo mediante un remanente tan pequeño como Noé y su familia, Juan tiene entonces toda razón para consignar en su Apocalipsis el himno celestial entonado en honor del Cordero: «Digno eres de tomar el libro y de abrir sus sellos, porque tú fuiste inmolado, y con tu sangre compraste para Dios a gente *de toda tribu, lengua, pueblo y nación*» (Apocalipsis 5:9).[99] Aunque los

---

[99] Cursivas del autor.

arminianos no estén de acuerdo con nuestra exégesis, tengo la esperanza de que, al menos, podamos superar la caricatura de que una escuela fundamenta sus conclusiones en la Escritura mientras que la otra depende de hipótesis filosóficas y lógicas.

El análisis que hace Ashby de la posición de Geisler, y que ilustra con citas del libro de este último *Chosen But Free*, es lúcido e imparcial. Observa correctamente que la posición de Geisler no es sino «calvinismo de un punto» lo cual hace un tanto extraña su pretensión de representar al «calvinismo moderado». A esto solo quiero añadir, como he hecho ya en mi respuesta a Geisler, que su posición no puede siquiera definirse como «calvinismo de un punto», puesto que su idea de la seguridad eterna no coincide con la doctrina reformada de la perseverancia de los santos. Por otra parte, el minucioso análisis de Ashby de los pasajes importantes tiene mucho en común con la exégesis reformada. No obstante, como he explicado en mi propia exposición, el modelo del pacto proporciona un marco para entender estos pasajes y considerarlos con igual seriedad sin adoptar la posición arminiana.

Pese a que Ashby se identifica con la teología reformada clásica (acerca de la depravación, la Justificación, la Expiación, y la necesidad de la Gracia preveniente), concluye diciendo que «los arminianos reformados concuerdan con casi todos los autores arminianos respecto a la cuestión filosófica entre el determinismo y el libre albedrío». Si consideramos que la concepción arminiana del determinismo y del libre albedrío se basa en la idea popular arminiana de la depravación y de la Gracia de la que Ashby quiere distanciarse, esto solo puede llevar a una cierta inconsistencia. Al fin y al cabo, esta no es una cuestión de carácter filosófico, sino teológico. El hecho de que la voluntad está sometida por el pecado como resultado de la Caída y que, por tanto, solo puede ser liberada por Dios desde afuera, es una cuestión esencial de lo que entendemos por ser «salvo por Gracia».

Al negar la elección incondicional hacemos que la determinación salvífica de Dios descanse en algo que hay en nosotros (la fe) y no en Dios (su misericordia), y esto representa cambiar la doctrina bíblica de la libertad humana por una de carácter filosófico. Esto representa una transformación de la fe que en lugar de un don divino pasa a ser una posibilidad divina, «aquello» que hacemos —o en realidad una de las varias cosas que hacemos— para que la Salvación sea eficaz. Esta idea está en el mismo centro de todos los acercamientos sinérgicos que acaban menoscabando la clara proclamación de la Gracia salvífica de Dios en Cristo.

No hay duda de que Arminio fue un ministro ordenado y profesor de la Iglesia Reformada Holandesa. No obstante, los remonstrantes fueron cesados de sus ministerios y posteriormente fundaron una denominación aparte. En nuestro tiempo, el término «reformado» se ha extendido tanto en su significado que aun los arminianos pueden hacerlo suyo. Sin embargo, en relación con esto hay que señalar dos cosas. En primer lugar, la teología reformada no viene definida por ningún individuo —ni siquiera los reformadores— sino por sus confesiones. Los Cánones de Dort y las Normas de Westminster, que siguieron al debate arminiano, rechazaron explícitamente los «Cinco Puntos» del arminianismo.

En segundo lugar, las cuestiones en que Arminio (y Ashby) está de acuerdo con el calvinismo no son característicamente reformadas. Quiero decir con esto, que no somos los únicos que abrazan las doctrinas de la depravación total, la Expiación sustitutoria, y la Justificación mediante la imputación de la justicia de Cristo, como cosas centrales de nuestro sistema. Los luteranos confesionales y los bautistas, por no decir la gran mayoría de los evangélicos, también afirman estas verdades. Lo que hace que el calvinismo (como sinónimo de «reformado») sea más que evangélico es lo que éste sostiene a diferencia de otros movimientos procedentes de la Reforma. Aunque Ashby es sin duda un arminiano evangélico, en mi opinión no ha demostrado con suficiente claridad que sea un «arminiano reformado» (o que exista tal híbrido).

La teología reformada ha sostenido generalmente que los arminianos no niegan necesariamente el Evangelio merced a lo que se ha dado en llamar una «feliz inconsistencia». La admirable defensa que hace Ashby de la depravación, la satisfacción penal, y la Justificación pone de relieve los aspectos evangélicos del pensamiento de Arminio, sin embargo, el resto de su compromiso con la elección condicional y con un punto de vista autónomo de la libertad humana representa la perpetua amenaza del arminianismo.

Una respuesta calvinista moderada a Stephen M. Ashby

Norman L. Geisler

Áreas de acuerdo

En primer lugar, estamos de acuerdo en que el arminianismo clásico representa un punto de vista «reformado». Los calvinistas radicales tampoco tienen en esto los derechos exclusivos de adscripción a este término. Asimismo, los arminianos reformados tienen razón cuando afirman que los calvinistas radicales fabrican a menudo «hombres de paja» en sus polémicas con los demás. Una lectura, aun superficial, de las obras de Arminio pone de relieve la medida en que era calvinista y reformado. Ciertamente, el estereotipo popular del arminianismo no encaja en absoluto con las convicciones del propio Arminio.

Estamos igualmente de acuerdo en que, con demasiada frecuencia, se ha impuesto a las ideas de Arminio una lectura wesleyana. Arminio mantuvo sin duda un punto de vista muy sólido de la depravación humana, marcado por su insistencia en la necesidad de la Gracia de Dios. En esta misma línea, el arminianismo reformado está en lo cierto cuando se niega a aceptar la etiqueta de «pelagiano», que a menudo y de manera impropia le ponen los calvinistas radicales.

Por otra parte, estamos igualmente de acuerdo con los arminianos reformados y en contra de los calvinistas radicales en que estos últimos asumen con frecuencia y erróneamente la Expiación limitada («el particularismo») como un a priori. Imponen al texto bíblico su concepción de la Expiación en lugar de permitir que tal concepción surja de lo que afirma la Escritura. Asumen sistemáticamente esta idea particularista y luego fuerzan al texto para que encaje con ella. La restricción del término «mundo» a los escogidos (que ya antes hemos observado) es solo un ejemplo. Hacer que «todos» signifique «algunos» en 1 Timoteo 2:4 es otra muestra de lo mismo. Los calvinistas radicales se acercan al texto de la Escritura con un sistema estrictamente cohesionado por la lógica. Pero que no se deriva solo de la Escritura

También coincidimos con la afirmación de que, aunque no existen condiciones para impartir la Salvación, sin embargo, la fe es la condición para recibirla. Esto se debe a que en la Salvación, Dios opera con los pecadores mediante el principio de «influencia y respuesta» y no «como una ola gigantesca que deja al pecador anonadado». Es decir, Dios no aplica una Gracia irresistible a personas que no quieren ser salvas. En el momento de la conversión no viola nuestro libre albedrío.

Además, los arminianos reformados tienen razón en su observación de que los humanos caídos están «muertos en sus pecados» y son incapaces de llevar a cabo ningún bien espiritual por sí mismos. Es decir, no pueden iniciar ni lograr su salvación. Solo pueden recibirla como un don de Dios. Solo somos capaces de creer después de que Dios haya obrado en nuestro corazón, no antes.

Es más, coincidimos también en que Charles Stanley está en un error al afirmar que una persona puede ser verdaderamente salva aunque deje de creer en Cristo. Este punto de vista, que se inició con Zane Hodges, carece de apoyo bíblico, como he demostrado en mi exposición.

Estamos, asimismo, de acuerdo en que la cuestión de la pérdida de la Salvación no debería decidirse principalmente sobre razonamientos lógicos sino bíblicos. Esto no quiere decir que no puedan utilizarse buenos argumentos que sean lógicos y coherentes con la Escritura en su apoyo, como yo mismo he procurado hacer.

En contraste con lo que creen muchos arminianos wesleyanos, estamos de acuerdo en que cometer pecados o dejar de confesarlos no produce la pérdida de la Salvación. Esto se aplica aun a pecados deliberados. Por tanto, el hecho de que se peque después de la Salvación no anula la Justificación.

Por último, coincidimos también en que la fe es una causa instrumental de la Salvación. Es decir, que Dios utiliza la fe como causa secundaria para la recepción del don de la Salvación. De modo que, Dios es la Causa primaria de nuestra *recepción* de la Salvación, y la libre elección, la secundaria. Y solo Dios es la Causa primaria de la *fuente* de la Salvación.

Áreas de desacuerdo

A pesar de las coincidencias que acabamos de mencionar, los calvinistas moderados estamos en desacuerdo con los arminianos reformados acerca de muchas e importantes cuestiones. En primer lugar, nosotros sí creemos que puede haber una relación de «causa y efecto» entre Dios y las criaturas libres en la esfera de la Salvación. El error de la concepción contraria radica en no entender la diferencia entre la Causa primaria (Dios) y la secundaria (criaturas libres), una diferencia que reconoce incluso la Confesión de Fe de Westminster (3:1). Según el concepto clásico de Dios,[100] todos los efectos (incluso los derivados de la libertad de acción) preexisten en Él, por tanto aun los actos libres pueden ser efectos de Dios sin que la Causa primaria destruya la libertad que dio a estos agentes libres. Dios proporciona *el hecho* de la libertad, pero los humanos llevan a cabo los *actos* libres. El *poder* de la libre elección procede de Dios, pero el *ejercicio* de tal poder concierne a los seres humanos.

Además, contrariamente a lo que afirman los arminianos reformados, Dios no puede ejercer una completa soberanía (control) sobre todos los acontecimientos sin que haya una relación de causa y efecto entre Él y sus criaturas. Sin tal relación, la voluntad de Dios dependería meramente de su presciencia respecto a las acciones de sus criaturas libres. Pero obviamente, el Dios totalmente independiente y que ejerce un control completo y soberano de todas las cosas (incluidas las acciones libres de sus criaturas), no puede ser dependiente.[101]

Es más, no estamos de acuerdo con la afirmación de que la elección esté «condicionada por la fe en Cristo». Como sucede en el caso de los calvinistas radicales, esto es imponer al texto las conclusiones del propio sistema teológico en lugar de extraer el significado del texto en su contexto. La Salvación es un don totalmente incondicional (Romanos 11:29), como afirman los calvinistas de todas las persuasiones. Si fuera condicional, Dios no sería entonces la Causa Soberana y Última de todas las cosas, como afirma la Biblia que es.[102] Ni tampoco podría existir la Gracia incondicional, cuya realidad la Biblia enseña con toda claridad (Romanos 11:6; Efesios. 2:8–9; Tito 3:5–7).

Por otra parte, el calvinismo moderado no carece de «coherencia lógica» puesto que sostiene tanto el libre albedrío como la imposibilidad de perder la propia salvación. No existe ninguna contradicción

---

[100] El concepto clásico de Dios es el que afirmaron todos los principales maestros de la Iglesia (incluidos Agustín, Anselmo, y Tomás de Aquino) hasta la Reforma y durante este periodo.
[101] Ver la obra de Norman L. Geisler, *Chosen But Free* (Minneapolis: Bethany, 1999), ch. 1.
[102] Ibíd.

entre estas dos premisas: (1) Es cierto que todos los regenerados perseverarán, y (2) que lo harán libremente. Incluso los arminianos reconocen que Dios sabe con toda seguridad (i. e., es algo que está determinado) quiénes aceptarán libremente a Cristo. Por ello, el mismo acontecimiento puede haber sido previamente determinado desde el punto de vista de Dios y, sin embargo, ser al mismo tiempo libre por nuestra parte.

Además, no existe una necesaria relación simétrica entre creer y no creer, de manera que, porque alguien crea y sea salvo, pueda por ello dejar de creer más tarde y perderse. Algunas decisiones de la vida son irreversibles. Por ejemplo, alguien puede decidir suicidarse, pero una vez que tal decisión se ha llevado a cabo ya no puede volver atrás. De hecho, hasta los arminianos reformados creen que la libre elección de apostatar es irreversible, de modo que son inconsistentes al afirmar que algunas decisiones libres no pueden revocarse. Por último, por la Gracia de Dios, en el Cielo estaremos en un estado irreversible de libre elección. ¿Por qué no puede Dios hacer lo mismo por su Gracia mientras todavía estamos en la Tierra?

El arminianismo reformado tampoco ha podido demostrar convincentemente que no exista una correlación válida entre la filiación natural y la espiritual de manera que no puedan perderse ninguna de las dos. Al contrario, es una buena analogía que la Escritura utiliza repetidamente (cf. Juan 1:12; Romanos 8:15; Gálatas 4:6–7). Hay grandes similitudes entre la filiación natural y la espiritual.

Por otra parte, la Salvación no está supeditada a nuestra perseverancia en la fe, como afirman los arminianos reformados, sino solo a la fe, como he explicado en mi propia exposición. Sin embargo, la recepción del don de la Salvación no requiere un continuo acto de fe. No obstante, si bien tal persistencia en la fe no es una *condición* para la Salvación, sí es una *manifestación* acreditativa de alguien que verdaderamente ha sido salvo.

Por último, como he explicado en mi exposición, ninguno de los pasajes bíblicos (p. ej., Hebreos 6 y 10) que utilizan los arminianos reformados tratan de la pérdida de la Salvación. Es evidente que lo que está en cuestión en tales textos es la pérdida de madurez o recompensas. Como también he dicho en mi capítulo, 2ª Pedro 2 no está hablando de personas verdaderamente salvas, sino de creyentes meramente profesantes que nunca fueron verdaderamente salvos.

Una respuesta del arminianismo wesleyano a Stephen M. Ashby

J. Steven Harper

Igual que le sucedió al amigo presbiteriano del dr. Ashby, también yo me he sentido intrigado por su presentación como «arminiano reformado». Ha conseguido captar mi atención desde el comienzo mismo de su exposición. No me ha sorprendido cuando ha definido el arminianismo reformado como la posición que en su día sostuvo el propio Arminio. Con ello, Ashby pretende fundamentar su exposición en el primer representante de la posición, como creo que hubiéramos tenido que hacer también los demás colaboradores de esta obra. En el transcurso de su exposición, Ashby me ha ayudado además a entender mejor las diferencias entre el calvinismo clásico y el moderado. Y no solo esto, sino que me ha ayudado también a diferenciar el arminianismo reformado del wesleyano.

Sin embargo, antes de avanzar para referirme a algunas de las diferencias, he de decir que hacia el comienzo del capítulo, varias veces he pensado «en esto John Wesley parece arminiano reformado». Esto no debería sorprendernos, puesto que en aquellas cosas en que Wesley bebió directamente de Arminio, es lógico esperar que sus perspectivas coincidan. No obstante, Ashby me ha ayudado a ver algunos aspectos específicos en los que la conexión de los términos «wesleyano» y «arminiano» es completamente apropiada. Más aún, al hacer esto, me ha ayudado a calibrar la deuda de Wesley para con aspectos importantes de la teología reformada, algo que el propio Wesley reconoció en varias ocasiones.

Antes de comparar el arminianismo reformado con el wesleyano, considero importante mostrar las aportaciones de la exposición de Ashby en los capítulos sobre el calvinismo clásico y el moderado. Quizá lo más importante es que él expresa en palabras lo que personalmente he creído durante muchos años, a saber, que el calvinismo está propulsado por presuposiciones filosóficas previas que le llevan a ser la posición teológica que es. Ashby cree que estas presuposiciones previas son el particularismo y una idea incondicional de la Salvación. Y señala la forma en que tales suposiciones controlan el acercamiento reformado a muchos textos bíblicos.

Sé de antemano que ni las afirmaciones de Ashby ni mi acuerdo con ellas atraerán las simpatías de nuestros amigos calvinistas. Sin embargo considero que es importante señalar esto como uno de los puntos fuertes de su exposición. Sé también que los calvinistas han acusado de lo mismo a los wesleyanos (que nuestra interpretación está controlada por presuposiciones). Tanto los teólogos reformados como los wesleyanos afirman rápida y apasionadamente que tales presuposiciones han sido primeramente extraídas a partir de lo que dice la Biblia. Pero puesto que en el debate teológico nuestro respetado «otro» no lo ve así, la discusión se convierte fácilmente en una controversia circular e interminable y nos quedamos atascados. Lo importante es que tú, como lector de estos capítulos te preguntes: «Si es cierto que nuestras presuposiciones nos influyen en la manera de entender la Biblia, ¿cuáles son aquellas presuposiciones que parecen armonizar mejor con la revelación bíblica?» Ninguno de los colaboradores podemos determinar de qué modo responderás finalmente a esta pregunta, sin embargo, es una pregunta que no debes pasar por alto. Ashby escribe de tal manera que nos obliga a enfrentarnos a ella.

Hablando de esto, Ashby señala correctamente que cuando se trata de describir «los consejos eternos de Dios» se requiere una gran prudencia (y humildad). Esto se aplica a todos nosotros, sea cual sea nuestra tradición teológica. Muestra que existe el peligro de transformar la Soteriología (el deseo de Dios de salvar a los seres humanos por medio de Cristo y su plan para hacerlo) en un asunto gobernado en última instancia por la «lógica». La lógica se convierte en un sustituto del misterio, y la explicación reemplaza al asombro. Es muy peligroso empeñarnos en definir el *ordo salutis* con todo detalle. Cuando los principios principales de una posición teológica son de carácter «lógico», el problema es que otra persona puede contraponer otra serie de doctrinas con igual lógica. Si los puntos principales de la teología calvinista surgen «lógicamente» del particularismo y de una idea incondicional de la Salvación, Ashby está entonces en lo cierto cuando dice que, si es una cuestión de lógica, «Dios podría entonces haber decidido remediar la situación de la Humanidad por un procedimiento distinto del particularista que se basa en causas y efectos, que es el que propone el calvinismo».

Esto es precisamente lo que observamos en nuestros días: los teólogos que han echado por la borda toda idea de particularismo no tienen otra cosa para interpretar la obra salvífica de Dios en el mundo sino la «lógica» del universalismo. De nuevo es importante que, en tu papel de lector, te des cuenta del peligro que supone basarte excesivamente en la «lógica» para construir tu sistema teológico. Ashby cree que el calvinismo, tanto el clásico como el moderado, ha seguido demasiado esta tendencia. De ello surge una mentalidad excesivamente «excluyente», cuando el carácter misterioso y asombroso de Dios puede encajar mucho mejor en una mentalidad que integra extremos aparentemente irreconciliables.

Por ejemplo, el calvinismo nos pide que elijamos entre la Soberanía divina y la responsabilidad humana, mientras que el arminianismo nos anima a sostener ambas cosas al mismo tiempo. A partir de la «lógica» como punto de partida, el calvinismo puede *parecer* más claro y el arminianismo inconsistente. Sin embargo, esto solo sería cierto si se excluyen el misterio y la tensión creativa como elementos formativos de la interpretación teológica. Dios puede de hecho ser Soberano sin tener necesariamente que escoger para salvación a determinadas personas en consejos divinos antes de la Creación. La exposición de Ashby nos transmite esta clase de pensamiento y nos plantea importantes cuestiones relacionadas con *el modo* en que nos planteamos el quehacer teológico.

Tras este análisis de su exposición en relación con la tradición reformada, quiero dedicar el espacio que me queda a comentar algunas de sus afirmaciones respecto a la tradición wesleyana. Deseo mencionar de nuevo que Ashby me ha ayudado de muchas maneras a ver los puntos de conexión entre Wesley y Arminio, y que personalmente le estoy muy agradecido por sus aportaciones. Ha hecho también algunas observaciones correctas con respecto a las diferencias entre el arminianismo wesleyano y el arminianismo reformado. No obstante, en algunos aspectos me he sentido un poco desilusionado.

Quizá mi mayor insatisfacción tiene que ver con sus declaraciones respecto a la Expiación. Ashby exagera demasiado las distinciones entre la satisfacción penal y la justicia imputada de Cristo. Con sus palabras da la impresión de que los arminianos reformados creen en ambas cosas mientras que los arminianos wesleyanos no creen en ninguna. Como verás cuando leas mi exposición, esto no es así. Wesley integró en su teología algunos elementos de la teoría expiatoria de la satisfacción penal y, sin duda, creía que la imputación tenía algún papel en nuestra Justificación. Lamento que Ashby tenga la impresión de que las dos tradiciones teológicas sean tan distintas, puesto que están más cerca de lo que da a entender su exposición.

Existen otras incorrecciones y exageraciones. Una de ellas tiene que ver con el lugar que ocupa la teoría gubernamental de la Expiación en el arminianismo wesleyano. Ashby afirma con acierto que Wesley no propugnó una teoría gubernamental completa. No obstante, arguye que Wesley incorporó algunos elementos clave de esta teoría hasta el punto de que se distanció de la idea de satisfacción penal de la teología reformada. Siento mucho tener que decirlo, pero esto es un ejemplo de la idea «excluyente» que tiene Ashby acerca de este tema. La capacidad de Wesley para mantener la tensión entre los elementos de la teoría gubernamental y los de la satisfacción penal se acerca más a lo que sucede en la posición arminiano wesleyana. De ello surgió una teología de la Expiación que Wesley creía más exacta bíblicamente y más sólida que cualquiera de las demás teorías consideradas por separado.

Lamentablemente, este es uno de los lugares de la teología wesleyana en que los sucesores de Wesley han equiparado sus propias ideas con las de él. John Miley, H. Orton Wiley, y John Wesley no afirman lo mismo. Hay ocasiones y temas de discusión en los que desearía que mis amigos reformados entendieran este hecho de un modo menos simplista. Ello redundaría en un «acercamiento» de nuestros puntos de vista y en un alivio de las separaciones que existen entre nuestras posiciones. Cuando leas mi exposición, encontrarás algunos lugares en los que intento explicar esta cuestión.

Antes de agotar el espacio que me queda, quiero también observar que Ashby exagera cuando dice que la posición wesleyana lleva a creer que un solo pecado hace que el creyente se pierda. Como veremos en la exposición de mi posición, esto no es así, y es lamentable que Ashby deje esta impresión en su capítulo. Esta aparente diferencia no es, como sostiene Ashby, una de las diferencias fundamentales entre los arminianos reformados y los arminianos wesleyanos. O quizá, para ser más exactos, no hubiera sido una diferencia tan fundamental entre Arminio y Wesley como ha llegado a ser entre algunos de sus sucesores.

Cuando me acercaba al final de la exposición de Ashby lo hacía con la sensación de haber leído las ideas de alguien que ha vivido el tiempo suficiente *dentro de* la tradición reformada como para ver y criticar sus propios problemas e inconsistencias. Esto es algo que quienes no somos reformados hemos de hacer con mucha prudencia. En este sentido, considero que su exposición juega un papel clave en el desarrollo de este libro. He llegado también al final de la exposición con la convicción de que el dr. Ashby conoce la tradición wesleyana mejor que algunos de los teólogos reformados con quienes me he relacionado y , aun estando más comprometido en la exposición de nuestro punto de vista (y de las diferencias existentes entre nuestras perspectivas), lo hace quizá de un modo más generoso y justo que otros que he conocido. Siendo esto así, tengo la esperanza de que también él haya visto el mismo propósito por mi parte en esta respuesta a su exposición.

Capítulo 4
Un punto de vista arminiano wesleyano

J. Steven Harper

La Concepción de la Teología

La Teología no puede fragmentarse en partes inconexas. Es el relato unificado de la naturaleza y de la actividad de Dios en relación con todas sus obras. Cada una de las doctrinas está relacionada con las demás tomando algo de los otros elementos del relato y haciendo, a su vez, su propia aportación a ellos. Esto se aplica especialmente al punto de vista wesleyano de la Teología, que ve el todo como «un orden de la Salvación» que va desde la Creación hasta la consumación del plan salvífico de Dios.[1] El sistema wesleyano no es una serie de temas dispuestos de modo tal que configuran un libro de teología, sino más bien una interpretación de la obra de Dios en el mundo que produce una vida teológica. En tanto que «orden de la Salvación», la Soteriología æel deseo de Dios consumado en Cristo, de salvar personas en el tiempo y para la eternidadæ es la idea central de la Teología. Este relato comienza antes de que exhalemos nuestro primer aliento, y sigue adelante después de haber respirado el último.

---

[1] La concepción de la Teología como un «orden de la Salvación» (*ordo salutis*) no es creación de Wesley, sino más bien un concepto cuyo origen nos lleva a la propia Iglesia Primitiva. Ver la obra de Thomas C. Oden, *The Word of Life* (San Francisco: Harper, 1989), que contiene numerosas referencias a esta cuestión en su índice. De hecho, Oden escribe: «La teología sistemática ecuménica se esfuerza por encontrar una comprensión cohesionada de toda la enseñanza clásica cristiana, para que cada una de las partes se pueda ver en relación con el todo».

Cuando examinamos un tema en concreto, siempre hemos de hacerlo en relación con esta perspectiva más amplia. El tema de la seguridad eterna y la perseverancia de los santos no es ninguna excepción. No podemos situarnos al final del relato teológico y tomar una instantánea de esta doctrina cuando Dios ha elaborado un vídeo del mensaje total. La perseverancia final debe interpretarse en el contexto más amplio del plan total de Dios de librarnos del mal y de llevar a cabo una nueva creación que, en la teología wesleyana, se define esencialmente como santidad de corazón y de vida, es decir: vida en Cristo. De algún modo, esto hace que la investigación teológica sea más complicada, puesto que no podemos aprehender la verdad total de cualquier doctrina en concreto al estudiarla de un modo aislado. Sin embargo, esto impide que la exploración de una verdad en particular se convierta en un ejercicio miope y distante. En este capítulo procuraré escribir desde este punto de vista sintético, como una forma de estudiar adecuadamente este tema y también como un ejercicio del «quehacer teológico» desde una perspectiva wesleyana.

Para mí esto significa que, aunque este acercamiento al tema en cuatro puntos de vista es interesante y valioso, no podemos concluir que ninguno de ellos por sí solo cubre totalmente el tema. El hecho es que en cada una de las perspectivas que se presentan en este libro encontramos elementos de verdad. Tal es la riqueza del tema y de las aportaciones que las múltiples tradiciones han ido haciendo a lo largo de los siglos. No hemos de acercarnos al tema con la actitud de «quién tiene razón y quién no». Ya en su tiempo, John Wesley se dio cuenta de esto cuando escribió al sr. Alexander Coates el 7 de julio de 1761: «Recuerda que, igual que tú estás seguro de que 'los creyentes no pueden caer de la Gracia,' otros (hombres igualmente sabios y santos) están también seguros de que tal Caída de la Gracia sí es posible; y tú estás tan obligado a tener paciencia con ellos, como lo están ellos a tenerla contigo».[2] Aun-

---

[2] John Wesley, «Letter to Mr. Alexander Coates» *The Works of John Wesley*, ed. Thomas Jackson, 14 vols. (Londres: Wesley Methodist Book Room, 1872; repr., Grand Rapids: Baker, 1986), 12:240. (En este capítulo utilizaré dos ediciones diferentes de la obra, *Works* de Wesley: la edición más antigua en catorce volúmenes de Thomas Jackson a la que me referiré como la edición de Jackson [publicada inicialmente entre 1829–31, y posteriormente por varios editores], y la edición multivolumen que normalmente se conoce como *The Bicentennial Edition* (la edición del bicentenario), que actualmente está siendo publicada por Abingdon Press. En las referencias a cualquiera de las ediciones, el primer número representa el volumen y el segundo, la página. En adelante, citaré las obras de Wesley sencillamente como *Works*.

que voy a esforzarme al máximo en plantear la posición arminiano wesleyana con la mayor claridad posible, me propongo escribir con este mismo espíritu para con los demás autores de este libro.

Además de tener una sustancia propia («el orden de la Salvación») y un espíritu peculiar (conciliador), la teología wesleyana tiene también una metodología propia que dirige la forma de estudiar cualquier tema. En ocasiones a este método se le ha llamado cuadrilateral ya que viene configurado por la interacción de cuatro elementos: la Escritura, la Tradición, la Razón, y la Experiencia. Esta metodología no la inventó Wesley, sin embargo, sí la utilizó de manera regular, tanto de manera explícita como implícita.[3] Después de hablar un poco de la constelación de doctrinas que nos ayudarán a interpretar el tema de la seguridad eterna, concluiré este capítulo utilizando el método cuadrilateral como principio organizador para resumir nuestro examen de la posición arminiano wesleyana sobre la perseverancia de los santos.

Esta concepción de la Teología debe incluir algunas observaciones respecto al estilo, tanto el de Wesley como el mío. En una ocasión, John Wesley subrayó que su propósito era escribir «la verdad sencilla para personas sencillas».[4] Esta afirmación no era una expresión estereotipada, sino un indicador de su compromiso con un acercamiento muy concreto a la comunicación (tanto oral como escrita). Este método buscaba un terreno intermedio entre la abigarrada complejidad, por un lado, y la inculta superficialidad por el otro; surgió en el siglo XVII como una forma de facilitar la claridad de pensamiento manteniendo su sustancia.[5] Tal forma de comunicación en estilo sencillo era capaz de soportar el peso indagador de los eruditos, al tiempo que seguía siendo inteligible para la gente normal. Tengo la esperanza de escribir con este mismo estilo en este capítulo de modo que, seas o no un teólogo formado, puedas sacar el máximo provecho de esta información para tu vida espiritual. El deseo primordial que me mueve a escribir es que entiendas lo que escribo de modo que cambie tu vida.

---

[3] Donald Thorsen, *The Wesleyan Quadrilateral* (Grand Rapids: Zondervan, 1990). La tradición anglicana formaba a sus sacerdotes en el uso de un trilátero (la Escritura, la tradición, y la razón), aunque nunca se consideró como una fórmula determinante para la reflexión teológica. A partir de sus escritos puede apreciarse que Wesley añadió «la experiencia» como una cuarta dimensión para la interpretación, siendo plenamente consciente de que alguno de sus coetáneos encontrarían este elemento demasiado subjetivo. No obstante, Wesley persistió en ello, en la convicción de que la doctrina ha de dar necesariamente testimonio en la vida real.

[4] «Preface to the Sermons on Several Occasions», *Works* (Bicentennial), 1:104.

[5] *Works* (Bicentennial), 1:20–29.

Por último, quiero hacer algunos comentarios respecto a las fuentes. Todas las interpretaciones teológicas se relacionan con textos esenciales que las preceden. Los dos textos esenciales de esta exposición serán la Biblia y las obras de Wesley. Éstas darán forma al núcleo de lo que voy a escribir. Ello significa que no tengo intención de extender la discusión de la seguridad eterna de los creyentes y la perseverancia de los santos a todos los teólogos wesleyanos posteriores que han escrito acerca de este tema. Solamente citaré a tales teólogos allí donde tales referencias incidan directamente en el punto de vista anterior del propio Wesley o tengan alguna influencia sobre él.

Como lector, has de entender que esta decisión es deliberada y tiene un propósito descriptivo. Es deliberada porque conscientemente estoy poniendo a un lado grandes porciones de la tradición arminiano wesleyana. Mi especialidad es el pensamiento de Wesley, no el de teólogos posteriores. Dejo en manos de otros la tarea de comparar y contrastar lo que he escrito con lo que han expresado los eruditos posteriores a Wesley. Mi elección ilustra también la clase de estudioso de Wesley que me considero y el lugar en que me sitúo en relación con otros eruditos wesleyanos. Creo que cuando se está estudiando un tema teológico importante (como el de la perseverancia de los santos), hemos de examinarlo primero en relación con sus principales exponentes y con las fuentes que lo conformaron. Uno de los problemas que surgen cuando pretendemos llevar a cabo estudios teológicos es que los primeros exponentes de un tema en concreto pueden, fácilmente, quedar en un segundo plano o ser malentendidos por sus «intérpretes». Por ello, el primer paso para presentar las ideas de una persona es permitir que sea ella la que hable. En este caso, va a ser John Wesley.

Como estudioso de Wesley me sitúo en lo que Albert Outler llamó «Estudios de Fase III».[6] Frank Baker me instruyó en este método en la

---

[6] Outler postula tres fases relacionadas con los estudios acerca de Wesley. La Fase 1, que denomina como, «Wesley el Héroe», que presenta todos los problemas típicos de la exaltación incondicional del personaje o una evaluación carente de sentido crítico. La Fase 2, descrita como «Wesley visto por sus intérpretes» en la que cualquiera de los estudiosos de su vida podía acabar presentando a Wesley según su propia visión subjetiva. La Fase 3 es la fase en la que Outler situó a la erudición wesleyana de nuestro tiempo, una fase que requiere eruditos que conozcan y presenten a Wesley en sus propios términos y en relación con las fuentes que le forjaron. Hay que observar que Outler no creía que las dos fases anteriores tuvieran que descartarse o abandonarse. En ellas se ha hecho y todavía puede hacerse un valioso trabajo. Lo que Outler demandó al mundo wesleyano fue que se añadiera la fase 3 como una forma de permitir que Wesley pudiera «criticar» a sus intérpretes, en lugar de que fueran ellos quienes le criticaran a él. Este es el enfoque que quiero darle a este capítulo.

Universidad de Duke y he decidido representarlo durante los últimos veinte años. Esta metodología propone que leamos las palabras del ponente principal de la posición antes de usar las de intérpretes posteriores para colorear (u oscurecer) nuestro pensamiento. Hemos de evitar tanto como sea posible «reinterpretar a Wesley». Deseo que la lectura de este capítulo te introduzca profundamente en lo que creyó y enseñó el propio Wesley, y que te transmita con claridad su convicción de que sus interpretaciones eran un reflejo de la verdad bíblica. Este enfoque es una garantía de que varios «intérpretes» concluirán que lo que he escrito no concuerda con «el verdadero Wesley». En algunos casos, puede que tengan razón. No pretendo que todo lo que digo de él sea lo cierto, aunque esta es mi intención siempre que lo hago.

Sin embargo, esto plantea la pregunta respecto a dónde y cómo has de separar lo que yo digo como escritor de lo que dijo Wesley como fuente. En general, cuando escribo no lo hago en primera persona. De modo que, puede que algunos se pregunten si en un momento determinado estoy consignando lo que yo creo o lo que pensaba Wesley. Por regla general, en este capítulo, has de asumir que las frases genéricas reflejan mi propio pensamiento. Las frases que son puramente de Wesley son las que hacen referencia a sus escritos directa o indirectamente. Evidentemente, tengo la esperanza de que también lo que yo digo sea fiel al pensamiento de Wesley. No obstante, no quiero que leas cada frase como si reflejara incuestionablemente lo que Wesley creía. Has de dejar un margen para que las ideas de otros te ayuden también a sacar tus conclusiones, y en el mundo wesleyano de nuestros días, las demás perspectivas son, con frecuencia, bastante diversas.

El Contexto de la Teología

De igual modo que la Teología no puede fragmentarse en partes inconexas, no puede tampoco existir en un vacío. La Teología se produce siempre en relación con elementos que existen fuera del mundo teológico. Siempre que estudiemos Teología, hemos de preguntarnos: «¿Qué es lo que alimenta esta preocupación e influye en la forma concreta en que se expresa?». En otras palabras, hemos de situar la Teología en su contexto formativo. En esta sección quiero examinar brevemente tres elementos en relación con la Teología en general y con nuestro tema en particular: la cultura, la eclesiología, y la dinámica interna del metodismo primitivo en la que Wesley vivió y trabajó.

(1) Culturalmente, el siglo XVIII estaba dando el fruto característicamente humanista de la Iluminación. Con sorprendentes adelantos en casi todas las esferas de la vida (p. ej., los viajes, la Ciencia, la industria, el Derecho, y la Política). El siglo XVIII se inició con una creencia igualmente intensa en la capacidad de los seres humanos para conformar su vida y forjar su destino.[7] Algunos filósofos como David Hume, Richard Price, Thomas Reid, Joseph Priestly y Lord Kames aportaban nuevos elementos con sus debates acerca de la naturaleza y la extensión de la responsabilidad moral. En general, la creencia en las capacidades naturales eclipsaba la idea de una capacitación procedente de la Gracia. La razón superaba a la Revelación. Irónicamente, los deterministas aportaban también sus pinceladas al cuadro general con un planteamiento de la realidad que acababa «exculpando» a la Humanidad de cualquier responsabilidad por lo que respecta a influir la realidad.[8]

El resultado de la interacción de todos estos factores fue una confusa mezcla de potencial humano y de pasividad. Esto situó a la sociedad inglesa en una trayectoria muy concreta. Sin embargo, también influyó en el enfoque que daría Wesley al tema de la perseverancia de los santos: desautorizó resueltamente cualquier idea de un libre albedrío «natural« (que él creía conducente al antinomianismo) o de un decreto divino preestablecido (que él creía conducente a la pasividad). Lo uno, creía Wesley, elevaba demasiado al ser humano; lo otro le hundía igualmente en exceso. En ambos niveles, la concepción de la *imago dei* (la imagen de Dios en el hombre) había sufrido algo lamentable y antibíblico. Como veremos, Wesley creía que su punto de vista de la perseverancia de los santos hacía justicia a la doctrina sin precipitarse a ninguno de los extremos. Él creía mantener una enseñanza correcta y equilibrada tanto de la Soberanía de Dios como de la naturaleza humana. Puesto que no se ali-

---

[7] Gerald Cragg, *The Church and the Age of Reason* (New York: Penguin, 1970).

[8] Durante mis estudios para el doctorado en la Universidad de Duke, leí muchos de los sermones predicados en la Iglesia de Inglaterra durante los siglos XVII y XVIII. Un rasgo recurrente que encontré en estos sermones era una confianza —explícita e implícita— en la «cadena del ser» aristotélica. Se les decía a las personas que buscaran su lugar dentro de este esquema y que permanecieran en él. Al mismo tiempo, Inglaterra avanzaba hacia un modo completamente distinto de percibir la realidad (una cosmovisión que incorporaba una nueva filosofía del individuo, de la propiedad privada, etcétera). Wesley vivió, ministró y desarrolló su teología en «un periodo entre periodos».

neaba con los naturalistas ni con los deterministas, sus ideas eran controvertidas. Pero Wesley estaba convencido de que la suya era una teología en consonancia con el cristianismo bíblico.

(2) En lo eclesiástico, Wesley se encontraba en Inglaterra en medio de una teología variada, pero intensamente calvinista. Los eruditos han identificado las distintas posiciones teológicas de la época como alto calvinismo, hiper calvinismo, y calvinismo moderado.[9] Los defensores de estas tendencias se identificaban en gran medida con los grupos no conformistas (p. ej., puritanos, bautistas, y presbiterianos), pero tenían también representantes dentro de la Iglesia de Inglaterra. Wesley tenía sus raíces familiares en el puritanismo, y estaba familiarizado con otros defensores del calvinismo, bien por medio de sus escritos o por relaciones de amistad.[10] Por ello, no ignoraba el hecho de que sus ideas no serían fácilmente aceptadas por otros estudiosos de la fe cristiana igualmente competentes, devotos y apasionados. Como pronto veremos, esto fue lo que sucedió dentro de sus propias filas (en el anglicanismo y el metodismo) y entre sus amigos más íntimos.

Cuando observamos a la Iglesia de Inglaterra, encontramos un colectivo que refleja el pluralismo cultural y religioso de aquel tiempo. Los anglicanos estaban representados en todo el espectro social desde el conservadurismo al liberalismo. Sin embargo, más elocuente aun era la falta de disposición e incapacidad de la iglesia para aceptar las cuestiones teológicas controvertidas, prefiriendo apostar por una «vía intermedia». El pensamiento dominante de los teólogos anglicanos a comienzos del siglo XVIII era más liberal que dogmático.[11] De ello surgió lo que Outler llamó «una clase dirigente erastista en una atmósfera de desánimo».[12] En pocas palabras, la Igle-

---

[9] No es el propósito de este capítulo ni está dentro de mis facultades definir cada uno de los segmentos fundamentales del calvinismo, y mucho menos representar los matices de diferencia entre ellos. Allan Coppedge ofrece un buen resumen de estas tres ideas en su obra, *John Wesley in Theological Debate* (Wilmore, Ky.: Wesley Heritage, 1987), 37–40. El propósito de esta afirmación es mostrar que la posición calvinista estaba notoriamente presente mediante una serie de perspectivas y proponentes.

[10] La obra de Robert Monk, *John Wesley: His Puritan Heritage* (Nashville: Abingdon, 1966), proporciona uno de los mejores análisis del conocimiento del calvinismo que tenía Wesley a través de su herencia puritana, entendida de manera general.

[11] La expresión «speculative latitudinarianism» (liberalismo especulativo) se utilizaba en tiempos de Wesley para describir un espectro de creencias indefinido y muy amplio. Era «especulativo» por cuanto veía la convicción como algo insostenible, y era «liberal» en su suposición de que lo que eran ideas muy divergentes podían aún así sostenerse, tanto en la Sociedad como en la Iglesia.

[12] Albert Outler, *John Wesley* (New York: Oxford Univ. Press, 1964), 20.

sia de Inglaterra había sido domesticada y ahora era incapaz de proclamar un mensaje teológico claro y unánime a su generación.

En contraste, otras denominaciones e iglesias libres se iban, en ocasiones, al otro extremo con interpretaciones teológicas que afirmaban con contundencia «somos la única verdadera iglesia». También en esto Wesley se posicionó entre los dos extremos y lo hizo defendiendo verdades universales, pero procurando hacerlo de un modo que no creara divisiones entre segmentos legítimos del Cuerpo de Cristo. Para algunos anglicanos, era demasiado conservador mientras que para sectores cristianos más conservadores, era demasiado liberal. A pesar de ello él escogió su propio espacio de manera intencionada y con gran resolución.

(3) Finalmente, Wesley no pudo eludir el contexto del propio metodismo temprano. Antes de que el movimiento metodista alcanzara los diez años de existencia, Wesley huvo ya de enfrentarse con dirigentes disidentes (algunos calvinistas y otros arminianos).[13] En 1752 Wesley escribió un resumen de sus ideas titulado «Predestination Calmly Considered».[14] Este tratado establecía las principales líneas de sus creencias. Otros escritos arrojaron más luz sobre el tema, tanto antes como después de este documento clave, como por ejemplo, «A Dialog Between a Predestinarian and His Friend» (1745), «Serious Thoughts on the Perseverance of the Saints» (1751), y «Thoughts upon Necessity» (1774). El índice de las *Obras* de Wesley incluye también otros comentarios diseminados a lo largo de sus sermones, cartas, y escritos misceláneos.

Dentro del metodismo las cosas llegaron a un punto crítico en 1770 con lo que se ha dado en llamar «La Controversia del Acta». Algunos predicadores metodistas presionaron a Wesley demandándole alguna respuesta a las diferencias entre el calvinismo y sus ideas respecto a la predestinación. Las actas de la conferencia de 1770 consignan el borrador de una declaración y el registro de una descorazonadora discusión que acabó con cualquier esperanza de reconciliación entre los calvinistas y los arminianos dentro del metodismo. John Fletcher se unió a Wesley en su debate contra la predestinación y el antinomianismo en una serie de ensayos que llamó «Chec-

---

[13] La obra de Coppedge, *John Wesley in Theological Debate* proporciona el que es probablemente el análisis más detallado de las diferencias teológicas entre los wesleyanos y los calvinistas respecto a dos doctrinas fundamentales: la predestinación y la perfección. Las secciones del libro se enmarcan en los períodos de tiempo en que se iban produciendo algunos aspectos concretos del debate: (1) la controversia de la Gracia libre (1739-1744), las controversias menores(1745-1770), y la conferencia de la controversia del acta (1770–1778).

[14] Ver «Predestination Calmly Considered», *Works* (Jackson), 10:204–59.

ks» (Comprobaciones). En los escritos de Fletcher podemos ver un propósito parecido al de Wesley, a saber, intentar fundir y equilibrar la Gracia soberana de Dios con la responsabilidad moral humana.

Los calvinistas contraatacaron con un aluvión de panfletos y publicaciones periódicas. De modo que, en 1778, Wesley comenzó la publicación regular de su revista *The Arminian Magazine* (la revista arminiana), por medio de la cual se esforzó en dar un impulso a la idea de que Dios desea salvar del pecado a todo ser humano, y no solo a los escogidos. Su utilización del término «arminiana» en el título de su revista transmite la errónea impresión de que para Wesley, Arminio era una fuente teológica más importante de lo que fue en realidad. Por otra parte, este hecho también presentaba una imagen de Wesley (ahora sucede lo mismo) más como intérprete de las ideas teológicas de Arminio que como un ponente de las suyas. El hecho es que John Wesley era «un hombre de la iglesia de Inglaterra» y hemos de entender sus ideas (conformadas, sin duda, por múltiples tradiciones) más en esta luz que en la de cualquier persona o posición aislada.

En resumidas cuentas, *The Arminian Magazine* se convirtió tanto en un medio de propagar sus ideas como en un vehículo para mantener encendidos los fuegos de la controversia. Cuando Wesley murió en 1791, los segmentos calvinista y arminiano del metodismo seguían divididos. El cisma indujo a que teólogos posteriores tomaran distintas direcciones, reivindicando al tiempo que sus últimas ideas estaban arraigadas en el «metodismo». No mucho antes de esto, Wesley había sido relegado a la posición de «héroe fundador» lo cual, frecuentemente, significaba que las palabras de sus sucesores recibían más atención que las suyas. Por ello es posible ver a teólogos posteriores pretendiendo ser wesleyanos y que, sin embargo, en sus escritos apenas citan a Wesley. Esta es una de las razones por las que quiero enraizar este capítulo en las palabras de Wesley. Es importante volver a considerar las ideas de alguien de quien ha surgido un gran flujo de interpretaciones posteriores. Sin embargo, al hacerlo, hemos de darnos cuenta que Wesley vivió en un tiempo muy concreto, hubo de hacer frente a asuntos concretos, y propugnó el cristianismo bíblico dentro de un contexto específico.

Los Contornos de la Teología

Siguiendo con el principio de que la Teología no puede fragmentarse en partes inconexas, quiero ahora subrayar que las posiciones teológicas se enriquecen mediante su interacción las unas con las otras. Una teología independiente es una teología limitada. Una teología ecuménica es una teología enriquecida. El hecho es que los cristianos tienen mucho más en común que en desacuerdo. Aun respecto a la doctrina de la perseverancia de los santos, hemos de tomar nota de que existen importantes esferas de acuerdo. Antes de lanzarme a una amplia exposición de la posición arminiano wesleyana, creo necesario mencionar algunas áreas clave de acuerdo entre todos los cristianos.

En primer lugar, todos concordamos acerca de la Soberanía de Dios. Aunque el enfoque de Wesley difería del de otros, de ningún modo creía menos en la Soberanía de Dios, ni tenía ningún interés en proponer perspectivas teológicas que redujeran tal Soberanía. Sus críticos le habían acusado de hacerlo, sin embargo, un examen de sus obras pone de relieve la falacia de tal acusación. Para cualquier cristiano, «los designios *fundamentales* de la Creación y la Redención de Dios no pueden ser, finalmente, frustrados».[15]

En segundo lugar, estamos de acuerdo acerca de la libertad de la Humanidad. Ningún cristiano aceptaría una idea de la Humanidad «robot» o «marioneta», aunque podamos disentir respecto a la naturaleza, ámbito y funcionamiento de esta libertad. Del mismo modo, ningún cristiano cree que la libertad humana es «natural» en su estructura y expresión. Aunque Wesley fue acusado de creer en la libertad de la voluntad y de enseñarla, él mismo dijo que no entendía el sentido de la expresión «libre albedrío natural».[16] Junto con otros cristianos, sostenía que cualquiera que sea el alcance de la libertad que podamos poseer, tal libertad es siempre el resultado de la Gracia de Dios.

En tercer lugar, estamos de acuerdo respecto a la eficacia de la Expiación. La muerte de Cristo es suficiente; para que podamos ser salvos no es necesario nada más. Como Pablo, predicamos con entusiasmo al Cristo crucificado (1 Corintios 1:23). Podemos sostener distintas teorías de la Expiación, e incluso estar en desacuerdo por lo que respecta a su naturaleza operativa en el ser humano. Sin embargo, para todos los cristianos, la Expiación es la causa objetiva de nuestra Salvación, y ejerce una influencia subjetiva sobre nosotros. Cristo murió a nuestro favor cuando aún éramos pecadores (Romanos 5:8).

---

[15] Charles W. Carter, ed., *A Contemporary Wesleyan Theology*, 2 vols. (Grand Rapids: Francis Asbury [Zondervan], 1983), 1:123.

[16] «Predestination Calmly Considered», *Works* (Jackson), 10:229.

En cuarto lugar, todos reconocemos alguna forma de perseverancia de los santos. Esto puede parecer sorprendente en un libro de esta naturaleza, pero es importante que lo digamos. Ningún cristiano cree en una salvación provisional (que la tenemos hoy y desaparece mañana). Nuestra fe no viene definida por expresiones como «quizá, a lo mejor, es posible, puede que». Estamos seguros en Cristo, aunque podemos diferir en la naturaleza y extensión de tal seguridad y de si existe o no algo que pueda llevarnos a perderla. El sencillo hecho es este: ¡los verdaderos santos perseveran! Esta convicción está arraigada en Dios, no en nosotros, y produce un saludable compromiso con el cumplimiento de la voluntad de Dios «en la Tierra como en el Cielo». Además, nos aporta la certeza de que nuestra relación con Dios no es algo voluble y antojadizo.

Por último, estamos de acuerdo en que cristianos igualmente auténticos y devotos pueden, no obstante, disentir acerca del asunto de la seguridad eterna y la perseverancia de los santos. Reiterando las palabras de Wesley citadas anteriormente, estamos de acuerdo en que hombres igualmente «sabios y santos» tienen criterios distintos respecto a esta cuestión. Es importante observar también que ninguno de los credos normativos de la cristiandad ecuménica (el de los Apóstoles, el de Niceno o el de Atanasio) se pronunció acerca de la perseverancia de los santos, aunque algunas declaraciones de fe posteriores sí lo hicieron.[17] Personalmente, interpreto esto en el sentido de que la doctrina de la perseverancia de los santos es importante, pero que no se requiere ninguna interpretación específica de ella como artículo de fe. Para mí es perfectamente lícito que se interprete de más de una forma.

Sin embargo, y como señala este libro, ha habido (y sigue habiendo) antiguas diferencias con respecto a la doctrina de la perseverancia de los santos y, como ya hemos visto en esta breve introducción, estas diferencias en ocasiones se han convertido en amargas controversias que han generado lamentables cismas en el Cuerpo de Cristo. Este libro no pretende contribuir a ninguna de estas cosas. La siguiente exposición de la interpretación arminiano wesleyana de la doctrina no pretende azuzar las discusiones actuales entre creyentes. Entiendo que este libro es un ejemplo de lo que significa hacer teología en la comunidad cristiana, puesto que a cada uno de nosotros se nos ha encargado la responsabilidad de aportar un punto de vista específico del tema.

---

[17] Wesley menciona tres ejemplos de declaraciones posteriores que contienen referencias al decreto de la elección de Dios: «La Confesión de Fe Protestante» (1559), El Sínodo de Dort (1618), y La Confesión de Fe de Westminster (1646).

La interconexión de la Teología

El hecho de que la Teología no puede fragmentarse en partes inconexas significa también que cada una de las doctrinas se relaciona con las demás. Como he dicho antes, Dios nos ofrece vídeo cassettes teológicos, no instantáneas. Por ello, hemos de fijarnos en algunas de las doctrinas que de manera natural y necesaria han de acompañar a cualquier exposición de la seguridad eterna. Al hacer esto, pretendo mostrar que la Teología es un proyecto «relacionado», formado por la interacción dinámica entre creencias específicas y en el marco de ellas. En esta sección daremos cuerpo a la teología de la perseverancia de Wesley. Mostraré el modo en que algunas doctrinas selectas se interrelacionan la una con la otra, así como también que la manera en que Wesley la articuló es distinta del modo en que lo hicieron otros. Con la doctrina de la seguridad eterna sucede como con cualquier otra creencia: es una combinación de doctrinas específicas (cada una de las cuales es dinámica por derecho propio) que nos ofrece un punto de vista más amplio que la doctrina concreta bajo estudio.

La doctrina de la Gracia

Sin duda, la de la Gracia es la doctrina más amplia y más profunda que da origen al punto que sostenía Wesley acerca de la seguridad eterna y la perseverancia de los santos. La doctrina de la Gracia está arraigada en la naturaleza de Dios, especialmente a cosas como la naturaleza y extensión de la Soberanía de Dios, así como de su amor, favor, y libertad. Sin entrar de lleno en todas estas cuestiones, sí haremos mención de ellas a lo largo de nuestra exposición de la Gracia, puesto que es la Gracia de Dios la que hace que todas ellas nos afecten.

Quizá más que ninguna otra cosa, hemos de subrayar resueltamente desde el comienzo lo que correctamente observó Thomas Oden, a saber que «es totalmente contrario al propósito de Wesley concebir la Gracia como algo natural a la Humanidad, o inherente a nuestra naturaleza. Para nosotros, la Gracia sigue siendo un don absoluto y por completo inmerecido en nuestro estado caído. La Gracia precede a cualquiera de nuestras capacidades o respuestas naturales».[18] En demasiadas ocasio-

---

[18] Thomas C. Oden, *John Wesley's Scriptural Christianity* (Grand Rapids: Zondervan, 1994), 53.

nes, desde fuera de la tradición wesleyana se ha caricaturizado tanto a Wesley como a la propia tradición como defensores de un cierto tipo de libre albedrío «natural». Nada podría estar más lejos de la verdad. Evidentemente, esta afirmación no simplifica las ideas de Wesley ni significa que ahora estarán en consonancia con otras interpretaciones. Sí significa, sin embargo, que Wesley queda liberado (y así debe ser) de la errónea acusación de ser un naturalista camuflado. El asunto de la capacitación de la Gracia no está entre los puntos de acuerdo o desacuerdo que pueda haber entre la teología de la Gracia de Wesley y la de otros cristianos.

Esto nos lleva a una inmediata consideración de la actividad de la Gracia. Para Wesley, la adecuada concepción de la Gracia comienza con el propósito último de Dios expresado por medio de este hecho inmutable: «El que crea será salvo; pero el que no crea será condenado».[19] Dios establece el camino de la Salvación de manera soberana. Nada puede superarlo ni nadie es capaz de resistirlo. No obstante, este propósito salvífico no se inicia con la elección o se sostiene por medio de ella, sino más bien mediante el dictamen de Dios respecto a si alguien cumple o no la condición de la Salvación, a saber, fe en el Señor Jesucristo. Con este acercamiento, Wesley creía estar defendiendo una adecuada relación entre la Soberanía de Dios y la responsabilidad humana. Por medio de la Gracia, Dios establece su propósito irrevocable de que todos puedan ser salvos y de que todos los que creen lo sean de manera efectiva.[20] Desde esta óptica, la Soberanía de Dios se concibe más en términos de gobierno que de predeterminismo.

Para que este propósito eterno se haga real en la existencia humana, Dios derrama su amor en nuestros corazones por medio de la Gracia preveniente. La expresión «Gracia preveniente» significa literalmente «Gracia que viene antes de». ¿Antes de qué? Antes de nuestra primera percepción consciente de la existencia de Dios o de su amor.[21] Esta es otra manera de reforzar el hecho de que la propia Salvación es imposible. El primer paso lo da Dios, no nosotros. Esto elimina «cualquier idea imaginable de méritos por parte del hombre».[22] Significa que «es imposible para los hombres hacer bien cualquier cosa hasta tanto Dios no les

---

[19] «Predestination Calmly Considered», *Works* (Jackson), 10:235.
[20] Más adelante ofreceré más detalles respecto a la naturaleza de la «creencia» y a lo que significa «tener fe».
[21] «On Working Out Our Own Salvation», *Works* (Jackson), 6:511–13.
[22] Ibíd., 6:508.

levante de entre los muertos.... Nos es imposible librarnos de nuestros pecados, o hacer el más ligero movimiento hacia tal liberación hasta que Aquel que tiene todo poder en el Cielo y en la Tierra hace vivir nuestras almas inertes».[23]

Hasta aquí, esto suena como una mera repetición del propósito último de Dios declarado desde la eternidad, que ya antes hemos descrito. No obstante, la Gracia preveniente incorpora también dos importantes aspectos adicionales. En primer lugar, es una Gracia que «impide». Pero ¿qué es lo que impide? La expresión absoluta de la «depravación total» del ser humano.[24] O, por decirlo un poco más técnicamente, la Gracia preveniente evita que la Caída sea algo tan *intensivo* que el ser humano pierda incluso la capacidad de respuesta. La Caída es extensiva; es decir, no existe ningún aspecto de la existencia que no haya sido afectado por ella. Sin embargo, la Gracia hace que esta Caída no sea tan completa que las personas pierdan toda capacidad de reconocer y responder a Dios.

De igual modo que Wesley utilizó el gobierno como elemento para interpretar la Soberanía divina, usó también la Gracia preveniente para explicar la depravación. Planteó el resumen de su posición en una carta con estas palabras:

> «Siempre he afirmado con toda claridad la Caída total del hombre y su absoluta incapacidad para hacer alguna cosa buena a partir de sí mismo; la absoluta necesidad de la Gracia del Espíritu para que de nuestros corazones surja un solo buen pensamiento o deseo; he afirmado igualmente que el Señor no se agrada de obra alguna ni acepta, sino aquellas que proceden de su Gracia preveniente que convence y convierte por medio del Amado; siendo la sangre y la justicia de Cristo las únicas causas meritorias de nuestra Salvación.»[25]

---

[23] Ibíd., 6:511.

[24] Albert Outler, *Theology in the Wesleyan Spirit* (Nashville: Tidings, 1975), 34. Outler establece una diferenciación exacta y esencial entre «depravación total» (en la que cada parte está afectada de manera extensiva) y «depravación total absoluta» (en la que cada parte está totalmente afectada de manera intensiva). Para más detalles de esta distinción, ver la obra de Carter ed., *A Contemporary Wesleyan Theology*, 1:268–70.

[25] *The Letters of Rev. John Wesley*, ed. John Telford 8 vols. (Londres: Epworth, 1931), 5:231. (En las citas de las cartas de Wesley, utilizaré también dos ediciones. La primera es la de John Telford que hasta la fecha es la más completa. La segunda es la sección de la edición del bicentenario de la obra *Works* de Wesley que contiene varios volúmenes de cartas (25-27) editadas por Frank Baker. Al igual que con las otras citas, el primer número indica el volumen y el segundo, la página.

Bajo este encabezamiento de la Gracia podríamos seguir considerando otras doctrinas relacionadas con la teología de la perseverancia de Wesley o que la afectan. Como hemos observado antes, la teología wesleyana es una teología de la Gracia, y su sistema es un orden de la Salvación. Por tanto, podemos proceder a examinar otras doctrinas específicas bajo el encabezamiento de la Gracia. No obstante, llegados aquí quiero explorar otras doctrinas específicas por sí mismas para que podamos apreciar con toda claridad su aportación a la doctrina que estamos estudiando. Mi intención en esta primera subsección es meramente subrayar que la raíz de la teología de Wesley es la Gracia de Dios y no el pelagianismo o ninguna otra concepción de un libre albedrío natural.

La naturaleza de la Humanidad

A partir de lo que hemos dicho respecto a la Gracia de Dios, estamos ya en condiciones de discernir correctamente algunos aspectos clave de la perspectiva de Wesley respecto a la Humanidad. Para facilitar el análisis, sin embargo, es importante expresar explícitamente algunas cosas en relación con la doctrina de la seguridad eterna. En primer lugar, Wesley creía en «una cierta medida de libre albedrío que le era restaurado al hombre sobrenaturalmente».[26] Esta restauración sobrenatural era algo esencial para que los hombres y las mujeres pudieran seguir llamándose «humanos« y manteniendo su diferenciación fundamental de los animales.

La Caída destruyó la dimensión moral de la *imago dei* (justicia y santidad), y con ello las personas quedaron absolutamente incapacitadas ante Dios. Sin embargo, Dios intervino e «impidió» que la Caída llegara a ser tan completa y trágica que las personas perdieran completamente la dimensión natural y política de la imagen de Dios.[27] Por medio de su Gracia, los seres humanos son aun capaces de reconocer a Dios y de responder a su iniciativa. Este hecho de la creación tiene implicaciones para las doctrinas de la Expiación y del crecimiento espiritual. En términos de la perseverancia de los santos, esto significa que los seres humanos son genuinamente «capaces de responder» y responsables, por tanto, de sus decisiones relativas a Dios.

---

[26] «Predestination Calmly Considered», *Works* (Jackson), 10:229–30.
[27] Carter, ed., *A Contemporary Wesleyan Theology*, 1:204–7.

Significa también (y ello representa un importante contraste con el calvinismo tradicional) que la Gracia es resistible. Al restaurar nuestra «medida de libertad», Dios asumió el riesgo y nos permitió ser capaces de decir «sí» o «no» al mensaje divino y a su influencia. Hemos de seguir apropiándonos de la Gracia y asumir un papel activo, ocupándonos de nuestra Salvación (Filipenses 2:12), o de lo contrario Dios dejará de obrar.[28] Volveremos a este punto y lo exploraremos con mayor detalle más adelante. Por ahora, baste subrayar que mediante la provisión de su Gracia Dios preserva la naturaleza humana con la necesaria capacidad de reconocerle y responderle (o para negarse a hacerlo).

La Expiación de Cristo

A estas alturas probablemente habrás notado el propósito de Wesley de sintetizar en su teología los elementos que a veces encontramos separados. Por lo que a Dios se refiere, Wesley aunó la Soberanía y la tolerancia mediante una teología del gobierno. En relación con la Humanidad, combinó la depravación y la responsabilidad en una teología de la capacitación por medio de la Gracia. Cuando vamos a la Expiación, descubrimos de nuevo que no es posible situar a Wesley dentro de una sola teoría. Como veremos, sus ideas son más sintéticas y dinámicas de lo que cualquier posición por sí sola es capaz de expresar.

Junto con todos los demás cristianos, Wesley afirmó el carácter central de la muerte de Cristo en la Cruz para nuestra redención. Para él, la esencia del Evangelio era ésta: Jesucristo vino al mundo para salvar a los pecadores. Por ello, podía decir: «No hay nada en el sistema cristiano que tenga mayor trascendencia que la doctrina de la Expiación. Es exactamente lo que distingue al deísmo del cristianismo».[29] Por un lado, esta afirmación deja suficientemente claro cuáles eran las convicciones de Wesley; pero además, su referencia al deísmo es decisiva para mostrar su absoluta separación de las populares teorías de la «voluntad natural» que imperaban en su tiempo.

---

[28] «On Working Out Our Own Salvation», *Works* (Bicentennial), 3:208. A decir de todos, este es un mensaje que marca un hito en la teología de Wesley: por un lado se desmarca claramente del pelagianismo y, por otro, sitúa su posición fuera de calvinismo. Este sermón ha de leerse y estudiarse cuidadosamente para poder entender la antropología de Wesley, en especial en su relación con el orden de la Salvación.
[29] *Letters* (Telford), 6:297–98.

Wesley basaba su compromiso con la Expiación sobre tres hechos indisputables: (1) Toda la Humanidad está por naturaleza separada de Dios y es perversa a sus ojos. (2) Dios envió a Jesús para que muriera por cada ser humano, y éste es la Luz que ilumina a todo aquel que viene a este mundo. (3) Los beneficios de la muerte de Cristo se extienden incluso a quienes son excluidos de un conocimiento directo de Jesús.[30] Al declarar sus convicciones, Wesley se apresuraba a señalar el misterio último de la Expiación. Hablando de ella escribió, «No me es más fácil de entender que el señorío [de Cristo].... Nuestra razón pronto se apabulla. Si intentamos profundizar en este campo, pronto nos sentimos 'perdidos, errantes en laberintos sin fin'».[31]

Esta cita pone de relieve el reconocimiento de Wesley de que algunas doctrinas deben sostenerse como *hechos* sin pretender «cruzar la línea» e insistir en *explicaciones*. Para él, la Expiación era una de tales doctrinas, de modo que no debemos intentar forzarle a encajar en un campo en particular o limitarle a una sola teoría. Descubrimos que su interpretación de la Expiación tiene conexiones con las posiciones fundamentales que los teólogos han ido desarrollando a lo largo de los siglos. Vamos a examinarlas brevemente aplicándolas al punto de vista wesleyano de la Expiación en relación con la seguridad eterna.[32]

En primer lugar, vamos a considerar la *teoría de la influencia moral*. Si recordamos el compromiso de Wesley con la idea de la depravación humana (que incluía la pérdida de la dimensión moral de la imagen de Dios), sería fácil deducir que la concepción de «la influencia moral» no encontraría mucho espacio en su teología de la Expiación. Sin embargo, no es así. Para Wesley, Cristo es el patrón enviado por Dios a nuestro

---

[30] Ibíd., 2:117–18. Estos tres puntos son un resumen de una extensa declaración hecha por Wesley para mostrar las similitudes entre el cristianismo y el movimiento quáquero. Esta declaración debería leerse en su totalidad, en especial sus observaciones resumidas en el punto 3. Wesley no creía en el universalismo, pero sí en que Dios (para poder ser justo) tenía que haber previsto algo para aquellos que (por cualquier razón) nunca habían tenido la oportunidad de oír hablar de Cristo. Es muy significativo que Wesley relacione la Expiación incluso con un beneficio de la Gracia como éste.

[31] Ibíd., 6:298.

[32] Para un estudio más exhaustivo de las ideas de Wesley acerca de la Expiación, ver las siguientes fuentes: William R. Cannon, *The Theology of John Wesley* (Nashville: Abingdon, 1946); Colin Williams, *John Wesley's Theology Today* (Nashville: Abingdon, 1960); Mildred Bangs Wynkoop, *A Theology of Love* (Kansas City, Mo.: Beacon Hill, 1972); Charles W. Carter, ed., *A Contemporary Wesleyan Theology*, vol.1; Allan Coppedge, *John Wesley in Theological Debate*; y Thomas C. Oden, *John Wesley's Scriptural Christianity*.

favor para que lo sigamos a lo largo de todo el periplo de la Salvación. Él ejemplifica lo que es la vida cuando se vive correctamente. En tanto que paradigma, Cristo representa el servicio sacrificado, el «siervo sufriente», mediante su muerte en la Cruz.

Puesto que la Gracia nos capacita para reconocer y responder a Dios, el ejemplo de Cristo nos proporciona una influencia moral que nos estimula, no únicamente a darle una respuesta, sino también a dársela en relación con el propósito de Dios (nuestra semejanza con Cristo). La Expiación pone de relieve el modo en que Dios se propone salvarnos y el modo en que hemos de vivir nuestra salvación. En este sentido, la Cruz nos «influye» (puesto que podemos ser influenciados) para que demos respuesta a la oferta de Dios de Salvación en Cristo y para que le sigamos durante el resto de nuestras vidas.

Con respecto a la seguridad eterna y a la perseverancia de los santos, la influencia moral significa que cuando verdaderamente miramos a Cristo y a su obra salvífica en la Cruz, la Gracia de Dios opera en nuestros corazones, estimulándonos a un profundo reconocimiento de quien es Dios y quienes somos nosotros. Cuando Cristo es levantado (Juan 3:14–15), Dios establece los medios por los que somos «influenciados» para considerar nuestro verdadero estado, la provisión de Dios de un Salvador, nuestra necesidad de recibir los beneficios de esta salvación y, en última instancia, la comisión de ser enviados desde la Cruz para predicar y vivir a Cristo y éste crucificado.

Vayamos a continuación a la *teoría de la sustitución penal*. Junto con los cristianos de la tradición reformada, Wesley sostenía que Cristo murió por el pecado en nuestro lugar. Cristo murió en parte como una forma de satisfacer la demanda de justicia por parte de Dios (la exigencia de que el pecado fuera expiado) y también para que nosotros pudiéramos conseguir lo que era imposible por nosotros mismos. Creer en la ira de Dios hacia el pecado es algo completamente acertado, y lo es también creer que no podemos hacer nada (por nosotros mismos) para aplacar tal ira. En este sentido, Expiación es propiciación. Es también la prueba final de que no podemos ofrecer nada a cambio de nuestras almas. Jesús ha tomado nuestro lugar para conseguir nuestro perdón.

Sin embargo, esto plantea la pregunta: «¿Perdón de qué?». Por supuesto, la respuesta es sencilla, perdón del pecado. Sin embargo, esto conduce a su vez a otra pregunta: «¿Qué pecado?». Lamentablemente, algunos han concluido erróneamente que Wesley modificó la clásica teoría de la sustitución penal proponiendo la idea de que Cristo solo expió los pecados pasados del creyente, pero no la *condición pecaminosa* (el pecado original) o los pecados que cometen los creyentes después de su conversión. Este error surge de una mala interpretación de dos declaraciones que encontramos en los escritos de Wesley. El primer entendimiento erróneo tiene lugar en «A Dialogue Between an Antinomian and His Friend» (un diálogo entre un antinomiano y su amigo), en el cual Wesley (el amigo) responde a un hipotético antinomiano: «¿Acaso, pues, sanó Él la herida antes de que ésta fuera infligida y puso fin a nuestros pecados antes de que éstos tuvieran comienzo? Esto es una barbaridad tan notoria y palpable, que no entiendo cómo la puedes aceptar».[33]

Sin embargo, esta falsa interpretación se detecta rápidamente si situamos esta afirmación en su contexto. Puesto que inmediatamente antes de esto, Wesley afirma que Cristo murió para «poner fin a todos nuestros pecados, para quitarlos, borrarlos, y destruirlos por completo y *para siempre*».[34] No se establece distinción alguna entre una pecaminosidad pasada, presente o futura. Es más, para establecer esta conclusión (su convicción de que la Expiación se aplica a «todos los pecados»), Wesley tenía que conectarla con su fuente de origen: nuestro estado pecaminoso. De lo contrario, la Expiación no trataría con los pecados que fluyen de tal fuente, al margen de cual sea el momento en que se cometan. Quizá lo más lamentable es que esta mala interpretación deja abierta la pregunta de qué clase de «Expiación» se requiere o sería suficiente para erradicar los pecados que cometen los creyentes tras la conversión. No obstante, hay que decir claramente que no hay nada en los escritos de Wesley que pueda llevar a suponer cosa alguna aparte de la total suficiencia de Cristo (por medio de su muerte expiatoria en la Cruz) para nuestra redención cualquiera que sea el estado, forma, o momento de nuestro pecado.

En esta cita tan malinterpretada, Wesley está obviamente haciendo referencia a la necesidad de no excluir la respuesta humana subjetiva de la obra objetiva de Cristo. Su muerte sustitutoria por nuestros pecados consigue nuestra total liberación, sin embargo, para que tal liberación sea eficaz es necesario que nos apropiemos constantemente de ella. Por ello, «cuando se inflige la herida» (por usar la misma metáfora de la cita anterior), la única conexión apropiada con la Expiación por parte del creyente es el arrepentimiento inmediato. Aquí podemos ver la relación

---

[33] «A Dialogue Between an Antinomian and His Friend», *Works* (Jackson), 10:267.
[34] Ibíd. Cursivas del autor.

existente entre la justicia imputada y la impartida en la perspectiva de Wesley. Si un creyente afirmara falazmente que no tiene necesidad de arrepentimiento por sus pecados recientes (porque se le ha imputado la justicia de Cristo), esto no destruiría la realidad objetiva de la Expiación. No obstante, sí menoscabaría su beneficio subjetivo (el que la justicia de Cristo le sea impartida): es decir, la obra de Cristo para erradicar decisivamente el pecado «de una vez y para siempre».

La segunda interpretación errónea es la que suscita una nota explicativa de Wesley acerca de Romanos 3:25. Comentando la frase de Pablo (como la traducía el Nuevo Testamento utilizado por Wesley para la redacción de su obra *Explanatory Notes upon the New Testament [notas explicativas del Nuevo Testamento]*, «para la remisión de los pecados pasados» Wesley añade este comentario: «Todos los pecados cometidos antes de creer». Algunos utilizan este comentario para decir que Wesley creía que la propiciación de Cristo se aplicaba solo a los pecados pasados del creyente. Sin embargo, esto saca la expresión de su contexto (como se ha hecho con la otra frase de Wesley citada anteriormente) y trata la «nota« explicativa como si limitara de algún modo la eficacia de la Expiación. Esta conclusión plantea tres problemas. El primero es que, si tales estudiosos de Wesley le atribuyen esta creencia, tienen también que acusar a Pablo de lo mismo puesto que, a fin de cuentas, lo que Wesley comenta es la frase de Pablo: «Dios pasó por alto los pecados cometidos anteriormente».

En segundo lugar, la interpretación tanto de la expresión bíblica «los pecados cometidos anteriormente» como de la de Wesley «antes de creer», se apartan ambas de la intención de la Escritura. El sentido correcto de estas expresiones es que antes de Cristo, los no creyentes confiaban en la ley (este es el contexto de Romanos 3). Antes de la Salvación por la fe en Cristo, antes de la Cruz, la ley era el sistema por medio del cual Dios «pasó por alto los pecados cometidos». Seguir confiando en la ley equivale a no entender el sentido de la muerte sustitutoria de Cristo y seguir dependiendo de un sistema incapaz de conseguir la Salvación que requiere la problemática del hombre.

En tercer lugar, la afirmación de Wesley respecto a Romanos 3:25 es una mera «nota», no una exposición completa de su teología de la Expiación, o más en concreto, de su idea de la sustitución penal. Curiosamente, tanto las notas que preceden como las que siguen al comentario de Wesley de Romanos 3:25 establecen su idea de la justificación como un acto, «cuyo carácter esencial es castigar el pecado», al margen de que éste se produjera antes o después de creer en Cristo. Como muestran las otras notas que rodean al comentario malinterpretado, la interpretación que hace Wesley en 3:25 tiene que ver con el momento de la venida de Cristo al mundo para morir por el pecado, no con la limitación de la Expiación a los pecados que el creyente ha cometido en el pasado.[35] Aquí de nuevo, la interpretación adecuada y la conclusión correcta es que la muerte sustitutoria de Cristo cubre todos nuestros pecados, no solo algunos de ellos.

Por tanto, en el punto de vista de Wesley de la Expiación encontramos el concepto de sustitución penal, y la idea de que la Expiación lo es para todos los pecados, no solo para los pasados. Sin embargo, es cierto que en otro momento planteará la sustitución penal de manera distinta de como lo hacen sus amigos reformados. De hecho, para el propósito de este capítulo, es importante observar que Wesley no situó el elemento sustitutorio dentro de un marco principalmente legal. La satisfacción de la demanda de justicia por parte de Cristo que hace Dios, no representa la satisfacción de una demanda basada en un decreto eterno e inmutable. Más bien es la justicia que reside en la propia naturaleza de Dios, es decir, la necesidad de establecer una relación adecuada de «justicia» entre el amor de Dios por el ser humano y su odio por el pecado. Únicamente Cristo podía lograr este tipo de «Expiación unificadora». La sustitución penal se sitúa más correctamente en el contexto del ministerio sacerdotal de Cristo que en el de los requisitos legales. No es la satisfacción de una demanda legal de justicia sino más bien un acto de reconciliación mediado por Cristo.[36] En relación con la sustitución penal, la condición es que creamos en Aquel «que se ha entregado a sí mismo como 'propiciación por nuestros pecados, por los pecados de todo el mundo'».

Con respecto a la seguridad eterna y a la perseverancia de los santos, la sustitución penal establece la base objetiva para nuestra Salvación. Cristo ha muerto a nuestro favor de una vez y para siempre; ha hecho algo que nosotros nunca hubiéramos podido hacer por nosotros mismos; algo que no requiere añadiduras. Cristo es el sacrificio expiatorio. Por medio de Él estamos «seguros» y «perseveramos». Considerada juntamente con la resurrección, la muerte de Cristo es la prueba de que

---

[35] Una lectura de Romanos 3:25 en traducciones más recientes bastará para clarificar esto. Ver la NIV, Good News Bible, y la NLT, que muestran que el texto no se refiere a los pecados pasados del creyente, sino más bien a los creyentes que pecaron «en el pasado».

[36] Williams, *John Wesley's Theology Today*, 84.

quien tiene la última palabra no es «el pecado» sino «la Salvación»; el «amor» triunfa sobre la «ira». Cristo ha muerto en nuestro lugar para llevarnos del problema a la solución.

Cuando vemos la Expiación de este modo abandonamos para siempre dos ideas mortales: (1) que de algún modo no somos responsables de los pecados que cometemos después de nuestra confesión inicial de fe en Cristo, y (2) que las concepciones de justicia por obras pueden resolver el problema que plantean estos pecados. Creer en la Expiación sustitutoria de Cristo es profesar fe en nuestro Señor y Salvador Jesucristo, quien nos amó y se entregó a sí mismo por nuestros pecados (Gálatas 1:4).

Examinemos ahora la *teoría del rescate*. Este punto de vista de la Expiación está relacionado con la teoría de la sustitución penal puesto que reconoce la necesidad de que otro haga algo a nuestro favor que nosotros nunca podríamos hacer por nosotros mismos. Sin embargo, añade un nuevo elemento procedente del verdadero significado del término «redención» que significa «comprar de nuevo». En sus formulaciones más tempranas y técnicas, el «rescate» se asociaba con la lucha de Cristo contra Satanás y los poderes demoníacos y malignos y con nuestra liberación de ellos por parte del Señor.[37] Algunos Padres de la Iglesia como Ireneo, Orígenes y Agustín sostenían que Cristo redimió a la Humanidad con su sangre y que éste cambió su alma por las nuestras. Jesús dio su vida a Satanás como pago del rescate de quienes le estaban esclavizando.

Aunque Wesley no dejaba de tener en cuenta la realidad de la lucha de Cristo contra el mal, incluido su combate en la Cruz,[38] esta dimensión de la Expiación no encuentra en su teología un espacio equiparable al de las demás teorías de la Expiación que hemos examinado. Esto se debe muy probablemente al hecho de que Wesley decidió subrayar más la reconciliación con Dios que el rescate del diablo. La Expiación proporciona la base salvífica para un cultivo consciente de nuestra relación con Dios. En la medida en que se desarrolla tal relación existe una menor necesidad de permanecer centrados en las fuerzas demoníacas.[39] El

---

[37] Carter, ed., A Contemporary Wesleyan Theology, 1:500.

[38] John Wesley, *Explanatory Notes upon the New Testament*, Publicadas en 1755 y reeditadas posteriormente por varias editoriales. La edición referenciada en este capítulo es la de Alec R. Allenson, Naperville, Ill., 1966. La nota relativa al rescate de nuestras almas del mal por parte de Cristo se basa en Colosenses 2:15. A partir de ahora, me referiré sencillamente a esta fuente como *Notes*.

[39] Williams, *John Wesley's Theology Today*, 88.

valor de la teoría del recate radica en que va más lejos en recordarnos que Cristo es vencedor sobre el pecado y sobre el mal. Pero Wesley no quería que la atención se centrara en «recordar» una victoria que ya se había ganado. Quería más bien que la Expiación creara una «expectativa» hacia sus efectos futuros: justicia, paz, y gozo en el Espíritu Santo (Romanos 14:17).

Por lo que respecta a la seguridad eterna y a la perseverancia de los santos, la teoría del recate le sirvió a Wesley como una forma de establecer el hecho de que nada puede separarnos del amor de Dios en Cristo Jesús (Romanos 8:35). Cristo ha despojado a los «principados y potestades» (Colosenses 2:15), exponiéndolos públicamente y triunfando sobre ellos ante las huestes del cielo y del infierno.[40]

Antes de concluir esta sección acerca de la Expiación, hemos de considerar la *teoría gubernamental.* Ésta surgió, por un lado, como protesta contra una teoría de la sustitución penal muy radical y como una defensa contra los críticos de una intervención vicaria por otro. En un extremo, los críticos de la sustitución (como los socinianos) abandonaron completamente la idea de la Expiación. Los críticos de la satisfacción penal intentaron demostrar que tal razón era ilógica ya que los pecadores merecen la muerte eterna pero Cristo no sufrió una muerte eterna.

En defensa de la Expiación, Hugo Grotius sostuvo lo que se ha dado en llamar teoría gubernamental. Grotius modificó la teoría sustitutoria por una idea de la justicia que no radicaba tanto en la necesidad de aplacar la ofendida voluntad de un gobernante sino más bien en la necesidad de establecer el orden y el gobierno en un universo creado por Dios. Grotius rechazaba la idea de que Dios hubiera de ser compensado, afirmando en lugar de ello que la muerte de Cristo era necesaria para restablecer y mantener el gobierno moral de Dios. La teoría gubernamental es una de las versiones de una interpretación que intenta mantener la influencia moral, la sustitución penal, y el rescate en una relación dinámica.[41]

Hemos de mencionar esta teoría en nuestra exposición, dado que algunos teólogos ajenos a la tradición wesleyana han pretendido erróneamente que éste era el punto de vista esencial de John Wesley acerca de

---

[40] Esta frase es una virtual reexpresión de la propia traducción de Wesley de Colosenses 2:15 en combinación con la interpretación que él mismo hace del texto en la nota explicativa correspondiente.

[41] Para un estudio más detallado de la teoría gubernamental, ver la obra de Carter, ed., *A Contemporary Wesleyan Theology,* 1:502–5; H. Orton Wiley, *Christian Theology,* 3 vols. (Kansas City, Mo.: Beacon Hill, 1952), 2:252–59.

la Expiación. Éste ha sido un error frecuente debido a dos razones fundamentales. En primer lugar, algunos intérpretes posteriores de Wesley han sostenido diferentes versiones de la teoría gubernamental. Entre los principales adherentes están Richard Watson, William Burton Pope, y John Miley. Algunos estudiosos ajenos a la tradición wesleyana «imponen a Wesley» las ideas de estos teólogos, razonando en parte que ningún intérprete cualificado de Wesley sostendría un punto de vista de la Expiación que no hubiera propugnado el propio Wesley.

Esta suposición encuentra otros apoyos en el hecho de que puede establecerse una clara conexión entre Wesley y estos hombres. Sin embargo, decir que Wesley sostenía un punto de vista gubernamental de la Expiación es llevar las comparaciones excesivamente lejos. Como han señalado H. Orton Wiley y R. Larry Shelton, la teoría gubernamental no consigue abarcar la doctrina de la Expiación de Wesley. Wiley enumera cuatro objeciones a la teoría gubernamental a partir del punto de vista de Wesley:

- No atribuye una importancia suficiente a la idea de propiciación y, por tanto, minimiza el concepto de una verdadera satisfacción de las virtudes divinas.
- Subraya la misericordia de Dios en el mismo sentido en que el calvinismo recalca su justicia.
- Se basa en el principio filosófico falso de que la utilidad es el terreno de la obligación moral.
- Ignora prácticamente la santidad de Dios y sustituye el principal objetivo de la Expiación por otro que le es solo subordinado.[42]

Shelton presenta una crítica más reciente señalando que «todos los modelos de estas teorías de la Expiación han sido extraídos a partir de conceptos sociopolíticos que no son bíblicos. Es necesario desarrollar una concepción de la Expiación y de la Salvación que se derive inductivamente a partir del modelo bíblico y que haga justicia a los elementos esenciales de la obra de Cristo».[43] El punto de vista de Shelton no solo representa una mejor perspectiva wesleyana sino también un planteamiento que podría defender el propio Wesley.

En segundo lugar, la teoría gubernamental sitúa la realidad del gobierno de Dios en un lugar erróneo. Como hemos mostrado al co-

---

[42] Wiley, *Christian Theology*, 2:258.
[43] Carter, ed., *A Contemporary Wesleyan Theology*, 1:505.

mienzo de la sección acerca de la Expiación, el concepto de gobierno es la síntesis de las creencias que defendía Wesley respecto a la Soberanía divina y su tolerancia de la libertad humana. El gobierno no se basa en la Expiación sino más bien en la naturaleza de Dios que le lleva a sostener estos dos elementos en una tensión dinámica. Por ello, aunque Wesley estaría dispuesto a reconocer que en cierto modo la Expiación afecta a la capacidad de Dios para gobernar todas las cosas, no fundamentaría en la Expiación los aspectos causativos que supone una teoría gubernamental completa.

Con respecto a la seguridad eterna y a la perseverancia de los santos, no hay que decir gran cosa acerca de la teoría gubernamental de la Expiación, puesto que esta no representa el punto de vista exclusivo de Wesley ni tampoco el más importante. No obstante, sí podemos observar que el concepto del gobierno divino forma un arco en relación con el modo en que Dios lleva a cabo tanto nuestra seguridad como nuestra perseverancia. Sería un error no reconocer al menos que la Expiación tiene su lugar en la constelación de factores que hacen posible que Dios gobierne todas las cosas. El mal ha creado el caos. Aparte de la obra redentora de Dios en Cristo, la vida está fuera de control. Pero Dios es un Dios de orden que preserva su creación por medio de su multifacética providencia. Wesley estaría de acuerdo en que la Expiación contribuye en gran medida a la providencia de Dios. No obstante, no fundamenta una teología del gobierno en la Expiación.

A modo de conclusión de esta importante sección, repasemos brevemente las características más importantes del punto de vista de Wesley acerca de la Expiación: Su naturaleza es expiatoria, vicaria, universal, y triunfal. Sus beneficios son la Redención, la Reconciliación, la Justificación, la Adopción, la Regeneración, el gobierno de Dios, y el inicio de nuestra santificación.[44] La Cruz de Cristo no solo se sitúa en el Calvario, sino también en el vértice del tiempo, brindando la Salvación que Dios desea y que nosotros necesitamos.

La apropiación de la Salvación

Es imposible considerar el tema de la seguridad eterna y la perseverancia de los santos sin examinar el modo en que el individuo hace suya la Salvación. Aunque no queremos minimizar la gran cantidad de elemen-

---

[44] Ibíd. 1:486–96.

tos que se relacionan con esta cuestión, la sencilla diferencia entre Wesley y sus amigos calvinistas radica en este punto: la idea calvinista de la apropiación descansa en un decreto (la predestinación), mientras que el de Wesley lo hace sobre la decisión (una capacitación procedente de la Gracia). Wesley escribió acerca de esta diferencia fundamental diciendo a los calvinistas «tenéis temor de que si no afirmarais la elección, tendríais que afirmar el libre albedrío y, por ello, despojar a Dios de su gloria en la Salvación del hombre».[45] Este es el meollo de la cuestión, y nos lleva a una serie de hechos importantes.

En primer lugar, crea una concepción diferente de la Gracia. Anteriormente hemos hablado de la Gracia como raíz de la teología de Wesley y la razón de su concepción de la teología como un orden de la Salvación. Esto elimina cualquier idea de libre albedrío natural. En este sentido, se posiciona junto con los demás reformadores haciendo hincapié en la supremacía de la Gracia. Sin embargo, se desmarca de los calvinistas cuando pasa a describir la Gracia como resistible. Ahora que estamos examinando el modo en que hacemos nuestra la Salvación, podemos examinar de nuevo esta diferencia.

Cuando Wesley postuló una auténtica libertad de acción mediante la Gracia previniente, devolvió al ser humano la idea de la decisión. Wesley no encontraba ninguna prueba de que tal decisión, que podía expresarse con relativa frecuencia y amplitud (tanto en términos de aceptación como de rechazo) antes de la conversión, dejara de existir más adelante. Harold Lindstrom nos ofrece un buen resumen del punto de vista de Wesley:

«La idea de la Salvación como algo que depende también de las decisiones humanas se subraya con el concepto de arrepentimiento antes de la fe como una condición para la Justificación y el arrepentimiento después de la fe como condición para una perfecta santificación. De acuerdo con su punto de vista arminiano de la elección, Wesley rechaza por tanto la idea de *gratia irresistibilis.* Es decir, que la Gracia no opera de un modo irresistible; su efectividad depende de la cooperación humana. En consonancia con esta idea esencial [Wesley] rechazó la doctrina de la perseverancia incondicional. Por ello quienes creen en Cristo no se consideran incapaces de la apostasía.»[46]

---

[45] «Predestination Calmly Considered», *Works* (Jackson), 10:229.
[46] Harold Lindstrom, *Wesley and Sanctification* (Londres: Epworth, 1946), 214.

Más adelante veremos cómo concebía Wesley la posibilidad de la apostasía. Por ahora, digamos solo que las palabras citadas apuntan a su convicción de que la elección humana está presente tanto antes como después de la conversión.

Contrariamente a lo que opinan los calvinistas, Wesley no creía que la Gracia resistible menoscabara la Soberanía de Dios. Los no wesleyanos se sorprenden de esto; les parece totalmente ilógico reconocer que algo o alguien pueda resistir la Gracia de Dios y seguir no obstante subordinado a Dios mismo. Wesley, sin embargo, deposita de otro modo su confianza en la Soberanía de Dios; para él, la voluntad final de Dios para toda la creación y su absoluto gobierno de ella pueden tener en cuenta cualquier decisión humana y todas ellas sin ser por ello menoscabadas. Una decisión negativa obra para la «eterna destrucción» de la persona que la toma, sin erosionar la naturaleza del Dios que la permite.[47]

De hecho, Wesley creía que en realidad él tenía un concepto de la Soberanía divina más elevado que los calvinistas. Salvar a alguien capaz de rechazar la oferta de Salvación glorifica más a Dios que hacer que todo el proceso descanse en un decreto anterior e irresistible. La Gracia irresistible produce una antropología deficiente, haciendo del «hombre una simple máquina, y por consiguiente, no más digno de ser recompensado o merecedor de ser castigado que ella».[48] Wesley estaba convencido de que no podía plantear adecuadamente una doctrina (la Soberanía de Dios) tergiversando otra (la Antropología).

La Gracia resistible no solo tiene algo que decir acerca de la naturaleza de los seres humanos, tanto antes como después de la conversión, sino también acerca de la naturaleza de Dios (lo cual en el último análisis es más importante). Wesley creía que la Gracia irresistible se basa en una concepción de Dios según la cual, a fin de ser soberano, Dios ha de actuar sobre la base de una voluntad arbitraria. Según este punto de vista de la Soberanía, Dios es el soberano creador, que escoge a algunos para Salvación y al resto para reprobación. Un Dios de esta naturaleza no tiene necesidad ni deseos de otorgar a los seres humanos parte alguna en su Salvación. Wesley creía en Dios como Creador soberano, pero añadió el concepto de Dios como Padre amante y justo Gobernador. Tras añadir estos elementos, la idea de la decisión humana encuentra un lugar en el cuadro general y se convierte en una posibilidad. Como Padre

---

[47] «What Is an Arminian?», *Works* (Jackson), 10:360.
[48] «Predestination Calmly Considered», *Works* (Jackson), 10:232.

amante, Dios desea que respondamos a su oferta de Salvación por medio de un amor y obediencia auténticos, cosas que presuponen una cierta medida de capacitación de la voluntad mediante la Gracia.[49] Como Gobernador justo, Dios es plenamente capaz de aceptar todas nuestras decisiones e integrarlas en la providencia sin ningún temor de que su naturaleza o propósito puedan ser alterados o limitados.

Dicho esto, avanzamos hacia la segunda diferencia: la doctrina de la justificación por la fe. Igual que los demás cristianos, Wesley entendió que la «justificación» es el perdón de los pecados por parte Dios mediante su Gracia. Cuando alguien profesa fe en Cristo, tal persona es «justificada por la fe»: un acto de Dios que hace que la virtud de la Salvación de Cristo sea eficaz en el presente. Es importante observar que para Wesley la justificación no es algo que Dios hace contrariamente al verdadero estado de las cosas.[50] Obrar de este modo sería una violación de la propia naturaleza de Dios, que representaría un auto engaño por parte de Dios. Justificación no es falsificación o ilusión sino una nueva y misteriosa fusión de la justicia imputada y la impartida. Dios puede justificarnos auténticamente por razón de Cristo, y por Él estamos *siendo transformados* de un grado de gloria a otro. Y puesto que Wesley considera la justificación como el inicio de la santificación, es también el medio incesante por el que Dios nos perdona y absuelve. Nunca superamos la necesidad de ser justificados *por la fe en Cristo.*

En la teología de Wesley, sin embargo, el acto de fe se arraiga en nuestra decisión de creer, no en la manifestación de una fe por parte de personas que previamente fueron escogidas para creer. Para Wesley, la «fe» es una respuesta a la Gracia plenamente confiada que es, a su vez, posible por la Gracia.[51] Puesto que existen diferentes dimensiones de Gracia, existen también por tanto distintas clases de fe. Antes de la conversión los seres humanos exhiben una fe rudimentaria en cosas como los hechos científicos, la esfera de lo material, ciertas conclusiones de tipo racionalista, la dignidad humana en general, una creencia en la necesidad de la moral, distintas expresiones de fe entre diferentes religiones, e incluso variaciones dentro del propio cristianismo.[52] Todas estas manifestaciones pueden llamarse «fe» con toda propiedad puesto que encajan con la definición genérica que la describe como: una respuesta

---

[49] Coppedge, *John Wesley in Theological Debate*, 138.
[50] «Justification by Faith», *Works* (Bicentennial), 1:188.
[51] Oden, *John Wesley's Scriptural Christianity*, 192.
[52] Sermon, «On Faith», *Works* (Bicentennial), 3:492–97.

plenamente confiada a la Gracia. Pero ninguna de ellas podría denominarse adecuadamente *fe salvífica*.

No obstante, las formas rudimentarias de fe tienen también su importancia puesto que nos predisponen hacia expresiones más completas de fe, del mismo modo que el ejercicio nos predispone a un mayor bienestar físico. Cualquier expresión constructiva de fe es provechosa y tiene el potencial de ayudarnos a ser personas que viven y expresan la fe.

Sin embargo, para que se produzca una respuesta plenamente confiada a la Gracia se requiere una expresión de fe diferente. La fe que justifica es fe en Jesucristo. La fe que salva es más que un asentimiento intelectual a la revelación proposicional. Es una disposición del corazón para confiar en Dios por los méritos de Cristo.[53] Es una profesión de fe que produce un nuevo nacimiento. Un aspecto de esta nueva vida es la manifestación de la justicia, y en esto, el punto de vista de Wesley difiere del que asumen los calvinistas. Examinemos esta diferencia que aporta un interesante elemento a nuestro tema.

Igual que los calvinistas, Wesley afirmó la realidad de la justicia imputada, cuyo significado explicó en el sentido de que «todos los creyentes son perdonados y aceptados, no por algo que haya en ellos, o por algo que hayan hecho, o puedan hacer, sino única y exclusivamente por lo que Cristo ha hecho y ha sufrido por ellos».[54] En términos de teología filosófica, Wesley estaba de acuerdo con los creyentes de la tradición reformada (aunque algunos pensaban de manera distinta). Esta imputación tiene lugar en el momento mismo en que alguien cree, precisamente porque no hay ningún otro mérito del que tal persona pueda echar mano aparte de la justicia de Cristo.

Sin embargo, con el transcurrir del tiempo y observando Wesley un creciente mal uso y abuso de la terminología de «la imputación» decidió no usarla más. Lamentablemente, algunos han malinterpretado una afirmación que Wesley hizo en su obra «Remarks on Mr. Hill's 'Farrago Double Distilled' (observaciones sobre la obra de Hill: 'Fárrago Doblemente Destilado')».[55] Casi al final de este tratado, Wesley se asombra de que el Sr. Hill se haya propuesto no usar nunca más la expresión «justicia imputada». Wesley explica que él enseñó la doctrina durante casi veintiocho años y sostuvo el concepto durante treinta y cuatro. Sin em-

---

[53] Sermon «The Marks of the New Birth», *Works* (Bicentennial), 1:417–19.
[54] Sermon «The Lord Our Righteousness», *Works* (Bicentennial), 1:455.
[55] «Remarks on Mr. Hill's 'Farrago Double Distilled'», *Works* (Jackson), 10:426–30.

bargo, prosigue observando que nunca utilizó la expresión «la justicia imputada de Cristo» (observemos la terminología ligeramente distinta que utiliza) porque no aparece en la Biblia y también porque había visto muchos casos en que quienes sí la utilizaban, habían abusado de ella. Wesley no explica la razón por la que la doctrina le parece aceptable pero no la terminología en sí, a excepción de estas referencias indocumentadas a muchos casos en que había podido observar que la expresión en cuestión había resultado perjudicial. Pero la sección del tratado en que se habla de la justicia imputada es suficiente para mostrar su acuerdo con esta doctrina.

No obstante, si consideramos la doctrina en su contexto más amplio, parece probable que los problemas de Wesley hubieran surgido cuando los calvinistas combinaban la idea de la imputación con la de la elección. Si Dios ha predeterminado quiénes van a ser salvos, y si todas estas personas han sido vestidas con la justicia de Cristo (el Hijo de Dios eternamente inmaculado), solo puede entonces concluirse lógicamente que su seguridad es eterna. Por el contrario, Wesley sostenía la imputación de la justicia pero sin conexión con el decreto eterno de Dios. Su convicción era que hacer esto implicaba moverse hacia el antinomianismo. Si en la elección de Dios estamos eternamente seguros, lo cual incluye la permanente imputación de la justicia de Cristo, Wesley creía que en tal caso era posible «justificar las abominaciones más atroces».[56]

Para ser imparciales, hay que decir que ningún auténtico calvinista aceptaría esta posibilidad. De hecho, el que alguien pudiera cometer una acción execrable, sería una prueba fehaciente de que tal persona no está entre los escogidos, al margen de lo que pueda decir en sentido contrario. Sin embargo, Wesley era un teólogo más práctico que filosófico, y lo que observó en el siglo XVIII fue que grandes multitudes utilizaban la teología calvinista para excusar su mal comportamiento. Wesley afirmaba que con esto no se honraba la doctrina de la seguridad sino que más bien se hacía a Cristo «ministro de pecado utilizando su justicia como fundamento para vivir en tal impiedad e injusticia que ni aun se nombra entre los paganos».[57] Son razones de este tipo las que nos ayudan a entender por qué Wesley no quería ser malinterpretado (o lo que es peor, causa de tropiezo) por la utilización de la expresión «la justicia imputada de Cristo».

---

[56] «Thoughts on the Imputed Righteousness of Christ», *Works* (Jackson), 10:315.
[57] Ibíd.

¿Cuál era la respuesta adecuada a este dilema? Para Wesley se trataba de considerar la justicia imputada como punto de partida para una vida de piedad y verdadero discipulado. Visto desde el punto de vista jurídico, era una metáfora comparable al golpe de mazo de un juez que acompaña a las palabras, «el acusado ha sido absuelto de los cargos que se le imputan». Tales palabras no determinan cuál será el comportamiento de la persona cuando abandone el tribunal. Visto desde la perspectiva de la horticultura, la justicia imputada representa la plantación de la justicia, que requiere de cuidados diarios para seguir con vida.[58] Por consiguiente, lo que Wesley subraya es la justicia impartida.

Wesley comenzó con la justicia imputada para dejar claro que no estaba defendiendo ninguna forma de justicia propia o justicia por obras. Somos hechos justos por la justicia de Cristo. Sin embargo, esta justicia no es simplemente una ropa con que nos vestimos, sino una influencia que produce crecimiento. El Espíritu obra en nosotros para hacernos justos no solo en lo que a nuestra posición se refiere, sino también en nuestro verdadero estado y comportamiento, tanto interior como exteriormente. Wesley denominó este verdadero cambio «justicia inherente» y lo consideró «no como el terreno de nuestra aceptación por parte de Dios, sino como su fruto; no como un sustituto de la justicia imputada, sino como una consecuencia de ella. Es decir, creo que Dios implanta su justicia en todo aquel a quien ésta le ha sido imputada».[59]

En ambas expresiones, se trata de la misma justicia: la justicia de Cristo. Por ello, Cristo es el medio meritorio de nuestra Salvación, y también el agente que influye nuestro crecimiento como fieles discípulos. La semejanza con Cristo es la meta que se persigue, y Él mismo es quien nos capacita para llegar a ser de hecho lo que profesamos ser. Puesto que Wesley no vinculaba ni la justicia imputada ni la impartida con ninguna idea de la elección por parte de Dios, relacionaba la persistencia de sus efectos con la cooperación humana con la Gracia de Dios.

---

[58] Oden, *John Wesley's Scriptural Christianity*, 208.
[59] «Preface to a Treatise on Justification», *Works* (Jackson), 10:320. Uno de los mejores estudios secundarios del tema de la justicia imputada e impartida es el que encontramos en la obra de Coppedge, *John Wesley in Theological Debate*, 145–55.

El pecado después de la conversión

Terminado nuestro análisis de las anteriores doctrinas clave, estamos en posición de plantearnos la pregunta: «¿Qué sucede con el pecado después de la conversión?». Se han hecho ya algunas referencias a esta cuestión en la sección que trata la teología de la Expiación de Wesley. Sin embargo, sigue siendo necesario centrar nuestra atención en ella teniendo en cuenta que el objeto de nuestra investigación es la perseverancia *de los santos* y la seguridad eterna *de los creyentes*. Implícitas en esta cuestión hay dos dimensiones que hemos de explorar en relación con el tema de la seguridad eterna: la naturaleza del pecado tras la conversión y el modo en que tal pecado puede conducir a la pérdida de la Salvación.

Con respecto a la primera cuestión, Wesley sostenía que los creyentes —los cristianos fieles y bautizados, que han experimentado el nuevo nacimiento y han comenzado a andar en la vida de santidad— pueden caer. El pecado sigue presente, pero ya no reina. Wesley hizo una triple distinción respecto al pecado de los creyentes y habló de la culpa, el poder, y la presencia del pecado. Los creyentes son liberados de la culpa y del poder del pecado, pero no de su presencia.[60]

En otras palabras, hay dos cosas que no cambian tras la conversión. (1) El Adversario no cesa en su empeño de capturar nuevamente al redimido. (2) La capacitación de la Gracia, que preservaba el poder de decisión en la persona no regenerada sigue manteniendo esta facultad en el redimido. Por ello, la posibilidad de perder lo que se ha conseguido es algo muy real para el creyente. Esto crea en el creyente un saludable sentido de vigilancia, auto examen y arrepentimiento. Es saludable porque no se trata de una fijación mórbida sino más bien de una constante atención que descansa en la confianza de que, «El que está en vosotros es mayor que el que está en el mundo» (1 Juan 4:4).

Esto nos lleva a la segunda cuestión: ¿Cómo puede el pecado conducir a la pérdida de la Salvación? A fin de evaluar correctamente esta cuestión, hemos de entender que en el orden de la Salvación de Wesley es posible apartarse de cualquier Gracia que Dios haya concedido, porque la Gracia no anula la libre elección. Sin embargo, si estamos creciendo en la semejanza de Cristo por medio de la justicia impartida también estaremos desarrollando una creciente sensibilidad hacia cualquier movimiento que nos aparte de Dios, cualquiera que sea la forma

---

[60] «On Sin in Believers», *Works* (Bicentennial), 1:328.

que adquiera. Además, la Gracia nos capacita para arrepentirnos y recibir el perdón en cualquier momento (no se trata ahora del perdón que recibimos en la Salvación inicial sino del perdón que afianza de nuevo nuestros pies y nos capacita para continuar la carrera.

En su tratado «A Call to Backsliders« (un llamamiento a los que se han apartado) Wesley alude a Hebreos 6:4–6; 1 Timoteo 1:19–20; y 2 Pedro 2:20–22. Dice, sin embargo, que aun la clase de personas que se describe en estos pasajes pueden ser restaurados para Salvación (pero no en ausencia de un claro reconocimiento de su verdadero estado y de un sincero arrepentimiento).[61] De modo que, lo primero que hemos de ver es que el acto en sí de pecar no es razón suficiente para la pérdida de la Salvación. Nuestra posición con y en Cristo no es tan frágil que una caída temporal en el pecado pueda anular todo lo que Dios ha hecho a nuestro favor hasta este momento. El Espíritu que vive en nosotros es el mismo Espíritu que nos habla de nuestros extravíos del camino y de la voluntad de Dios y nos ofrece la posibilidad de arrepentirnos y ser restaurados.

La pérdida de la Salvación está más relacionada con experiencias profundas y prolongadas. Wesley veía dos trayectorias esenciales que podrían provocar una permanente caída de la Gracia: el pecado no confesado y la expresión real de la apostasía. Como veremos, ni siquiera estas dos situaciones se sitúan fuera de la posibilidad de restauración, pero sin duda hemos de aprender a guardarnos de ellas a medida que vamos creciendo en la Gracia y el conocimiento de nuestro Señor y Salvador Jesucristo. Descartar estas posibilidades es hacernos más vulnerables a ellas.

Para Wesley, el pecado no confesado no es el desconocido sino más bien el que se mantiene conscientemente sin arrepentimiento y se sigue practicando sin pesadumbre. Cristo ha quebrantado el poder del pecado en nuestra vida, sin embargo, nosotros no hemos perdido la capacidad de volver a acciones y actitudes que en otro tiempo nos separaron de Dios. Esto no tendrá lugar de manera accidental o sin que nos demos cuenta de ello, pero puede suceder por una mala utilización de nuestra capacidad de elegir.

Creo que Wesley quería establecer otra forma de ver este tema, y desarrolló sus perspectivas (una vez más) en un contexto de controversia. No quería mantener el punto de vista luterano del *simil justus et peccator*, que según le parecía, subrayaba insuficientemente el poder de

---

[61] «A Call to Backsliders», *Works* (Bicentennial), 3:211–26.

Dios para librarnos del pecado. Ni tampoco quería moverse hacia el calvinismo que, con su concepción de la seguridad eterna, soslayaba el dilema del pecado tras la conversión. Finalmente, tampoco podía estar de acuerdo con grupos como los hermanos moravos, que enseñaban «perfección e impecabilidad» afirmando que el creyente queda libre de cualquier resto de pecado.

En lugar de ello, Wesley propuso otra alternativa principalmente en la distinción entre el pecado voluntario y el involuntario. Dios no tiene en cuenta las transgresiones involuntarias (los pecados que cometemos sin tener conciencia de ellos) a menos que los descubramos y no hagamos nada al respecto. Sin embargo, los pecados voluntarios —la deliberada violación de las leyes conocidas de Dios— se convierten en mortales si no nos arrepentimos de ellos.[62] La cuestión de la seguridad eterna depende (en ambas categorías de pecado) de la cuestión de la perseverancia en el arrepentimiento. Antes de analizar específicamente el punto de vista de Wesley respecto al arrepentimiento del creyente, conviene aclarar la razón por la que el problema del pecado no confesado no se resuelve adecuadamente.

Mientras vivimos por fe (en el desarrollo de nuestras vidas momento a momento, tanto en actitud como en acción), no pecamos. No obstante, surgen tentaciones. Cuando esto sucede, el Espíritu Santo nos amonesta, mediante una serie de medios que pretenden producir una respuesta en nuestra conciencia, recordando que somos hijos de Dios, no del diablo. En el momento de la tentación la Gracia nos ofrece fortaleza para resistir. Sin embargo, aun cuando no nos apropiamos de ella y pecamos, el Espíritu sigue buscándonos y ofreciéndonos Gracia para que nos arrepintamos y experimentemos restauración. Si estamos atentos al Espíritu, oiremos las señales de advertencia y pediremos la Gracia para que nos guarde en la fe que nos capacita para vivir como seguidores de Cristo.

Sin embargo, si en alguna medida nos sometemos a la tentación, ésta comenzará a sernos más agradable. Contristaremos al Espíritu. Nuestra fe se debilitará. Nuestro amor hacia Dios se enfriará. El Espíritu nos advertirá con más severidad, sin embargo, por nuestra parte podemos persistir en una espiral descendente, avanzando hasta un punto en que esencialmente habremos retomado una vida de rebeldía muy parecida a la que experimentamos antes de nacer

---

[62] «On Sin in Believers», *Works* (Bicentennial), 1:315.

de nuevo. En tal estado, podría decirse correctamente que hemos «caído de la Gracia».[63]

Sin embargo, es esencial que entendamos que aun cuando hayamos caído *de* la Gracia, no estaremos *fuera del alcance de* la Gracia. La semilla de fe que ha sido plantada sigue estando ahí. El Espíritu sigue estando activo y tal semilla puede aun cobrar nuevo vigor mediante el arrepentimiento y la fe. El gran privilegio de quienes han nacido de Dios no consiste en que el pecado haya dejado de existir en sus vidas, o en que éste ya no les sea imputable, ni tampoco en que el pecado (después de la conversión) sea una prueba de que nunca se convirtieron auténticamente. El «gran privilegio» consiste en que, por causa de lo que Dios ha hecho a nuestro favor en Cristo, ya no estamos *obligados* a pecar, es decir, ya no estamos sujetos al pecado ni nos vemos inevitablemente forzados a pecar. Esta es la razón por la que, en la teología de Wesley se concede tanta importancia al pecado no confesado y éste adquiere un carácter tan funesto. El pecado no confesado impide el desarrollo de los planes de Dios y hace que se produzca lo que la Gracia de Dios podría evitar.

La prevención de esto es posible gracias a lo que Wesley llama el arrepentimiento de los creyentes.[64] Este arrepentimiento no es idéntico que el arrepentimiento inicial que produjo nuestra justificación, pero existen algunas similitudes entre ambos. Los dos presuponen el reconocimiento del pecado y nuestra impotencia para cambiar aparte de la Gracia. La diferencia entre ellos radica en la percepción del deseo que Dios tiene de perdonar. Antes de la conversión nos arrepentimos sin ninguna experiencia previa del perdón de Dios. Después de la conversión, sin embargo, nuestro arrepentimiento se sitúa en un contexto de confianza en el hecho de que Dios se complace en perdonar. Hemos gustado la Gracia de Dios, y sabemos que es mejor que cualquier cosa que pueda ofrecer el pecado. Después de la conversión, más que nunca, vemos el carácter terrible del pecado y sabemos que hemos de guardarnos de él. Por mucho que experimentemos el poder transformador de la Gracia de Dios, nunca superare-

---

[63] Wesley hace una crónica detallada de esta erosión en su sermón, «The Great Privilege of Those That Are Born of God», *Works* (Bicentennial), 1:431–43.

[64] Para entender esta doctrina correctamente, hemos de estudiar tanto el punto de vista wesleyano del pecado en el creyente y del arrepentimiento dentro de la vida cristiana. Randy Maddox proporciona una buen resumen de estas dos doctrinas en su obra *Responsible Grace: John Wesley's Practical Theology* (Nashville: Kingswood, 1994), 163–66.

mos la necesidad de arrepentirnos, una necesidad que, de hecho, se convierte en parte integral de nuestro avance en el orden de la Salvación. Siempre podemos dejar de apropiarnos activamente de la Gracia que hemos recibido hasta este momento.

De llegar a este punto, estaríamos en lo que Wesley denominó un estado de «alejamiento».[65] El problema de algunos que están en esta condición es que llegan a pensar que, dado que han pecado después de convertirse, ya no son dignos del perdón ni Dios puede perdonarles. Wesley creía que el mayor peligro para los creyentes apartados era la desesperación, no un alejamiento más pronunciado. Como hemos visto anteriormente, el Espíritu Santo convence a los creyentes. El modo en que interpretemos tal convicción determinará si vamos a dirigirnos hacia el arrepentimiento o hacia el remordimiento. Oden expresa con precisión el punto de vista wesleyano con las siguientes palabras: «Más pecadores se pierden por la desesperación que por la presunción. Muchos de quienes una vez combatieron en la lucha espiritual ahora ya no lo hacen, sintiendo que la victoria es imposible de alcanzar».[66] Sin embargo, la posibilidad de la victoria es siempre vigente, y Dios nos la ofrece por medio de su constante invitación a arrepentirnos.

Pero ¿qué sucede si no nos arrepentimos? ¿Qué ocurre si decidimos seguir sin confesar nuestro pecado? Aunque esta posibilidad pueda parecernos sorprendente (comparada con la oferta de restauración que nos brinda la Gracia de Dios), Wesley la vio como algo posible en algunos pasajes bíblicos que de manera explícita o implícita se refieren a creyentes que «naufragan» en cuanto a la fe (1 Timoteo 1:19).[67] Acerca de esto, Wesley comentó, «porque los barcos, una vez han naufragado no pueden ser salvos».[68] Sin embargo incluso en este punto no podía descartar totalmente la posibilidad de una radical intervención de la Gracia de Dios (que al principio creó *ex nihilo* y tiene la capacidad de hacerlo de nuevo) solventando incluso este estado desesperado. De hecho, cuando se le preguntó si había visto que esto le sucediera a alguien, respondió; «Rotundamente sí, sin duda y no solo a una persona ni a cien; estoy convencido de que son varios millares... Existen innumerables ejemplos de ello, de personas que cayeron, pero que se levantaron y ahora están

---

[65] Para profundizar más en esto, ver el sermón de Wesley, «A Call to Backsliders», Works (Bicentennial), 3:211–26.
[66] Oden, *John Wesley's Scriptural Christianity*, 341.
[67] Otros pasajes son Juan 15:6; Romanos 11:16–22; Hebreos 6:4–6; y 2 Pedro 2:20.
[68] *Notas*, 1 Timoteo 1:19, 774.

firmes».[69] Tal es el optimismo de Wesley respecto a la Gracia, hasta el punto en que no puede en el último análisis excluir su posible victoria.

Es importante señalar que la teología de la Gracia de Wesley se acerca mucho a la doctrina de la seguridad eterna; es decir, le es muy difícil concebir la posibilidad de que la Gracia pueda ser eclipsada por una decisión humana, especialmente por la decisión de quienes, de hecho, han sido cristianos. Sin embargo, aun concediendo esto, hay que señalar una distinción esencial en tal optimismo en relación con la idea calvinista. Se trata de una confianza que no se fundamenta en la elección sino en la naturaleza y actividad de la Gracia. Es una confianza, no en el decreto Dios sino en su incesante búsqueda del creyente apartado. A pesar de tal optimismo, sin embargo, la Gracia (como ya hemos dicho) no es irresistible. No es algo automático. Puede ser rechazada, y puede serlo para siempre.

Esto nos lleva de nuevo a una consideración del tema del «naufragio». Se trata de una metáfora que simboliza una pérdida total. Si seguimos sin confesar nuestro pecado, pasamos de lo que podríamos llamar una Caída temporal (de cualquier duración) a un estado de apostasía (un estado en el que de manera calculada y muy evidente decidimos rechazar a Cristo y los méritos de su Salvación y vivir una vez más según nuestros propios recursos. Wesley lo llamó renunciar al único sacrificio por el pecado, de modo que ya no queda ningún otro. Es renunciar al sacrificio «por el que el Hijo de Dios pagó total y perfectamente por los pecados de todo el mundo».[70]

En su tratado, «Serious Thoughts upon the Perseverance of the Saints» (solemnes pensamientos sobre la perseverancia de los santos), Wesley propone ocho estados en los que podemos caer de la Gracia de tal modo que supongan una perdición eterna. Estos estados están contemplados en la Escritura, y los examinaremos con detalle cuando lleguemos a la sección final de este capítulo. Por ahora, baste mostrar que a pesar de su optimismo respecto a la Gracia, Wesley también sostenía la posibilidad de una Caída absoluta e irrevocable. Concluyó su tratado con el siguiente resumen y advertencia:

> «El resumen de todo esto es: si el testimonio de las Escrituras es verdadero, aquellos que son santos o justos según el criterio del propio Dios; aquellos que han sido capacitados con una fe que purifica

---

[69] «A Call to Backsliders», Works (Bicentennial), 3:224.
[70] Ibíd., 3:221.

el corazón y produce una buena conciencia; aquellos que han sido injertados en el buen olivo, la iglesia espiritual e invisible; aquellos que son sarmientos de la la vid verdadera y a quienes Cristo les dice, «Yo soy la vid, vosotros los sarmientos»; aquellos que han experimentado un conocimiento efectivo de Cristo, que les ha permitido escapar de las contaminaciones de este mundo; aquellos que ven la luz de la gloria de Dios en la faz de Jesucristo, y que han sido hechos participantes del Espíritu Santo, de su testimonio y de su fruto; aquellos que viven por fe en el Hijo de Dios; aquellos que han sido santificados por la sangre del pacto, pueden no obstante caer de Dios de modo tal que perezcan para siempre. Por tanto, el que esté firme mire que no caiga.»[71]

Tal apostasía puede ocurrir de dos maneras. En primer lugar, los creyentes pueden mantener una creencia intelectual en la Salvación que es en Cristo y decidir al tiempo salir de esta esfera prefiriendo el camino de su propia voluntad (cf. Juan 3:19). Esto podría llamarse una apostasía rebelde. Wesley la encontró expresada en Hebreos 6:4-6 y la comentó del modo siguiente:

«Aquí no tenemos una suposición, sino una calara relación de hechos. El apóstol describe aquí el caso de aquellos que han abandonado tanto el poder como la forma de la piedad; que han perdido tanto su fe, como su esperanza y amor (versículo 10), y ello de manera deliberada (Hebreos X:26). Respecto a estos apóstatas rebeldes e intencionados el autor afirma *es imposible renovarlos otra vez para arrepentimiento* (aunque una vez lo fueron). Esta imposibilidad de ser renovados afecta tanto al fundamento de la vida cristiana como a cualquier aspecto construido posteriormente sobre él.»[72]

Sin embargo, el segundo modo es mediante un rechazo de la provisión de Dios para la Salvación en Cristo. Esto es «el pecado que lleva a la muerte» (1 Juan 5:16). Este segundo medio de la apostasía es más radical que el primero. También es menos posible ser restaurado de esta clase de apostasía, precisamente porque representa el acto de una perso-

---

[71] «Serious Thoughts upon the Perseverance of the Saints», *Works* (Jackson), 10:298.
[72] *Notas*, Hebreos 6:6, 824.

na que rechaza por completo la Salvación de Dios en Cristo. El hecho de que Wesley contemple esta posibilidad entre los creyentes (sí, aun entre aquellos que han sido santificados), demuestra su convicción esencial de que la perseverancia no debe sostenerse sobre la base de la elección de Dios, sino de la perseverancia en la fe de aquellos que han sido salvos. «Crucificar de nuevo al Hijo de Dios» no significa pedirle que muera de nuevo por nosotros. Es más bien, negar que jamás lo haya hecho, es decir, declarar que su muerte no tiene ningún valor.

Antes de dejar esta sección acerca del pecado después de la Salvación, solo podemos hacer justicia a Wesley si concluimos el asunto allí donde él mismo lo concluyó. En un momento específico de su exposición, no pudo seguir describiendo a aquellos que llamaba «hijos de perdición». Fue movido a volver al optimismo de la Gracia y declarar que estaba principalmente preocupado por

> «aquellos que sentían "el recuerdo de nuestros pecados como algo insufrible, la carga de ellos como intolerable". Ante ellos ponemos una puerta abierta de esperanza: que entren, y den gracias al Señor. Que sepan que "el Señor es generoso y misericordioso, paciente y muy bondadoso". "¡Observad cuán lejos están los cielos de la Tierra! Así alejará de ellos sus pecados" "No durará para siempre su censura; ni perpetuamente guardará su ira". Solo has de resolver esto en tu corazón: "Le entregaré mi todo por su todo" y la ofrenda será acepta. ¡Dale todo tu corazón! Que todo lo que hay dentro de ti clame constantemente, "Tú eres mi Dios, y gracias te doy; tú eres mi Dios, y te exalto". "Este es mi Dios por los siglos de los siglos. Él me guiará aun hasta la muerte".[73]

Wesley predicó estas palabras unos tres años antes de morir. En ellas se pone de relieve que a pesar de su aceptación de una apostasía final, su corazón estaba siempre inclinado hacia la misericordia de Dios, y su llamada era a que todos respondieran a la incesante oferta de Dios a ser salvos, aun ante la perdición misma.

Antes de concluir este capítulo considerando las bases de Wesley para su posición, hemos de permitirle hablar por sí mismo en un resumen de todo lo que hemos dicho hasta ahora. Wesley era consciente de las diferencias entre sus ideas y las que sostenían los calvinistas. En su tratado, «What

---

[73] «A Call to Backsliders», *Works* (Bicentennial), 3:226.

Is an Arminian?» (¿Qué es un arminiano?) Wesley ofrece un resumen extenso pero claro de cinco diferencias cruciales. Las dos primeras (la negación del pecado original y de la justificación por la fe) le resultaban tan obviamente erróneas que ni siquiera merecían atención alguna. Sin embargo, las otras tres diferencias (que él entendía como la esencia de la divergencia), sí merecían una respuesta y escribió lo siguiente al respecto:

> «Sin embargo, existe una innegable diferencia entre los calvinistas y los arminianos, en relación con las otras tres cuestiones. Aquí están divididos; los primeros creen en una predestinación absoluta mientras que los últimos la consideran solo condicional. Los calvinistas sostienen, (1) Dios ha decretado de manera absoluta, desde la eternidad, salvar a unas personas determinadas, y no otras; y que Cristo murió por ellas, y por ninguna otra. Sin embargo, los arminianos sostienen que Dios ha decretado, desde la eternidad, tocar a todo aquel que haga suya la palabra escrita, "Él que creyere será salvo: Él que no creyere, será condenado". Y a fin de conseguir esto, "Cristo murió por todos, todos los que estaban muertos en delitos y pecados", es decir, por cada hijo de Adán puesto que "en Adán todos mueren". En segundo lugar, los calvinistas sostienen que la Gracia salvífica de Dios es absolutamente irresistible; que ningún hombre es más capaz de resistirse a ella que a la sacudida de un rayo. Los arminianos afirman que aunque puede que haya alguna ocasión en que la Gracia de Dios actúa de un modo irresistible, sin embargo, en general, cualquier hombre puede resistir (y ello para su eterna destrucción), la Gracia mediante la que Dios hubiera querido salvarle eternamente. En tercer lugar, los calvinistas sostienen que un verdadero creyente en Cristo no puede en modo alguno caer de la Gracia. Por su parte, los arminianos afirman que los verdaderos creyentes pueden "naufragar en cuanto a la fe y a una buena conciencia", que pueden caer, no solo de manera escandalosa sino también definitiva, hasta el punto de perderse para siempre. Sin duda, los dos últimos puntos, la Gracia irresistible y la perseverancia infalible son una consecuencia natural del primero que afirma el decreto incondicional. Si Dios ha decretado eterna y absolutamente salvar a determinadas personas, de ello se deduce, que las tales no pueden resistir su Gracia salvífica, (o de lo contrario perderían la Salvación) y que no pueden caer definitivamente de una Gracia que no pueden resistir. De modo que, en efecto, la tres preguntas se convierten en una, "¿Es

la predestinación absoluta o condicional?". Los arminianos creen que es condicional; los calvinistas que es absoluta.»[74]

El desarrollo de la Teología

La Teología no puede fragmentarse en partes inconexas puesto que hacerlo sería separarla de su base. Toda teología descansa sobre algún fundamento; se construye sobre ciertas presuposiciones y se desarrolla en relación con métodos específicos. Tras plantear las afirmaciones fundamentales de la posición wesleyana acerca de la seguridad eterna y la perseverancia de los santos, quiero concluir este capítulo con un análisis del fundamento de las ideas de Wesley. He decidido hacer esto en la última sección de mi exposición porque quería que consideráramos primero el *contenido* de las convicciones de Wesley para a continuación pasar a mostrar *el modo* en que llegó a tales convicciones.

Esto requiere que regresemos al método cuadrilateral wesleyano. Al igual que con el esquema total de su teología, también para el desarrollo de sus convicciones, Wesley echó mano de la Escritura, la tradición, la razón, y la experiencia. En esta sección final examinaremos la seguridad eterna bajo cada una de estas fuentes. Por una cuestión de espacio y de enfoque, quiero centrarme en el tratado de Wesley «Predestination Calmly Considered» (una sosegada consideración de la predestinación). Aunque esta obra se publicó en 1752 y es por tanto anterior a ciertos aspectos clave de la controversia calvinista, sigue representando la exposición más concienzuda y juiciosa de la posición de Wesley. Outler está en lo cierto cuando declara que este tratado estableció «las líneas principales por las que habría de discurrir la controversia».[75] Analizar este tratado a través del método cuadrilateral nos ayudará a entender mejor la posición de Wesley y el modo en que la desarrolló.

La Escritura

Vivimos en un tiempo de teología «autónoma»,[76] es decir, teologías que toman como punto de partida algo fuera de la Biblia y se desconecta de

---

[74] «What Is an Arminian?» *Works* (Jackson), 10:359–60.
[75] Outler, *John Wesley*, 425.
[76] Este era el término favorito de Robert Cushman para describir a muchos teólogos y teologías contemporáneos. Lo que quería decir esencialmente es que tales personas

la tradición en favor de experiencias contemporáneas. Si no vamos con cuidado, podemos acusar a Wesley de algo parecido. De hecho, algunos que sostienen otras ideas ya lo han hecho, afirmando que su posición no está en consonancia con la revelación bíblica. No obstante, esto no es así. Está claro que Wesley siempre se esforzó en fundamentar su teología en la Biblia. Aunque su interpretación difiera de la de otros, no debemos caer en el error de decir que sus ideas no surgen de la Escritura y de un intento de ser una intérprete serio y exacto de ella. Para ver cómo desarrolló su teología de la seguridad eterna y de la perseverancia de los santos, vamos a comenzar con la Escritura.

Hasta ahora, he hecho referencia a algunos pasajes clave de la Biblia que Wesley utilizó para defender sus ideas, así como a su disposición a mostrar las razones por las que sus interpretaciones diferían de las de otros cristianos. Lo he hecho porque sus referencias a la Escritura son tan frecuentes que cualquier intento serio de exégesis nos llevaría mucho más allá del propósito de este capítulo. No obstante, estamos en un punto de la exposición en que sería pertinente decir algo respecto al acercamiento exegético de Wesley. Quiero usar su interpretación de Romanos 9:21 en «Predestination Calmly Considered» para ilustrar su enfoque de un pasaje controvertido.

En la Biblia de Wesley este versículo dice: «¿Acaso no tiene el alfarero poder sobre el barro?». La exégesis que hace Wesley de esta pregunta nos ayuda a entender su método exegético.

(1) Lo compara con el texto de Mateo 20:15 (la conclusión de la parábola de los obreros de la viña). Igual que otros exégetas de su tiempo, Wesley comenzaba, a menudo, el análisis de un texto comparándolo con otro pasaje de la Escritura. En este caso, la relación que establece entre los dos versículos se debe a que sus contendientes calvinistas los estaban analizando conjuntamente para mostrar que trataban de la Soberanía divina aplicada a la reprobación. Wesley concluyó que el pasaje de Mateo no tiene nada que ver con la reprobación y por tanto no arroja luz alguna sobre el pasaje de Romanos.

(2) Examina exegéticamente el contexto de Romanos 9. En este caso, comienza con Romanos 1 y va desarrollando el pensamiento de Pablo hasta llegar al versículo en cuestión. Con ello puede situar el pasaje en

---

e ideas están desconectadas de los fundamentos sobre los que descansa la buena teología, a saber, la Biblia y veinte siglos de tradición. Para mostrar mi acuerdo con Cushman y para reconocerle el mérito de este término, sigo usándolo en mis trabajos.

su perspectiva más amplia posible (el libro entero) y mostrar especialmente que el contexto de 9:21 describe de hecho una situación de esperanza que se expresa especialmente en 8:39: los que están en Cristo Jesús no podrán ser separados del amor de Dios.

(3) A continuación, Wesley utiliza una forma de método histórico-crítico en su exégesis para analizar el modo en que judíos y gentiles hubieran entendido las palabras de Pablo y reaccionado ante ellas: los judíos se habrían mostrado profundamente ofendidos, y para los gentiles hubieran sido de mucho ánimo. Para ambos grupos, la afirmación de 9:21 se fundamentaría en el profundo amor de Dios, un amor que para los judíos sería muy difícil compartir en los mismos términos con los gentiles, y que los gentiles por su parte recibirían como una noticia increíblemente buena. Nadie de estos dos grupos habría entendido las palabras de 9:21 como una referencia a la reprobación.

(4) Después de esto, la exégesis de Wesley se orienta hacia un detallado examen de las objeciones. Nuevamente, esto era un método corriente en tiempos de Wesley, basado en la convicción de que la adecuada comprensión de un pasaje ayuda a refutar con éxito sus interpretaciones erróneas o inexactas. Podemos ver el mismo principio hermenéutico en acción en una buena parte de la predicación de Wesley, quien con frecuencia concluía sus sermones señalando el modo en que sus puntos conseguían silenciar a sus contendientes.

(5) Por último, en su exégesis de Romanos 9:21, Wesley regresa al punto de partida comparando la Escritura con la Escritura. En este caso concreto, subraya que la Biblia nunca contempla los atributos de Dios de manera aislada sino en su relación con los demás, y concluye advirtiendo respecto al peligro de hacerlo de otro modo por los errores que se derivan de ello. Sin hacer una referencia directa a ello, en esta parte de su exégesis también utiliza materiales extrabíblicos, en este caso una obra suya: «Thoughts upon God's Sovereignty» (pensamientos acerca de la Soberanía de Dios). Al hacerlo, vemos en acción un elemento de correlación en la exégesis de Wesley.

Sería muy interesante poder analizar todos los pasajes importantes subrayando el método exegético que subyace en las conclusiones de Wesley. Sin embargo, su tratamiento de Romanos 9:21 es esencialmente exacto como ejemplo del modo en que manejaba los datos bíblicos y los extrabíblicos para llegar a sus conclusiones. Por decirlo de otro modo, Wesley utilizaba la misma metodología exegética que aquellos con quienes estaba de acuerdo y aquellos de quienes disentía. Es decir, las conclusiones teológicas de Wesley no pueden rechazarse alegando erróneamente que su método exegético era incorrecto.

Centrándonos en su tratado «Predestination Calmly Considered» como un todo, (más allá de su exégesis de pasajes aislados) podemos ver que Wesley se acercaba básicamente a la Biblia de dos maneras. En primer lugar, citaba pasajes que, según entendía, descartaban claramente la idea de la seguridad eterna, con su afirmación especialmente desatinada de una reprobación incondicional. Respecto a los pasajes que en su opinión refutaban la posibilidad de conciliar la idea de la reprobación con el deseo de Dios de salvar a todos los hombres, Wesley presentó una plétora de ejemplos.[77] En un estilo muy dinámico (con muy pocos comentarios por su parte), enumeraba un pasaje tras otro. Concluía diciendo que las citas «no son sino una parte muy pequeña de los muchos textos bíblicos que podrían presentarse para cada uno de estos apartados. Sin embargo, son suficientes».[78] Sin embargo, Wesley no limitó la lista a los textos mencionados en esta nota al pie, sino que siguió desarrollando su tratado a lo largo de otras cincuenta páginas, haciendo prácticamente de la Biblia el hilo conductor y unificador de todo el documento. Aquí encontramos de nuevo una prueba contundente de que no puede acusarse a Wesley de «falta de rigor bíblico» en las posiciones que defendió, aunque pueda no estarse de acuerdo con ellas.

Wesley utilizó también la Biblia para mostrar el modo en que los calvinistas habían interpretado erróneamente algunos pasajes clave.[79] Creía que el problema exegético estaba en el hecho de que habían desligado los atributos de Dios centrándose exclusivamente en su Soberanía sin prestar suficiente atención al modo en que otros atributos definen la totalidad de la naturaleza de Dios y modifican de este modo los motivos de la elección. Wesley afirmó: «Nunca hemos de hablar de la Soberanía

---

[77] Las citas se refieren a Génesis 3:17; 4:7; Deuteronomio 7:9, 12; 11:26–28; 30: 15–19; 2 Crónicas 15:1–2; Esdras 9:13–14; Job 36:5; Salmos 145:9; Proverbios 1:23–29; Isaías 6:2–5; Ezequiel 18:20–23; Mateo 7:26; 11:20–24; 12:41; 13:11–12; 18:11; 22:8–9; todo el capítulo 25; Marcos 6:15–16; Lucas 19:41; Juan 1:29; 3:17–19; 5:34, 44; 12:47; Hechos 8:20 y ss.; 17:24 y ss.; Romanos 1:20 y ss.; 5:18; 10:12; 14:15; 1 Corintios 8:11; 2 Corintios 5:14 y ss.; 2 Tesalonicenses 2:10 y ss.; 1 Timoteo 2: 3–6; 4:10; Hebreos 2:9; Santiago 1:5; 2 Pedro 2:1; 3:9; 1 Juan 2:1–2; 4:14.

[78] «Predestination Calmly Considered», *Works* (Jackson), 10:215.

[79] Wesley creía que Mateo 13:15 y Romanos 9:21 eran dos textos capitales que los calvinistas habían malinterpretado burdamente. Wesley refuta con una detallada explicación el punto de vista calvinista y concluye que ni Jesús en la parábola, ni Pablo en Romanos tenían en mente una idea de la Soberanía de Dios que condujera a una reprobación incondicional.

de Dios sino en conjunción con sus demás atributos. La Escritura no habla en ningún lugar de este único atributo como algo separado del resto. Menos aún presenta en ningún lugar a la Soberanía de Dios como el elemento que determina el estado eterno de los hombres».[80]

Aparte de estos dos acercamientos a la Escritura, Wesley utilizó también la Biblia en una sección extensiva del mismo tratado, demostrando que, no obstante, existen ocho categorías de personas que pueden caer de la Gracia: aquellos que han sido capacitados con una fe que produce una buena conciencia, aquellos que han sido injertados en el buen olivo (la iglesia), aquellos que son sarmientos de Cristo: la vid verdadera, aquellos que han experimentado un conocimiento efectivo de Cristo, que les ha permitido escapar de las contaminaciones de este mundo, aquellos que ven la luz de la gloria de Dios en la faz de Jesucristo, aquellos que viven por fe en el Hijo de Dios y aquellos que han sido santificados por la sangre del pacto,[81] Wesley entendía que, al utilizar diferentes categorías de personas que eran indudablemente cristianas se establecía un fundamento bíblico que hacía de la doctrina de la seguridad eterna una idea prácticamente imposible de defender.

Los comentarios anteriores no agotan las referencias bíblicas de Wesley en el desarrollo de sus perspectivas de la seguridad eterna y en su refutación de las ideas en conflicto. Sin embargo, sí demuestran suficientemente que la Escritura jugaba un papel fundamental en el desarrollo de su teología. Aunque sus ideas nunca eliminaron el punto de vista calvinista ni del paisaje teológico general ni dentro del metodismo temprano, Wesley concluyó con toda razón (y los calvinistas estaban de acuerdo con él), «Por tanto, solo la Escritura puede determinar este asunto».[82]

Tradición

Aun reivindicando clara y repetidamente el papel central de la Biblia y su legítima utilización, Wesley era muy consciente del papel de la tradición en la formación de la teología en general y de la doctrina de la seguridad eterna en particular. En su tratado se refiere, por ejemplo, a *La Institución* de Calvino, sin embargo, estas referencias son por regla ge-

---

[80] «Predestination Calmly Considered», *Works* (Jackson), 10:220.
[81] Ibíd., 10:242–52.
[82] Ibíd., 10:242.

neral citas que utiliza como base para exponer las diferencias entre su punto de vista y el de sus detractores calvinistas. También se refiere a Isaac Watts citando un largo texto que Wesley utiliza para mostrar que alguien de la tradición calvinista podría no obstante discrepar de un punto de vista estrictamente eleccionista.[83] En su mayor parte, sin embargo, el tratado no presenta una conexión importante con la tradición cristiana precedente. Para ver el modo en que la tradición podría haber influenciado sus ideas, habría que mirar fuera del documento.

Respecto a posibles conexiones, recordemos que Wesley prestó mucha atención a los Padres de la Iglesia Primitiva. Crisóstomo, por ejemplo, en su homilía de la epístola a los Gálatas, señala que la bendición paulina en la que el apóstol invoca la Gracia y la paz sobre los creyentes ha de entenderse en relación con el «peligro de caer de la Gracia».[84] Sin embargo, el uso que hace Wesley de una cita de San Agustín —a quien generalmente se considera un defensor a ultranza de la doctrina de la elección— es mucho más contundente respecto a esta cuestión. Agustín escribió, «Aquel que nos hizo sin contar con nosotros, no nos salvará sin contar con nosotros».[85] Wesley sacó el máximo partido de esta afirmación, trayendo el asunto de la Salvación condicional a primera línea mediante una sucesión de textos que en su opinión confirmaban claramente lo que Agustín estaba diciendo.[86] Wesley concluía diciendo que Dios no nos salvará a menos que cooperemos con la Salvación que se nos ofrece en Cristo, y tal cooperación ha de producirse a lo largo de todo nuestro caminar con el Maestro.

Por lo que respecta a la historia posterior de la iglesia, hay que mencionar un interesante comentario de Arminio que Wesley citó en la sección en que expone su punto de vista de la perseverancia de los santos. Arminio escribió que la Biblia permitía concebir la posibilidad de que «algunas personas abandonaran por negligencia el comienzo de su existencia en Cristo, que se dirigieran de nuevo a este presente mundo malvado, que se apartaran de la sana doctrina que les fue una vez trans-

---

[83] Ibíd., 10:226.

[84] St. John Chrysostom, «Homilies on Galatians, Ephesians, Philippians, Colossians, Thessalonians, Timothy, Titus, and Philemon» *The Nicene and Post-Nicene Fathers*, ed. Philip Schaff, vol.13, First Series (Albany, Ore.: AGES Software, 1996–1997), 21.

[85] «On Working Out Our Own Salvation», *Works* (Bicentennial), 3:208. La cita original de Agustín estaba en el sermón de Wesley, 169, «The General Spread of the Gospel».

[86] En orden, Hechos 2:40; 1 Timoteo 6:12; Lucas 9:23; 13:24; 2 Pedro 1:10.

mitida, que perdieran una buena conciencia, y que convirtieran en inefectiva la Gracia de Dios».[87]

No obstante, más que referencias diseminadas contra la elección, la seguridad eterna y la perseverancia de los santos, hemos de mostrar el uso que hizo Wesley de la tradición para establecer el corazón de su teología: santidad de corazón y vida. Su identificación con la tradición de la vida de santidad preparó la base para su teología de la Gracia y sus convicciones respecto a cómo puede resistirse, perderse o ambas cosas. Para entender el papel de la tradición en la concepción de la seguridad eterna de Wesley, es mejor que nos remitamos a la fuentes mismas que citar de manera aislada distintos textos de la historia de la iglesia. A partir de estas fuentes consideradas conjuntamente, Wesley concluyó que ningún estado humano es absoluto: que se puede caer de la Gracia en cualquier momento o etapa.[88]

Razón

Volviendo a la obra de Wesley «Predestination Calmly Considered», podemos considerar este documento en su conjunto como un ejemplo del modo en que utilizaba la razón para desarrollar sus ideas. Para Wesley, la razón no es una sola entidad. Es más correcto hablar de ella como de un tapiz de claro pensamiento que surge cuando se aunan en una relación dinámica la Biblia, la tradición y el análisis del tiempo en que se vive. Cuando se la considera de esta manera, «Predestination Calmly Considered», se convierte en el ejemplo de una construcción razonada de la idea de la seguridad eterna de Wesley.

Hemos de notar también algunos ejemplos concretos de razonamiento sostenido que dan un sabor peculiar a este tratado. En una larga sección del documento, Wesley desarrolla de manera razonada que la elección (incluida la reprobación) vulnera la justicia de Dios, así como su verdad, sinceridad, y amor. El resultado acaba menoscabando la misma Soberanía que los calvinistas están tan interesados en preservar. Hemos de recordar de nuevo que Wesley llega a esta conclusión porque no puede concebir la violación de un aspecto de la naturaleza de Dios

---

[87] James Arminius, *The Works of James Arminius*, 3 vols. (Albany, Ore.: AGES Software, 1997), 1:229.
[88] Outler, *John Wesley*, 31–32.

sin que otros sean también lesionados. Por ello, decir algo ofensivo acerca de la justicia, la sinceridad o el amor implica erosionar automáticamente la propia teología de la Soberanía.

Siguiendo en esta sección del tratado, Wesley se dispone a responder inmediatamente a aquellos que se oponen a sus ideas. Con razonada claridad (que procede de varias fuentes) refuta las siguientes caricaturas de su posición: (1) que aquellos que tienen cualquier medida de libre albedrío forzosamente despojan a Dios de la total gloria de la Salvación, (2) que él no atribuye a Dios toda la gloria de la Salvación, y (3) que cuando no se acepta la Gracia irresistible la gloria de Dios se ve menoscabada y reducida. En cada uno de estos casos Wesley muestra que sus oponentes no expresan las ideas wesleyanas con rigor. Él sabía que siempre habría quien no estuviera de acuerdo con sus puntos de vista, sin embargo, quería que su posición se entendiera correctamente y se expusiera a los demás con exactitud. En el contexto de los debates razonados, ni los malentendidos ni las caricaturas conducen a nada.

A continuación, Wesley hace un llamado a sus lectores a que pongan todos los elementos de la discusión sobre la mesa, es decir, que sitúen en un lado el libre albedrío y en el otro la reprobación. Mediante un análisis de «ambos lados» de la doctrina de la predestinación, compara la interacción del libre albedrío y la reprobación con la sabiduría, la justicia, y el amor de Dios, concluyendo obviamente que el libre albedrío pasa mejor la prueba que la reprobación. Después, entendiendo que sus críticos le pedirán cuentas por lo que le sucede a otros atributos divinos como la Soberanía, la inmutabilidad, la fidelidad, y el pacto, Wesley pasa a mostrar que sus convicciones están también en armonía con cada una de estas doctrinas.

Al final de todo ello, Wesley hace confluir las delgadísimas líneas de razonamiento en un solo punto: «Lo que afirmo es tan solo lo que encuentro en la Biblia, ni más ni menos; a saber, que la Salvación ha sido adquirida para cada ser humano, y se imparte efectivamente a todo aquel que cree».[89] Y para evitar que se malinterprete el propósito del tratado entendiéndose como algo escrito para el mero debate o diferenciación, Wesley concluye su obra llamando a todas las partes a perseguir con fervor una meta común: «Ayudarnos el uno al otro a valorar más y más la gloriosa Gracia que nos fortalece y a crecer cada día en ella y en el conocimiento de nuestro Señor Jesucristo».[90]

---

[89] «Predestination Calmly Considered», *Works* (Jackson), 10:254.
[90] Ibíd., 10:259.

La Experiencia

Aunque podría decirse acertadamente que «Predestination Calmly Considered» no es una gran ilustración del modo en que Wesley utiliza la experiencia para formular su teología, no obstante, ésta tampoco está ausente. En su uso de la Escritura, la tradición y la razón hay referencias explícitas e implícitas a las experiencias vitales de hombres y mujeres de fe que van desde los tiempos del Antiguo Testamento hasta los mismos días de Wesley. La propia frase que acabamos de citar es una forma de mostrar que en la experiencia del cuerpo de Cristo, Wesley deseaba unir sus fuerzas a las de todos los verdaderos cristianos para poder trabajar con otros de un modo que le hiciera crecer diariamente en la Gracia y el conocimiento de Jesucristo. Para él, esta era la experiencia final.

Esta es la razón por la que muchos de sus intérpretes posteriores utilizaron términos como «teólogo del pueblo» para describir a Wesley, y expresiones como «teología práctica» para definir mejor su sistema. Y es la razón de que, en el último análisis y después de que resultara claro que la controversia con los calvinistas no acabaría resolviéndose plena y definitivamente mediante el debate razonado, comenzó a publicar *The Arminian Magazine*. A pesar de las deficiencias de esta publicación —de las que ya hemos hablado antes—, *The Arminian Magazine* fue el modo de Wesley de reconocer que la experiencia (la que descansa en la fe, no aquella que la crea) debía tener su lugar para mostrar que lo que él había creído y enseñado durante más de cincuenta años era, de hecho, lo que las personas estaban experimentando en su relación con Dios. Wesley nunca podría estar satisfecho con unas creencias etéreas sino solo con aquellas que se demostraran claramente en las vidas de las personas de carne y hueso.

Conclusión de la Teología

La Teología no puede fragmentarse en partes inconexas, porque hacerlo significaría destruirla. La teología es algo vivo, que nos ha sido dado por un Dios vivo con el único propósito de hacer operativa la vida de Cristo en nuestro interior. Nunca puede ser exclusivamente especulativa ni siquiera filosófica en una gran medida. Cuando Dios decidió llevar a cabo la demostración definitiva de su naturaleza y de su voluntad: «el

Verbo se hizo carne y habitó entre nosotros ... lleno de Gracia y de verdad» (Juan 1:14).

Para Wesley, la verdadera teología ha de hacerse «carne» mediante la adecuada interpretación de la Biblia y mediante el testimonio experimental de todos los que intentan vivir por su revelación. En este sentido, él permaneció firme en su convicción de que su punto de vista de la seguridad eterna sostenía la relación divino-humana en un dinamismo mejor que la doctrina calvinista. A pesar de aquellos que disentían apasionadamente de él, Wesley mantuvo sus convicciones hasta el final de su vida. Al hacerlo, legó a la tradición wesleyana posterior una de las expresiones más claras de su teología.

Una respuesta del calvinismo clásico a J. Steven Harper

Michael S. Horton

Ha sido un placer leer la aportación de Steven Harper. De igual modo que Stephen Ashby nos ha desafiado a escuchar las propias palabras de Arminio sin interpretar su pensamiento a la luz del arminianismo posterior, Steve Harper piensa que merece la pena hacer lo mismo con John Wesley en nuestros intentos de dar respuesta a esta importante cuestión. Su talante conciliador le capacita para situarse frente a sus oponentes con una actitud imparcial y constructiva.

Es cierto sin lugar a dudas que en el ámbito calvinista circulan aquí y allá una serie de caricaturas del arminianismo. Esto se debe en parte al hecho de que el arminianismo que algunos calvinistas han conocido y quizá hasta abrazado en el pasado sostenía de hecho posiciones que Wesley, por ejemplo, nunca hubiera aceptado. Cuando estudiaba primaria en una escuela pentecostal, se me enseñó que si al regresar a casa alimentando pensamientos lujuriosos, un coche me atropellaba y moría sin tener tiempo de arrepentirme, me condenaría. Podría enumerar muchísimas experiencias de este tipo, que no son sino conclusiones lógicas del sistema arminiano wesleyano. Sin embargo, la manera en que expresamos nuestras ideas en la vida de cada día no siempre se corresponde con el contenido formal de nuestras teologías. Harper mismo nos recuerda este hecho con respecto a su propia tradición.

Los calvinistas han de reconocer que los arminianos no son pelagianos. (Personalmente, opino que por regla general los varios «arminianismos» dominantes se sitúan en algún lugar entre las posturas semipelagiana y semiagustiniana.) Es decir, la teología arminiana insiste en la seriedad de la condición pecaminosa y en la necesidad de la Gracia antes de que el ser humano pueda dar cualquier paso hacia Dios. La Gracia preveniente es una categoría central en la teología wesleyana, igual que lo fue en el pensamiento de Arminio. Aunque creamos que nuestros hermanos arminianos son muy inconsistentes cuando se trata de poner en práctica sus doctrinas, hemos de creer lo que nos dicen: la Gracia es necesaria para la Salvación.

Al mismo tiempo, las teologías católico romana y ortodoxa oriental han insistido también en la necesidad de la Gracia. El grito de guerra de la Reforma fue la *sola* Gracia, no la Gracia en y por sí misma. Y es precisamente aquí donde las concepciones calvinista y arminiana de la Salvación se hacen incompatibles. Harper explica:

> «Para Wesley, la adecuada concepción de la Gracia comienza con el propósito último de Dios expresado por medio de este hecho inmutable: "El que crea será salvo; pero el que no crea será condenado". Dios establece el camino de la Salvación de manera soberana. Nada puede superarlo ni nadie es capaz de resistirlo. No obstante, este propósito salvífico no se inicia con la elección o se sostiene por medio de ella, sino más bien mediante el dictamen de Dios respecto a si alguien cumple o no la condición de la Salvación, a saber, fe en el Señor Jesucristo... Esta perspectiva entiende la Soberanía de Dios más en términos de gobierno que de predeterminismo.»

Los calvinistas coincidimos de todo corazón con la importancia de las palabras de Jesús que cita Harper. Sin embargo, no podemos evitar la impresión de que el arminianismo, al menos en teoría, aparta a los creyentes de la sola confianza en Dios y en su única obra salvífica en Cristo. Decir que el «propósito salvífico [de Dios] no se inicia con la elección o se sostiene por medio de ella» sino en el hecho de «si alguien ha cumplido o no la condición de la Salvación» es en mi opinión lo mismo que decir que somos nosotros y no Dios quienes iniciamos y sostenemos la Salvación.

La doctrina arminiana de la Gracia preveniente permite que quienes la defienden puedan sostener una idea tan radical de la depravación total como cualquier calvinista sin tener que afirmar que los no regenerados están en tal estado en este momento. En palabras de Harper, «la Gracia preveniente evita que la Caída sea algo tan *intensivo* que el ser humano pierda incluso la capacidad de respuesta». En tal caso podemos afirmar que los no creyentes pueden aceptar o rechazar el perdón de Dios por sí mismos sin decir que lo hacen aparte de la Gracia.

La cuestión, por supuesto, es si la Escritura enseña o no que, (1) los no regenerados son capaces universalmente de responder afirmativamente y, (2) que aquellos que sí se acercan a Cristo lo hacen sin la intervención de ninguna otra Gracia que aquella con la que Dios ha favorecido a todo ser humano. La Escritura se refiere a los creyentes como aquellos que en otro tiempo estaban «muertos en ... delitos y pecados» siendo hostiles a las cosas de Dios, e incapaces de buscar o incluso entender la verdad salvífica hasta el momento en que Dios les da vida (Efesios 2:1–5). Considerando esto, parece que estamos ante un dilema: o bien todas las personas están vivas en Cristo o la Escritura exagera la realidad de la condición pecaminosa antes de la regeneración.

Tanto en el capítulo de Ashby como en el de Harper, se concede gran atención a la Expiación, y así es como debe ser. No podemos hablar de la certeza y la seguridad del creyente aparte de la Cruz de Cristo. Harper presenta la afirmación que hace Wesley del punto de vista sustitutorio de la Expiación, pero le da un giro wesleyano: «Su muerte sustitutoria por nuestros pecados consigue nuestra total liberación, *sin embargo, para que tal liberación sea eficaz es necesario que nos apropiemos constantemente de ella*» (cursivas del autor). Aunque Wesley acepta la doctrina evangélica de la Expiación, «es cierto que en otro momento planteará la sustitución penal de manera distinta de como lo hacen sus amigos reformados».

De hecho ... Wesley no sitúa el elemento sustitutorio principalmente dentro de un marco legal. La satisfacción que hace Cristo de la demanda de justicia por parte de Dios no es la satisfacción de una demanda basada en un decreto eterno e inmutable. Es más bien, la justicia que reside en la propia naturaleza de Dios, es decir, la necesidad de poner en una relación adecuada «la justicia» entre el amor de Dios por las personas y su odio por el pecado.... No es tanto la satisfacción de una demanda legal de justicia como un acto de reconciliación a través de un intermediario.

Al igual que sucede con muchas de las objeciones que se hacen a la concepción legal de la Cruz y de la justificación, me da la impresión que este planteamiento descansa en una falsa antítesis. La justicia legal y la reconciliación no son precisamente alternativas la una de la otra, al menos no en la Escritura. En su cita anterior, el propio Harper parece no estar seguro de ello. Por un lado, se refiere a «la satisfacción por parte de Cristo de la demanda de justicia que hace Dios», mientras que por otro lado concluye, «No es la satisfacción de una demanda legal de justicia sino más bien un acto de reconciliación mediado por Cristo».

Por lo que respecta a la antítesis entre «la satisfacción de una demanda basada en un decreto eterno» versus la satisfacción de la justicia de un Dios de amor, solo puedo decir que la teología reformada no auna la predestinación con la Cruz. En otras palabras, la demanda legal de justicia no se sustenta en la elección en sí sino en la naturaleza divina (precisamente lo que Harper afirma). La elección representa la decisión de

Dios de seleccionar de entre los «hijos de ira» una gran familia formada por personas que, aunque habrían de ser justamente condenadas, serán reconciliadas con Él puesto que en la Cruz consiguió reconciliar su amor y su justicia en el sacrificio de Cristo.

Como han demostrado recientemente algunos eruditos del Antiguo Testamento, la revelación de la redención se produce en el contexto de un pacto, más en concreto, un tratado de vasallaje. Es un acuerdo legal, estructurado en un prólogo histórico, estipulaciones, y el anuncio de ciertas sanciones (bendición y maldición). Esta era la base constitucional sobre la que los profetas actuaban como fiscales de Dios contra su pueblo. Lejos de ser una categoría importada de la jurisprudencia romana, la expresión, «Oye Israel, el Señor tiene algo de qué acusarte» es legal hasta la médula, como lo es también el anuncio de que Dios actuará para libertar a su pueblo. Sin embargo, contraponer el aspecto legal al relacional en un enfrentamiento recíproco implica violar la estructura del pacto. Sin cumplir con las demandas de la justicia pactada de Dios, no hay posibilidad de una relación redentora con Dios.

A continuación, Harper pasa a «la apropiación» de los beneficios de Cristo por parte del creyente. La teología reformada ha preferido utilizar el término *aplicación* en lugar de *apropiación*, debido por supuesto a su monergismo, tal y como se plantea en la Escritura. Aparte de la obra del Espíritu Santo por la que se nos aplican los beneficios de la obediencia activa y pasiva de Cristo y los de su resurrección, tales beneficios seguirían siendo algo externo a nosotros. Aunque los pecadores se vuelven hacia Cristo en arrepentimiento y fe, esta libre decisión es fruto de la obra de Dios (aplicación), no de la nuestra (apropiación).

Harper va al grano: «Aunque no queremos minimizar la gran cantidad de elementos que se relacionan con esta cuestión, la sencilla diferencia entre Wesley y sus amigos calvinistas radica en esta cuestión: el punto de vista calvinista de la apropiación descansa sobre la base de un decreto (la predestinación), mientras que el de Wesley lo hace sobre la base de la decisión (una capacitación procedente de la Gracia)». Sin embargo, cuando Dios afirma con tanta frecuencia que el Espíritu imparte arrepentimiento y fe a los escogidos y que esta Gracia se afianza en un decreto eterno e inmutable, no podemos hacer que nuestra Salvación descanse en una acción nuestra (aunque ésta «proceda de la Gracia». Harper está en lo cierto, por tanto, al identificar las dos bases radicalmente diferentes de la confianza cristiana.

Según Harper, a lo que se oponen Wesley y sus seguidores no es al carácter generoso de la Gracia sino a la cuestión de su irresistibilidad. Gracia resistible significa que «su efectividad depende de la cooperación humana». La teología evangélica ha sostenido tradicionalmente que la fe es el instrumento de la justificación (únicamente aquellos que creen son justificados). Dios no cree en lugar de nosotros; la fe es una genuina respuesta humana a la acción de Dios en Cristo. No obstante, la causa eficaz de la regeneración y de la fe que la recibe es solo Dios. La «apropiación» transforma a la fe en un instrumento activo en lugar de pasivo. Confesamos que aunque el pecador ha de «aceptar este don de Dios con un corazón que cree», «la razón por la que Dios está satisfecho conmigo no es que mi fe tenga valor alguno. Solo el pago de Cristo, así como su justicia y su santidad me sitúan en una buena relación con Dios».[91] Desde el punto de vista reformado, la teología arminiana desacredita el Evangelio al hacer de la respuesta humana algo «eficaz» en lugar de receptivo. Al hacer esto, pone en riesgo su profesado compromiso con la obra de Cristo como único terreno suficiente de la redención humana y la obra del Espíritu como su única causa eficiente.

Ashby ya ha citado algunos textos de Wesley y de la teología arminiana posterior que cuestionan frontalmente las clásicas doctrinas evangélicas de la Gracia, la Expiación, y la justificación. Harper parece justificar esta preocupación especialmente en su exposición de la Justificación:

«La Justificación no es falsificación o ilusión sino una nueva y misteriosa fusión de la justicia imputada y la impartida. Dios puede justificarnos auténticamente por razón de Cristo, y por Él estamos *siendo transformados* de un grado de gloria a otro. Y puesto que Wesley considera la justificación como el inicio de la santificación, es también el medio incesante por el que Dios nos perdona y absuelve.»

Esta cita ilustra el problema que plantea «la Gracia previniente» wesleyana. Como Harper reitera a lo largo de su exposición, la Gracia hace que la decisión humana en favor de Cristo sea posible. La Expiación de Cristo hace que la Salvación sea posible; nuestra fe la hace eficaz. Sin embargo esto no nos permite decir realmente: «Dios me ha

---

[91] The Heidelberg Catechism, *Ecumenical Creeds and Reformed Confessions* (Grand Rapids: Christian Reformed Board of Publications, 1979), Lord's Day 23, Q. 60–61.

salvado». En lugar de ello deberíamos decir que yo no podría haber hecho aquello que me salvó si Dios no hubiera quitado de en medio los obstáculos. Es decir, encontrándome en una posición neutral (mediante la Gracia previniente), capaz de decidirme por cualquier opción, he decidido aceptar a Cristo. En una conversación normal, no aceptaríamos que la frase, «hice tal o cual cosa posible» significara lo mismo que, «hice tal o cual cosa». Si la efectividad de la Redención (no su mera recepción) se atribuye en algún punto a la acción humana, no puede decirse en tal caso que la Salvación descanse completamente en la obra de Dios y en los méritos de Cristo.

Harper afirma que Wesley sostenía la imputación en los mismos términos que la entienden los reformados. «Sin embargo, con el transcurrir del tiempo y observando Wesley un creciente mal uso y abuso de la terminología de 'la imputación' decidió no usarla más». Aunque, como afirma Harper, Wesley hubiera desistido de usar este término porque, según él, fomentaba una forma de antinomianismo reformado, tal reticencia al uso del término «imputación» para referirse a la justificación representa de hecho la sustitución de una doctrina evangélica de la justificación por otra católico romana. Como es bien sabido, el Concilio de Trento, aunque afirmó con toda claridad la importancia y necesidad de la Gracia, confundió la justificación con la santificación: la declaración externa y objetiva de Dios con su aplicación interna y subjetiva de tal declaración.

Harper razona, «si en base de la elección de Dios estamos eternamente seguros, lo cual incluye la permanente imputación de la justicia de Cristo, Wesley creía que en tal caso era posible 'justificar las abominaciones más atroces'». Pablo ya anticipó esta preocupación en su famosa pregunta retórica: «¿Perseveraremos en el pecado para que la Gracia abunde?» (Romanos 6:1). Su rotundo «¡De ningún modo!» no descansa en la victoria del creyente sobre el pecado, sino en la victoria de Cristo aplicada al creyente en su bautismo (6:2–23). Harper subraya que Wesley era por encima de todo un teólogo práctico, y esta puede ser la razón de su ocasional aversión a las clásicas categorías evangélicas. Sin embargo, ¿acaso no deberíamos intentar enfrentarnos al quehacer teológico sobre la base de lo que dicen los textos en lugar de hacerlo sobre la de nuestros temores respecto a dónde pueda conducir tal enseñanza o al modo en que pueda abusarse de ella?

Si la Escritura nos asegura que «por la elección de Dios estamos eternamente seguros, lo cual incluye la permanente imputación de la justicia de Cristo» ¿quiénes somos nosotros para decir que tal cosa no haya de confesarse y proclamarse sencillamente porque tenemos miedo de que algunos lo vayan a entender de manera errónea? El hecho de que en Romanos 6:1, Pablo entendiera que tenía que responder a esta potencial conclusión errónea indica que su exposición del asunto podría ocasionar tal conclusión. Hablando de este pasaje, el Dr. Martyn Lloyd-Jones solía decir que si nuestra audiencia no hace esta pregunta, probablemente no hayamos predicado de verdad el Evangelio. Al parecer, Wesley no quería que esta pregunta ni siquiera se planteara, de modo que degradó la naturaleza de la Gracia.

La sospecha reformada de que la teología wesleyana confunde la Justificación con la Santificación cobra sentido con la siguiente explicación de Harper: «Visto desde la perspectiva de la horticultura, la justicia imputada representa la plantación de la justicia, que requiere de cuidados diarios para seguir con vida. Por consiguiente, lo que Wesley subraya es la justicia impartida». Nuevamente, estas palabras se acercan más a una concepción de la justificación católico romana que a una formulación evangélica. Si la justificación representa una transmisión o implantación de la justicia, en tal caso no se trata de justicia imputada. Esta fue la cuestión central de la Reforma: ¿era la justificación (a diferencia de la santificación) una imputación de la de justicia que se producía de una vez y para siempre, o se trataba de una regeneración y progresiva formación según la semejanza de Cristo?

La teología reformada subraya la realidad del nuevo nacimiento y la perseverante Gracia de Dios en la santificación, en contraste con el punto de vista que ha presentado Norman Geisler. Puesto que ambas cosas son obra de Dios (hechas a favor de nosotros y en nosotros), mantenemos que la justificación externa y la renovación interna son inseparables y sin embargo distinguibles. Sin embargo, a la luz de posteriores citas que Harper hace de Wesley, podría pensarse que Wesley distingue la justicia imputada (justificación) de la impartida (santificación) más claramente de lo que lo hace Harper. Igual que sucede con las controversias cristológicas, el debate acerca de la relación entre la justificación y la santificación se resuelve mejor afirmando que ambas realidades, como sucede con las dos naturalezas de Cristo, están inseparablemente unidas sin confundirse. A los calvinistas les parece que confundir la justificación con la santificación es un error típico de la teología arminiano wesleyana, tanto en la predicación como en la praxis.

Dadas las anteriores premisas, no es de extrañar que «Wesley [viera] dos trayectorias esenciales que podrían provocar una permanente Caída de la Gracia: el pecado no confesado y la expresión real de la apostasía». Aquí vemos una indicación de la inseguridad de los creyentes dentro del sistema wesleyano. Ashby ofrece pruebas convincentes de que el propio Arminio limitó la posibilidad de caer en la apostasía. (De hecho, el arminianismo original dejó un interrogante acerca de la posibilidad de perder la Salvación). Esto sucede también con la teología luterana. El acercamiento del pacto dentro de la teología reformada toma muy en serio la apostasía sin poner en duda la perseverancia del creyente.

No obstante, una vez se entiende el fracaso moral como una de las razones que llevan a la pérdida de la Salvación, el creyente queda en la misma situación existencial que el monje medieval Martín Lutero antes de descubrir la pura gratuidad del Evangelio. Harper llega a llamar «pecado mortal» al pecado no confesado haciéndose eco de las categorías «mortal y venial» de la penitencia católico romana. Dentro de este esquema teológico, es difícil persistir en la experiencia de permanecer en la Gracia, como lo fue para mí en la escuela pentecostal a la que me he referido al comienzo de esta respuesta.

Y lo que es más importante, si la ira de Dios contra el pecado se satisface en último análisis, no solo mediante la obediencia de Cristo sino también por medio de la de débiles y pecaminosos cristianos, el objetivo y el carácter definitivo de la obra salvífica de Cristo quedan menoscabados. Así pues ¿qué sucede con aquellos que siguen pecando voluntariamente sin arrepentirse? Irónicamente, «la posición de la seguridad eterna» que presenta Geisler (y más radicalmente, Charles Stanley, Zane Hodges, y Charles Ryrie) y la posición de Wesley y de Harper comparten la convicción de que un cristiano regenerado puede estar en tal condición. Concuerdan también en que incluso en aquellos que caen «la semilla de fe que ha sido plantada sigue estando ahí. El Espíritu sigue estando activo y tal semilla puede aun cobrar nuevo vigor mediante el arrepentimiento y la fe». Ambas posiciones, pues, sostienen que la fe y el arrepentimiento de un cristiano «apartado» pueden llegar a aletargarse y a ser improductivos, y sin embargo seguir estando de algún modo dentro de la Gracia de Dios. La diferencia entre ellas es que la primera sostiene que tal creyente perderá únicamente algunas recompensas, mientras que la última afirma que lo que pierde tal persona es la Salvación (al menos hasta que se activa de nuevo el arrepentimiento).

Por el contrario, la teología reformada sostiene que estos textos no se refieren a auténticos creyentes, sino a meros profesantes cuya fe y relación con Cristo, su pacto, y su comunidad son de carácter puramente externo. Los auténticos creyentes no pueden «aletargarse» puesto que han «nacido de nuevo, no de una simiente corruptible, sino de una que es incorruptible, es decir, mediante la palabra de Dios que vive y permanece» (1 Pedro 1:23). Por ello, deseamos fomentar la clase de predicación que anuncia a la iglesia, «Habéis renacido de una simiente imperecedera. Habéis sido bautizados. Por muy encarnizadamente que luchéis contra la duda y el pecado, nunca regresaréis a Egipto puesto que Dios os ha liberado». Este parece un enfoque más bíblico e inspirado en el Evangelio, que motivar a los creyentes mediante el temor a la pérdida de recompensas o de la Salvación. Las advertencias del Nuevo Testamento basadas en la distinción entre aquellos que son descendientes físicos de la comunidad del pacto y los que son verdaderos hijos de Abraham por la fe juegan un papel vital en nuestra interpretación.

Según el punto de vista de Harper, Wesley «No quería mantener el punto de vista luterano del *simil justus et peccator*, que según le parecía a él subrayaba insuficientemente el poder de Dios para librarnos del pecado. « De nuevo, da la impresión de que —al menos según las palabras de Harper (que confirman mi propia interpretación de Wesley)— la motivación esencial de Wesley era responder a las circunstancias prácticas. Sin duda es cierto que en muchos de nuestros círculos luteranos y reformados la concepción que afirma «justificados y al tiempo pecadores» es en ocasiones la única categoría que se conoce para entender la vida cristiana. Sin embargo, la exposición de Pablo —que arranca de la depravación total y la impotencia humana, pasa por la justificación por la sola Gracia mediante la sola fe en Cristo y se dirige a la realidad de la nueva vida que tenemos en Cristo— sirve sin duda para corregir este hecho.

Aunque la teología evangélica, en ocasiones, no subraya suficientemente que Romanos 6 representa un cuadro de la existencia cristiana tan definitivo como Romanos 7, el rechazo de Wesley del concepto *simil justus et peccator* representa un acento desequilibrado en la experiencia de Romanos 6 en detrimento de la de Romanos 7. «Mientras vivimos por la fe... no pecamos» dirá Harper. Pero ¿acaso esto no es trivializar tanto la fe como el pecado? Si la Gracia supera a nuestro pecado y «en esta vida incluso los más santos experimentan solo un pequeño inicio de esta obediencia»[92] hemos de vivir con la paradoja que la Escritura describe con tanto realismo. ¿Acaso la grandeza de la fe (o mejor aun, la de Dios) no vence al mundo en última instancia superando a los enemigos del creyente? La teología reformada se esfuerza en hacer igual justicia (al menos este es su deseo), a la realidad del nuevo nacimiento y a la del pecado que mora en el creyente.

Si tenemos en cuenta la verdad de Romanos 6, la figura del «cristiano carnal» æcomo alguien que ha sido justificado pero que está aletargado por lo que hace a la santificaciónæ no puede admitirse. (Irónicamente, tanto los dispensacionalistas como los wesleyanos parecen adoptar un punto de vista que concibe la justificación y la santificación en términos de dos distintas etapas que requieren dos actos separados de fe). Los pecadores justificados son pecadores que están vivos en Cristo. Aunque la fe que justifica es solo pasiva y receptiva, su naturaleza esencial la lleva a acometer inmediatamente la tarea de llevar a cabo buenas obras para la gloria de Dios y el bien del prójimo. Cualquier otra clase de «fe no es verdadera. Sin embargo, aunque esto explica la constante lucha del creyente para mortificar el pecado, la debilidad de la fe, la esperanza, y el amor del creyente a lo largo de la vida cristiana impiden cualquier expectativa de perfección —ni siquiera de «perfecto amor»— a este lado de nuestra redención y mientras anticipamos intensamente la próxima etapa: la glorificación.

Para concluir quiero hacer algunas otras observaciones, aunque en este espacio no puede responderse con detalle a los argumentos que plantea Harper. En primer lugar, pone de relieve la exégesis que hace Wesley de Romanos 9, un texto clásicamente utilizado por los calvinistas. El principal argumento de Wesley contra la exégesis reformada es el hecho preocupante de que ésta considera la Soberanía de Dios aislándola de sus demás atributos. En varias ocasiones he observado en círculos calvinistas la realidad de este hecho, de igual modo que he observado también (y más a menudo) el aislamiento del amor de Dios de sus demás atributos en la predicación arminiana. Sin embargo, por lo que respecta a la teología y exégesis reformadas típicas, el compromiso con la divina simplicidad inhibe esta tentación.

El amor de Dios es esencial a su ser, aunque ello no le obliga a mostrar misericordia en una situación particular. De lo contrario, no sería misericordia —dependiente de la libertad de Dios— sino algo forzoso.

---

[92] Ibíd., Lord's Day 44, Q. 114.

La justicia de Dios es algo esencial a su ser, mientras que su ira contra los pecadores no lo es. En Cristo Dios ha decidido libremente salvar de su ira a los pecadores, sin embargo, no puede decidir libremente actuar de manera contraria a su justicia. La Soberanía de Dios es esencial a su ser, mientras que la elección (en contra de lo que dice Barth) no lo es. Dios muestra su ira (incluso su justo aborrecimiento) hacia los pecadores porque aquello que es esencial a la naturaleza de Dios lo requiere. No se puede usar el amor de Dios como una forma de neutralizar una afirmación como, «a Jacob amé, pero a Esaú aborrecí» (Romanos 9:13). Dios sería amor aunque no hubiera escogido a ningún miembro de la raza rebelde creada por Él como espejo de su santidad. Asombrosamente, Dios no puede dejar de ser amor, sin embargo, ello no le obliga a mostrar únicamente amor a todo el mundo, como expresan numerosos textos.

Wesley rechazó la clara enseñanza bíblica de que Dios escoge no solo una forma de redención sino también a pecadores concretos como objetos de ella, incluso antes de que nacieran, y hubieran «hecho nada, ni bueno ni malo, para que el propósito de Dios conforme a su elección permaneciera» (Romanos 9:11). Al hacer esto, Wesley fundamentó la Salvación del ser humano en la voluntad del hombre en lugar de la de Dios. En la elección Dios sencillamente decide un plan por el que todo aquel que cree será salvo. Sin embargo, la Escritura no se limita a revelar un plan, afirma también que Dios «nos escogió [en Cristo] antes de la fundación del mundo» (Efesios 1:4). «Y a los que predestinó, a ésos también llamó» (Romanos 8:30), etcétera.

Lo importante no es si lo entendemos o no por completo o si ofende o no nuestro sentido de lo moral, como afirma Romanos 9 con toda claridad. Dios es libre de ser Dios: misericordioso para con los escogidos y justo para con los demás. Aunque Dios no se complace en la muerte del impío (Ezequiel 18:32), es glorificado tanto en ella como en la Salvación de los escogidos (Proverbios 16:4; Romanos 9:14–25). Y aunque se nos prohibe sondear los secretos de Dios, tenemos toda razón para a concluir con las jubilosas palabras de Pablo en Romanos 11:34–35:

> «Pues, ¿Quién ha conocido la mente del Señor?, ¿O quién llegó a ser su consejero?, ¿O quién le ha dado a Él primero para que se le tenga que recompensar? Porque de Él, por Él y para Él son todas las cosas. A Él sea la gloria para siempre. Amén.»

UNA RESPUESTA DEL CALVINISMO MODERADO A STEVE HARPER

Norman L. Geisler

Áreas de acuerdo

Aunque el calvinismo moderado rechaza la tesis central del arminianismo wesleyano, existen, no obstante, algunas características comunes a ambas posiciones. En primer lugar, estamos de acuerdo en que cada doctrina ha de encajar de manera consistente en un sistema teológico general. En el contexto de la seguridad eterna, esto se aplica especialmente al punto de vista de Dios y de la libre elección del hombre. Estas dos cosas deben estar en armonía.

Por otra parte, estamos también de acuerdo en que los humanos no son robots o marionetas sino libres en el sentido de que podrían haber actuado de manera contraria a como lo hicieron. Es decir, que tienen el poder de elegir en relación con aceptar o rechazar el don divino de la Salvación.

Por supuesto, tenemos este poder, igual que sucede con todos los demás dones, por la Gracia de Dios. Estamos de acuerdo en que la Gracia es un don total y por completo inmerecido.

Es más, coincidimos en que los seres humanos no tienen ningún libre albedrío «natural» que pueda llevarle a alcanzar la Salvación, sin la ayuda de la Gracia de Dios. En la Salvación, el primer paso lo da Dios, no nosotros. Nosotros le amamos a Él porque Él nos amó primero.

Además, estamos de acuerdo en que la Humanidad Caída es por completo incapaz de llevar a cabo ningún bien espiritual por sí misma. Por ello, el pelagianismo está en un error. No obstante, la Caída no tiene un carácter intensivo sino extensivo. Por ello, aun en este estado caído, el no creyente, por la Gracia de Dios, es capaz de reconocer la oferta de Salvación por parte de Dios y de responder a ella. También concordamos con la afirmación de san Agustín citada por Harper en el sentido de que, «Aquel que nos hizo sin contar con nosotros, no nos salvará sin contar con nosotros».

También coincidimos en que la Gracia de Dios no es irresistible. Dios no fuerza a nadie a que crea. La aceptación o el rechazo del Evangelio es un acto libre. Sin duda, estamos de acuerdo en que el concepto de Gracia irresistible produce una antropología deficiente. O al menos ambas cosas van de la mano, sea cual sea la raíz de la otra.

Además, los calvinistas moderados concuerdan con los wesleyanos en que la Expiación no es limitada. Dios ama a todo el mundo de manera salvífica, y Cristo murió por todos los seres humanos, no solo por los escogidos. La Salvación es para todo aquel que cree. En pocas palabras, Dios es verdaderamente «omnibenevolente».

Creemos también con los wesleyanos que Cristo murió por nuestros pecados presentes y pasados. Es, sin embargo, difícil de entender cómo reconcilian los wesleyanos esto con su convicción de que la Salvación puede perderse, ya que Cristo murió por todos nuestros pecados antes de que hubiéramos cometido ninguno de ellos, incluidos aquellos que supuestamente producen la pérdida de la Salvación.

Otro punto de acuerdo está en que los calvinistas radicales yerran cuando asumen que algo es cierto porque da más gloria a Dios. Esto es un error llamado teologismo, y se parece al voluntarismo, que afirma que algo es bueno sencillamente porque Dios lo quiere en lugar de que Dios desea lo que es bueno y está de acuerdo con su naturaleza inmutable.

Respecto a la naturaleza de la fe, también estamos de acuerdo en que la fe salvífica es más que un mero asentimiento intelectual; comporta la confianza del corazón. El desacuerdo aparece con la afirmación wesleyana de que aquellos que verdaderamente tienen fe salvífica pueden perder la Salvación. El calvinismo moderado sostiene, contrariamente al punto de vista de la Gracia libre, que aquellos que se apartan de la fe lo hacen, en primer lugar, porque nunca ejercieron verdadera fe salvífica sino fe nominal o mero asentimiento intelectual.

Estamos también de acuerdo en que un simple acto de pecado no ofrece base para la pérdida de la Salvación. La Salvación no es algo que tenemos hoy y desaparece mañana. No obstante, no todos los wesleyanos parecen estar de acuerdo con esto en la práctica, ya que su inseguridad respecto a la Salvación con frecuencia parece estar relacionada con una actitud de total fluctuación. De hecho, declaraciones como las siguientes refuerzan esta idea: «Dios no tiene en cuenta las transgresiones involuntarias (los pecados que cometemos sin tener conciencia de ellos) a menos que los descubramos y no hagamos nada al respecto. Sin embargo, los pecados voluntarios —la deliberada violación de las leyes conocidas de Dios— se convierten en mortales si no nos arrepentimos de ellos».

Igual que los wesleyanos, también rechazamos la separación que hace el calvinismo radical de los atributos de Dios (se centra en la Soberanía y no se ocupa de los demás). Podemos añadir que esta falta de atención de parte del calvinismo radical se extiende a su punto de vista del ser humano, a quien se priva de verdadera libre elección a todos los efectos prácticos.

Por último, también coincidimos en que «solamente la Escritura puede determinar esta cuestión». En mi exposición me he esforzado en mostrar que la Escritura apoya el punto de vista del calvinismo moderado. No obstante, no entendemos que la Biblia apoye la idea de que la Salvación, que es obra de Dios de principio a fin, pueda perderse.

Áreas de desacuerdo

Contrariamente a lo que implica la afirmación wesleyana, no todas las perspectivas pueden ser correctas al mismo tiempo. Existen algunas contradicciones muy claras entre las diferentes perspectivas, y las posiciones contradictorias no pueden ambas ser ciertas. Por ejemplo, un verdadero creyente puede o no perder la Salvación, pero no ambas cosas a la vez.

Por otra parte, parece inconsistente pretender, por un lado, que la tradición, la razón, y la experiencia, junto con la Escritura, son partes de la base para establecer una doctrina y, mantener sin embargo por otro lado, que la Biblia es la «única» base válida para tal establecimiento. A menudo, los calvinistas tienen la impresión de que los arminianos interpretan la Escritura a partir de su experiencia en lugar de entender sus experiencias a la luz de la Escritura.

Además, como he explicado en mi exposición, ni la Escritura ni la lógica demandan que después de la conversión pueda existir necesariamente la elección de dar marcha atrás a nuestra Salvación. La Biblia afirma que la decisión de recibir la Salvación tiene un carácter final, y la sana razón nos ayuda a entender el modo en que esto puede ser, con Dios, y que lo confirman nuestra libre elección.

Por otra parte, es inconsistente que los wesleyanos utilicen Hebreos 6 para demostrar que los creyentes pueden perder la Salvación y sin embargo crean que ésta puede después recuperarse, ya que el texto dice que «es imposible» renovar a tales personas para arrepentimiento (Hebreos 6:4-8).

Además, la idea de la seguridad eterna, tal y como la defiende el calvinismo moderado, no permite que se justifiquen «los pecados más atroces». Ello es así porque sostenemos que si un verdadero creyente peca de este modo será disciplinado por Dios y perderá sus recompensas

(1 Corintios 3; Hebreos 12). Además, alguien que continúa en el pecado está demostrando que no es un verdadero creyente (1 Juan 2:19; 3:9).

Es más, como hemos observado antes, la predestinación no es condicional, como afirman los wesleyanos. Dios da la Gracia salvífica de manera incondicional Romanos 11:29). La única condición radica en que nosotros la recibamos, no en que Dios esté dispuesto a darla.

Por último, contrariamente a lo que reivindican los wesleyanos, Dios no sería injusto si mandara a todos al infierno, puesto que todos hemos pecado y lo merecemos. Sin embargo y contrariamente a lo que dicen los calvinistas radicales, aunque no hay nada en la Humanidad Caída que demande que Dios no la condene justamente, no obstante, sí hay algo en Dios que le impulsa a intentar salvarlos a todos (a saber, su omnibenevolencia).

Contrastes Finales

En resumen, los arminianos no entienden completamente la omnibenevolencia de Dios, y los calvinistas radicales la niegan por completo. El arminiano cree que Dios da su amor todos, pero no de manera incondicional. El calvinista radical cree que Dios ama incondicionalmente pero no a todos. Los calvinistas moderados, sin embargo, afirman que Dios ofrece su amor incondicional a todos, y aquellos que lo reciben por la fe nunca serán separados de el Romanos 8:38–39); están seguros eternamente.

Por otra parte, los arminianos afirman que el amor de Dios es persuasivo pero no irresistible, mientras que los calvinistas radicales creen que es irresistible para una Humanidad que no está dispuesta a recibirlo. Los calvinistas moderados, sin embargo, afirman que el amor de Dios es irresistible únicamente en aquellos que están dispuestos a recibirlo. El amor de Dios nunca obra coercitivamente, aunque sí lo hace de manera efectiva y eterna.

En último análisis, los calvinistas radicales afirman la completa Soberanía de Dios pero niegan la completa libertad de la Humanidad. Los arminianos afirman la completa libertad de la Humanidad pero niegan la completa Soberanía de Dios. Sin embargo, los calvinistas moderados, sostienen ambas cosas.

Por lo que respecta a la confianza en la Salvación, los calvinistas radicales tienen seguridad eterna pero no certeza presente. Los arminianos tienen certeza presente pero no seguridad eterna. Los calvinistas moderados, sin embargo, poseen tanto la certeza presente como la seguridad eterna: lo mejor para ahora y para la eternidad.

Una respuesta del arminianismo reformado a Steve Harper

Stephen M. Ashby

El Dr. Steve Harper se ha esforzado en exponer el punto de vista wesleyano presentando a John Wesley como su principal portavoz en lugar de analizar las perspectivas de posteriores eruditos wesleyanos. Harper está sin duda en lo cierto cuando dice respecto a los estudios de Wesley que «Uno de los problemas que surgen cuando pretendemos llevar a cabo estudios teológicos es que los primeros exponentes de un tema en concreto pueden fácilmente quedar en segundo plano o ser malentendidos por sus 'intérpretes.' ... [Por ello] hemos de leer las palabras del ponente principal de la posición antes de usar las de intérpretes posteriores para colorear (u oscurecer) nuestro pensamiento». El acercamiento de Harper al pensamiento de Wesley representa una noble meta; sería deseable que tal acercamiento no fuera tan infrecuente cuando los teólogos wesleyanos trabajan con los escritos e ideas de Arminio.

Harper tiene también razón cuando señala que el uso que hace Wesley del término *arminiano*, por ejemplo en su *Arminian Magazine*, «transmite la errónea impresión de que para Wesley, Arminio era una fuente teológica más importante de lo que era en realidad... John Wesley era un 'hombre de la Iglesia de Inglaterra'». Lamentablemente, este malentendido ha tenido un efecto trascendental en la historia de la teología protestante, ya que, debido a ello, se ha planteado generalmente el pensamiento wesleyano como si fuera arminiano sin leer en realidad a Arminio. Quizá sean necesarios también algunos estudios de Arminio de la «Fase III».

Harper está en lo cierto al señalar las áreas de concordancia entre calvinistas y arminianos. Dice, por ejemplo, «En primer lugar, todos estamos de acuerdo acerca de la Soberanía de Dios... Para cualquier cristiano, los designios *fundamentales* de la creación y la redención de Dios no pueden ser finalmente frustrados». Esta afirmación aporta una corrección necesaria, dado el acento de algunos calvinistas que al parecer piensan que los arminianos no creen en la Soberanía de Dios. Por otra parte, como he dicho en la exposicón de mi posición, los arminianos reformados apoyan a los wesleyanos tradicionales en sus desacuerdos con la posición calvinista respecto a la Gracia particular y la predestinación. Estamos de acuerdo con los wesleyanos acerca de la elección condicional, la universalidad de la Expiación, la posibilidad de resistir la Gracia, y la posibilidad de la apostasía. Por último, Harper está en el buen camino cuando dice que «estamos de acuerdo en que cristianos igualmente auténticos y devotos pueden no obstante disentir acerca del asunto de la seguridad eterna y la perseverancia de los santos... Reiterando las palabras de Wesley... estamos de acuerdo en que 'hombres sabios y santos' tienen criterios distintos respecto a esta cuestión».

Determinadas tensiones

A pesar del terreno común que compartimos los arminianos reformados y los wesleyanos, entre mi tratamiento del tema y el del profesor Harper surgen un buen número de sutiles (y no tan sutiles) diferencias que ocultan las tensiones que siempre han formado parte del pensamiento wesleyano.

En su idea de la depravación y la incapacidad humana, por ejemplo, los wesleyanos siempre se han debatido entre el semi-pelagianismo y un acercamiento más agustiniano al tema, si bien la mayor parte de la teología wesleyana durante los dos siglos pasados ha tendido hacia el semi-pelagianismo. Harper ejemplifica esta tensión. Aunque, igual que Wesley, intenta distanciarse de conceptos como el «libre albedrío natural» procurando evitar un abierto pelagianismo, se aparta de este compromiso en declaraciones como las siguientes:

> «La expresión "Gracia preveniente" significa literalmente "Gracia que viene antes de". ¿Antes de qué? Antes de nuestra primera percepción consciente de la existencia de Dios o de su amor... En primer lugar, es una Gracia que "impide". Pero ¿qué es lo que impide? La expresión absoluta de la "depravación total" del ser humano... evita que la Caída sea algo tan *intensivo* que el ser humano pierda incluso la capacidad de respuesta.»

No tengo ningún problema para aceptar la diferencia entre una caída *intensiva* y otra *extensiva*, como hacen tanto Harper como Geisler. No somos *absolutamente* depravados; nuestros actos no son todo lo malos que podrían ser. No obstante, he de afirmar categóricamente que la Caída *sí* nos hace *incapaces de responder justamen-*

te a Dios. La Humanidad caída siempre está respondiendo a Dios de manera *errónea*. Los arminianos reformados disentimos de los wesleyanos en nuestra concepción de la Gracia preveniente. Para nosotros, la Gracia preveniente no es como la densa niebla que se posa sobre una ciudad y afecta a todos sus habitantes por igual, con lo cual se neutralizan los efectos de la Caída en toda la Humanidad. Es, más bien, un influjo que opera de manera individual y trae consigo la capacitación de Dios a medida que éste atrae a los seres humanos hacia sí mismo. Aunque los arminianos reformados insisten en que Dios imparte universalmente su Gracia salvífica, no aceptan la idea de que la Gracia preveniente invierta los efectos de la Caída. Tal Gracia, aunque universal en su alcance, produce su capacitación y su atracción en un nivel humano individual.

Este mismo problema se refleja en la afirmación de Harper en el sentido de que «mediante la provisión de su Gracia *Dios preserva la naturaleza humana* con la necesaria capacidad de reconocer y responder a Dios (o para negarse a hacerlo)» (cursivas del autor). Según este acercamiento wesleyano, la Gracia preveniente de Dios actúa anulando los efectos de la Caída. Si aceptamos este enfoque, la Caída no tiene nada de caída; de hecho no es más que un resbalón, que no nos hace incapaces de agradar Dios, sino solo un poco enfermizos. El pecado no nos deja completamente ciegos sino únicamente confundidos. Con todo respeto, los arminianos reformados disentimos de esto. Entendemos más bien que la Caída, deja a los seres humanos en un estado de perdición, ceguera, muerte, y endurecimiento contra Dios. Esto es lo que enseñó Arminio y las propias palabras de Cristo, «Separados de mí [Cristo] nada podéis hacer».

¿Una interpretación errónea de Wesley?

Otra esfera de divergencias entre los arminianos reformados y los wesleyanos la encontramos en la idea de la Expiación. Aunque Wesley sostenía un punto de vista muy personal de la Expiación, la mayoría de los wesleyanos han mantenido, de manera más consistente, una perspectiva gubernamental. Harper muestra correctamente que Wesley sostuvo una idea modificada de la sustitución penal. Sin embargo, considero una triste omisión por parte de Harper que aluda vagamente a «algunos [que] han concluido erróneamente que Wesley modificó la clásica teoría de la sustitución penal proponiendo la idea de que Cristo solo expió los pecados pasados del creyente, pero no expió *la condición pecaminosa* (el pecado original) o los pecados que cometen los creyentes después de su conversión». Me hubiera gustado que Harper hubiera identificado abiertamente a tales personas para poder felicitarles efusivamente. Ciertamente, *no son ellos quienes malinterpretan a Wesley sino él.* Harper dice:

> «Este error surge de una mala interpretación de dos declaraciones que encontramos en los escritos de Wesley. El primer entendimiento erróneo tiene lugar en "A Dialogue Between an Antinomian and His Friend" (un diálogo entre un antinomiano y su amigo) en el cual Wesley (el amigo) responde a un hipotético antinomiano: "¿Acaso pues sanó él la herida antes de que ésta fuera infligida y puso fin a nuestros pecados antes de que éstos tuvieran comienzo?" Esto es una barbaridad tan notoria y palpable, que no entiendo cómo la puedes aceptar.»

Harper sigue diciendo:

> «Sin embargo, esta falsa interpretación se detecta rápidamente si situamos esta afirmación en su contexto. Puesto que inmediatamente antes de esto, Wesley afirma que Cristo murió para "poner fin a todos *nuestros pecados, para quitarlos, borrarlos, y destruirlos por completo y para siempre"* [Cursivas de Harper]. No se establece distinción alguna entre una pecaminosidad pasada, presente o futura... Quizá lo más lamentable es el hecho de que esta mala interpretación deja abierta la pregunta de qué clase de "Expiación" se requiere o es suficiente para erradicar los pecados que cometen los creyentes tras la conversión. O por decirlo más claramente, no hay nada en los escritos de Wesley que lleve a suponer cosa alguna aparte de la total suficiencia de Cristo (por medio de su muerte expiatoria en la Cruz) para nuestra redención cualquiera que sea el estado, forma, o momento de nuestro pecado.»

Con todo respeto, he de insistir en que es el profesor Harper quien interpreta erróneamente a Wesley. Harper dice que esta presunta «falsa interpretación se detecta rápidamente si situamos esta afirmación en su contexto». Miremos, pues, el contexto.

Ant.[inomiano] —¿Crees, pues, que Jesucristo en la Cruz acabó toda la obra de la Salvación del hombre?
Amigo. —Creo, que, mediante una sola ofrenda, Jesucristo pagó completamente por los pecados del mundo entero.
Ant. —¿Pero crees acaso que «la sangre de Cristo y nuestros pecados desaparecieron al mismo tiempo?».
Amigo. —A decir verdad, no lo entiendo.
Ant. —¡No! ¿Por qué?, ¿Acaso Cristo, «cuando estaba sobre la Cruz, no puso fin a todos nuestros pecados, quitándolos, borrándolos, y destruyéndolos por completo y para siempre?
Amigo. —Jesucristo pagó entonces el precio, por lo cual, todos los que verdaderamente creen en Él son ahora salvos de sus pecados; y, si perseveran hasta el fin, lo serán para siempre. ¿Es esto lo que quieres decir?
Ant. —Lo que quiero decir es que, en tal caso Jesucristo «sanó, quitó, puso fin y destruyó por completo, todos nuestros pecados».
Amigo. —¿Acaso entonces curó la herida antes de que ésta se produjera, y puso fin a nuestros pecados antes de que tuvieran un comienzo? Esto es una barbaridad tan notoria y palpable, que no entiendo cómo la puedes aceptar.[93]

¿Quién es el que interpreta erróneamente a Wesley? Una sencilla lectura de este pasaje pone de relieve el error del argumento de Harper y me da la razón a mí. Wesley sostenía que la Expiación afecta solo a los pecados pasados del creyente. No es *Wesley* sino el antinomiano quien dice *dos veces* que la Expiación destruye por completo y para siempre todos nuestros pecados. Wesley no solo está en desacuerdo con estas declaraciones sino también con la creencia del antinomiano de que «la sangre de Cristo y nuestros pecados desaparecieron al mismo tiempo» (*esta* es la idea reformada de la imputación).

Harper hace todo lo posible por suavizar la clara posición de Wesley respecto a este tema, y lo hace afirmando que los intérpretes como yo estamos «interpretando erróneamente» a Wesley. No obstante, es Harper quien le malinterpreta muy obviamente. De hecho, su interpretación fortalece el argumento arminiano reformado. Wesley *no* suscribía el punto de vista reformado de que mediante la identificación del creyente con la

---

[93] «A Dialogue Between an Antinomian and His Friend», in *The Works of John Wesley*, ed. Thomas Jackson, 14 vols. (Londres: Wesley Methodist Book Room, 1872; repr. Grand Rapids: Baker, 1986), 10:266–67.

Expiación de Cristo, se expiaba efectivamente la condición de pecado y no solo los pecados pasados; quedando ésta ciertamente remitida, no es necesario apropiarse de nuevo de la Expiación cada vez que el creyente peca y es perdonado.

Vemos la tensión de Harper acerca de este punto en otro lugar en el que dice que la Expiación de Cristo «consigue nuestra total liberación, sin embargo, para que tal liberación sea eficaz es necesario que nos apropiemos constantemente de ella». ¿Qué significa esto? Harper sigue adelante definiendo esta apropiación como «arrepentimiento inmediato». ¿Pero es el *arrepentimiento inmediato* cada vez que pecamos la base para seguir conectados a la Expiación? Según este sistema, cada pecado que se comete requiere nuestra constante apropiación de la Expiación. La pregunta que surge es ésta: ¿Ha sido o no aplicada la Expiación al individuo? ¿Está o no justificado?

La Justificación y la imputación de la justicia de Cristo

Harper ejemplifica otra de las tensiones wesleyanas en su tendencia (que comparte con Wesley) de utilizar el *lenguaje* de la imputación vaciándolo sin embargo de su contenido. Harper dice, «Igual que los calvinistas, Wesley afirmó la realidad de la justicia imputada... En términos de teología filosófica [sobre la imputación], Wesley estaba de acuerdo con los creyentes de la tradición reformada». Tales afirmaciones son engañosas o confusas. Es evidente que por «imputación» Wesley no entendía lo mismo que han entendido durante casi cinco siglos los creyentes reformados.

Como he citado en mi exposición, Wesley disentía del consenso reformado acerca de la imputación de la justicia de Cristo, creyendo que ésta era una *ficción legal*. «El juicio de un Dios perfectamente sabio ædecía Wesleyæ está siempre de acuerdo con la verdad; y no es compatible con Su infalible sabiduría pensar que soy inocente, juzgar que soy justo o santo porque otro lo sea. No puede confundirme con Cristo más de lo que puede hacerlo con David o con Abraham».[94]

No obstante, de nuevo aquí Harper está en tensión. Por mucho que quiera reclamar una unidad entre Wesley y la tradición reformada, Har-

---

[94] Sermon «Justification by Faith», *Works*, 5:57.

per no puede huir de sus raíces wesleyanas. Tanto Wesley como Harper niegan la imputación de la perfecta obediencia de Cristo al creyente. Harper dice que «Es importante observar que para Wesley la justificación no es algo que Dios hace contrariamente al verdadero estado de las cosas... La justificación no es falsificación o ficción sino una nueva y misteriosa fusión de la justicia imputada y la impartida».

Los arminianos reformados disienten completamente. La justicia imputada se relaciona con la justificación, mientras que la impartida se relaciona con la santificación. Sin embargo igual que sucede con todos los wesleyanos tradicionales, Harper confunde erróneamente la justicia imputada con la inherente: «Visto desde la perspectiva de la horticultura, la justicia imputada representa la plantación de la justicia, que requiere de cuidados diarios para seguir con vida. Por consiguiente, lo que Wesley subraya es la justicia impartida».

El que Wesley dejara de usar el lenguaje de la imputación en sus últimos años se debe a su polémica con el antinomianismo. Harper afirma, «los problemas de Wesley surgen cuando los calvinistas combinan la idea de la imputación con la de la elección. Si Dios ha predeterminado quienes van a ser salvos, y si todas estas personas han sido vestidas con la justicia de Cristo (el Hijo de Dios eternamente inmaculado), solo puede entonces razonarse que su seguridad es eterna. La respuesta al antinomianismo, sin embargo, no consiste en eludir una concepción legal, puesto que, sin duda, el justificado lo es en virtud de la justicia de Cristo, siéndole ésta legalmente imputada. La respuesta consiste más bien en señalar los verdaderos problemas: el antinomianismo y la Salvación basada en un decreto. Si Wesley fuera *verdaderamente arminiano*, no hubiera dejado de utilizar el lenguaje de la imputación.

Harper prosigue diciendo que Wesley cambió su lenguaje puesto que «lo que observó en el siglo XVIII fue que grandes multitudes utilizaban la teología calvinista para excusar su mal comportamiento». Por supuesto, esta clase de racionalización es desmesurada. No obstante, la respuesta de Wesley a este problema resultó errónea. Contrariamente a lo que afirman Wesley y el wesleyanismo, la Salvación nos llega mediante *la sola justicia de Cristo*, es decir, su obediencia activa y pasiva que le son imputadas al creyente. Ciertamente, no puedo añadir nada a lo que ha hecho Cristo. Mi Salvación no se consigue simplemente *por causa de* lo que Cristo ha hecho (la definición de imputación de Wesley) sino cuando lo que Cristo hizo *de hecho* se pone a mi cuenta.

El pecado y la pérdida de la Salvación

La tensión de Harper aparece, de nuevo, en el modo en que desarrolla el tema del pecado después de la conversión y en cómo lo relaciona con la pérdida de la Salvación. Por un lado, Harper parece decir que el pecado en la vida del creyente no es lo que produce tal pérdida de la Salvación. Sin embargo, por otro lado, afirma que si no confiesa sus pecados el cristiano perderá la Salvación. Las siguientes citas ilustran la tensión de Harper:

- Nuestra posición con y en Cristo no es tan frágil que una Caída temporal en el pecado pueda anular todo lo que Dios ha hecho a nuestro favor hasta este momento.
- La pérdida de la Salvación está mucho más relacionada con experiencias profundas y prolongadas.
- Dios no tiene en cuenta las transgresiones involuntarias (los pecados que cometemos sin tener conciencia de ellos) a menos que los descubramos y no hagamos nada al respecto. Sin embargo, los pecados voluntarios —la deliberada violación de las leyes conocidas de Dios— se convierten en mortales si no nos arrepentimos de ellos. La cuestión de la seguridad eterna depende (en ambas categorías de pecado) de la cuestión de la perseverancia en el arrepentimiento .
- Mientras vivimos por fe ... no pecamos.

¿Cómo se puede decir que las caídas temporales en el pecado no producen la pérdida de la Salvación al tiempo que se afirma también que los pecados voluntarios *se convierten en mortales* si no nos arrepentimos de ellos? ¿O, qué significa que cuando descubrimos pecados involuntarios en nuestra vida y no hacemos nada al respecto Dios nos lo tiene en cuenta? Además, la afirmación de Harper en el sentido de que «Mientras vivimos por fe ... no pecamos», representa una definición de fe que entra en conflicto con una doctrina de la justificación que afirma que ésta se produce siéndole imputada al creyente la justicia de Cristo. Esta idea de la fe que salva es muy diferente de la que propone el punto de vista reformado. Este es el verdadero meollo del desacuerdo de los arminianos reformados con el weleyanismo. Es lo mismo que decir que si alguien está viviendo una vida de fe, tal persona es sin pecado. Sin embargo en otro lugar, Harper afirma que Wesley «no podía seguir a grupos como los moravos, porque enseñaban una 'perfección sin pecado'».

Harper hace oídos sordos a sus propias palabras. Por un lado, dice que alguien que vive por la fe «no peca». Sin embargo, por otro lado, rechaza la doctrina de la perfección sin pecado. Como alguien que escribe desde dentro de la tradición wesleyana, Harper no puede sencillamente tratar el tema de la perfección sin pecado con *una sola frase*. Si quiere hablar del pecado en la vida del creyente, ha de explicar entonces la doctrina de *la santificación completa*. Históricamente, los wesleyanos no han soslayado esta cuestión, sin embargo, Harper está dispuesto a no darle importancia sin hacer ningún otro comentario.

El propio Wesley *no* veía que la pérdida de la Salvación se relacionara con una experiencia profunda y prolongada con el pecado. De hecho, el pasaje que cita Harper en este momento de su exposición procede del sermón de Wesley «The Great Privilege of Those That Are Born of God» (el gran privilegio de los que han nacido de Dios». En este sermón, Wesley da ejemplos de algunos creyentes de la Biblia que siendo hijos de Dios pecaron perdiendo la Salvación y convirtiéndose en hijos del diablo. Wesley escribió:

«Para explicar esto con un ejemplo concreto, David había nacido de Dios y andaba con Él por fe; le amaba con sinceridad y podía decir verdaderamente, "A quien tengo en los cielos sino a ti y fuera de ti nada [ninguna persona o cosa] deseo en la tierra". Sin embargo, aun así en su corazón seguía habiendo esa corrupción de la naturaleza que es la semilla de todo mal.

"Al atardecer, David se levantó de su lecho y se paseaba por el terrado de la casa del rey" (2 Samuel 11:2), probablemente alabando al Dios a quien amaba su alma, cuando miró hacia abajo y vio a Betsabé. David experimentó una tentación, un pensamiento hacia el mal. El Espíritu de Dios no dejó de convencerle de ello. Sin duda oyó y reconoció la voz que le advertía; sin embargo, se rindió en alguna medida a aquel pensamiento, y la tentación comenzó a prevalecer contra él. Su espíritu fue mancillado; seguía viendo a Dios, pero de un modo más impreciso que antes. Seguía amando a Dios, pero no con la misma intensidad; no con la misma fortaleza ardor y afecto. Sin embargo Dios le frenó de nuevo, aunque su espíritu estaba contristado; y su voz, aunque más y más débil, seguía susurrando: "El pecado está a la puerta; mírame y sé salvo". Sin embargo, él no quiso oír. Volvió a mirar, no a

Dios, sino al objeto prohibido, hasta que la naturaleza fue superior a la Gracia, y la lujuria se encendió en su alma.

Los ojos de su mente estaban ahora nuevamente cerrados, y Dios desapareció de su visión. La fe, lo divino, el trato sobrenatural con Dios, y el amor de Dios, cesaron a una: a continuación David se precipitó como un caballo a la batalla, y a sabiendas cometió el pecado externo.»[95]

También, como ya he citado en mi exposición:

«¿Dirás acaso, "He pecado de nuevo después de haber sido redimido por su sangre?" ... En tal caso debieras aborrecerte... ¿Pero crees ahora?... En cualquier momento en que verdaderamente crees en el nombre del Hijo de Dios, todos los pecados anteriores se desvanecen... Y no digas, "ya fui justificado una vez; mis pecados me fueron perdonados". No sé que decirte; ni tampoco discutiré si lo fueron o no. Quizá sea imposible saberlo en este momento... Sin embargo, sí sé, con total certeza, que "el que comete pecado es del diablo". Por tanto, tú eres de tu padre, el diablo.»[96]

Puesto que ya he comentado esta cuestión en la exposición de mi postura, no veo la necesidad de reiterar los problemas que los arminianos reformados ven en esta clase de acercamiento al pecado en la vida del creyente. Las personas han sido justificadas o no. Si alguien ha sido justificado, sus pecados han sido puestos sobre Cristo y la justicia de Él le ha sido contada a su favor. Esto es una operación legal. Por ello, mientras alguien siga siendo justificado *por la fe* —mientras siga estando *en Cristo*— tal persona está en un estado de Gracia. Solo cuando la fe naufraga puede perderse la Salvación.

La naturaleza de la apostasía

La última área de tensión del pensamiento wesleyano la encontramos en la idea de Harper (y de Wesley) respecto a si la apostasía puede o no

---

[95] Sermon, «The Great Privilege of Those Who Are Born of God», *Works*, 5:230.
[96] Sermon, «The Fruits of the Spirit», *Works*, 5:95.

remediarse. Los arminianos reformados creen que no es posible. Ciertos pasajes de Wesley indican que algunos casos de apostasía pueden ser definitivos e irremediables. Sin embargo Wesley afirma, finalmente, que la renovación es posible, incluso para aquellos que han cometido la apostasía que se describe en pasajes como Hebreos 6:4–6 y 1 Timoteo 1:19:

> «Si alguien pregunta, "¿Puede algún verdadero apóstata hallar misericordia de parte de Dios? ¿Puede alguien que 'ha naufragado en cuanto a la fe y a una buena conciencia,' recuperar lo que ha perdido? ¿Conoce usted de algún caso en que personas que hallaron redención en la sangre de Jesús, y cayeron, fueran después restauradas, 'renovadas de nuevo para arrepentimiento?'" Rotundamente sí, sin duda y no solo una persona ni cien; estoy convencido de que son varios millares... De hecho, caer y ser restaurado es una experiencia tan común a muchos creyentes, que lo que sí es poco frecuente es encontrar a alguno que no sea consciente de haberse apartado de Dios, en alguna medida, y quizá más de una vez, antes de ser establecido definitivamente en la fe.»[97]

Harper sostiene esta misma posición, cuando dice: «aun cuando hayamos caído *de* la Gracia, no estaremos *fuera del alcance* de la Gracia». Por el contrario, la posición arminiana reformada cree que la apostasía —el decisivo acto de abandono de la fe en Cristo y su sacrificio por el pecado de una vez para siempre— no es remediable. He desarrollado esta posición de un modo más completo en mi exposición.

Por último, estoy un poco apabullado por la afirmación de Harper en el sentido de que «la teología de la Gracia de Wesley se acerca mucho a la doctrina de la seguridad eterna». Wesley creía que aquellos que describió como *caídos* estaban *perdidos* mientras estaban en tal estado. Me gustaría saber a qué defensor de la seguridad eterna podría citar Harper que estuviera de acuerdo con que la teología de la Gracia de Wesley se acerca mucho a la de la seguridad eterna.

---

[97] Sermon, «A Call to Backsliders», *Works*, 6:525.

Glosario

A priori. Expresión latina que significa «antes de» o «independiente de» la experiencia.
Antinomianismo. Idea que apareció entre los luteranos y los calvinistas en los siglos XVI y XVII. Subrayaba que puesto que los cristianos son salvos por la sola Gracia, por medio de la sola fe, están libres de las obligaciones morales de la ley. Sus críticos culpan a los antinomianos de ser moralmente laxos y de restar importancia a la santificación y a la confesión del pecado.
Forense. Relativo a cuestiones legales o judiciales. Los reformadores subrayaron los aspectos forenses de la Expiación y la Justificación, enseñando que la justicia y la muerte de Cristo satisficieron la Justicia y la Ira de Dios contra el pecado y pusieron legalmente en la cuenta de los creyentes la justicia de Dios en Cristo.
Interpretación tipológica. Método tradicional de interpretación bíblica que interpreta al pueblo del Antiguo Testamento así como sus acontecimientos, rituales, etcétera, como "tipos" que simbolizan o prefiguran a Cristo y su Nuevo Pacto.
Intra-Trinitario/a. Relativo a algo que se produce entre las tres personas de la Trinidad.
Llamamiento eficaz. Expresión que los calvinistas clásicos utilizan para denotar la irresistible atracción de los escogidos por el Espíritu Santo
Molinismo. Punto de vista del teólogo jesuita del siglo XVI Luis de Molina. También llamado «conocimiento medio». Esta perspectiva afirma que Dios conoce de antemano lo que harían sus criaturas libres en cualquier serie de circunstancias determinadas. De este modo, Dios crea el mejor mundo posible preservando, por tanto, la libertad humana y la Soberanía divina.

Monergismo. En contraste con el sinergismo, del griego *monos* (solo) y *ergon* (obra). Este punto de vista sostiene que la Salvación es obra solo de Dios, de principio a fin, y que la voluntad humana no colabora en el proceso de la Salvación.
Ordo salutis. Expresión latina que significa «orden de la salvación».
Pelagianismo. Movimiento teológico que tiene sus orígenes en el pensamiento del monje británico Pelagio. (354–402). Niega el pecado original y la depravación, haciendo hincapié en la prioridad del libre albedrío humano en el logro de la Salvación. Según Pelagio, los seres humanos pueden por naturaleza desear alcanzar la justicia antes de que exista cualquier operación de la Gracia de Dios. Afirmaba asimismo que los cristianos podían conseguir la perfección. Agustín se opuso a este sistema, y el Concilio de Éfeso lo condenó en el año 431.
Remonstrantes. Seguidores de Jacobo Arminio, muchos de los cuales se apartaron sustancialmente de su teología. En 1610 promulgaron la «Remonstrance», (la protesta) que negaba la concepción calvinista de la Salvación. El Sínodo de Dort (calvinista), que se reunió en 1618–19, condenaba a los remonstrantes y sus enseñanzas.
Simul justus et peccator. Expresión latina, que significa «justificado y al tiempo pecador»; la utilizaron Martín Lutero y otros reformadores.
Sinergismo. En contraste con el monergismo, del griego *syn* (juntos) y *ergon* obra. Representa una idea que popularizó el teólogo luterano del siglo XVI Felipe Melanchthon, que afirma que la voluntad humana coopera con el Espíritu Santo para llevar a cabo la Salvación.
Sínodo de Dort. Concilio internacional de los calvinistas que se reunieron en Holanda en 1618–19 para enfrentarse al problema del arminianismo en las iglesias reformadas. El sínodo condenó a los sucesores de Arminio, los remonstrantes, y sus ideas arminianas. Fruto de este sínodo se redactaron los Cánones de Dort, que dan expresión a las doctrinas conocidas como los cinco puntos del calvinismo: depravación total, elección incondicional, expiación limitada, Gracia irresistible, y perseverancia de los santos.
Sola Fide. Expresión latina que significa «por la sola fe».
Sola Gratia. Expresión latina que significa, «por la sola Gracia».
Soteriología. Del griego *soteria* (salvación). La doctrina de la Salvación.
Supralapsarismo. Del latín *supra* (antes de) y *lapsus* (caída); por ello, antes de la Caída. Una doctrina del calvinismo clásico que afirma que Dios decretó la elección y la reprobación antes de decretar la Caída. Este sistema propone el siguiente orden de los decretos divinos:

1. el decreto de la elección de algunos y la reprobación de otros
2. el decreto de la creación de los escogidos y los reprobados
3. el decreto de la Caída
4. el decreto de la Salvación en Cristo de los escogidos

Tratado de protectorado y vasallaje. Antiguo pacto o acuerdo del Próximo Oriente entre un señor y sus subordinados. Muchos eruditos ven este tipo de tratados como representativos de los pactos bíblicos entre Dios y su pueblo.

Los autores

Stephen M. Ashby es profesor de Filosofía y estudios religiosos en Ball State University, en Muncie, Indiana. El Dr. Ashby tiene un master en Teología y en Educación Religiosa por el Baptist Theological Seminary de Grand Rapids, y se ha doctorado en la Universidad de Bowling Green State. Entre sus proyectos hay muchos artículos, así como un comentario de los Hechos de los Apóstoles de próxima aparición (Randall House).

Norman L. Geisler es presidente y profesor de Teología y Apologética en el Southern Evangelical Seminary en Charlotte, Carolina del Norte. El Dr. Geisler tiene un master en Teología por el Wheaton College y se ha doctorado en la Loyola University of Chicago. Ha escrito, colaborado o editado más de cincuenta libros entre los cuales se pueden mencionar: *Chosen But Free: A Balanced View of Divine Election* (Bethany House), *Baker Encyclopedia of Christian Apologetics* (Baker), *Unshakable Foundations: Contemporary Answers to Crucial Questions About the Christian Faith* (Bethany House), y *Christian Ethics: Options and Issues* (Baker).

Steve Harper es vicepresidente, decano y profesor de formación espiritual y estudios de Wesley en el Asbury Theological Seminary, en Orlando, Florida. También ha desarrollado su labor como deán de la Chapel of the Upper Room, en Nashville, Tennessee. El Dr. Harper tiene un master en Teología por el Asbury Theological Seminary y está doctorado por la Duke University. Ha escrito libros como *John Wesley's Message for Today* (Zondervan), *Prayer and Devotional Life of the United Methodists* (Abingdon) y *Devotional Life in the Wesleyan Tradition* (Upper Room).

Los autores

Michael Horton es profesor de Apologética y Teología histórica en el Westminster Theological Seminary, en Escondido, California. Es vicedirector de la Alliance of Confessing Evangelicals y editor de la revista Modern Reformation. El Dr. Horton tiene un master en Religión por el Westminster Seminary de California y se ha doctorado en la Coventry University del Reino Unido. Ha escrito y editado varios libros, como: *We Believe: Recovering the Essentials of the Apostles' Creed* (Word), *Putting Amazing Back Into Grace* (Baker), *Power Religion: The Selling Out of the Evangelical Church?* (Moody) y, *A Confessing Theology for Postmodern Times* (Crossway).

J. Matthew Pinson es presidente del Free Will Baptist Bible College, en Nashville, Tennessee. El sr. Pinson tiene un master en Religión por la Yale University y otro por la University of West Florida. Está acabando su doctorado en la Florida State University sobre el tema: La diversidad del arminianismo inglés en los siglos XVII y XVIII. El Sr. Pinson es autor de *A Free Will Baptist Handbook: Heritage, Beliefs, y Ministries* (Randall House).

Índice de textos bíblicos

Génesis
2:8–3:24 .... 40, 59, 60
2:16, 17 60
3 60
9 .... 58, 117
15:6 79
20–21 117

Deuteronomio
32:39 102

Josué
24 58

2 Samuel
7, ... 58
11 117
11:2, ... 292
12 117
23 58

Job
1:21, 22–26 102
19:25–26 .... 77, 86

Salmos
51:1–12 101
51:11, ... 36, 102
56:8 102
69:4, 18, 19 102
69:27–28 102
69:27 103
87:6 102

Proverbios
16:4 279

Eclesiastés
3:14 77

Isaías
3:5 110
20:15 110
46:10 .... 88, 102, 110
64:6 100
65:1 202

Jeremías
3:14 117
13:10 150
17:9 120
31 58

Ezequiel
11:19 202
18:32 279
36 58
36:26 150
37 127
37:3–6 202

ÍNDICE DE TEXTOS BÍBLICOS

Daniel
4:35 202

Jonás
2:9 88

Habacuc
2:4 175

Mateo
2:20 94
3:8 115
3:17 153
7:15 101
7:18 .... 144, 150
7:22–23 96
7:23 121
10:1, 4, 5–8, 22 .... 96, 97
10:28 104
10:33 103
10:39, 42 105
11:1–4 120
11:11 117
12:31–32 .... 103, 138, 139
12:34 150
13:25 103
15:19 150
20:15 260
21:41 192
22:37–39 113
22:37 .... 113, 115
23:37 52
24:3 97
24:13 .... 37, 97
24:29 97
24:35 79
25:30 50
25:31–46 36
26:24 96
26:34–36 .... 103, 117
26:34–35 103
26:52 104

Marcos
3:30 104
13:13 47

Lucas
7:19 117
8:11–18 114
8:12 98
8:13–15 .... 97, 98
8:13, 15 .... 93, 120
12:21, 33 50
17:5 203
22 58
22:31–32 .... 103, 117
22:32 120
22:47–62 103

Juan
1:4 180
1:9 155
1:12–13 203
1:12 .... 71, 86, 128, 213
1:13 .... 34, 53, 71, 88
1:29 .... 72, 104
3:3–6 34
3:3, 7 114
3:14–15 236
3:15–16 .... 139, 180, 185
3:15 .... 156, 185
3:16 .... 34, 54, 93, 176
3:18 .... 77, 156
3:19 256
3:36 .... 156, 177, 180
4:13 93
4:39–41 94
5:24 ...... 34, 78, 90, 94, 139, 176, 177,
180, 185
5:26 180
5:30 154
5:39–40 180
5:43 154
6:33 94
6:35 176

6:37–39	34, 39	17:9–10	39
6:37	78, 203	17:9	52, 54
6:38–40	154	17:12	97, 178
6:38	94	17:17	164
6:39–40	78	17:20–21	39
6:40	176	19:30	89
6:41, 42	94		
6:44	127, 150, 203, 205	**Hechos**	
6:54	180	1:9	152
6:70	97	1:25	96
7:37–39	34	5:32	116
8:31	36	6:7	99
8:32	187	7:56	152
8:44	179	8:13	99
9:8	94	8:20–21, 22–23	100
9:28, 29, 31	109	13:8	99
10:10	180	13:48	40, 66, 203
10:15, 26–30	39	14:22,	99
10:27–29	78	16:14,	203
10:27–28	139, 176, 185	16:31,	72, 94, 156
10:28	104, 177, 180	17:30	100, 108, 115
10:29	34	19:4	115
12:32	155, 157, 207	20:21	115
12:50	181	26:20	115
13:27, 29	96, 97		
15:1–6	139, 191	**Romanos**	
15:1	48	1:16–17	151
15:2–3	48	1:17	172, 174, 175
15:2	116, 200	1:21–22	150
15:4	36, 112, 200	1:28	140
15:5	170, 200, 203	2:4	203
15:6	36, 112, 200	3–4	98
15:10–14	36	3	151, 238
15:10	113	3:1–4	47
15:16	48, 203	3:4	86
15:19	203	3:10–18	200
17	52	3:11	127
17:2	39	3:24–26	152
17:4–12	96, 154	3:25–26	34
17:4–5	39	3:25	238
17:4	89	4:3, 4	152
17:6	39	4:5–6	79, 135
17:9–24	79	4:5	110

4:9, 10 152
4:11 .... 45, 79, 152
4:21 34
4:22–24 79
5:5 34
5:6–8 152
5:8 228
5:13–21 79
5:20–21 34
6 .... 164, 278
6:1 274
6:2–23 274
6:16 .... 113, 116
6:20 150
6:23 .... 34, 72, 89, 90, 105
7 .... 127, 278
7:5 150
8:1 .... 34, 134, 178, 200
8:7 150
8:9 .... 34, 82, 188
8:15 213
8:16 .... 86, 87, 178
8:17 178
8:29–39 34
8:29–30 .... 80, 89
8:30 .... 40, 44, 203, 279
8:31 34
8:33 .... 40, 80
8:35–39 178
8:35 .... 80, 241
8:37–39 80
8:38–39 .... 34, 52, 283
9–11 45
9 .... 45, 260
9:6 138
9:11 279
9:13 279
9:14–25 279
9:15–16 203
9:16 .... 88, 132
9:21 .... 260, 261
10:1–13 48
10:9, 17 75

11:5–10 48
11:5–7 203
11:6 .... 53, 212
11:11–24 47
11:17 193
11:19–22 49
11:29 ...... 52, 54, 80, 81, 89, 90, 119,
135, 143, 212, 283
11:34–35 279
13:11 .... 90, 94
14 105
14:4 34
14:11, 12, 13, 15 104
14:17 241
15:4 85
15:18 116

1 Corintios
1:2 100
1:23 228
1:30 .... 134, 164, 174
2:7 39
2:12 34
2:14 127
3 283
3:1, 3, 6 .... 116, 117
3:10 50
3:11–15 .... 104, 114, 138
3:11–14 114
3:11–12 .... 92, 114
3:12–15 50
3:12–14 36
3:13–15 119
3:13–14 109
3:15 105-107
5:5 118
6:19 34
7:37, 39 113
8 105
8:11 104
9:27 .... 105, 112, 138-140
11:28–32 102
11:30–32 118

11:30	109, 118
12:13	81
13	87
13:1–2	115
15:2	92
15:4	152
15:10	94, 105
15:12	36
15:20	118
15:58	92
16:13	99

2 Corintios

2:11	106
5:1–2, 5–8	86
5:10	92, 105, 109, 118, 138
5:15	72
5:17	81, 101, 114, 135
5:19	153, 155
5:21	79, 81, 83, 100, 135, 153
13:5	85, 140

Gálatas

1:6	184
1:23	94
2:20	164
3:1–3	184
3:2–11	98
3:2	105
3:3	105
3:5	105
3:6–7	151
3:10	105
3:11	175
3:16	41
4:6–7	213
4:9–11	184
4:21–31	43
5:4	105
5:16	164
5:22–23	87, 164
6:1	105
6:7, 8	118

Efesios

1:3	135, 174
1:4–5	81
1:4	39, 88, 89, 92, 134, 279
1:11	203
1:13–14	178
1:13b–14	81
1:19–21	34
1:19	203
2:1–5	34, 180, 204, 271
2:1–3	179
2:5–6	82, 134
2:8–10	115
2:8–9	53, 90, 92, 104, 110, 212
2:8	71, 89, 128
2:9	90
3:20	34
4:13	99
4:17–18	150
4:30	86
5:25–27	92
6:5	113, 116

Filipenses

1:6	51, 82-84, 86, 89, 94, 119, 120, 178
1:27	99
2:12–13	94, 115
2:12	94, 105, 234
2:13	51, 95, 204
2:15–16	184
3:9	79
3:21	34
4:3	82

Colosenses

1:21–23	183
1:23	92
2:7	99
2:10	179
2:12	34
2:15	241
3:1	34
3:10	114

1 Tesalonicenses
1:4–5 87
1:9 187
3:3–4 184
3:5 184

2 Tesalonicenses
1:8 116
2:3 .... 96, 99
2:8 99
2:10 99
3:3 178

1 Timoteo
1:5 106
1:18–20 184
1:19–20 251
1:19 .... 167, 254, 294
2:4 .... 52, 72, 210
3:9 99
4:1–2 99
4:1 99
4:6 99
5:5 106
5:8 106
5:15 106
6:10 99

2 Timoteo
1:9 88
1:12 .... 34, 83, 103, 178
2:11–13 .... 137, 172,173
2:12–13 51
2:12 .... 50, 106, 138, 139
2:13 .... 54, 87-89, 106, 121, 136
2:16–18 184
2:17–18 .... 106, 138
2:18 99
2:19 118
2:25 204
2:26 150
3:5 107
3:8 .... 99, 140

3:16–17 164
4:7–8 .... 107, 138
4:18 .... 83, 87, 178

Tito
1:2 86
1:13 99
1:16 140
2:11 .... 155, 157
3:3 150
3:4–6 34
3:5–7 .... 53, 212
3:5–6 110
3:8 116

Filemón
14 113

Hebreos
1–2 183
2:1–4 183
2:1 107
2:13 40
3 183
3:6–14 36
3:6b 185
3:7–4:2 183
3:12–14 .... 92, 185
3:12 196
3:14 184
4 183
4:1–2 .... 43, 44
4:2 .... 42, 206
4:10 48
5:9 116
5:13–14 108
6 .... 44, 46, 53, 195, 213
6:1 108
6:4–8 .... 37, 108, 282
6:4–6 ...... 41, 61, 107, 109, 138, 183,
186, 188, 191, 194, 200, 251,
256, 294
6:4–5 .... 45, 46

305

6:6	108, 195
6:7	46
6:8	140
6:9	45, 108
6:17–18	90
6:18	86
7:24–25	152
7:25–27	79
7:25	34, 79
8–12	183
9:12	83, 108
10	47, 213
10:14	83, 89, 92, 100
10:19–39	183
10:19–23	47
10:22–23	87
10:23	190
10:26–29	37, 47, 61, 108, 138
10:26	61, 109, 191
10:29	167
10:32, 33–34	109
10:35–39	61
10:35–36	190
10:35	109
10:38–39	190
10:38	175
10:39	109, 191
11:1	75
11:6	60
11:13–16	41
12	183, 283
12:2	83
12:5–11	102
12:6, 7–8	117, 118
12:14	100
13:20	40

Santiago

1:18	204
1:26–27	115
2:12–13	115
2:14–26	36, 98
2:14–22	116, 120
2:14–15, 19	107
2:22	98
5:16, 19, 20	118

1 Pedro

1:2	40, 53, 84
1:5	78, 83, 94, 98, 120, 178, 184
1:23	34, 48, 114, 277
2:22	152
4:7	116

2 Pedro

1:4	34
1:5–8	115
1:10	36, 85
2	213
2:1–22	100
2:1	101
2:7	117
2:20–22	61, 139, 191, 251
2:20	101, 139
3:9	52, 72, 79, 156
3:14, 15, 17	110
3:18	116

1 Juan

1:8–9	117
1:8	106
2:1–2	199
2:1	79
2:2	34, 54, 72, 104
2:3	87, 113, 116
2:4, 5	87
2:19	51, 53, 107, 120, 121, 283
2:22, 24	113, 116, 155
2:27	34
3:5	152
3:9	34, 84, 87, 121, 283
3:10	36, 179
3:14	87
3:16–18	115
3:19, 24	87
4:4	250

4:7 115
4:13 87
5:3 113
5:4 121
5:11–13 .... 134, 174, 181
5:13 .... 85, 87, 178
5:16 .... 109, 118, 256
5:18 87

2 Juan
1 110
8 .... 110, 138

Judas
21 85
24–25 .... 84, 178
24 .... 34, 78, 95

Apocalipsis
1:4 112
2:10 .... 93, 131
3:5 .... 102, 110, 111, 185
3:15–16, 19, 20 111
5:9 207
13:8 .... 82, 88, 89, 102, 110, 111
17:8 110
20:4–5 97
20:6, 10 106
20:12 110
20:15 .... 102, 106, 110
21:27 .... 102, 110
22:1–5 43
22:11 112
22:12 .... 106, 114
22:15, 16 112
22:19 .... 112, 185

Bibliografía en castellano

Bender, H. S., *Menno Simons, su vida y escritos*, Herald Press, Scottdale, Pennsylvania, 1979.

Berkhof, Louis, *Introducción a la Teología Sistemática*, Libros Desafío, Grand Rapids, MI, 1973.

Berkhof, Louis, *Manual de Doctrina Cristiana*, Libros Desafío, Grand Rapids, MI, 1991.

Berkhof, Louis, *Sumario de doctrina reformada*, Libros Desafío, Grand Rapids, MI, 2003.

Boettner, Loraine, *La Predestinación*, TELL, Grand Rapids, Michigan, 1984.

Bourgeois, Henry, Sesboüé, Bernard y Tihou, Paul, *Los signos de la salvación* (3 tomos), Secretariado Trinitario, Salamanca, 1996.

Catecismo de Heidelberg, Asociación Cultural de Estudios de la Literatura Reformada, Barcelona, 1973.

Chafer, Lewis Sperry, *El camino de la Salvación*, Publicaciones Portavoz Evangélico, Barcelona, 1972.

Confesión de Fe de los Países Bajos, Fundación Editorial de Literatura Reformada, Fijswijk (Países Bajos), 1987.

Confesiones de Fe de la Iglesia (Las tres confesiones de la iglesia antigua y las tres confesiones reformadas), Literatura Evangélica, Holanda, 1983.

Connor, John, *Doctrina Wesleyana Aclarada: Instrucción Programada con el Suplemento*, Wesleyan Publishing House, 1989.

Cox, Leo George, *Concepto de Wesley sobre la perfección cristiana*, Casa Nazarena, Kansas City, Missouri, 1983.

Cutting, George, *La Salvación: su seguridad, certeza y gozo*, Ediciones Bíblicas, Perroy, Suiza, sin fecha.

Doctrina del pecado y de la Salvación (A-7), Publicaciones Portavoz Evangélico, Barcelona, 2004.

Garrett, James Leo Jr., *Teología Sistemática*, Casa Bautista de Publicaciones, El Paso, TX, 1999.

Gromacki, Robert G., *La Salvación es eterna*, Ed. Libertador, Maracaibo, Venezuela, 1980.

Grudem, Wayne, *Doctrina Bíblica*, Zondervan (Editorial Vida), Grand Rapids, MI, 2005.

Hendriksen, Guillermo, *El pacto de Gracia*, Subcomisión Literatura Cristiana, Grand Rapids, Michigan, 1985.

Hodge, Charles, *Teología Sistemática*, 2 volúmenes, Editorial Clie, Barcelona, 2003.

Horton, Stanley M., *Teología Sistemática Pentecostal*, Editorial Vida, Grand Rapids, MI, 1999.

Ironside, H. A., *Grandes palabras del Evangelio*, Ed. Moody, Chicago, sin fecha.

Ironside, M. A., *Seguridad Absoluta*, Editorial Clie, Barcelona, 1986.

Jewett, Paul K., *Elección y Predestinación*, TELL, Jenison, Michigan, 1992.

Kiene, Paul, *Creced en la Gracia*, Ediciones Bíblicas, Perroy, Suiza, sin fecha.

Lacueva, Francisco, *Doctrinas de la Gracia* (Curso de Formación Teológica Evangélica, Tomo V), Clie, Barcelona, 1975.

Liévano, Francisco, *Iniciación en las doctrinas y prácticas evangélicas*, Ed. Libertador, Maracaibo, Venezuela, 1971.

Los Cánones de Dort, ACELR, Barcelona, 1971.

Machen, J. Gresham, *Visión Cristiana del Hombre*, El estandarte de la Verdad, Edimburgo, Gran Bretaña, 1996.

Marshall, Alejandro, *La salvación y las dudas de algunas personas*, Ediciones Bíblicas, Perroy, Suiza, fin fecha.

Michelen, Sugel, *El que perseverare hasta el fin*, Editorial Bíblico Dominicano, Santo Domingo, Rep. Dom., 1986.

Modges, Zane C., *El Evangelio bajo sitio*, Redacción Vive, Dallas, TX, 1985.

Moggre, A. J., *Los doce artículos de Fe*, Asociación Cultural de Estudios de la Literatura Reformada, Barcelona, 1973.

Murray, Johan, *El Plan de Salvación*, Libros Desafío, Grand Rapids, MI, 2003.

Palmer, Edwin, *Doctrinas Claves*, El estandarte de la verdad, Carlisle, Pennsylvania, 1976.

Pearlman, Myer, *Teología Bíblica y Sistemática*, Editorial Vida, Grand Rapids, MI, 1992.

Pike, James A., *¿Cuál es este tesoro?*, Aurora, Buenos Aires, 1970.

Rutenber, Cuibert, *El evangelio de la reconciliación*, Casa Bautista de Publicaciones, El Paso, TX, 1973.

Ryrie, Charles, *La Gracia de Dios*, Publicaciones Portavoz Evangélico, Barcelona, 1979.

Ryrie, Charles, *Síntesis de Doctrina Bíblica*, Publicaciones Portavoz Evangélico, Barcelona, 1979.

Ryrie, Charles, *Una salvación tan grande*, Ediciones Las Américas, Puebla, México, 1990.

Sauer, Erich, *El Triunfo del Crucificado*, Eerdmans Publishing Co., Grand Rapids, MI, 1972.

Shank, Robert, *La vida en el Hijo*, Hill Press, Kansas City, Missouri, 1961.

Spurgeon, C. H., *No hay otro camino*, El estandarte de la verdad, Carlisle, Pennsylvania, 1997.

Taylor, W. Carey, *¿Es tu salvación eterna?* Casa Bautista de Publicaciones, El Paso, TX, 1977.

Trenchard, Ernesto, *Estudios de Doctrina Bíblica*, Publicaciones Portavoz Evangélico, Barcelona, 1976.

Trenchard, Ernesto y Martínez, J. M., *Escogidos en Cristo*, Literatura Bíblica, Madrid, 1965.

Turner, Donald, *Doctrina del Pecado y de la Salvación*, Publicaciones Portavoz Evangélico, Barcelona, sin fecha.

Warfield, Benjamín, *El plan de Salvación*, Wm. B. Eerdmans Publishing Co. Grand Rapids, Michigan, 1966.

www.ingramcontent.com/pod-product-compliance
Lightning Source LLC
Chambersburg PA
CBHW070633160426
43194CB00009B/1447